武汉市地理国情监测与城市协调发展研究 2020

Study on Geographical Conditions Monitoring and Urban Harmonious Development of Wuhan 2020

武汉市测绘研究院 主编

WUHAN UNIVERSITY PRESS
武汉大学出版社

图书在版编目(CIP)数据

武汉市地理国情监测与城市协调发展研究.2020/武汉市测绘研究院主编.—武汉:武汉大学出版社,2022.2
ISBN 978-7-307-22645-6

Ⅰ.武… Ⅱ.武… Ⅲ.①地理—监测—武汉—2020 ②城市发展—研究—武汉—2020 Ⅳ.①K926.31 ②F299.276.31

中国版本图书馆 CIP 数据核字(2021)第 205987 号

责任编辑:鲍 玲 责任校对:汪欣怡 版式设计:韩闻锦 封面设计:向雷军

出版发行:**武汉大学出版社** (430072 武昌 珞珈山)
(电子邮箱:cbs22@whu.edu.cn 网址:www.wdp.com.cn)
印刷:武汉精一佳印刷有限公司
开本:889×1194 1/16 印张:17.75 字数:475 千字
版次:2022 年 2 月第 1 版 2022 年 2 月第 1 次印刷
ISBN 978-7-307-22645-6 定价:148.00 元

审图号:GS(2022)390 号 鄂 S(2021)014 号 武汉市 S(2021)051 号

前　言

地理国情是空间化、可视化的国情信息，反映了“山水林田湖草”等自然资源禀赋、社会经济发展和人类活动规律。按照原国家测绘地理信息局、自然资源部统一部署，依据《武汉市“十三五”时期地理国情监测工作方案》(武政办〔2016〕85号)(以下简称“‘十三五’方案”)，2016—2020年，武汉市自然资源和规划局按年度组织实施了地理国情常态化监测工作，包括基础性监测和专题性监测。武汉市测绘研究院发挥产学研优势，广泛联合高校及科研院所，开展了一系列跨学科研究，持续编撰出版了《武汉市地理国情监测与城市协调发展研究》系列专著，反映了“十三五”时期土地、人口、产业、交通和公共服务等要素的发展变化及协调关系。

本书在锚固和延续“十三五”方案工作内容的基础上，围绕生态文明建设、高质量发展、精细化治理等需求，以自然资源部2018年国家地理国情监测项目“武汉市大数据城市空间格局变化监测试点”项目为契机，构建起多层次、多要素的“地理国情+大数据”监测评价体系，探索了地理国情监测数据采集、处理和分析方法，持续开展了区域联系、空间格局、开发园区、综合交通、公共服务、生态环境、旧城更新、乡村振兴等专题性监测。与前几版专著相比，在组织框架方面，打破原来的研究专题组织的形式，按“要素+尺度”组织，包括自然生态、城市空间、经济社会、综合交通、基本公共服务和区域城际联系等6大要素，城市内部反映各要素在市域、分区、圈层、环线、旧城、乡村等尺度的现状及差异，区域城际联系反映武汉市在全国、省域、城市圈和大都市区的作用及地位；在研究周期方面，全面反映2015—2020年5年变化，按照2015—2019年正常增长和2020年新冠肺炎疫情后(以下简称“疫后”)恢复两个时段来分析人口、经济、交通等要素的发展变化；在内容组织方面，增加附录章节，反映“十三五”以来武汉市地理国情监测取得的编研、科研和宣传表彰成果，并以大事记的形式全面记录反映监测工作的推进过程。

本书分为七章。第一章介绍武汉市地理国情基础性和专题性监测研究内容与方法，包括技术框架、监测内容、指标体系、数据基础、研究方法和主要结论等，由罗名海、李盼盼和秦思娴编写。第二章对自然生态格局监测结果进行分析，从自然资源家底、生态保护修复和资源环境承载力等方面研究了武汉市自然生态环境特点与变化，由陈江平、卢宾宾、谭波、程琦、秦思娴、李紫健、包夏青、林杰、冯杰婷、丁安、张伟康、史祎琳、田小溪和廖柳琪编写。第三章对城市空间格局监测结果进行分析，从城乡建设和空间增长等方面开展了空间格局现状与变化监测，其中，旧城更新部分由刘炜、徐涛、程琦、高小磊、李博、刘光远、杨帆、张池、黄茜和姜汉编写，乡村部分由罗静、史戈、谭波、卢小晓和郭雪静编写，其余部分由乔庆华、孙立坚、甄云鹏、李盼盼、肖琨、徐皓和姜昀呈编写。第四章对经济社会发展方面进行介绍，从经济发展和人口分布两方面开展了现状与变化分析，并利用大数据开展了实际服务人口、居住与就业人口的识别分析，动态地反映了 2020 年疫后人口的恢复情况。其中，旧城部分由刘炜、徐涛、程琦、杨杰、呼宇飞、车妍颖和刘琰月编写，乡村部分由罗静、史戈、谭波、王盈盈、陈晓曼、刘冉、姬仇涵之、陈哲、张莹、李康雨、羊山鑫、王梓涵和杨涛华编写，大数据人口识别部分由钮心毅、张竹君、林诗佳、康宁、施澄和岳雨峰编写，疫后恢复部分由谭波和张竹君编写，其余部分由乔庆华、孙立坚、李盼盼、肖琨、李建蓉和常迎辉编写。第五章从静态和动态交通两个方面开展了综合交通监测，在交通设施建设现状与变化监测的基础上，利用多源大数据，从圈层出行、职住通勤、潮汐式交通、跨江交通、轨道交通、早晚高峰拥堵点和慢行系统等方面，分析了城市交通动态出行特征，并动态反映了疫后城市内部人口流动与活力恢复，由刘艳芳、谭波、秦思娴、江平、熊强强、罗园园、安睿、庄静、刘家男、许钊、朱奕、仝照民、师春春、庞惠心、盛舒童、杨兆晨、曹梦莹和张昕怡编写。第六章对基本公共服务进行了现状分析、变化监测和综合评价，利用大数据识别了优质公共设施服务区，开展了社区宜居性、“15 分钟”生活圈等评价，分析了典型区域公共服务配套水平和典型休闲娱乐空间活力范围，由李建松、谭波、袁丁迪、弓婷和田桦林编写。第七章对区域城际联系进行分析，基于武汉与全国城市之间的人流和资金流等，分析了武汉市在全国、全省、城市圈及大都市区内的中心城市定位、交通可达性、人口联系与腹地、经济投资联系等，反映了区域协作发展水平，并动态反映了疫后对外人口联系恢复情况，由詹庆明、钮心毅、肖映辉、甄云鹏、李盼盼、秦思娴、肖琨、范域立、杨宇、张棋、唐路嘉、李轩、周亚伦、张伟杰、陈箫羽、龚思聪、杨申和刘思涵编写。附录部分记录了武汉市地理国情监测期间取得的编研、科研和宣传表彰成果，以大事记形式全面反映了工作推进过程，由罗名海、李盼盼、秦思娴、梁武卫编写。

本书由罗名海负责统稿，李盼盼和秦思娴负责汇编，程琦、甄云鹏、谭波、肖琨和史戈参加了部分汇编工作，张勇、尹言军、梁武卫、叶琳、秦艳华和张雪参加了数据和图表处理工作，肖建华、刘耀林、刘艳芳、詹庆明、李建松、张鹏林、陈江平、卢宾宾、钮心毅、罗静、刘炜、翟亮、乔庆华、孙立坚等参加了审稿工作。书中的指标、数据、结果、图片、界线等仅供参考，不做法律依据，与 2019 版专著存在的不同内容，均以本书为准。

本书综合利用地理国情、社会经济和新兴大数据，在摸清家底、监测变化的基础上，通过数据挖掘，深刻分析了社会经济发展规律，动态感知了流动空间特征，拓展了地理国情的内涵和外延，对推动行业技术进步具有一定指导意义。本书的编写、出版工作得到了国家、湖北省和武汉市自然资源主管部门的大力支持，很多单位和专家提供了宝贵资料和指导意见，在此一并表示衷心的感谢。由于编写时间仓促，书中难免有不足之处，敬请读者批评指正。

本书编撰完成之时正值“十四五”自然资源监测工作开局之际，下一步，将围绕自然资源“两统一”职责，进一步聚焦需求、完善体系、加强统筹、创新服务，为促进生态文明建设和高质量发展，发挥基础公益智库作用。

作　者

2021 年 6 月

目　录

第一章 武汉市地理国情监测内容与方法

地理国情监测是普查工作的延续和深化，是地理国情的动态更新和挖掘应用，包括基础性地理国情监测和专题性地理国情监测两大方面。“十三五”时期，根据《武汉市“十三五”时期地理国情监测工作方案》(武政办〔2016〕85号)，武汉市持续完成基础性监测变化更新和专题性监测综合研究，为深入理解城市发展规律、促进社会经济协调发展提供基础公益智库服务。

1.1 基础性地理国情监测

普查之后是监测。基础性监测方面，以普查成果为本底，对城市自然和人文地理要素进行动态监测更新，在完成国家要求和省级验收的基础上，结合城市特色需求，完成市情深化，并开展了市级数据库平台建设和成果编研。

1.1.1 技术路线

基础性地理国情监测是在前期普查与监测形成的本底数据库基础上，叠加标准时点影像，利用相关资料，识别变化区域，更新变化要素，并对地理国情数据库进行更新。更新工作按照“内业为主、外业为辅”，“先变化区域识别、后变化要素更新”的原则进行，具有全覆盖、内外业结合、客观、真实、准确的特点，总体技术流程如图1-1所示。

1.1.2 数学基础

平面基准采用CGCS2000国家大地坐标系，长度单位采用米(m)、千米(km)，面积单位采用平方米(m^2)、平方千米(km^2)，保留到小数点后两位；占比、构成比保留到小数点后两位。高程基准采用1985国家高程基准，高程系统为正常高，高程值单位采用米(m)，保留到小数点后一位。

1.1.3 数据时点

基础性监测的标准时点延续普查时期的时点要求，为当年 6 月 30 日。同期收集利用的行业专题资料，包括市区两级统计公报、年鉴及教育、医疗、社会福利等专题数据，一般以当年度年末为统计时点。

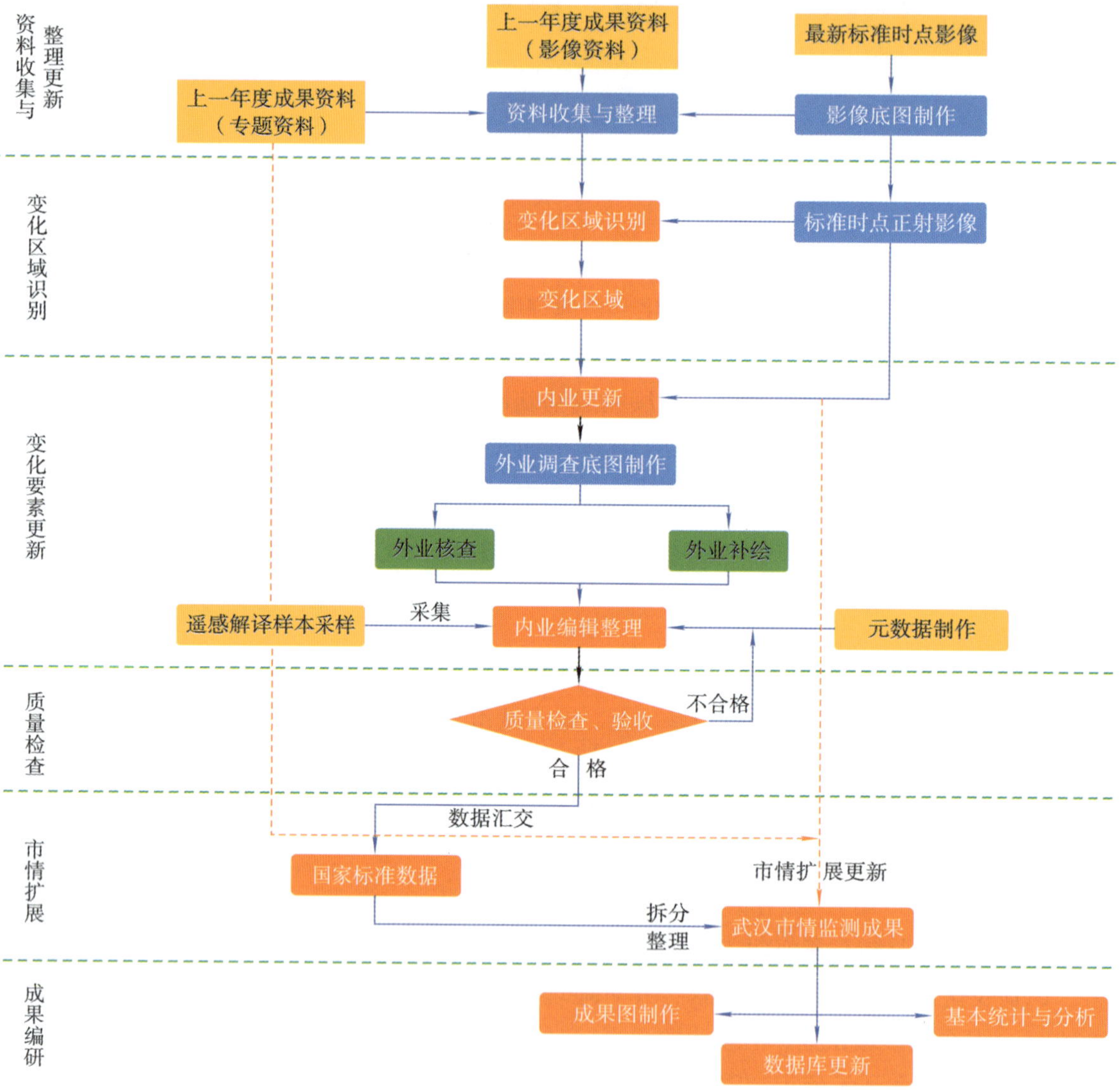

图 1-1 基础性地理国情监测总体技术流程

1.1.4 指标体系

武汉市基础性地理国情监测遵循普查阶段的指标体系和采集标准，在国家和湖北省指标体系基础上，增加了1个二级类、7个三级类，细分了11个四级类。基础性地理国情监测指标体系如表1-1所示。

表1-1　　**武汉市基础性地理国情监测指标体系**

指标类别	空间要素
种植土地	水田、旱地、果园(乔灌、藤本、草本)、茶园、桑园、苗圃、花圃、其他园地
林草覆盖	乔木林(阔叶、针叶、针阔混交)、灌木林(阔叶灌木、针叶灌木、针阔混交灌木)、乔灌木混合林、竹林、疏林、绿化林地、人工幼林、稀疏灌丛、天然草地(高覆盖度、中覆盖度、低覆盖度)、人工草地(牧草地、绿化草地、护坡灌草)、其他草地(荒地草被、工地草被)
房屋建筑(区)	多层及以上房屋建筑区(高密度、低密度)、低矮房屋建筑区(高密度、低密度)、废弃房屋建筑区、多层及以上独立房屋建筑(多层、中高层、高层、超高层)、低矮独立房屋建筑
铁路与道路	铁路、公路、城市道路、乡村道路、匝道
构筑物	硬化地表(广场、露天体育场、停车场、停机坪与跑道、护坡、场院、露天堆放物、碾压踩踏地表、其他硬化地表)、水工设施(堤坝、闸、排灌泵站、溢洪道、其他水工构筑物)、交通设施〔隧道、桥梁、码头、车渡、高速公路出入口、加油(气)站、充电站、立交桥〕、城墙、温室、大棚、固化池(游泳池、污水处理池、其他)、工业设施、其他构筑物
人工堆掘地	露天采掘场(露天采石场)、堆放物(尾矿、垃圾、其他)、建筑工地(拆迁待建筑工地、房屋建筑工地、道路建筑工地、其他建筑工地)、其他人工堆掘地
荒漠与裸露地	盐碱地表、泥质地表、沙质地表、砾石地表、岩石地表
水域	河渠(河流、水渠)、湖泊、库塘(水库、坑塘)、集水区
地理单元	行政区划与管理单元：市、区、街道或乡镇、社区或村、其他特殊行政管理区
	社会经济区域单元：主体功能区，开发区、保税区，国有农、林、牧场，自然、文化保护区，自然、文化遗产，风景名胜、旅游区，森林公园，地质公园，行、蓄、滞洪区，饮用水水源保护区、生态保护红线、永久基本农田保护区、城镇开发边界、高新技术产业园区，生态功能区，战略发展区域
	自然地理单元：流域、地形分区、地貌类型单元、湿地保护区、沼泽区、地质灾害隐患区
	城镇综合功能单元：居住小区、工矿企业、单位院落(行政办公、文化设施、教育科研、医疗卫生、社会福利、商业设施、商务设施、娱乐康体、公用设施营业网点、交通设施、其他院落)、休闲娱乐、景区、体育活动场所、名胜古迹、宗教场所、收费停车场、保障性住房建设区、优秀历史保护建筑、商服网点
	城镇发展规划单元：都市发展区、城市中心城区、城市建成区、新城组群、中心镇和一般镇、历史文化风貌保护街区、湖泊保护界线、基本农田保护区
地形地貌	高程、坡度、坡向

注：表中橙色楷体字部分为湖北省扩展细化内容；蓝色黑体字部分为武汉市扩展细化内容。

1.1.5 数据基础

武汉市基础性地理国情监测除利用上一年度本底数据和本年度标准时点影像数据以外，还收集利用了测绘部门的基础地理信息数据，以及民政、国土、统计、公安、教育、环保、建设、交通、水务、农业、文化、卫生、园林、工商、旅游、体育、税务、房管、宗教等最新行业专题资料，作为资料分析整合和成果更新的主要依据。

1. 监测本底数据

2016—2020 年度基础性地理国情监测的本底数据包括数字高程模型和正射影像数据、地表覆盖分类成果数据、地理国情要素成果数据、遥感解译样本数据、元数据、经济社会专题数据和相关利用资料，以及基本统计和综合统计生成的系列报表数据。

2. 行业专题资料

行业专题资料主要用于地理国情要素采集和属性参考，主要包括省、市、区统计年鉴、人口、经济、公共服务设施(教育、医疗卫生、文化娱乐、交通、体育、社会福利与保障、行政管理与社区服务等)以及与经济社会发展、规划建设管理相关的政策文件等。其中，省交通、水利等部门资料用于更新过境铁路、公路、水域等重大地理国情要素，市建设和规划部门重大建设工程、三旧改造、拆迁范围线等资料用于锁定重大变化区域，市民政部门的街道、村(居)委会名录用于更新各级行政区划，区级统计、交通部门信息作为市级资料的补充，从而体现了省、市、区三级联动的优势。

1.1.6 监测方法

基础性地理国情监测遵循“所见即所得”、“自然优先”的原则，采用全覆盖、内外业的方式进行更新采集，客观、真实、准确地反映了城市自然和人文地理要素的变化状况。监测方法主要包括变化区域识别、要素内业变化更新、外业调查与核查及质量检查。

1. 变化区域识别

利用监测时点影像、前期影像和地表覆盖数据，以影像深度学习为基础、自动检测为主、人机交互为辅的方式，确定疑似变化图斑。从国土规划建设等部门收集城建计划重大工程资料、卫片执法图斑、建设用地现状调查和土地利用变更调查数据，城中村和“三旧”改造范围线，房屋征收、征地拆迁范围线，规划报建和工程竣工等资料，跟踪城市建设热点，发现重点变化区域。利用监测时点的新影像资料，叠加前期监测成果和影像资料，人工地进行影像的逐幅核实和外业核查，核准确定变化区域。

2. 要素内业变化更新

1)地表覆盖

重点关注本底数据中处于非季节性变化中或覆盖状态不稳定的地物类别，如人工幼林、建筑工地等，以及非人工建造类别变更为人工建造类别、建造强度发生显著或根本变化的类别以及植被覆盖度显著变化的类型。

地表覆盖变化包括两种情况：一是原有相邻图斑在边缘处发生此消彼长的伸缩变化，简称为伸缩型变化；二是在原有图斑内新产生与周围类型完全不一样的图斑，简称为新生型变化。对于伸缩型变化，变化采集的过程相当于对原有图斑的边线进行调整，因此原则上新的边线与原有边线之间的距离超过采集精度要求就应采集；对于新生型变化，应按照采集指标要求进行采集，即新生图斑只要达到采集指标要求的最小图斑实地面积就必须采集。

2)地理国情要素

地理国情要素数据是指除按照地表覆盖要求分类之外，必须以地理实体(或地理对象、地理要素)形式采集的道路、水域、构筑物以及地理单元数据，这些数据只能以矢量方式表示。地理国情要素变化信息采集要求以数据中独立纪录的几何要素为单位，地理国情要素变化包括3种类型：一是伸缩移位型，二是新生型，三是灭失型。原有地理要素分布范围、位置或其他属性发生了变化，属于伸缩移位型变化；新增的几何要素，属于新生型变化；本底数据中存在的几何要素整体消失了，属于灭失型变化。

3. 外业调查与核查

按照“内业为主、外业为辅”的原则，利用外业调查工作底图，采用数字调查系统或其他方式，对内业分类与判译中无法确定边界或属性的要素和无法准确确定类型的地表覆盖分类图斑，开展实地核实确认，对新增和发生变化的信息分类要素和图斑进行补调或补测。外业调查过程中，采集获取地面照片和遥感影像解译样本数据，记录调查路线和工作区域，并将其结果完整地反映到元数据中，最终形成包含地面照片、解译样本、外业调查数据、外业调查轨迹数据、外业核查统计表等在内的外业调查成果。

4. 质量检查

质量检查依据《基础性地理国情监测检查验收与质量评定规定》进行，实行“两级检查、一级验收”制度，主要包括首件成果检查、过程质量监督抽查、最终质量检查、入库前检查和入库检查等步骤。生产单位负责各自任务区监测成果质量的“两级检查”，省级质检部门对各省数据成果进行质量验收，验收后成果由国家测绘产品质量检验测试中心组织进行验后复核。

1.2 专题性地理国情监测

专题性地理国情监测紧密围绕着国土空间开发利用、自然资源与生态环境保护、空间规划编制与实施、区域协调发展战略、自然灾害防治和重大工程建设，紧扣政府关心、社会关注的热点难点问题，确定监测重点内容，按需开展动态监测，为经济社会发展和生态文明建设提供针对性服务。

1.2.1 总体框架

武汉市专题性地理国情监测依据《武汉市“十三五”时期地理国情监测工作方案》(武政办〔2016〕85号)，围绕建设“现代化、国际化、生态化”大武汉目标，在基础性监测基础上，开展资料收集与补充调查，从自然生态格局、城市空间格局、经济社会发展、综合交通建设、基本公共服务保障和区域城际联系等方面进行多期的指标计算、统计分析和综合研究。

以自然资源部2018年国家地理国情监测项目“武汉市大数据城市空间格局变化监测试点”为契机，构建起涵盖区域、市域、主城三个尺度，包括土地、产业、人口、交通等多要素的“地理国情+大数据”城市空间格局监测与分析评价框架体系，实现多尺度多要素的状态监测、特征识别、过程推演和关系挖掘，为实现从对地观测到对人观测的转变、深入开展社会地理计算，做出了积极探索。专题性地理国情监测总体框架如图1-2所示。

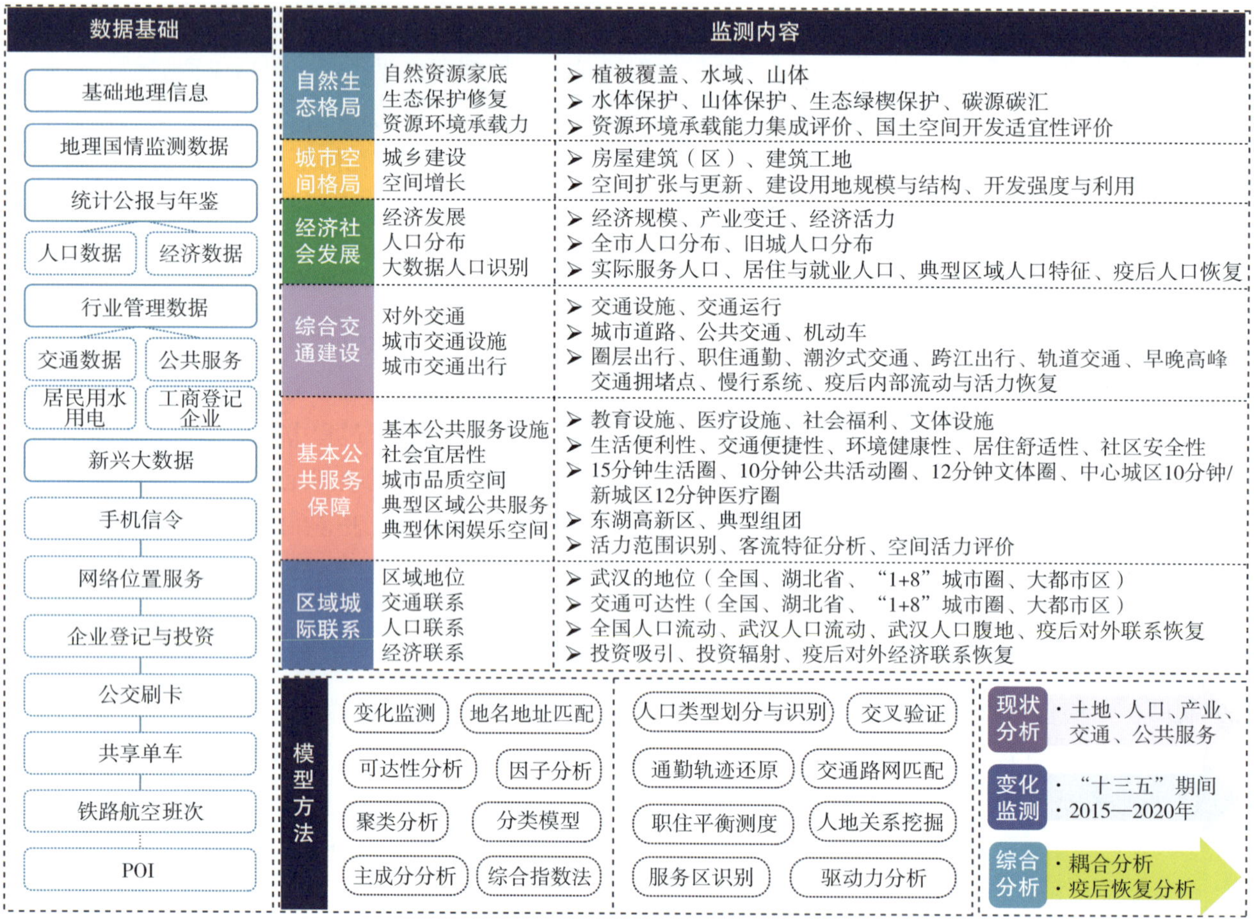

图1-2 专题性地理国情监测总体框架

1.2.2 监测内容

1. 自然生态格局

结合地理国情年度变化更新数据，监测种植土地、林草覆盖、水域、山体等自然资源家底总量、变化；监测山体、水体、生态绿楔保护情况及碳源碳汇等生态保护修复情况；在自然资源部试行技术指南的基础上，根据武汉特色和问题，构建城市级“双评价”指标体系，在全市域范围内，划定面向生态保护、农业生产和城镇开发的承载等级，对非建成区部分进行面向三大功能指向的适宜区划分，分析当前主要的承载潜力和冲突问题。

2. 城市空间格局

从城乡建设和空间增长两方面，监测全市房屋建筑(区)和建筑工地等各类城乡建设用地现状与变化情况；从空间扩张与更新、建设用地规模与结构、开发强度与利用3个方面监测主城区外延扩张和内涵增长，分析空间增长总量、结构和开发强度变化。

3. 经济社会发展

基于地理国情的产业用地数据、社会经济统计数据、工商注册企业大数据和重点税源企业等数据，监测全市经济总量与质量、产业结构与变迁情况，从中心城区楼宇经济、开发区总部经济、旧城经济活力和乡村产业发展等方面分析经济发展活力；基于传统人口统计数据，监测全市人口规模与结构、分布与迁移情况，并基于手机信令和网络位置数据，识别实际服务人口(常住、就业、短期驻留、过境)，分析全市及典型区域常住和就业人口分布特征。

4. 综合交通建设

在对城市综合交通设施进行监测的基础上，结合联通手机信令出行数据和百度位置数据等大数据，开展城市圈层出行特征、职住关系、潮汐式交通、跨江出行特征、轨道交通出行特征、早晚高峰交通拥堵点与慢行系统等分析研究。

5. 基本公共服务保障

从保障度、服务水平、均匀度和便捷度4个方面，对教育、医疗卫生、社会福利和文化体育等公共服务设施开展分析评价，并利用联通手机信令和百度慧眼画像大数据，识别教育、医疗等典型优质公共设施的服务区；从生活便利性、交通便捷性、环境健康性、居住舒适性与社区安全性5个方面开展社区宜居综合指数评价；基于高德API，从“15分钟”生活圈、“10分钟”公共活动圈、“12分钟”文体圈和医疗急救圈等方面开展城市品质空间评价；对东湖高新区和典型居住、就业组团的公共服务水平进行综合分析，并开展典型休闲娱乐空间活力范围识别和用户特征分析。

6. 区域城际联系

基于全国重点城市统计数据、百度人口迁徙、高德API、企业互投等大数据，从区域地位、交通联系、人口联系和经济联系4个方面，分析武汉市在全国、全省、武汉城市圈及武汉大都市内的经济发展水平和中心城市定位、交通可达性、人口联系与腹地、经济投资联系等，反映武汉市的区域地位和协作发展水平。

1.2.3 指标体系

武汉市专题性地理国情监测指标包括地理国情相关指标、社会经济统计指标及其他调查指标等9个方面、41大类指标，共计500余项，指标体系如表1-2所示。

表 1-2　　武汉市专题性地理国情监测指标体系

指标类别	指　　标
土地	①地理国情地表覆盖：种植土地、林草覆盖、房屋建筑(区)、铁路与道路、构筑物、人工堆掘地、荒漠与裸露地及水域； ②地理国情城镇综合功能单元：居住小区、工矿企业、单位院落、休闲娱乐等； ③土地利用现状：耕地、园地、林地、草地、城镇村及工矿用地、水域及水利设施用地等； ④城乡用地现状：建设用地(城乡居民点建设用地、区域交通设施用地、区域公用设施用地、特殊用地、采矿用地及其他建设用地；非建设用地(水域、农林用地和其他非建设用地)； 城乡居民点建设用地包括城市建设用地(工业用地、物流仓储用地、居住用地、商业服务业设施用地、道路与交通设施用地、公共管理与公共服务用地、公用设施用地、绿地与广场用地等)、城镇建设用地和村建设用地； ⑤主城建设区：面积、扩张规模、扩展强度、扩展速率、扩展方向、扩张形态； ⑥城市建筑：建筑类别、建筑层数、建筑密度、容积率； *⑦房屋空置：中心城区空置率、乡村空心化率；*
人口	⑧人口数量：户籍人口数量及密度、常住人口数量及密度、流动人口数、人口自然增长率(出生率、死亡率)； ⑨人口结构：人口男女比率、年龄结构、老龄化率、人口抚养比、学历结构、非农人口比重、*外来人口占比、人口画像(性别、年龄、学历、职业、消费水平、收入水平)；* ⑩人口空间分布：人口分布结构指数、人口迁移(户籍人口及常住人口变化)、空间热点、*昼夜分布；* *⑪实际服务人口：常住人口、短期驻留人口、实际服务人口、过境人口；* *⑫居住与就业人口：数量、密度、占比、分布；* *⑬职住关系：职住比、职住空间平衡度；* *⑭人口联系：人口联系强度(平常时段、节假日)、人口腹地；*
经济	⑮经济总量：GDP 及增速、人均 GDP、地均 GDP、固定资产投资总额、社会消费品零售额、财政收入、实际利用外资、国税、地税纳税额(规模以上企业)、城镇及农村居民人均可支配收入； ⑯产业结构：三次产业生产总值及占比、三次产业增加值及增长率、规模以上工业总产值、高新技术产业总产值；
交通	⑰交通设施： a. 对外交通：火车站、港口、高速公路出入口、长途汽车站、机场数量及分布，铁路、高速公路、航空里程及客运量、货运量、吞吐量，直航或直达城市数量； b. 城市路网：城市道路(主、次、支)、公路、铁路和乡村道路面积、长度、密度、人均拥有量； c. 公共交通：公交、轨道交通站线、站点分布、里程数、公共交通客运量； d. 机动车：机动车保有量(分类别)； e. 慢行交通系统：共享单车投放量、绿道总里程及空间分布； f. 重大交通工程：地铁、跨江越湖通道、环线、高架(隧道)、立交、快速公交(BRT)、有轨电车的分布、长度； *⑱三站一场：到达、中转、出发客流量；* *⑲圈层交通特征：出行人次、出行距离、出行时间、出行方向；* *⑳早晚高峰拥堵：交通流量、交通拥堵长度、道路通行效率、拥堵指数；* *㉑跨江出行：跨江出行人次、过江通道交通流量、ETC 流量、出行人次、出行距离；* *㉒公共交通：轨道交通站点/线流量与压力、公交站点流量与压力；* *㉓慢行系统：慢行设施(人行道、防护栏、非机动车道)分布、骑行量、骑行速度；* *㉔职住与通勤：通勤距离、通勤流量、通勤流向、通勤腹地；* *㉕交通可达性：航空可达性、铁路可达性、公路可达性；*

续表

指标类别	指　　标
公共服务	㉖基本公共服务设施：教育、医疗卫生、社会福利、文化、体育、商服、安保设施分布及数量、密度、人均拥有量； *㉗公共设施服务区：优质教育资源辐射范围、三甲医院辐射范围；* *㉘社区生活圈：公共设施（教育、医疗、福利、商业、文娱、交通）5/10/15分钟步行可达性；* *㉙活力空间：活力范围、客流特征、活力等级；*
生态环境	㉚水体：河流、湖泊、水库面积、变化率，各类水质比例及变化，“三线一路”湖泊岸线绿化面积及建设用地面积，水资源丰度、降水量、水环境容量； ㉛山体：山体破损与修复面积及比例； ㉜绿地：绿地、湿地、自然保护区、城市人均绿地面积； ㉝生态绿楔：水域、植被覆盖、人工建设面积及占比； ㉞绿道：绿道总长度、各级绿道长度及占比； ㉟生态环境：水土流失敏感性； ㊱灾害：地质灾害风险、地质灾害易发区、行滞蓄洪区、气象灾害风险；
碳源碳汇	㊲碳源：能源消费总量、单位GDP能源消耗量、不同行业碳排放量及空间化（工业〔能耗消耗、工业废气物、工业生产〕、生活〔生活废弃物、居民生活用电、居民生活用气〕、农业、交通运输、建筑工地）； ㊳植被碳汇：不同植被覆盖类型（耕地、园地、林地、草地）面积、覆盖率，林业树种分布与碳汇模型参数（树高、胸径）；
不透水面	㊴不透水面：面积、分布、构成、地表径流系数；
资源环境承载力	㊵资源环境承载力：生态保护等级、农业功能指向的承载等级、城镇建设功能指向的承载等级； ㊶国土空间开发适宜性：生态保护重要性、城镇建设适宜性、农业生产适宜性。

注：表中斜体字表示大数据识别指标。

1.2.4　数据基础

专题性地理国情监测除利用了基础地理信息数据、地理国情普查与监测数据外，还利用了行政区划数据、人口数据、经济数据、企业数据、公共服务设施数据、土地利用与城市用地现状数据、生态环境数据、专项调查数据以及新兴大数据等。其中，地理国情监测数据为2015—2020年，时点为每年6月30日；人口、经济、公共服务等统计数据为2015—2020年，时点为每年年底；经济大数据时点为2015—2020年；人口和交通大数据时点为2017—2020年。

自然资源、土地利用、交通设施、公共服务设施等以2015—2020年地理国情监测数据为基础，反映“十三五”期间变化情况。社会经济发展以2015—2020年统计数据为主，先总体反映“十三五”期间变化情况，再分析2015—2019年正常年均变化，以及2019—2020年恢复情况，以消除疫情影响。人口和交通大数据识别分析以2017—2020年联通手机信令和百度位置服务等大数据为主，重点比较2017—2019年变化，2020年疫后恢复分析补充了逐月和典型特征日数据，以动态跟踪疫后恢复情况。

1. 行政区划与其他界线数据

市域界线依据省民政厅资料（湖北省普查办下发，CGCS2000国家大地坐标系）。统计单元包括17个单元（7个中心城区、4个功能区和6个新城区），汉南区2013年被武汉经济技术开发区托管，武汉化学工业区 2018 年与青山区合并，实际为 15 个。区、街、社区界线参考利用武汉市自然资源和规划局“一张图”资料，其中洪山区、武昌区、青山区、东湖高新区和东湖风景区的飞地按“含飞入，不含飞出”原则处理，归并入实际所在区。

主城建设区指城市中心城区及其周边相邻地区已建设完成或正在建设、分布相对集中的地区，既包括已成片建设、市政公用设施和公共设施基本完备的中心城区集中连片部分，也包括具备相应条件的“飞地”。主城建设区利用武汉市规划编制研究和展示中心最新建成区资料，根据遥感影像判读获取往年界线。

2. 人口数据

人口数据包括户籍人口、常住人口和人口格网化数据，各数据来源如表 1-3 所示。

表 1-3 人口数据来源与数据说明

数据名称	时间	数据来源
户籍人口、常住人口	2015—2020 年	《城市统计年鉴》、《湖北省统计年鉴》、《武汉市统计年鉴》、武汉市国民经济和社会发展统计公报
人口年龄、学历结构	2015—2020 年	武汉市公安局户籍人口分区分年龄阶段、分学历统计数据
社区人口数据	2015—2018 年	武汉市“实有房屋、实有人口”调查数据
人口格网化数据	2015—2018 年	基于社区人口数据、武汉市主城区房屋调查数据和武汉市地理国情普查与监测数据进行数据格网化

3. 经济数据

经济数据包括 GDP（国内生产总值）、三次产业增加值、工业总产值、高新技术产业产值、固定资产投资额等，来源于 2015—2020 年《武汉市统计年鉴》、统计公报及区级 2015—2019 年统计年鉴。

东湖风景区和化工区部分年份的 GDP 及三次产业增加值根据全市及各区经济数据进行估算。其中，第一产业增加值基于耕地面积估算，第二产业增加值基于工业增加值和建筑业增加值之和估算，第三产业增加值基于第三产业批发零售和住宿与餐饮业营业额估算。

4. 税源企业数据

重点税源企业来源于武汉市税务局纳税额 2000 万元以上企业资料，企业点位数据根据企业工商注册地址进行定位上图。企业数据时点为当年 12 月底。

5. 公共服务设施数据

公共服务设施包括教育、医疗、社会福利等，依据武汉市教育局、卫健委、民政局等提供的数据，通过外业核实定位上图。行业专题数据时点为当年 12 月底，其中教育数据时点为当年 9 月底。

6. 城市用地现状数据

2015—2018 年城市用地现状数据，来源于武汉市国土资源和规划局。2019—2020 年城市用地现状数据，利用上一年度数据，根据基础性监测地表覆盖数据进行更新。

7. 生态与环境数据

生态数据包括“三线一路”湖泊保护界线(第一、二批)、山体保护界线、绿道规划数据、生态绿楔规划数据、基本农田保护数据，主要来源于《武汉市地图集》、《武汉市城市总体规划(2010—2020年)》和其他专项规划。

环境数据包括重点污染源数据、水质监测数据、大气质量监测数据、道路交通噪声和建设区噪声数据，以及城市废气、废水和工业固体废弃物“三废”数据、降水数据等，来源于《武汉市环境状况公报》、《武汉市水资源公报》和武汉市环保局网站等。

8. 专项调查数据

包括停车、建筑、林业、地下空间、土壤类型等专项调查数据，详细情况如表 1-4 所示。

表 1-4　　专项调查数据来源与时间

专项调查	时间	数据来源	范围	数据说明与用途
竣工验收数据	截至 2018 年底	武汉市测绘研究院	全市域	年度变化更新
林业二类调查数据	2008 年	武汉市林业局	全市域	利用树种分布估算植被碳汇量
房屋建筑调查	2013—2018 年	武汉市测绘研究院	主城区	辅助“两实”社区人口格网化
地下空间利用调查	2015—2020 年	武汉市测绘研究院	全市	轨道交通和地下车库地下空间利用
地下排水管网数据	2015—2016 年	武汉市测绘研究院	中心城区	渍水成因分析
土壤类型数据	2015 年	武汉市测绘研究院	都市发展区	地表径流系数估算

9. 交通行业调查数据

交通统计数据包括武汉市、区两级统计年鉴(2015—2020 年)、《武汉市交通发展年度报告》(2015—2020 年)，以及武汉市公安局交通管理局、武汉市交通运输管理委员会、武汉市城市管理委员会、武汉市交通发展战略研究院等政府有关部门、事业单位在其网站上公布的数据。交通统计数据与指标的详细信息如表 1-5 所示。

表 1-5　　交通统计数据及来源

数据与指标	来　源
铁路运输量	武汉市交通运输委员会、武汉市统计局
港口吞吐量	
公路运输量	
中心城区交通流量	
公共汽车、电车统计指标	武汉市交通运输委员会
机动车拥有量	武汉市公安局交通管理局
航空运输量	中国民用航空局发展计划司

10. 新兴大数据

新兴大数据展现了人、物、信息等在城市空间上的流动和集聚，具有海量、多源、精细等特点，通过商业购买、委办局协调或网络爬取 3 种途径获取，利用的新兴大数据如表 1-6 所示。

表 1-6　　武汉市新兴大数据及来源

类型	数据名称	数据描述	空间范围	时间范围	数据来源/提供方
商业购买	联通手机信令数据	全目的 OD	武汉市（250m 网格）	2017、2019、2020 年 6 月	联通智慧足迹
		职住 OD 及轨迹		2017、2019、2020 年 6 月	
		常住/就业/短期驻留/实有人口规模及分布	武汉市（街道）	2017、2019 年 1—6 月、2020 年 4—9 月	
		居住人口	武汉市（250m 网格）	2018 年 6 月	
		过境人口规模	武汉市	2019 年 6 月	
		对外交通枢纽（三大火车站及机场）出发/到达客流来源、去向地	武汉市（250m 网格）、“1+8”城市圈（区县）、其他（城市）	2019 年 6 月及 10 月 15 日、10 月 17 日	
		本地及外来游客游憩表	武汉市	2017、2019、2020 年 6 月	
	百度位置定位数据	百度迁徙数据	全国（区县）	2017、2019、2020 年春节、6 月及典型特征日	百度地图/百度慧眼
		职住 OD 及轨迹	武汉市（50m 网格）	2019 年 6 月	
		常住/就业人口总量、分布、用户画像	武汉市（街道）	2017、2019 年 6 月；2020 年 1—12 月	
		对外交通枢纽（三大火车站及机场）到发旅客规模、来源地和目的地	武汉市（区县）	2019 年 6 月	
	企业大数据	武汉市工商登记企业信息	武汉市	1950—2020 年	全国工商登记企业系统/启信宝
		总部—分支：武汉市企业总部与其在全国范围分支企业信息 企业投资：全国范围内投入武汉市和武汉市投出企业信息	全国范围	1950—2020 年	
	共享单车数据	摩拜单车骑行订单数据	主城区	2018 年 9 月	共享单车公司

续表

类型	数据名称	数据描述	空间范围	时间范围	数据来源/提供方
委办局协调	交通大数据	轨道与公交刷卡数据；公交与地铁站线	主城区	2018 年 9 月 2019 年工作日	武汉市公交公司、地铁集团
	居民用水数据	居民户表(一户一表)数据，不含总表数据(一个小区一表)，约 231 万条原始记录	江岸、江汉、硚口、汉阳、武昌、洪山和东湖高新区 7 个区	2018 年 4—7 月	武汉市水务局
网络爬取	POI	高德地图 POI 点	武汉市	2019 年	高德地图
	列车班次	全国城市列车班次时刻表	全国	2020 年 9 月	网络订票平台
	航班班次	全国城市航班班次时刻表	全国	2020 年 12 月	城市数据派
	公路路线	高德地图 API	地级市及以上	2020 年 10 月	高德地图 API
	房价数据	二手房、新房房价信息	武汉市	2019 年 10 月	安居客、我爱我家、链家等

1.3 主要技术方法

地理国情监测采用的技术方法较多，包括数据采集、处理和分析等。

1.3.1 数据采集

在基础性地理国情监测方面，针对传统地理国情要素变化检测方法准确率、效率较低的问题，提出了联合多特征融合与卷积神经网络的智能变化检测技术，提升了要素变化检测方法的适应性、鲁棒性。对于专题性地理国情监测，在收集行业专题资料的基础上，基于夜光遥感数据进行城市化时空演化特征提取，以满足区域城际联系土地扩张分析需求；在购买手机信令、网络位置等新兴大数据的基础上，补充爬取了多类大数据，弥补了静态数据的局限性。

1.3.1.1 基于深度学习的影像变化检测关键技术

1. 构建样本库

构建训练样本库包括影像拼接、重采样、地表覆盖矢量栅格化、制作变化标签、样本分割等步骤，如图 1-3 所示，具体步骤如下：

(1)对遥感影像进行拼接，得到完整的武汉市影像；

(2)对拼接后的不同年份遥感影像进行重采样，保证多期数据分辨率一致；

(3)地表覆盖栅格化，按照“灰度值-标签”映射表，将不同类型的地表覆盖数据转为栅格数据；

(4)制作变化标签，根据不同时期的地物类型标签数据得到相应的变化标签数据，变化标签直接用于变化检测模型训练，分类后变化检测方法只需要地物类型的标签数据；

(5)样本分割，影像及标签数据分割为512像素×512像素大小样本数据。

若有新的影像数据及对应的地表覆盖数据，按照上述处理方式，制作新的样本，加入到样本库中，不断地丰富样本库。

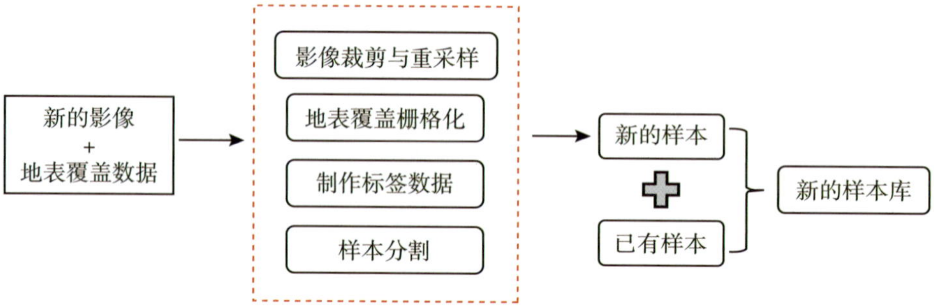

图1-3　样本库构建过程

2. 变化识别

变化识别包括分类后变化检测和人工处理两个步骤，分类后变化检测利用已训练好的神经网络模型预测地物分类，对比不同时期地物类型，判断是否发生变化；人工处理步骤则是对模型识别的变化结果进行修正。

1)分类后变化检测

首先，基于训练样本数据库训练神经网络模型，迭代训练直到模型收敛。其次，将最新一期的遥感影像分割为512像素×512像素的瓦片影像，输入训练好的网络模型，得到地物分类预测结果，并将分类预测结果拼接成完整影像。最后，地物类别预测图矢量化，与前期地表覆盖矢量图进行叠加分析，地物类别不同的地区则为变化区域。

2)人工处理

人工处理的技术流程如图1-4所示，主要对城市地区、非城市地区不同地物类型变化进行人工排查和处理。

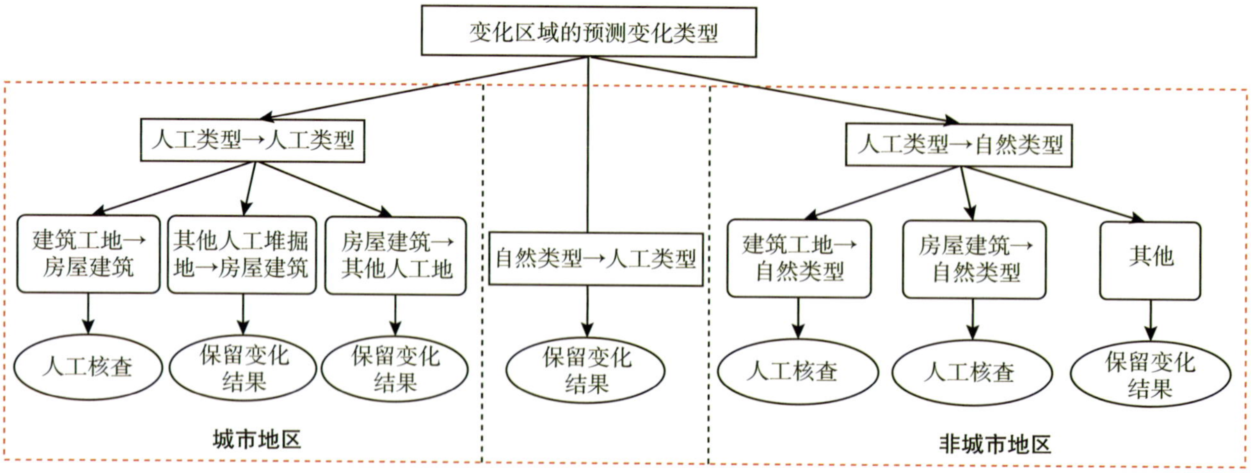

图1-4　人工处理方式

在城市地区，重点关注自然地表变为人工地物，以及人工地物之间的转变。自然地表到人工的变化主要为林草覆盖、种植土地变为人工堆掘地、房屋建筑(区)等。人工地物之间的变化主要为房屋建筑的拆迁与新建、建筑工地完工等。总体而言，房屋建筑和水域的分类效果较好，人工地物与自然地物之间的混淆情况较少，自然地物到人工地物的变化检测结果精度较高，需要重点核查建筑工地类型，如图 1-5 所示。

(a)房屋拆迁：房屋建筑区变为人工堆掘地

(b)建筑工地完工：建筑工地变为房屋建筑区

(c)自然地表变为人工地物

图 1-5　城市地区典型地物变化

在非城市地区，重点关注自然地表之间的变化，以及自然地表到人工地物的变化等。非城市地区内的建筑工地与种植土地容易混淆，房屋建筑区与自然地表的接合处容易出现误检，需要人工核查，如图 1-6 所示。此外，道路两侧及城乡接合部区域为变化集中、更新频繁区域，在人工核查过程中需要重点关注。

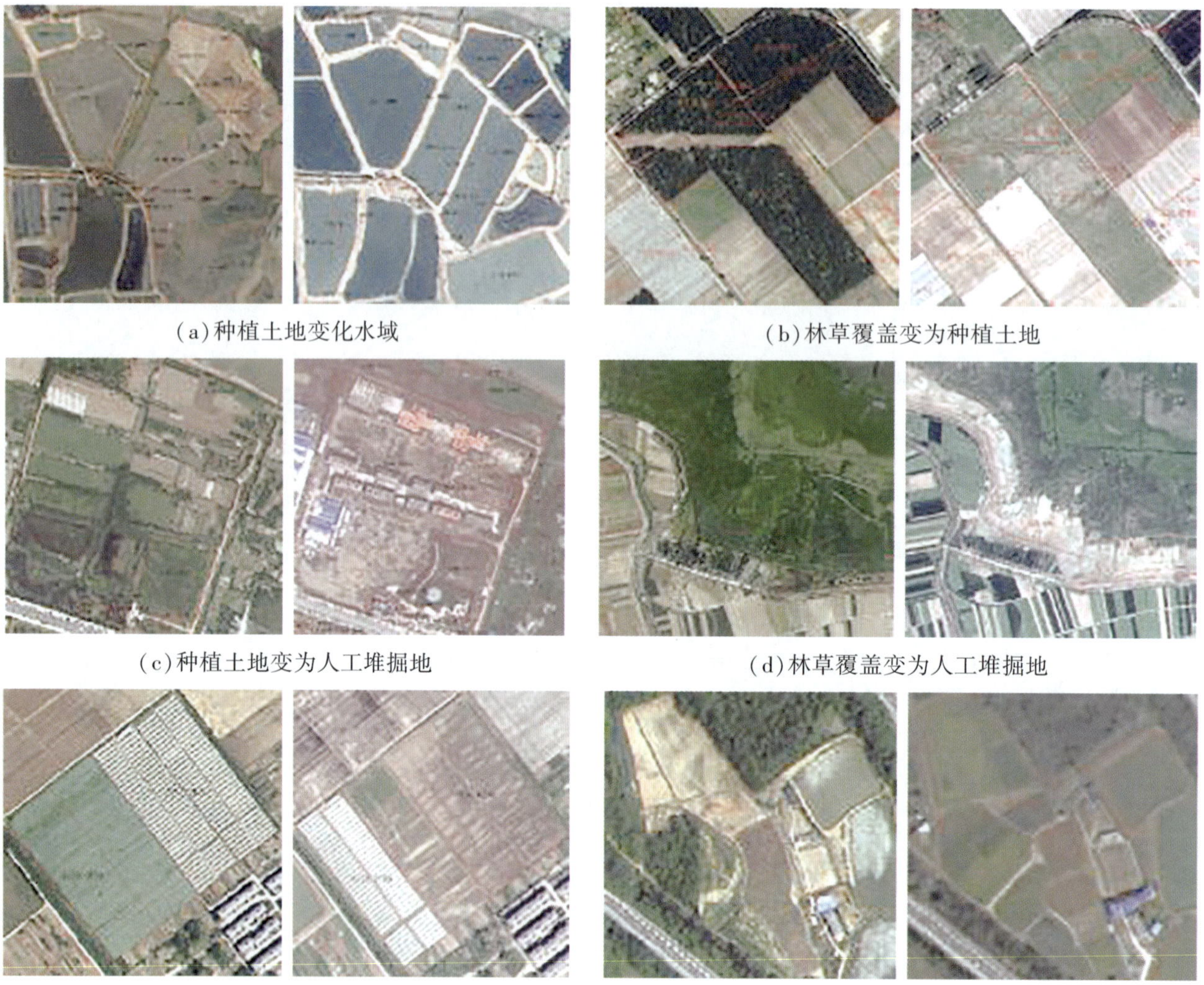

(a)种植土地变化水域
(b)林草覆盖变为种植土地
(c)种植土地变为人工堆掘地
(d)林草覆盖变为人工堆掘地
(e)种植土地与构筑物之间变化
(f)人工堆掘地变为林草覆盖

图 1-6　非城市地区典型地物变化

1.3.1.2　基于夜光遥感数据的城市化时空演化特征提取

研究技术主要包括 DMSP/OLS 影像数据校正，基于校正影像的 DMSP/OLS 以及 NPP/VIIRS 夜光影像建成区提取方法研究，并在此基础上对研究区进行社会经济因子以及相关政策的相关统计与分析，如图 1-7 所示。

DMSP/OLS 数据集的每颗卫星都有各自指定的编号，如 F16 表示 DMSP 第 16 号卫星。卫星在发射后几周之内即可接收数据，但是随着卫星寿命的延长，衰退现象越来越明显，最终该卫星将不再用于生产数据产品，因此在很多年份存在由两颗卫星同时收集一年的数据，从而产生同年份的两个独立的数据集的现象(如 1997 年有 F12 和 F14 两颗卫星分别获取的数据)。由于 OLS 传感器未作星上定标，不同传感器之间的固有差异以及成像环境等因素的影响，因此造成由多个卫星获取的长时间序列不同年份之间数据缺乏可比性。为了提高 1992—2013 年夜间灯光数据的可比性，须对数据进行相互校正。全球夜间灯光数据的相互校正由 Elvidge 等提出，有效地降低了全球夜间灯光数据集的 DN 值间的差异性，具体校正方法可以概括为以下三部分：计算校正参数、相同年际间校正以及年际间系列校正。

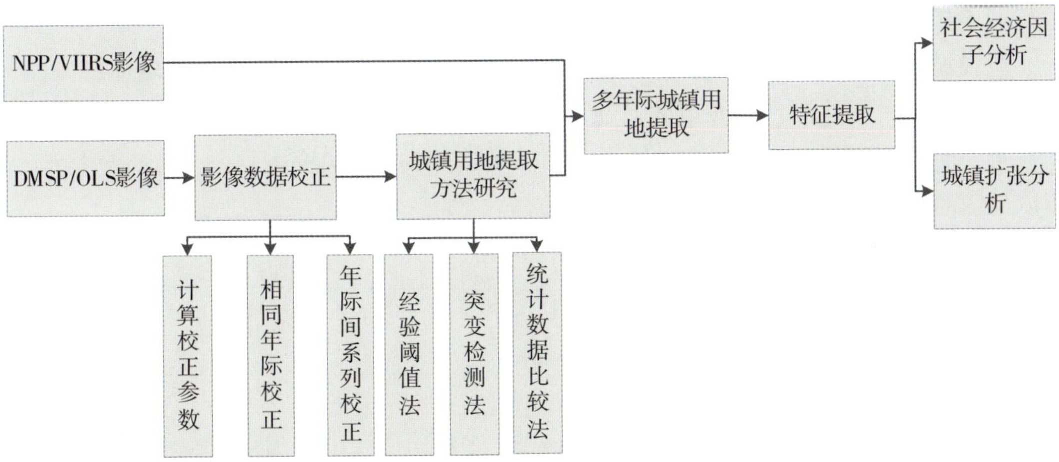

图 1-7　研究技术流程图

1. 计算校正参数

在校正参数计算方面主要需要以下四个步骤：

第一步，确定参考区，参考区(某个城镇)的选择遵循下列原则：DN 值年际变化小即该城镇发展较弱且 DN 值在 0~63 的动态范围内分布较广泛；

第二步，选取参考数据集，选取累积 DN 值最高的数据集为参考数据集，在本研究中，选取 F182013(即 F18 卫星 2013 年)获取的数据作为校正参数计算的参考数据集；

第三步，建立一元二次回归模型，以参考数据集中的定标区的 DN 值为标准，将其他年份影像与参考数据作比较得到校正参数；

$$\mathrm{DN}_{\mathrm{correct}} = a \times \mathrm{DN}^2 + b \times \mathrm{DN} + c$$

式中，DN 与 $\mathrm{DN}_{\mathrm{correct}}$ 分别为校正前后的 DN 值，a、b、c 为校正参数。

2. 相同年际间校正

在获取的影像中，存在两颗卫星对同一年份均获取影像的情况，为了充分利用每个数据，需要对不同卫星获取的相同年份夜光影像进行校正。具体方法如下：选取不同卫星、相同年份的夜光影像数据，对相同年份影像中的亮像元进行比对，将两幅影像中同一位置均出现的亮像元视为稳定亮像元保留，其余亮像元视为不稳定亮像元剔除，在此基础上，对处理后的同一年份影像的 DN 值求平均值，形成该年份新的影像。

$$\mathrm{DN}_{(n,\ i)} = \begin{cases} 0, & \mathrm{DN}^a_{(n,\ i)} = 0 \mid \mathrm{DN}^b_{(n,\ i)} = 0 \\ (\mathrm{DN}^a_{(n,\ i)} + \mathrm{DN}^b_{(n,\ i)})/2, & \text{otherwise} \end{cases}$$

$$(n = 1994,\ 1997,\ 1998,\ \cdots,\ 2007)$$

式中，$\mathrm{DN}^a_{(n,\ i)}$ 和$\mathrm{DN}^b_{(n,\ i)}$ 分别为第 n 年中两幅影像中第 i 个亮像元的 DN 值，$\mathrm{DN}_{(n,\ i)}$ 为第 n 年经过相同年际校正后的结果。

3. 年际间系列校正

进行年际间系列校正是为了消除多年际间数据之间的不一致性，并且校正亮像元的 DN 值用来确保可以进行城市扩张的动态分析。为此，我们进行了以下几点假设：

第一，假设城市区域在武汉大都市区保持持续增长，并且像元亮度值会逐渐增加；

第二，假设在上一年检测到的城市区域在下一年影像中不会消失；

第三，第二年检测到的 DN 值亮度必须大于第一年检测的 DN 值亮度。

基于以上三点假设提出了年际间系列校正的方法：

$$DN_{(n,\ i)} = \begin{cases} 0, & DN_{(n+1,\ i)} = 0 \\ DN_{(n-1,\ i)}, & DN_{(n+1,\ i)} > 0 \ \& \ DN_{(n-1,\ i)} > DN_{(n,\ i)} \\ DN_{(n,\ i)}, & \text{otherwise} \end{cases}$$

$$(n = \text{年份})$$

其中，$DN_{(n-1,\ i)}$、$DN_{(n,\ i)}$、$DN_{(n+1,\ i)}$ 分别为第 $n-1$、n、$n+1$ 年中第 i 个亮像元的 DN 值。

1.3.1.3 大数据爬取

1. 交通可达性数据爬取

通过“八爪鱼”网页数据采集器和高德地图 API 爬取铁路班次时间表、城市间最短公路交通时间和距离等数据资料。

对于公路交通，对任意两个不同的城市分别作为起点和终点，在夜间车流稀少、基本无拥堵的条件下，从高德 API 遍历所有城市对，得到城市之间的最短行车距离和时间。

对于铁路交通，从 12306 网站爬取所有车次的停站信息，包括车次编号、停站、到站时间和发车时间等。

2. 腾讯位置大数据爬取

腾讯位置大数据用于全国、湖北省范围人口腹地分析，由腾讯位置平台爬取，通过迁徙人次、交通方式、迁徙距离综合计算得出全国地级以上城市间人群流动的热度，采集为多对多、扩样数据，除人流量外，还包括 3 类交通方式(火车、汽车和飞机)的人口出行量，但仅公布排名前 10 的城市，且于 2019 年 3 月平台停止更新。

1.3.1.4 地理调查

地理调查法是指应用科学的方法，制定某一计划全面或比较全面地收集研究对象的某一方面情况的各种材料，并作出分析、综合，得到某一结论的研究方法，从而提出解决问题对策的活动。该方法能在短时间同时调查很多对象，获取大量资料，并能对资料进行量化处理，经济省时。

旧城更新专题社区调研问卷涉及 5 个方面 15 个问题，包括个人及家庭基本情况、交通出行、街道景观、社区文化和个人建议等，如图 1-8 所示。

乡村振兴专题地理调查问卷涵盖 9 个方面 40 个问题，包括个人及家庭基本情况、人口流动、农村产业和农产品交易、基础设施、土地利用、农民权益保障、农业政策落实、农民消费行为和个人建议等，如图 1-8 所示。

地理调查问卷

乡村（社区）

您好：

为及时了解乡村发展概况，武汉市测绘研究院委托武汉华中师范大学城市与环境科学学院教师、学生共同编制《武汉市地理国情专题研究——乡村振兴》。本次监测的内容是乡村土地、人口及产业发展。目的是摸清现阶段乡村发展遇到的问题，为下一步的乡村规划建设提供参考依据。现诚邀您为乡村（社区）发展提出宝贵建议。

本次问卷不记名，请放心填写，感谢您的合作！

1.您的性别：□男 □女 年龄（岁）：______

2.您的受教育程度

□小学及以下 □初中 □高中 □专科 □本科及以上

3.您的职业：

□农民 □学生 □党政机关、企事业单位工作人员

□商业、服务业人员 □个体工商户和私营企业主 □其他人员

4.您的家庭年收入：

□1万及以下 □2-3万（含3万） □3-5万（含5万） □5-8万（含8万） □8万以上

5.您的家庭年收入主要来源：

□务农收入为主 □打工收入为主 □经商收入为主 □其他

6.您的家庭成员人数：______，家中是否有留守儿童：____（个），留守老人：____（个）

7.您家从业人口平均年龄：______；外出从业劳动力数量：______；

8.您村是否有历史遗迹，数量为多少：

9.您村是否有民俗表演？一年多少场？

10.您家人是否有迁出迁入，若有，原因是：

□求学 □打工 □经商 □其他

11.您外出务工，房屋是否会租给别人：（写上用途是什么）

□是 □否

12.您家是否有大学生。是否愿意回家乡就业创业：

□有，（1）愿意 （2）不愿意 □无

13.您是否接受过专门的农业知识技能培训：

□是 □否

14.您家或您村是否有大型的收割机器：（是什么机械）

□是 □否

15.您村是否有农产品加工企业，或家庭作坊、农业合作社等：

□是 □否

16.除国家补助以外，您是否获得过村集体的资金补助，若有，每年多少钱：______

□是 □否

17.您家的生活垃圾是否处理：□是 □否

如何处理：□填埋 □焚烧 □其他__________

18.您家是否有独立卫生间：□是 □否 卫生间是否通下水道：______

19.您家是否通自来水：□是 □否

20.您家农产品占所有收入的比重：

□5%以下 □5%-30% □30%-70% □70%-90% □90%以上

21.您家农产品是否销售，通过什么渠道：

□无 □有 （1）到村里的农贸市场卖 （2）自己消费 （3）等人上门收购 （4）拿到城里卖 （5）与村里的其他人合作集中销售 （6）其他

22.您愿意加入农村合作社进行生产吗：

□愿意 □不愿意 □不确定，以实际情况而定

23.您对近年来实施的农业政策看法是：

□很好，增加农民的收入 □一般，收入水平没有变化 □尚未落到实处，仍有很大问题

24.您对于拓宽农产品销售渠道（如互联网销售）的看法是：

□很好，增加农民收入 □不现实，技术跟不上，而且已习惯现在的经营方式 □只要能赚钱都是好的

25.您家附近有大量土地荒废的状况吗：（可具体询问有多少）

□有很多 □有，但不多 □没有

26.您家是否参与农村土地流转?（若选没参与，回答27题，否则跳过）

□已参与 □没参与

27.您没有参与土地流转的原因?

□土地太少，只能自给 □无流转服务平台 □没有信息渠道 □没有人愿意承包 □其他原因

28.您家的土地流转有多少亩：______，种植作物是：______

29.您家土地流转的主要对象是？

□本村村民 □村外人员 □企业、科研等单位 □其他

30.您认为哪些因素可能成为影响您是否进行土地流转的决策？

□流转收益 □土地流转的便利性 □土地流转的对象 □土地流转是否有法律保障

31.在土地流转过程中，您的权益是否受到过侵害?（如果选否，则跳过第31题）

□是 □否

32.您的哪些权益受到过侵害?

□财产权利 □生产经营自主权 □依法享受国家扶持政策的权利 □民主权益

33.您对近年来实施的土地政策看法是：

□很好，增加收入 □一般，实施前后相比差别不大 □反对，仍有很大问题

34.您觉得村里的生态环境怎么样：

□很好，山清水绿，环境优美 □一般，变化不大 □很差，没有变化

35.您村是否有污水处理设施：

□有，经常使用 □有，偶尔使用 □有，不使用 □无

36.您对"田园综合体"建设了解吗：（调研人员可举例子说明）

□非常了解，乡村新型产业 □了解，对乡村发展有好处 □听说过，不太清楚是什么 □完全不了解，不知道是什么

37.你是否支持"田园综合体"在本村建设：

□支持，增加农民收入 □无所谓，都可以 □反对，给农村带来生态环境压力

38.您觉得村里有哪些问题：如乡村人员、土地是否被强征，乡村补助方面

39.您觉得本村医疗水平的态度怎样？存在哪些问题

40.您对本村教育水平的态度怎样？存在哪些问题。

尊敬的XXX

您好！万分感谢您在百忙之中接受我们的问卷调查！

我们是武汉理工大学和武汉市测绘研究院联合组织的旧城更新研究小组，此次问卷调查旨在了解更新项目范围内市民、游客对汉街改造结果的满意度状况。问卷的结果仅作学术研究之用并且严格保密。劳烦请您放心客观填写，您的真实想法对我们的研究以及对武汉旧城更新未来发展走向具有莫大的帮助。最后，请接受我们诚挚的谢意，我们的研究成果形成及武汉旧城更新可持续发展将有您宝贵的一份贡献，祝您及您的家人：身体健康，万事如意！

武汉理工大学

1.年龄:口18-28岁口29-40岁口41岁-48岁口49-55岁口56岁及以上

2.教育程度:口初中及以下口高中及中专口大专口本科口研究生

3.您的身份:口武汉本地居民口在武汉工作（学习）口游客

4.您来汉街的频率？

口每月两次或更多 口每月一次 口两月一次 口每季度一次 口每半年一次或更少

5.您去汉街的目的通常是？（多选）

口逛街购物 口就餐 口电影、KTV等娱乐 口散步或休憩 口观看表演或参加活动 口工作 口陪同家人或朋友 口其他

6.您通常采用什么交通方式来楚河汉街？（多选）

口地铁 口公交 口私家车 口共享单车 口步行 口其他

7.您对汉街的整体印象？

口很差 口不太好 口一般 口较好 口非常好

8.您认为汉街建筑外观如何？

口很差 口不太好 口一般 口比较美观 口非常美观

9.您认为汉街街道尺度如何？

口很宽 口比较宽 口适中 口比较窄 口很窄

10.您认为汉街名人广场设计如何？

口很差 口不太好 口一般 口比较好 口非常好

11.您认为汉街滨水空间（楚河）的设计如何？

口很差 口不太好 口一般 口比较好 口非常好

12.您认为汉街是否能体现楚汉文化的氛围？

口完全没有体现 口没有体现多少 口一般 口体现出一些 口可以充分体现

13.您觉得汉街有哪些优点？（多选）

口建筑、景观有特色 口街道设计舒适 口滨水空间好 口氛围好，人多热闹 口购物方便 口商品性价比高 口配套服务设施齐全 口地理位置好，方便出行 口文化气息浓厚 口其他

14.您觉得汉街哪些不足？（多选）

口商业街建筑设计缺乏内涵 口滨水空间未得到有效利用 口名人广场尺度过大，设计单一 口绿化面积太少 口缺乏休憩设施（座椅等） 口交通通达性不好 口步行环境舒适度低 口缺乏停车位 口标识引导设施不够醒目 口无障碍设施欠佳 口其他

15.您对汉街有什么意见或建议？

图1-8 调查问卷示例

1.3.2 数据处理

收集到的各类专题数据往往是用表格存储的，在实际地理国情监测数据生产与统计分析时，需要对各类专题数据进行地名地址匹配、空间化上图、属性关联、尺度下推等处理。如人口、经济类统计数据是基于一定统计单元(全市、区、街道或乡镇)的统计指标，无法反映统计单元上社会经济要素空间分布及差异，需进行与统计单元的属性关联和尺度下推等处理；公共服务、企业类统计数据为多条存储名称、地址及其他相关属性信息的记录，需进行地名地址匹配、空间上图等处理。

1.3.2.1 基于特征学习的居民住宅地址空间化模型

居民用水数据中包含的地理空间信息主要隐藏在地址中，居民住宅地址是在进行居民住宅水表抄报时填写录入的，存在以下问题：一是人为摘抄录入时产生的错误；二是由于数据转录传输造成的数据不一致。居民住宅地址存在两个空间分布规律：一是包含小区名称的住宅一般具有空间集聚特征；二是不包含小区名称仅以路编号的住宅一般沿路两边分布。根据以上规律，将地址信息表述为不同类型地址要素的组合，对其进行地理编码，并按照语义相似度进行分组，按照相似度由高到低的顺序，建立一种树状结构，将每一子树内的一个样本地址与百度/高德地图数据进行匹配，按照模糊匹配的原则选取相似度最高的百度/高德地理坐标，子树内其他叶节点地址等同于样本坐标。

为了保证匹配率和匹配精度，设计模糊地理编码方法，通过制定模糊编码规则确定最佳匹配结果。对于初步自动空间定位的记录可根据任务(逐条、随机抽样、批处理)进行基于空间关系的纠正处理，包括拓扑分析、空间关系判断等；最后再以地址要素类型(例如小区/非小区)为键、以地址串和空间坐标为值建立索引。通过“地址—编码—纠正”处理，不仅实现了空间化精度的有效控制，而且还实现了住宅类型的识别分类。逻辑模型如图 1-9 所示。

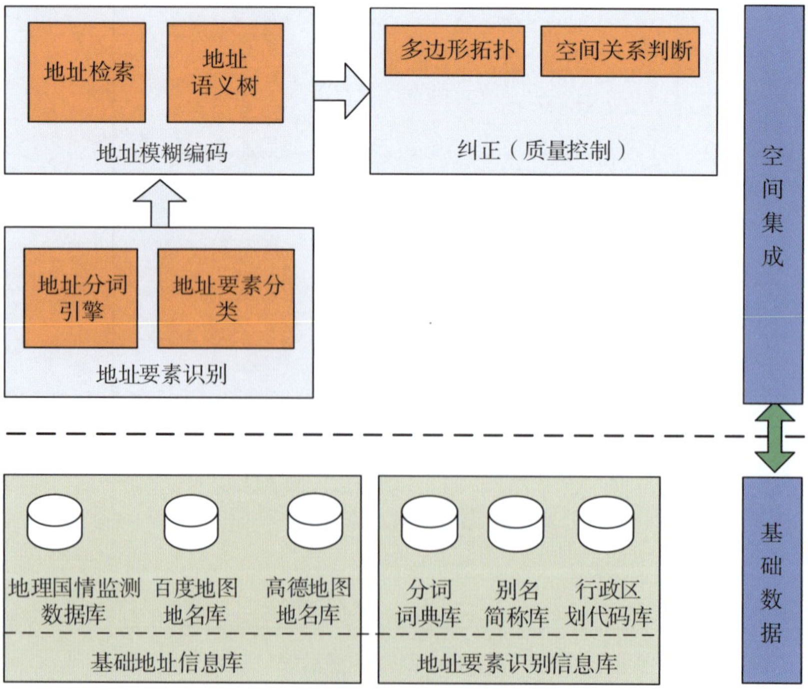

图 1-9　居民住宅地址空间化模型

1.3.2.2 经济指标尺度下推方法

由于统计年鉴中传统经济指标多为区县、街道尺度，因此在乡村振兴研究专题中需要将经济类数据下推至行政村一级。乡村经济指标分为第一产业、第二产业和第三产业 3 类，各指标尺度下推方法如表 1-7 所示。

表 1-7　　乡村经济指标尺度下推方法

分类	指标名称	尺度下推方法
第一产业	农业总产值	$S_A = S_G \cdot \frac{R_A}{R_G}$ 式中：R_A 表示村耕地面积和；R_G 表示区耕地面积和；S_G 表示区农业总产值；S_A 表示村农业总产值
	高效农业产值占比	$K_A = (S - S_G)\frac{Q_A}{Q_G}$ 式中：K_A 表示村高效农业占比；S 表示区农林牧渔总产值；S_G 表示区农业总产值；Q_A 表示区种植土地面积总和；Q_G 表示村种植土地面积总和
第二产业	第二产业总产值	$M_A = M_G \cdot \frac{L_A}{L_G}$ 式中：L_A 表示村工业用地总面积；L_G 表示区工业用地总面积；M_G 表示区第二产业总产值；S_A 表示村第二产业总产值
	建筑业产值	$N_A = N_G \cdot \frac{P_A}{P_G}$ 式中：N_A 表示村建筑业产值；N_G 表示区建筑业产值；P_G 表示区建筑业企业总注册资本；P_A 表示村建筑业企业总注册资本
第三产业	外地游客接待人次	联通手机信令数据：外来非职住人口到访人次
	本地游客接待人次	联通手机信令数据：本地非职住人口到访人次
	农村居民可支配收入	用区级农村居民可支配收入作均一处理

1.3.2.3 基于"实有人口、实有房屋"数据的精细化人口格网化技术

人口格网化数据源包括地理国情数据中的地表覆盖（LCA 图层）和城镇综合功能单元（BUCA/BUCP 图层）、社区人口数据和中心城区房屋调查数据。主要步骤包括标准格网生成、空间叠加、人口赋值计算等，详细说明如下：

（1）生成标准格网。根据武汉市中心主城区的范围，使用 ArcGIS 软件的 Fishnet 工具生成 50m×50m 的标准格网，并将其转化为格网面。

（2）空间叠加。使用 ArcGIS 叠加工具 Intersect，对标准格网面的带有人口信息的房屋数据进行处理，得到经格网切割过的房屋数据，并计算切割后房屋对象的面积。

（3）人口赋值计算。由于部分房屋跨越多个格网，在切割后被分配到不同的格网中。本书假设同一栋建筑内，居民的人均居住面积是均匀的，从而可用下列公式计算切割后的房屋所容纳的人口数。

$$BP_{mn} = BP_m \times \frac{S_n}{S_m}$$

式中，BP_m 为第 m 个房屋所容纳人口数，BP_{mn} 为该房屋被切割后的第 n 个部分所容纳的人口数，S_m 为该房屋的基底面积，S_n 为切割后的第 n 个部分的占地面积。

由于房屋调查数据仅包含中心城区，因此人口格网化分两步完成。首先分别对中心城区和其他区域进行人口格网化，然后将所得结果合并生成全市范围的人口格网化成果。

1.3.2.4　基于交通路网数据的轨迹匹配技术

1. 公交刷卡路网匹配

1）公交刷卡数据匹配

原始公交刷卡数据只有用户 ID、线路名称、刷卡时间和刷卡设备 ID，缺少刷卡数据的上车站点信息，因而需要结合公交车运行轨迹数据和公交站点坐标数据，识别刷卡数据的上车站点。数据对应关系如图 1-10 所示，流程如下：

（1）定义公交刷卡数据匹配规则：①公交车 GPS 轨迹的最早记录时间应不大于刷卡数据的最早记录时间，且最晚记录时间应不小于刷卡数据的最晚记录时间；②公交车在规定站点停靠一段时间，与站点的距离应不大于 d 且运行速度应不大于 v（取 $d=30\text{m}$，$v=2\text{km/h}$），绝大多数乘客在公交车停靠时间内完成刷卡事务；

（2）对于每条公交线路，利用匹配规则重复计算不同 DeviceID 与不同 VehCode 之间的匹配规律，取匹配结果概率之和最大的最优解，剔除匹配概率为 0 的异常刷卡数据，完成所有设备编号之间的匹配；

（3）基于（2）中设备编号的匹配，将刷卡数据匹配到时间差最近的公交车 GPS 轨迹上，采用距离公交车 GPS 轨迹点最近的公交站点作为刷卡数据的上车站点，并取公交车的运行方向为刷卡数据的上车方向。

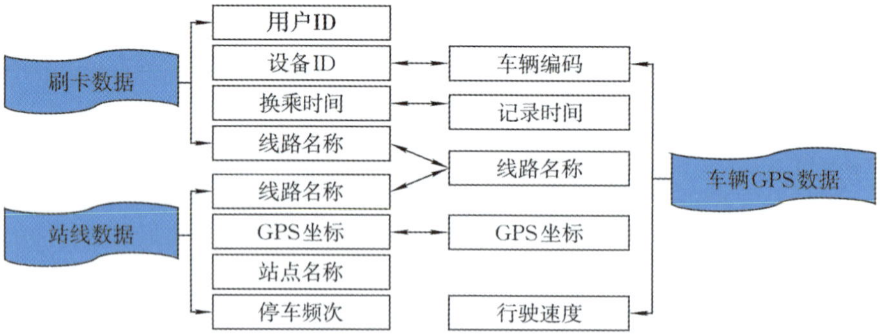

图 1-10　公交刷卡数据关系

2）地铁刷卡数据 OD 提取

原始地铁刷卡数据不具有直接的进出站 OD 名称数据，为提取地铁刷卡数据的 OD 数据，进行如下过程：

（1）根据地铁刷卡数据的用户 ID 唯一标识码，提取每一个用户 ID 的刷卡事务，其中进出站的标识码分别为 0 和 1；

(2)对每个用户的刷卡事务按照时间排序，将出站刷卡事务视为一条事务的终止点，寻找与之匹配的进站事务，当且仅当进站事务发生在出站事务之前且两者之间没有其他进出事务，形成一条完整的地铁刷卡 OD 链，否则舍弃该条事务；

(3)循环完成所有事务的匹配，生成所有地铁刷卡数据 OD 数据链。

2. 共享单车骑行轨迹匹配

共享单车在轨迹匹配方面多采用浮动车的轨迹匹配方法，主要分为增量轨迹地图匹配与全局轨迹地图匹配。全局轨迹地图匹配因为用到所有的轨迹数据，精度较增量匹配偏高，又分为几何全局匹配和基于权重的轨迹匹配。几何全局匹配主要使用线段时间的距离作为路段的权重，由此构建网络图，通过计算最短路径得到最终匹配路。基于权重的轨迹匹配以隐马尔可夫模型中的维特比动态优化算法求解，以与候选路段的距离、角度等为转移状态，从而最终得到全局的轨迹匹配点。共享单车骑行轨迹的匹配流程如图 1-11 所示。

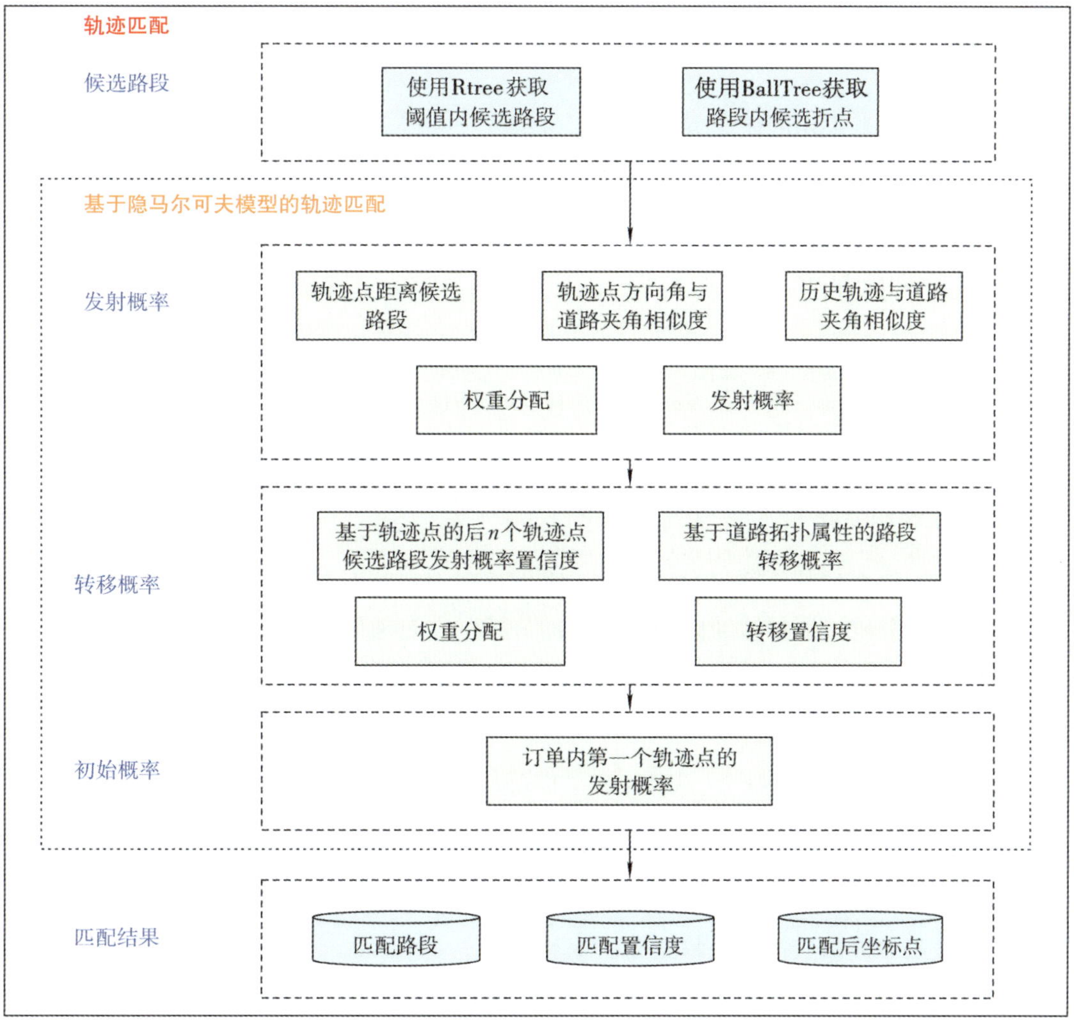

图 1-11　共享单车骑行轨迹还原技术流程

(1)数据清洗。由于 GPS 定位误差、传感器错误、数据存储错误等问题，需要对骑行轨迹进行异常数据的清洗。主要包括坐标点轨迹异常，骑行距离、时间和速度异常，骑行订单内的存在异常轨迹点(未关锁、GPS 异常等)。

(2)数据抽稀。由于骑行速度相对较慢，同时 GPS 打点频率相对较高，数据冗余量较大，为保证匹配算法的效率，采用时间抽稀和密度抽稀两种方法对骑行轨迹进行抽稀处理。

(3)数据索引。在匹配过程中，为了减少需要匹配的候选路段数量，提升算法的效率，构建了二级空间索引结构，在保证精度的情况下尽可能提高算法的效率。其中二级空间索引结构为路段 R 树空间索引+路段折点 Ball-tree 空间索引。

(4)轨迹匹配。轨迹匹配发射概率，即轨迹点归属于某条路段的相似性度量。选取距离相似性、骑行轨迹相似性及历史轨迹相似性三个属性计算发射概率。由于骑行的速度较慢，采样频率较高，所以在一个轨迹内前后轨迹点的路段拓扑中呈现强相关关系，具体表现为前后轨迹点在同一路段或邻近路段上的概率极大，根据前后轨迹点的关系，计算轨迹点转移概率。最终使用基于维特比(Viterbi)算法的隐马尔可夫模型进行轨迹点的匹配。

1.3.3 数据分析

专题性地理国情监测采用的研究方法较多，包括统计分析方法、空间分析方法、城市空间扩展分析方法、生态环境监测评价方法、资源环境承载力评价方法、人口大数据分析方法、交通大数据分析方法、公共设施服务区识别方法、房屋空置率分析方法、空心村识别方法等。

1.3.3.1 统计分析方法

统计分析方法是将基础性监测成果转化为专题性监测基础指标的基本方法。根据地理国情普查与监测数据、统计年鉴、公报以及相关专题数据，以区、街道或其他分析单元为单位，统计该单元内不同类型要素的基本统计信息，包括数量、面积、长度、密度、覆盖率、变化量与变化率等。

1.3.3.2 空间分析方法

在地理国情监测数据和其他部门的相关数据收集整理的基础上，利用地理信息系统软件对地理国情专题资料进行空间分析。通过缓冲区分析、叠加分析、空间插值分析等方法，对数据进行空间化处理和分析，利用形象生动的地图符号、色彩及视觉变量表示法等多种手段，选用单张图、系列地图或地图集的形式，对空间分析结果进行可视化表达。

1. 空间插值分析

空间插值分析是通过空间内插或者空间外推算法，借助已知区域的数据，推求未知区域数据的方法。它基于信息点之间的相似程度或整个曲面的光滑性，创建一个拟合曲面，常见方法包括反距离权重法、克里金法、趋势面法、样条函数法等。

2. 缓冲区分析

缓冲区分析是用来解决邻近度问题的空间分析工具之一，描述地理空间中 2 个地物空间距离的相近程度。通常以点、线、面为基础，建立其周围一定范围内的缓冲区图层，通过该图层与目标图层叠加分析。

3. 距离谱分析

采用欧氏距离的空间圈层分析方法，以研究对象的几何中心为圆心，由中心向外围每隔一定距离作同心圆，用以分析不同半径内的变化趋势。

4. 标准差椭圆分析

标准差椭圆以图形化方式表现某研究对象的空间变化趋势与方向，它通过计算某研究对象的标准差椭圆，测量扩张区域的趋势，查看扩张区域的分布是否是狭长形或具有特定方向。

5. 拓扑分析

拓扑分析主要应用于交通网络分析，其基本方法是：首先对高速公路、国道、省道、其他道路和连接线中心线等进行道路实体化处理，按道路实际连通情况在道路出入口处对道路进行分段处理；其次，进行道路判读、修剪、连接等处理，针对不能通达的路段，进行路段缺失、重复和部分重叠等检查，并进行删除，梳理路段节点，优化路段几何结构，计算每段公路长度，作为路网分析的基础；最后，利用 ArcGIS Network Analyst 扩展模块构建道路交通网络，通过拓扑检查确保道路网的连通性和可达性与现实世界保持一致。

1.3.3.3 城市空间扩展分析方法

1. 建筑密度

建筑密度和容积率是进行建筑空间形态分析常用的 2 个指标。其中：建筑密度指的是规划地块内各建筑基底占地面积与地块面积之比，计算公式为

$$\text{建筑密度} = \frac{\text{建筑基底占地面积}}{\text{地块面积}} \tag{1-1}$$

2. 容积率

容积率指的是规划地块内各类总建筑面积与地块面积之比，计算公式为

$$\text{容积率} = \text{总建筑面积} / \text{土地面积} \tag{1-2}$$

3. 扩张速率

城市年均扩展速率是指在一定时间段内城市土地的平均扩展速率，表达某研究区在一定时间范围内主城建设区用地的数量变化情况，计算公式为

$$Ks = \frac{U_b - U_a}{T} \tag{1-3}$$

式中：K_s 为城镇扩张速率；U_b 为研究末期城市建设用地面积；U_a 为研究初期城市建设用地面积，T 为研究时段。

4. 扩张强度

扩张强度指数(关兴良等，2012)是指某空间单元在单位时期内用地的扩展面积占其土地总面积的百分比，该指数将研究区内各空间单元的用地年均增长速度进行标准化处理，用于比较不同研究时期城市土地利用扩张程度的强弱，计算公式为：

$$\mathrm{UEII}_i = \frac{\mathrm{ULA}_i^{t_2} - \mathrm{ULA}_i^{t_1}}{\mathrm{TLA}_i \times \Delta T} \times 100 \tag{1-4}$$

式中：UEII_i 为空间单元 i 的年均扩张强度指数；$\mathrm{ULA}_i^{t_2}$、$\mathrm{ULA}_i^{t_1}$ 分别为空间单元 i 在 t_2 及 t_1 时期的用地面积；TLA_i 为空间单元 i 的总面积；Δt 为时间间隔。

5. 土地利用动态度

单一土地利用动态度(王秀兰等，1999)计算公式为：

$$K = \frac{U_b - U_a}{U_a} \times \frac{1}{T} \times 100\% \tag{1-5}$$

式中：K 代表研究时段内某一土地利用类型动态度；U_a 代表研究期初某一种土地利用类型的数量；U_b 代表研究期末某一种土地利用类型的数量；T 代表研究时段长。

6. 综合土地利用开发指数

综合土地利用开发指数计算公式为：

$$C = \left[\frac{\sum_{i=1}^{n} \Delta L_{i-j}}{2\sum_{i=1}^{n} L_i}\right] \times \frac{1}{T} \times 100\% \tag{1-6}$$

式中：C 代表研究时段内综合土地利用动态度；L_i 代表研究初期第 i 类土地利用类型面积；ΔL_{i-j} 代表研究时段内第 i 类土地利用类型转换为非第 i 类土地利用类型面积的绝对值；T 代表研究时段长。

7. 土地利用程度

土地利用程度综合指数(鲁春阳等，2007)计算公式为：

$$L_a = 100 \times \sum_{i=1}^{n} A_i \times C_i \quad L_a \in [100,\ 400] \tag{1-7}$$

式中：L_a 代表土地利用综合指数；A_i 代表第 i 级土地利用程度分级指数；C_i 代表第 i 级土地利用程度面积百分比。

1.3.3.4 生态环境监测评价方法

1. 碳排放计算和空间化方法

1)碳排放总量计算方法

2006 年 IPCC(Intergovernmental Panel on Climate Change)编制了《IPCC 2006 年国家温室气体排放清单指南》，该清单中提供的排放因子法是目前广泛应用的碳排放核算方法(IPCC，2006)。其基本思路是针对每一种排放源构造其活动数据与排放因子，以活动数据和排放因子的乘积作为该排放源的估算碳排放量。其中，活动数据主要来自国家相关统计数据、排放源普查和调查资料等；排放因子可以采用 IPCC 报告中给出的缺省值，也可以自行构造。根据武汉市经济和社会发展特征，参考国内外其他城市研究成果(杨欣等，2013；娄伟，2011；田云等，2011；杨鹏等，2010；唐洪松等，2016)，本书采用的碳排放计算公式为：

$$\text{碳排放总量}=\text{能源消耗碳排放量}+\text{工业产品生产碳排放量}+\text{废弃物处理碳排放量}+\text{农业生产碳排放量}+\text{其他} \tag{1-8}$$

式中：能源消耗包括工业能源消耗、城市生活能源消耗、农业生产能源消耗、交通运输业能源消耗等；工业产品生产碳排放包括由水泥生产原料石灰石煅烧、原料烘干以及燃料燃烧排放的二氧化碳。如果一个城市使用的水泥、钢材等工业品的数量超过本地的生产量，则需要考虑隐含二氧化碳排放；废弃物处理碳排放主要来源于垃圾填埋及焚烧；农业生产碳排放来源于灌溉、农药、薄膜等农作物耕种过程。

2)碳排放空间化方法

为了实现碳排放的空间化分析，本书基于地理国情普查与监测数据对武汉市碳排放进行空间化，以街道和区为基本统计单元进行汇总分析。参考国内外相关研究成果(赵荣钦等，2013；义白璐等，2015；曹孜等，2011；黄宇等，2012)，本书采用的方法如下：

(1)工业生产碳排放空间化。

根据统计年鉴的工业能源消耗量和工业产品产量估算工业生产碳排放总量，利用国情普查与监测数据城镇综合功能单元 BUCA 图层，提取各区“工矿企业”用地对象，统计工矿企业用地总面积和面积占比，计算每个工矿企业工业活动的碳排放量，汇总得到各街道和各区碳排放量。其计算公式为：

$$C_n^i = \frac{S_n^i}{\sum_{i=1}^{n} S_n^i} \times C(i) \tag{1-9}$$

式中：C_n^i 为空间化数据中第 i 分区第 n 对象的工业生产碳排放量；S_n^i 为第 n 个对象的工矿企业用地面积。

(2)生活用电、用气碳排放空间化。

根据统计年鉴的生活用电量和生活用气量估算生活用电和生活用气碳排放总量，利用地理国情普查与监测数据城镇综合功能单元 BUCA 图层中“居住小区”对象，结合武汉市常住人口空间分布格网数据，对全市生活用电和生活用气碳排放进行空间化，汇总得到各街道和各区碳排放量。其计算公式为：

$$C_n^i = \frac{S_n^i \times P_n^i}{\sum_{i=1}^{n} (S_n^i \times P_n^i)} \times C(i) \tag{1-10}$$

式中：C_n^i 为空间化数据中第 i 分区第 n 个对象的生活用电、用气碳排放量；S_n^i 为第 n 个对象的居住小区面积；P_n^i 为第 n 个对象的常住人口密度；$C(i)$ 为第 i 分区的生活用电、用气排放总量。

(3)废弃物处理碳排放空间化。

根据统计年鉴的废弃物处理量统计废弃物处理碳排放总量，利用武汉市常住人口空间分布格网数

据进行空间化，汇总得到各街道和各区碳排放量。其计算式为

$$C_n^i = \frac{P_n^i}{\sum_{i=1}^{n} P_n^i} \times C(i) \tag{1-11}$$

式中：C_n^i 为空间化数据中第 i 分区第 n 对象的废弃物处理碳排放量；P_n^i 为第 n 个对象的常住人口密度；$C(i)$ 为第 i 分区的废弃物处理碳排放总量。

(4)农业碳排放空间化。

根据统计年鉴的机电灌溉面积、化肥施用、薄膜使用、农用柴油等数据估算农业碳排放总量，利用地理国情普查与监测成果 LCA 图层的水田和旱地分布与面积进行空间化，汇总得到各街道和各区碳排放量，其计算公式为：

$$C_n^i = \frac{S_n^i \times P_n^i}{\sum_{i=1}^{n} (S_n^i \times P_n^i)} \times C(i) \tag{1-12}$$

式中：C_n^i 为空间化数据中第 i 分区第 n 对象的农业生产活动碳排放量；S_n^i 为第 n 个对象的农业用地面积；P_n^i 为第 n 个对象的常住人口密度；$C(i)$ 为第 i 分区的农业生产活动碳排放总量。

(5)交通拥堵碳排放空间化。

利用地理国情普查与监测成果 LRDL、LCTL 和 LVLL 图层、中心城区道路流量数据和人口格网数据，采用自下而上的方法来估算各区和各街道因交通拥堵导致的二氧化碳排放量，具体核算公式为：

$$C_r^i = \frac{L_r^i \times W_r^i \times F_r^i}{\sum_{i=1}^{n} (L_r^i \times W_r^i \times F_r^i)} \times C(i) \tag{1-13}$$

式中：C_r^i 为空间化数据中第 i 分区第 r 条道路的交通运输碳排放量；L_r^i 为第 r 条道路的道路长度；W_r^i 为第 r 条道路的道路宽度；F_r^i 为第 r 条道路的年平均交通流量；$C(i)$ 为第 i 分区的交通运输碳排放总量。对于无交通流量数据的道路，定义道路周边 2km 缓冲区内的人口密度作为辅助分析因子，计算道路交通运输排放量。

(6)建筑施工碳排放空间化。

以地理国情普查与监测成果中建筑工地(包括房屋建筑工地、道路建筑工地和拆迁建筑工地)数据为基础，基于碳排放系数法自下而上估算各区和各街道的建筑施工碳排放量，具体计算公式为：

$$C_i = \sum_{n} (S_{ij} \times \gamma_j) \tag{1-14}$$

式中：C_i 为空间化数据中第 i 分区的建筑施工碳排放量，S_{ij} 为第 i 分区第 j 类建筑工地的建筑施工面积，γ_j 为第 j 类建筑工地的碳排放系数。

2. 单木生物量模型与植被碳汇量估算方法

1)单木生物量模型

单木生物量模型是确定森林生物量的主要方法(肖文发等，1999)，通过模拟林内每株树木各分量(干、枝、叶、皮、根等)干物质重量估算生物量，建立树木各分量干重与其他因子之间的关系模型，从而达到利用树木易测因子估计生物量的目的(方精云等，1996；巨文珍等，2011)。根据单木

生物量确定该区域所有林木生物量，生物量乘以 0.5 得到每单位干物质的碳含量，由此确定林地的碳汇量(Brown et al.，1999；Murillo，1997)。

本书中采用的回归关系式为：

$$W = a(D^2H)^b \tag{1-15}$$

式中：W 表示生物量；a、b 为估计参数；H 和 D 分别表示树高和胸径。

2)植被碳汇量估算方法

耕地、林地、园地和草地等植被覆盖均是固定 CO_2 的主体，其碳汇储量计算公式为：

$$Q_{汇} = A \times r \tag{1-16}$$

式中：$Q_{汇}$为某一植被类型的碳储量；A 为不同地表植被覆盖类型的面积；r 为不同地表覆盖类型单位面积碳储量。

3. 地表径流系数计算方法

1)不透水面提取与修正

(1)房屋建筑区修正方法。

基于武汉市地理国情普查与监测成果，根据各类地表覆盖的透水特性提取不透水面。根据地理国情数据采集要求，房屋建筑区中连片面积小于 1 600m² 的绿化、道路等不采集，就近归入房屋建筑区，建筑工地中也存在一定面积的透水面，需要对国情数据进行修正。

对于旧城建筑区，房屋建筑密度较高，主要为 2~3 层砖木结构、联排式毗连布局的紧凑式楼房。此类房屋建筑区内几乎无绿化，不透水面面积无须做修正处理。对于可区分独栋房屋的情况，用房屋建筑区面积扣除独栋房屋和硬化地表面积后即为可透水面面积。对于无法区分独栋房屋的情况，仍含有一定比例的绿化面积，需采用估算方法，根据武汉市住宅小区绿地率的相关规定要求，补充 30%的面积给透水面，其余为不透水面。对于近年来新建的高层、带地下车库的房屋建筑区，在变化监测采集时，已将小区内绿地和房屋区分开，房屋建筑一般作为独立房屋采集，其他用地多为禁止车行的整体绿化步行区(覆土厚度在 600~1 500mm)。这种情况下，提取的房屋建筑即为不透水面，无须做修正，但在透水面提取时，需对此部分地下车库上的绿化做修正处理。

(2)建筑工地修正。

对于建筑工地，对比最新的高分辨率遥感影像，逐一核查所有建筑工地的所属类型，通过目视解译修正其中真正属于不透水面的面积。

(3)人行道和车行道修正。

对于人行道和车行道，使用城市道路数据估算道路两侧的人行道面积，估算原则为快速路两侧不宜设立人行道，主干路两侧人行道估算宽度为 3m。

城市道路主要包括快速路、主干路、次干路、支路。其中，快速路两侧不宜设立人行道，主干路两侧人行道宽度估算为 3m。人行道和车行道面积估算计算式为：

$$S_{主干路两侧人行道} = l_{主干路} \times 3 \times 2 \tag{1-17}$$

$$S_{次路两侧人行道} = l_{次干路} \times 2 \times 2 \tag{1-18}$$

$$S_{支路两侧人行道} = l_{支路} \times 2 \times 2 \tag{1-19}$$

式中：$l_{主干路}$、$l_{次干路}$、$l_{支路}$ 分别表示主干路、次干路和支路的长度，单位为 m。

2）地表径流系数计算

根据《武汉市海绵城市建设技术指南（试行）》，地表径流系数计算式为：

$$\varphi = \frac{S_1 \times \varphi_1 + S_2 \times \varphi_2 + \cdots + S_i \times \varphi_i + \cdots + S_n \times \varphi_n}{S} \tag{1-20}$$

式中：φ_i 表示地块 i 的地表径流系数；S_i 表示地块 i 的面积；n 表示该区域中所有地块的块数；S 表示该区域的面积。

1.3.3.5 资源环境承载力评价方法

1. “三生空间”划分方法

从功能的角度，土地可划分为生产用地、生活用地和生态用地三大类，即“三生用地”。生产用地是指进行农业、工业和商业活动获取产品和供给功能的用地，生活用地是提供承载和保障人居功能的用地，而生态用地则是以调节、维持和保障生态安全功能为主的用地。研究结合地理国情成果及城市用地现状调查数据进行“三生空间”的划分，为各类指标在街道尺度的下推服务。“三生空间”相关数据构成如表 1-8 所示。

表 1-8 “三生空间”相关数据构成

序号	“三生空间”		数据描述
1	生态用地	林草覆盖	由地理国情地表覆盖中林草覆盖构成
2		水域	由地理国情地表覆盖中水域和用地现状调查水域构成
3	生产用地	农业生产用地	由地理国情地表覆盖中种植土地构成
4		工业生产用地	由用地现状调查中工业用地（M）和地理国情城镇功能单元中工矿企业构成
5		三产生产用地	由用地现状调查中公共管理与公共服务用地（A）、物流仓储用地（W）、商业服务业设施用地（B）、公共设施用地（U）和地理国情地表覆盖中房屋建筑工地构成
6	生活用地		全市除生态用地、水、农业生产用地、工业生产用地和商业生产用地以外的区域

2. 资源环境承载力尺度下推方法

武汉市资源环境承载能力与国土空间开发适宜性评价主要对街道和格网承载力相关指标进行研究，但收集到的统计年鉴、水资源公报等数据多为区级尺度，因此首先需要将经济类、水资源类、环境类数据下推，得到各街道和格网指标数据。其中，经济、用水量指标按照“三生空间”方法进行街道尺度的下推，水资源总量（地表水、地下水和降水量）利用均值法进行下推，环境指标利用插值法（Krige，1951）等进行下推。具体方法如表 1-9 所示。

表 1-9　　资源环境承载力指标尺度下推方法

指标分类	指标名称	尺度下推方法	备注
经济	街道第一产业增加值	街道种植土地面积占种植土地面积比例	—
	街道第二产业增加值	街道工业用地面积占工业用地面积比例	数据来源：用地现状调查和地理国情城镇功能单元图层
	街道第三产业增加值	街道公共管理与公共服务用地、商业与服务业设施用地、物流仓储用地、公用设施、房屋建筑工地面积占比	数据来源：统计年鉴、用地现状调查和地理国情城镇功能单元图层
	街道 GDP	街道第一产业增加值+街道第二产业增加值+街道第三产业增加值	—
环境	地表水资源	水域面积与总水域面积之比再与地表水资源总量相乘	—
	过境水资源	格网河流和沟渠面积与河流和沟渠总面积之比再与过境水资源总量相乘	—
水资源	降水量	对格网内降水区域所占面积比与其降水量的乘积进行求和	数据来源：水资源公报
	水资源总量	格网水域面积和与区水域面积之比再与区水资源总量相乘	数据来源：水资源公报

3. 国土空间开发适宜性评价方法

1）生态保护重要性评价

基于资源环境承载能力评价结果（生态保护等级）选取生态保护备选区，将生态保护等级高的区域作为极重要区备选区，生态保护等级较高、中等、较低的区域作为重要区备选区，并分别计算极重要区备选区和重要区备选区生态斑块集中度。最后，利用生态斑块集中度和生态保护等级构成的生态保护重要性等级分区判别矩阵，得到生态保护重要性评价结果。

（1）生态斑块集中度。

生态斑块集中度用于刻画生态系统服务功能重要及生态敏感区域的规模及空间分异特征，通过聚集或邻近的图斑聚合为相对完整连片的地块实现，分别对生态保护极重要备选区和重要备选区进行聚合操作。考虑武汉市的实际特点，聚合距离选为 50m，并根据斑块面积大小将斑块集中度分为表 1-10 所示的五个等级。

表 1-10　　生态斑块集中度评价分级阈值

斑块面积（km^2）	<0.25	0.25~0.5	0.5~1.0	1~2	≥2
斑块集中度	低	较低	一般	较高	高

(2)生态保护重要性等级分区判别矩阵。

根据由生态保护等级和生态斑块集中度构成的生态重要性等级分区参考判别矩阵，如表1-11所示，将国土空间划分为生态保护极重要区、重要区和一般区三类。

表1-11 **生态保护重要性等级分区判别矩阵**

生态保护等级	生态斑块集中度				
	高	较高	一般	较低	低
高	极重要	极重要	极重要	重要	重要
较高	极重要	重要	重要	重要	一般
中等	重要	重要	重要	重要	一般
较低	重要	重要	重要	一般	一般
低	一般	一般	一般	一般	一般

2)农业生产适宜性评价

基于农业功能指向下的资源环境承载能力等级，将承载能力等级高、较高的区域作为农业生产适宜区备选区，资源承载能力等级中等、较低的区域作为一般适宜区备选区，分别计算其地块连片度。依据地块连片度和农业承载力等级构成的判别矩阵得到农业生产功能指向下的适宜性分区结果。

(1)地块连片度。

地块连片度主要表征适宜农业生产田块的规模及空间分异特征，通过具备农业承载能力的用地规模反映。利用农业生产适宜区、一般适宜区的备选区域中相对聚集或邻近的图斑聚合(聚合距离采用50m)为连片地块，并计算连片度后，按照表1-12将地块连片度分成低、较低、一般、较高和高五个等级。

表1-12 **地块连片度分级阈值**

地块连片度	低	较低	一般	较高	高
平原田块面积(亩)	<150	150~400	400~600	600~900	≥900
山地丘陵田块面积(亩)	<80	80~150	150~250	250~400	≥400

(2)地块形状指数。

考虑到地块形状因素对地块连片度结果的影响，需要利用地块形状指数进一步对(1)中的地块连片度进行相应调整。

地块形状指数的计算式为：

$$\text{地块形状指数}=0.25\times\frac{\text{地块周长}}{\text{地块面积}}\times0.5 \tag{1-21}$$

对形状指数大于2的地块按照离心距离(即连片地块内格网到其几何中心的距离)逐步降低其外围区域的连片度等级。具体方法是，计算连片地块内离心距离对平均离心距离的倍数，采用自然断点法对离心距离倍数由高到低分为5级，将离心倍数为5级的外围区域地块连片度降两级，离心倍数为

4 级的外围区域地块连片度降一级，得到最终地块连片度结果。

(3)农业生产适宜性分区判别矩阵。

根据由农业生产功能指向下的资源环境承载能力等级和地块连片度构建的农业生产适宜性分区判别矩阵，如表 1-13 所示。将国土空间划分为农业生产适宜区、一般适宜区和不适宜区三类。

表 1-13 农业生产适宜性分区判别矩阵

农业承载能力等级	地块连片度				
	高	较高	一般	较低	低
高	适宜	适宜	适宜	一般适宜	不适宜
较高	适宜	适宜	一般适宜	一般适宜	不适宜
中等	一般适宜	一般适宜	一般适宜	一般适宜	不适宜
较低	一般适宜	一般适宜	一般适宜	一般适宜	不适宜
低	不适宜	不适宜	不适宜	不适宜	不适宜

3)城镇建设适宜性评价

基于城镇功能指向下资源环境承载能力评价结果，将承载力等级高、较高区域作为城镇建设适宜区备选区，承载等级中等、较低区域作为一般适宜区备选区，并分别计算其地块集中度，同时利用用地紧凑度对地块集中度进一步修正。考虑交通网络密度、区位条件等因素，得到区域综合优势度。依据城镇建设功能指向下的资源环境承载能力等级和地块集中度构成的判别矩阵得到城镇建设功能指向下的适宜性初步分区结果。最后，利用综合优势度结果对初步评价结果进行修正。

(1)地块集中度。

地块集中度主要表征适宜城镇建设区域的规模及空间分异特征，选择城镇建设适宜和一般适宜的备选区域中聚集或邻近的图斑聚合(聚合距离采用 100m)为相对完整连片地块来计算。最后，根据面积阈值将地块集中度划分为如表 1-14 所示的五个等级。

表 1-14 地块集中度分级阈值

地块面积(km^2)	<0.25	0.25~0.5	0.5~1.0	1~2	≥2
地块集中度	低	较低	一般	较高	高

(2)用地紧凑度。

利用用地紧凑度对地块集中度进一步修正，用地紧凑度计算式为：

$$\text{用地紧凑度}=\frac{\text{连片建设用地面积}}{\text{最小外切圆面积}} \tag{1-22}$$

对建设用地连片地块紧凑度小于 0.2 的地块，同样需要按照离心距离逐步降低其外围区域的集中度等级。具体方法为，计算连片地块内离心距离对平均离心距离的倍数，采用自然断点法对离心距离倍数由高到低分为 5 级，将离心倍数为 5 级的外围区域地块集中度降两级，离心倍数为 4 级的外围区域地块集中度降一级。

(3)城镇建设适宜性分区判别矩阵。

由城镇建设功能指向下的资源环境承载能力等级和地块集中度构成判别矩阵，如表 1-15 所示。依据该判别矩阵得到城镇建设适宜区、一般适宜区和不适宜区初步结果。

表 1-15　**城镇建设适宜性分区判别矩阵**

城镇承载能力等级	地块集中度				
	低	较低	一般	较高	高
高	不适宜	一般适宜	适宜	适宜	适宜
较高	不适宜	一般适宜	一般适宜	适宜	适宜
中等	不适宜	不适宜	一般适宜	一般适宜	一般适宜
较低	不适宜	不适宜	一般适宜	一般适宜	一般适宜
低	不适宜	不适宜	不适宜	不适宜	不适宜

(4)综合优势度。

综合优势度评价主要表征区位条件、道路交通设施、环境气候等对城镇建设的引导、支撑和保障能力。计算式为：

$$[综合优势度]=f([区位条件],[交通网络密度]) \tag{1-23}$$

$$[区位条件]=f([交通干线可达性],[中心城区可达性],[交通枢纽可达性]) \tag{1-24}$$

$$[交通网络密度]=\frac{[公路通车里程]}{[区域土地面积]} \tag{1-25}$$

交通干线可达性是指在考虑不同交通干线(不含高速公路)的技术等级后，格网单元到各级交通干线的距离；中心城区可达性反映格网单元与中心城区空间联系成本的高低，由中心城区交通时间距离得出；交通枢纽可达性，反映了网络化发展趋势下城镇沿枢纽团块状发展的潜力，是指格网单元到区域内航空、铁路、港口、公路、市域轨道交通等交通枢纽的交通距离。

依据区位条件和交通网络密度等级构成的判别矩阵，得到综合优势度结果，如表 1-16 所示。

表 1-16　**综合优势度参考判别矩阵**

交通网络密度等级	区位条件等级				
	好	较好	一般	较差	差
高	高	高	较高	中	低
较高	高	高	较高	较低	低
一般	高	较高	中	较低	低
较低	较高	较高	中	低	低
低	中	中	较低	低	低

(5)结果校正。

根据综合优势度修正城镇建设适宜性分区初步结果。对于综合优势度评价结果为低的地块，将初划适宜性分区结果均划分为不适宜区；对结果为较低的地块，将初划结果下调一级；对结果为高的地块，将适宜性分区初划结果中的一般适宜区上调一级为适宜区。

1.3.3.6 人口大数据分析方法

1. 人口数据质量校验

将格网化联通手机信令和百度人口数据汇总至社区层面，共3 493个单元，利用社区人口数据作为检验依据。采用 Spearman 相关系数检验大数据与社区人口数据的相关性，两套数据检验所得 Spearman 相关系数分别为 0.565 和 0.608，说明联通手机信令和百度人口数据统计结果可信。

2. 势力范围模型

对于一些特定的时段来说，城市之间的人流很大程度上表征了边缘城市对中心城市的依赖程度，或者中心城市对边缘城市的影响能力。例如，春节前，中心城市的人口会向其人口腹地流出，而在春节后又会流回中心城市；在"十一"黄金周节假日前期，游客从居住城市涌向旅游目的地，而又回到居住的城市。以下三个指标描述了给定城市 A 和 B 之间的人口流动。

(1)绝对流入指数，即给定时间内从城市 A 流入城市 B 的总量。

$$F_{\text{Absolute}}(A \rightarrow B) = Q_{AB} \tag{1-26}$$

(2)相对流入指数，即给定时间内从城市 A 流入 B 的总量占流入城市 B 的总量比例。

$$F_{\text{Relative}}(A \rightarrow B) = \frac{Q_{AB}}{\sum_{i=1}^{i=N} Q_{AB_i}} \tag{1-27}$$

其中，$\{B_i \mid i \in [1, N] \cap N^+\}$ 为除城市 A 以外所有其他城市构成的集合。

(3)竞争流入指数，即给定时间内从某一中心城市流入该城市的总量占来自其他重点城市、流入该城市的总量比例。

$$F_{\text{Competetive}}(A \rightarrow B) = \frac{Q_{AB}}{\sum_{j=1}^{j=M} Q_{AB_i}} \tag{1-28}$$

其中 $\{B_i \mid i \in [1, M] \cap N^+\}$ 为所有中心城市构成的集合。

当 $F_{\text{Competetive}}(A \rightarrow B) > 0.6$ 时，意味着来自城市 A 的跨城出行过半为前往城市 B，认为城市 A 处于城市 B 的紧密影响区以内；当 $F_{\text{Competetive}}(A \rightarrow B) \in (0.4, 0.6]$ 时，认为城市 A 处于城市 B 的次紧密影响区以内；当 $F_{\text{Competetive}}(A \rightarrow B) \leqslant 0.4$ 时，认为城市 A 处于城市 B 的边缘影响区以内。

3. 实际服务人口估算

1)基于大数据的人口类型划分

传统调查方法早已构建起了针对人口的调查与统计口径，相关管理职能部门所公布的各项"人口"指标均具有明确的统计概念。例如，统计部门的常住人口概念、公安部门的外来人口概念、卫健委的流动人口概念，均具有针对人口概念的明确定义。而基于时空大数据的人口计算，往往由于其数据计算逻辑与传统调查手段不同，导致了大数据人口统计概念与传统调查人口统计概念的巨大差异。

若基于大数据的人口计算结果不经计算逻辑的推敲，直接被等价理解为近似的传统人口概念，必然造成歧义。因此，基于大数据人口的计算，需要首先对标传统调查统计方法的人口定义，构建大数据的人口计算逻辑，以保障大数据人口测度结果与传统数据的可比性。

本书从城市的常住人口、实际服务人口、短期驻留人口、过境人口、就业人口 5 个概念出发，构建与常用人口概念相对应或接近的人口测度指标，如表 1-17 所示。

表 1-17　**基于时空大数据(手机信令数据)所计算的各类城市人口**

<table>
<tr><th colspan="2">人口类型</th><th>基于时空大数据的计算逻辑</th></tr>
<tr><td colspan="2">常住人口</td><td>连续 6 个月数据内，筛选出夜间居住地(每日休息时段的最久停留地)50%以上(重复率)日期内均位于武汉市域范围内的人数</td></tr>
<tr><td colspan="2">实际服务人口</td><td>连续 6 个月数据内，每日在武汉市域内连续出现 3 小时以上的人数</td></tr>
<tr><td rowspan="2">短期驻留人口</td><td>10 天以下</td><td>在武汉市域内连续出现 3 小时以上，但连续出现天数不超过 10 天的人数</td></tr>
<tr><td>10 天以上</td><td>在武汉市域内连续出现 10 天以上，但在连续 6 个月内，其夜间居住地 50%以上(重复率)日期内不位于武汉市域内的人数</td></tr>
<tr><td colspan="2">过境人口</td><td>以天作为计算周期，在武汉市域内连续出现时间少于 3 小时的人口</td></tr>
<tr><td colspan="2">就业人口</td><td>连续 6 个月数据内，筛选出日间就业地(每日工作时段最久停留地)50%以上(重复率)日期内均位于武汉市域范围内的人数，且剔除日夜不动人群</td></tr>
</table>

注：以上各类人口的计算结果仅为移动设备识别结果，其数值与实际的人口规模之间，还存在一个扩样环节。

若以市域空间边界为人口容器，则城市人口的构成关系可以实现两次简单切分。第一次切分可以将人口直观地划分为：过境人口与实际服务人口。其中，过境人口即为搭乘交通工具过境穿越城市的人群，该类人群仅仅使用了城市的部分交通枢纽设施及道路，并不占用城市内部的绝大多数公共服务设施。实际服务人口是明确在城市市域内逗留一定时长的人群，该类人群也是实际使用城市各项资源、设施的人群集合。

针对实际服务人口进行二次切分，将人口进一步划分为：常住人口与短期驻留人口。其中，常住人口即为在市域内连续居住六个月及以上的居民，是城市居民构成的主体，也是传统调查统计中最为重视的一部分。短期驻留人口，是实际居住于城市而停留时长不满足于常住人口认定标准的居住人群，该类群体具有一定的流动特征，其往往由工作派遣、会议培训、旅游观光等出行目的人群构成。且更进一步细分，还可将短期驻留人群划分为短期停留(10 天以内)与中长期停留(10 天以上)。

2)基于大数据的人口扩样逻辑

在使用时空大数据进行人口计算时，识别结果必须经过扩样计算方可趋近于城市人口的实际规模。鉴于当前没有一种数据源能够覆盖 100%的居民，因此大数据识别结果必然需要经历扩样环节。从具体的扩样思路看，大数据从原始设备识别数到最终扩样结果不仅仅是确定一个简单的扩样系数，而是多次扩样步骤的集合，如图 1-12 所示。以基于手机信令数据的常住人口扩样计算为例，其中包含 4 项扩样系数的确定与计算。

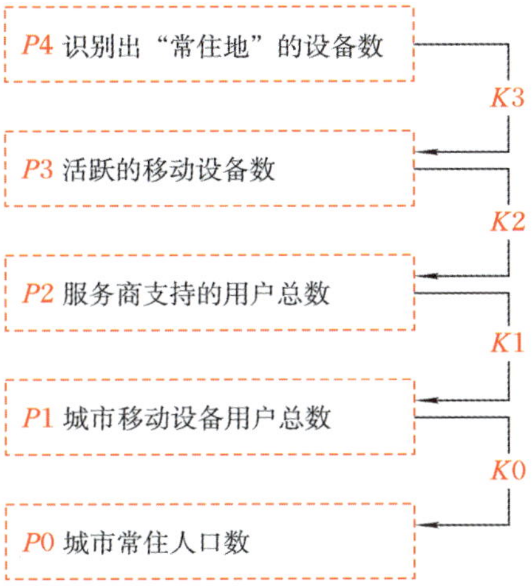

图 1-12　大数据人口计算扩样流程图

其一，为 $K3$ 扩样系数，即需要明确识别出具有居住地的移动设备数中有多少非用户行为所产生的记录。例如：车载设备产生的位置数据、用户手机上网卡产生的位置记录。在此基础上从识别出居住地的设备数($P4$)推算出城市中活跃的移动设备数($P3$)。

其二，为 $K2$ 扩样系数，即需要明确多少人同时使用两台以上的移动设备。例如：部分人群由于职业需求、生活习惯等因素同时拥有并使用多台移动设备，因此需要剔除一人多机情况以保证设备位置信息与人的一一对应关系。由此在城市中活跃的移动设备数($P3$)基础上进一步推算出数据服务商所支持的用户总人数($P2$)。

其三，为 $K1$ 扩样系数，即需要明确已知的移动设备用户中有多少用户为该数据服务商所支持的用户。例如：确定中国移动、中国联通、中国电信等手机网络运营商在城市中的市场份额占比，在此基础上推算出该城市内移动设备用户的总人数($P1$)。

其四，为 $K0$ 扩样系数，即需要明确城市中完全不使用移动设备的居民占比。例如：针对城市居民中的高龄老年人、婴幼儿等非移动设备用户，需要对该类人群的空间规模占比进行估算，从而反推实际的城市常住人口规模($P0$)。

4. 居住、就业与游憩人口识别

基于手机信令的居住、就业与游憩人口识别框架如图 1-13 所示。

1)居住地判断

以 21：00 到次日 8：00 为居住地观测时段，累加用户每日在该时段内出现时间并排名，将排名较高区域作为用户的备选居住地。如果用户一个月内工作日在该区域出现天数超过 10 天，则认为该区域是用户的居住地。

2)就业地判断

以 9：00 到 17：00 为就业地观测时段，累加用户每日在该时段内出现时间并排名，将排名较高区域作为用户的备选就业地。如果用户年龄在 16~64 岁，且一个月内工作日在该区域出现天数超过 10 天，则认为该区域是用户的就业地。

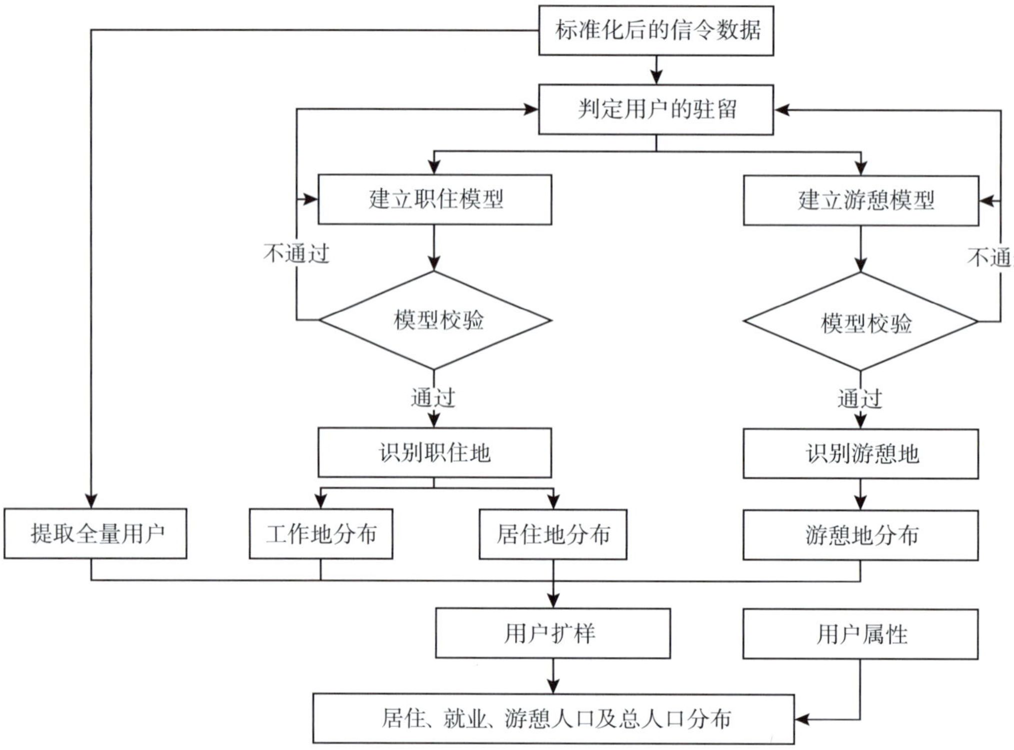

图 1-13 居住、就业及游憩人口识别技术框架

3）游憩模型

以周末及节假日为观测时段，如果用户出现在非职非住的地方，且一次驻留超过 1 小时及以上，则该用户为游憩人口。

5. 职住平衡度

职住空间关系是居民在城市空间中的居住机会和就业机会的空间匹配结果。用职住比评价数量层面的职住平衡度，即某一区域内就业岗位数量与居住人口数量的比值，反映区域就业岗位和居住人口之间的数量均衡关系。职住比越高说明职住人口数量上越平衡，越低说明人口数量上越不平衡。当职住比在 0.8~1.2 之间时，说明地域的职住空间是平衡的。

$$\text{职住比} = \frac{\text{本区域就业岗位数}}{\text{本区域居住人口数}} \tag{1-29}$$

然而，职住比不能反映居住地与就业地在空间上的临近关系。我们采用两个自足性指标“就业平衡指数”和“居住平衡指数”，来反映居住和就业实质性匹配程度。就业平衡指数越高表示该区域就业者本地居住率越高，就业机会越多，就业职能越高；居住平衡指数越高表示该区域居住者本地就业率越高，居住机会越多，居住职能越高。

$$\text{居住平衡指数}\ I = \frac{\text{在本区域居住且就业的人数}}{\text{本区域居住人口数}} \tag{1-30}$$

$$\text{就业平衡指数}\ I = \frac{\text{在本区域就业且居住的人数}}{\text{本区域就业人口数}} \tag{1-31}$$

$$居住平衡指数\ II = \frac{在本区域居住且就业的人数}{本区域居住人口数 \times (各区域居住平衡指数均值)} \tag{1-32}$$

$$就业平衡指数\ II = \frac{在本区域就业且居住的人数}{本区域就业人口数 \times (各区域就业平衡指数均值)} \tag{1-33}$$

1.3.3.7 交通大数据分析方法

1. 对外交通枢纽到发旅客出行链还原

对外交通枢纽到发(到达和出发)旅客出行链还原有两个关键环节：一是剔除交通枢纽附近居住、就业和接送站人口影响，识别出发和到访用户有效驻留地；二是基于多场景多目标双约束重力扩样模型对动态 OD 进行扩样。机场与火车站的到发旅客识别规则如表 1-18 所示，动态 OD 扩样算法如图 1-14所示。

表 1-18　　机场、火车站到发旅客识别规则

机场		火车站	
出发客流	到达客流	出发客流	到达客流
①提取落在机场范围圈内非职非住人口； ②当天在湖北省的最后一条信令出现在机场； ③在机场出现后，往后推 12 小时，没有在湖北省的驻留； ④提取机场出发后，信令再次出现的城市作为出发客流的去向地；若机场出发当天和第二天在国内都没有信令，则标记为出境用户； ⑤提取当天在湖北省内第一条驻留作为出发客流的来源地。	①访客定义：非武汉市居住用户； ②当天在湖北省的第一条信令出现在机场； ③在机场出现后，往前推 12 小时，没有在湖北省的驻留； ④提取机场出发前最后一条信令出现的城市作为出发客流的来源地；若机场到达当天和前一天在国内都没有信令，则标记为“国外”用户，即入境用户； ⑤当天最后一条驻留作为去向地。	①提取落在火车站相关图层中的非职非住人口； ②剔除在火车站出现后，往后推，当天在武汉市有超过 1 小时的驻留； ③然后提取当天在武汉市外出现有效驻留(超过 1 小时或者全国范围内当天最后一条信令)，并以该有效驻留所在地作为出发客流的去向地； ④提取当天在湖北省内的第一条驻留作为出发客流的来源地。	①访客定义：非武汉市居住用户； ②先剔除在火车站出现后，往前推，当天在武汉市有超过 1 小时的驻留； ③然后提取当天在武汉市外出现有效驻留(超过 1 小时或者全国范围内当天第一条信令)，并以该有效驻留所在地作为到达访客客流的来源地； ④提取到访客流，当天最后一条驻留作为去向地。

2. 交通可达性

对于铁路、公路或者航空之中的任意一种交通方式，以两城市之间最小交通时间的倒数作为两城市之间该交通方式下的可达性，即

$$\mathrm{Acc}_{(A\to B)} = \frac{1}{t_{\min}(A \to B)} \tag{1-34}$$

通过综合某城市对所有城市的可达性来描述该城市的交通便利程度。例如，对于城市 A，其总的列车便利度可以表示为从 A 出发前往所有可能前往的城市的便利度的累加。假定一共有 N 个这样的

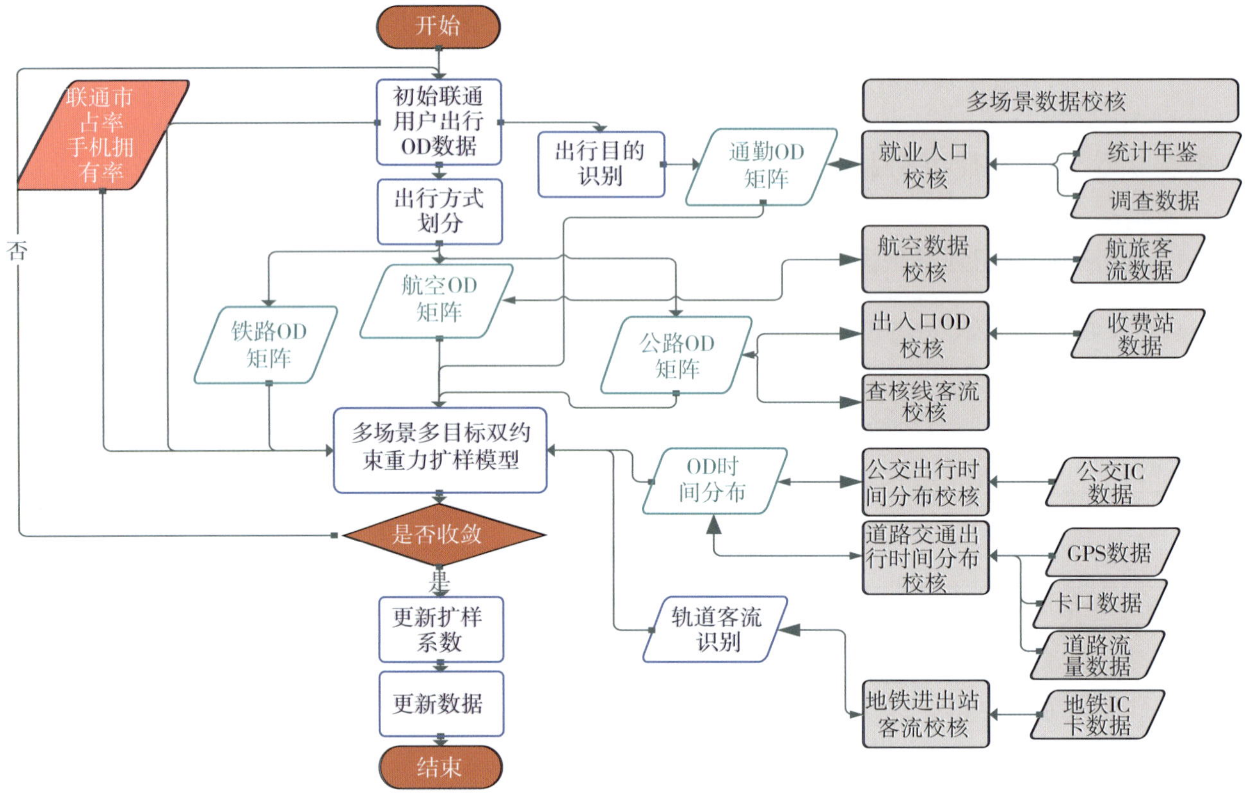

图 1-14　动态 OD 扩样算法技术流程

城市，则

$$\mathrm{Acc}_{A-\mathrm{train}} = \sum_{i=1}^{i=N} Acc_{(A \to B_i)-\mathrm{train}} \tag{1-35}$$

从而得到任意城市对的铁路、公路和航空交通可达性，以及任意城市的铁路、公路和航空综合交通便利度。对这一结果进行最大值归一化，即

$$\overline{\mathrm{Acc}_{A-\mathrm{train}}} = \frac{\mathrm{Acc}_{A-\mathrm{train}}}{\max\ (\mathrm{Acc}_{\mathrm{train}})} \tag{1-36}$$

最后，以经验权重对三种交通方式进行综合

$$\mathrm{Accessibility}_A = 0.6 \times \overline{\mathrm{Acc}_{A-\mathrm{train}}} + 0.2 \times \overline{\mathrm{Acc}_{A-\mathrm{road}}} + 0.2 \times \overline{\mathrm{Acc}_{A-\mathrm{flight}}} \tag{1-37}$$

从而得到每个城市的综合交通便利度。

3. 交通等时圈

交通等时圈模型用于分析一定范围内各城市与武汉市之间的相对交通便利程度。具体地，通过武汉与其他城市之间的航空客运时刻表、铁路客运时刻表等信息，同时结合货车帮和人口流动数据等提供的实际交通时间，分为铁路、航空和公路运输等不同的交通方式，计算其他城市与武汉之间的预期交通时长。为提高模型对现实情况的反映能力，还可以通过发车间隔或者航班间隔对计算结果进行修正。随后，根据相关的通勤/区域经济理论，对上述预期交通时间进行分级，并在空间上表示不同预

期交通时间级别的城市所处的位置。

4. 通勤轨迹还原

1) 百度 LBS 数据轨迹还原

百度 LBS 数据为主动定位数据，通过 GPS、Wifi、基站等多种途径定位，定位精度较高，但只有用户在使用百度系产品时才被记录轨迹点，所以用户的空间定位点存在不连续、打点少等问题。同时，由于用户在工作日可能存在出差、外出办事等其他非通勤行为，给通勤轨迹还原带来了干扰。基于以上分析，本书利用百度用户长时间序列通勤打点和百度挖掘的通勤模式进行轨迹还原，具体算法如下：

(1) 对数据进行脱敏处理，将定位点按时间排序，剔除异常定位点，根据停留时间和空间聚类筛选用户的有效驻留点，根据职住模型识别居住和就业地；

(2) 根据用户长时间行为数据，识别用户通勤时间与通勤方式特征；

(3) 根据上述识别信息，调用百度路径规划 API，基于出行距离和时间成本，返回在当前通勤方式下的最佳通勤路径 2~3 条；

(4) 提取用户长时间序列通勤时段空间定位点，计算真实定位点和最佳通勤路径匹配度，匹配度最高的路径即为最可能通勤路径，用户通勤轨迹还原数据结构如表 1-19 所示。

表 1-19　　百度用户通勤轨迹还原数据结构

id	Wh_time	Hw_time	O_xy	D_xy	Distance	Cost_time	Pt_link	Types	Direciotn
1	04	19	114. 3…	113. 5…	4467	2455	115. 6…	driving	5

每条记录代表一个人的轨迹，id 字段是记录的唯一标识码；Wh_time 和 Hw_time 分别是用户通勤下班时间和上班时间；O_xy 是居住地所在格网中心点的坐标；D_xy 是工作地所在格网中心点的坐标；Distance 是此人通勤出行距离；Cost_time 是此人通勤时间，基于百度路径规划 API 获得；Pt_link 是此人出行的轨迹所经过格网的中心点，中心点坐标根据道路形状进行抽稀，在道路拐弯、交叉口、匝道等道路形状复杂区域点较多，在直行道路等区域点较少；Types 指的是通勤交通方式，包含 driving、riding、transit 三种，来自百度大数据挖掘结果；Direction 是此人出行由 O 到 D 的方向。假定用户通勤上班和通勤下班经过的路径相同，若该记录表示通勤上班路径，则通勤下班路径所经过的道路格网点与通勤上班相同，但方向相反。

2) 联通手机信令数据轨迹还原

手机信令数据为用户被动定位数据，具有空间定位点较多且连续的特点，但受限于基站密度，定位精度相对较低。相比于百度 LBS 数据，手机信令通勤轨迹还原的关键问题是基于长时间序列定位点数据剔除非通勤行为定位点，并将定位点匹配至道路网，具体算法如下：

(1) 提取用户长时间序列通勤空间定位点，根据职住模型识别居住地和工作地；

(2) 提取用户长时间序列往返居住地和工作地之间发生了定位服务的基站，剔除异常点和出现频次较少的基站点；

(3) 将基站点与 OSM 路网匹配，返回所在道路的节点坐标，数据结构如表 1-20 所示。

表 1-20　　联通手机信令通勤轨迹出行链编码结构

Oid	Rn	Direction	Mode	Cnt	O_x	O_y	D_x	D_y
459902	1	1	0	小于 5				
459902	2	2	1	5~10				
459902	3	2	1	10~15				
459903	1	2	1	大于 15				
459904	1	1	0	……				

Oid 是用户通勤出行链的唯一编码，Rn 是该出行链中第 n 个轨迹点编号，Direction 是出行方向，编码方式与百度一致，Mode 是通勤模式，分上班和下班两种，Cnt 是当前出行链的人数统计，O_x 和 O_y 是出发地坐标，D_x 和 D_y 是目的地坐标。

3）质量控制

为了保证轨迹还原精度，利用百度打点和连线网页工具（http：//huiyan-fe. github. io/tools/coord/）进行抽样核查，人工核查空间定位点和规划路径匹配程度，并根据核查结果调整轨迹还原方案，如图 1-15 所示。

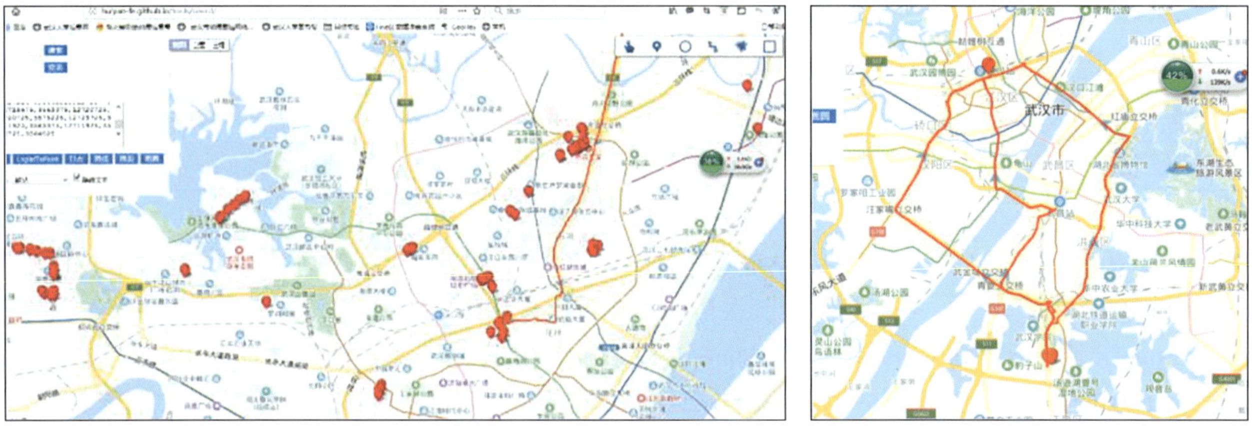

（a）案例一　　（b）案例二

图 1-15　案例示意

4）道路流量统计流程

为了将个体的通勤轨迹进行统计，本书根据百度和联通轨迹还原数据特征，分别设计了两种基于 R 树的道路流量统计方案，技术流程如图 1-16 所示。

R 树索引是 B 树在高维空间的扩展，是一棵平衡树。每个 R 树的叶子节点包含了多个指向不同数据的指针，这些数据可以存放在硬盘或内存中。当我们需要进行高维空间查询时，只需要遍历少数几个叶子节点所包含的指针，查看指针指向的数据是否满足要求即可。这种方式使我们不必遍历所有数据即可获得答案，效率显著提高。

匹配度计算方法是根据全市路网数据构建 R 树索引，遍历每条轨迹中的所有记录，当在索引中找到路段后，给对应的路段的匹配点数量+1，当一条轨迹遍历结束后统计匹配点数大于 3 的路段，这些路段的流量值+1，直到所有记录遍历结束。

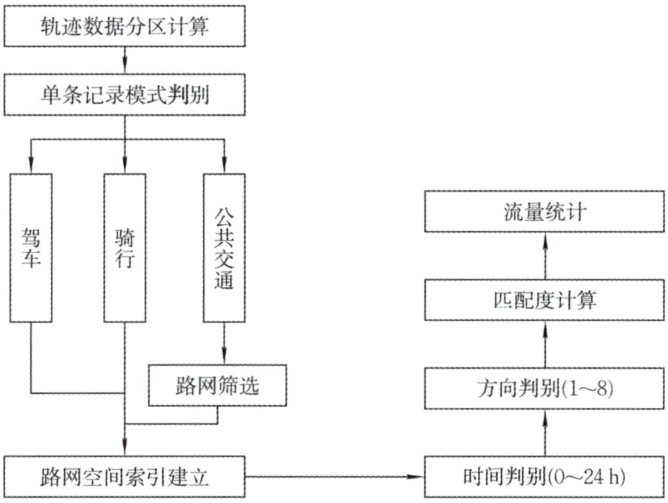

(a)基于百度轨迹的道路流量统计流程

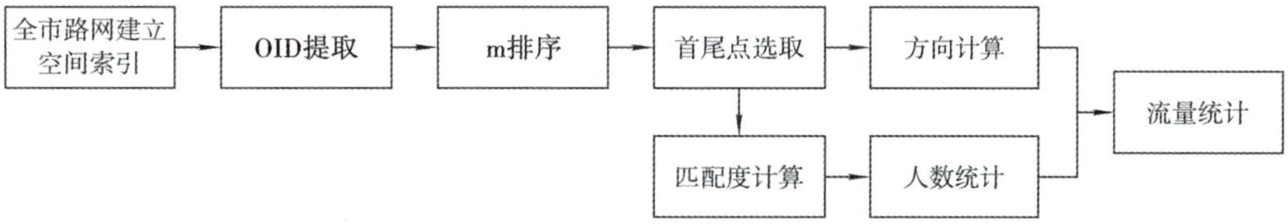

(b)基于联通轨迹的道路流量统计流程

图 1-16　道路流量统计技术流程

1.3.3.8　公共服务设施服务区识别方法

传统公共服务设施的服务范围通常构建缓冲区来衡量覆盖率，但是优质的教育、医疗资源，其辐射范围已经超过行政区划界限。对于教育设施，由于城市就学的高中生已普遍持有个人手机，因此基于联通手机信令数据的非职住到访人口出行 OD 数据，通过提取早上 7：00—9：00 内抵达学校区域的手机用户，可以识别出在该学校就学的学生。对于医疗设施，基于非职住人口的出行 OD 情况，排除医院工作人员的干扰，分别提取市内和市外就医人口的就医行为，统计跨区、跨江、跨市域的就医比例，技术路线如图 1-17 所示。

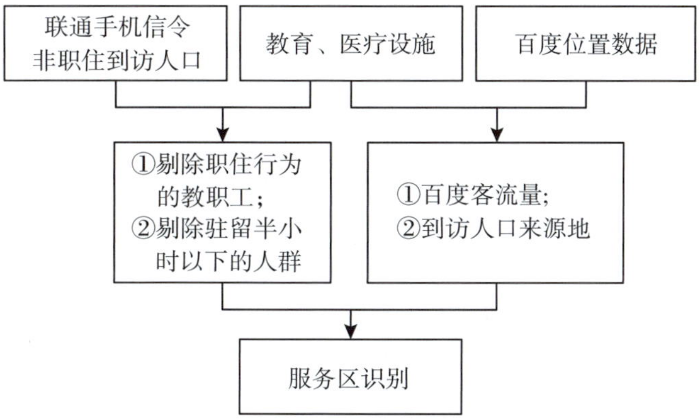

图 1-17　服务区识别技术路线

1.3.3.9 房屋空置率分析方法

将用水均量区间的居民户数下限与横坐标居民用水量区间相交得到居民住宅空置阈值($5.65m^3$)，如图 1-18 所示。

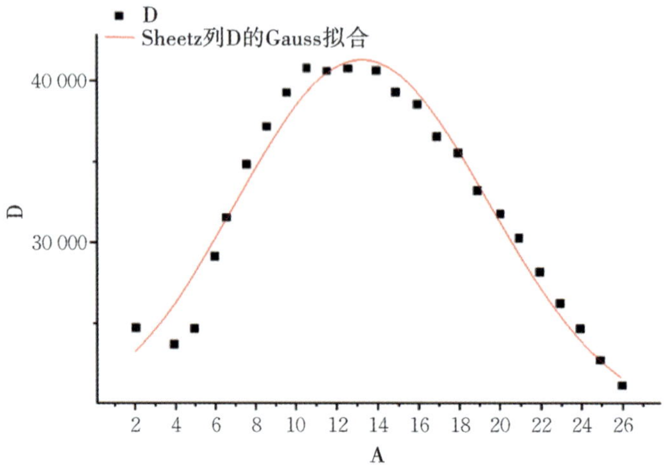

图 1-18 居民不同用水量户数拟合曲线

基于用水空置率阈值，采用全年空置房和临时空置房两个指标分析居民住宅空置情况。

全年空置房的判别条件是连续两个月(当月和上月)用水量及去年同期用水量均小于 $5.65m^3$；临时空置房的判别条件是连续两个月(当月和上月)用水量均小于 $5.65m^3$，约 94.17 升/人·天。

对照《城市居民生活用水量标准》(GB/T 50331—2002)可以看出，武汉市居民用水阈值的选取低于所在区域生活用水的最低标准下限(120 升/人·天)，如表 1-21 所示。

表 1-21 城市居民生活用水量标准

地域分区	日用水量/升/(人·天)	适 用 范 围
一	80~135	黑龙江、吉林、辽宁、内蒙古
二	85~140	北京、天津、河北、山东、河南、山西、山西、宁夏、甘肃
三	120~180	上海、江苏、浙江、福建、江西、湖北、湖南、安徽
四	150~220	广西、广东、海南
五	100~140	重庆、四川、贵州、云南
六	75~125	新疆、西藏、青海

注：①表中所列日用水量是满足人们日常生活基本需要的标准值。在核定城市居民用水量时，各地应在标准值区间内直接选定；

②城市居民生活用水考核不应以日作为考核周期，日用水量指标应作为月度考核周期计算水量指标的基础值；

③指标值中的上限值是根据气温变化和用水高峰月变化参数确定的，一个年度当中对居民用水可分段考核，利用区间值进行调整使用。上限值可作为一个年度当中最高月的指标值；

④家庭用水人口的计算，由各地根据本地实际情况自行制定的管理规则或办法；

⑤以本标准为指导，各地视本地情况可制定地方标准或管理办法组织实施。

1.3.3.10 空心村识别方法

基于2019年6月的百度人口大数据中的居住人口分布数据(50m格网)和2019年2月5日(除夕)当天全时段的百度人口大数据中的活动分口分布数据(100m格网)，结合地理国情地表覆盖中的房屋建筑(区)数据和2018年两实社区人口数据，开展武汉市新城区空心村识别。

基于百度人口大数据，采用极端阈值法，筛选出居住人口为极端最小值的格网，即疑似空心化格网。将剔除工厂后的新城区房屋建筑区与疑似空心化格网叠加，得到疑似空心房屋建筑区。然后计算新城区疑似空心房屋建筑(区)面积占比，设定阈值筛选出比值较高的疑似空心房屋建筑区。将疑似空心房屋建筑区与行政村界线叠加，统计新城区各行政村的疑似空心化率。空心村识别技术流程如图1-19所示。

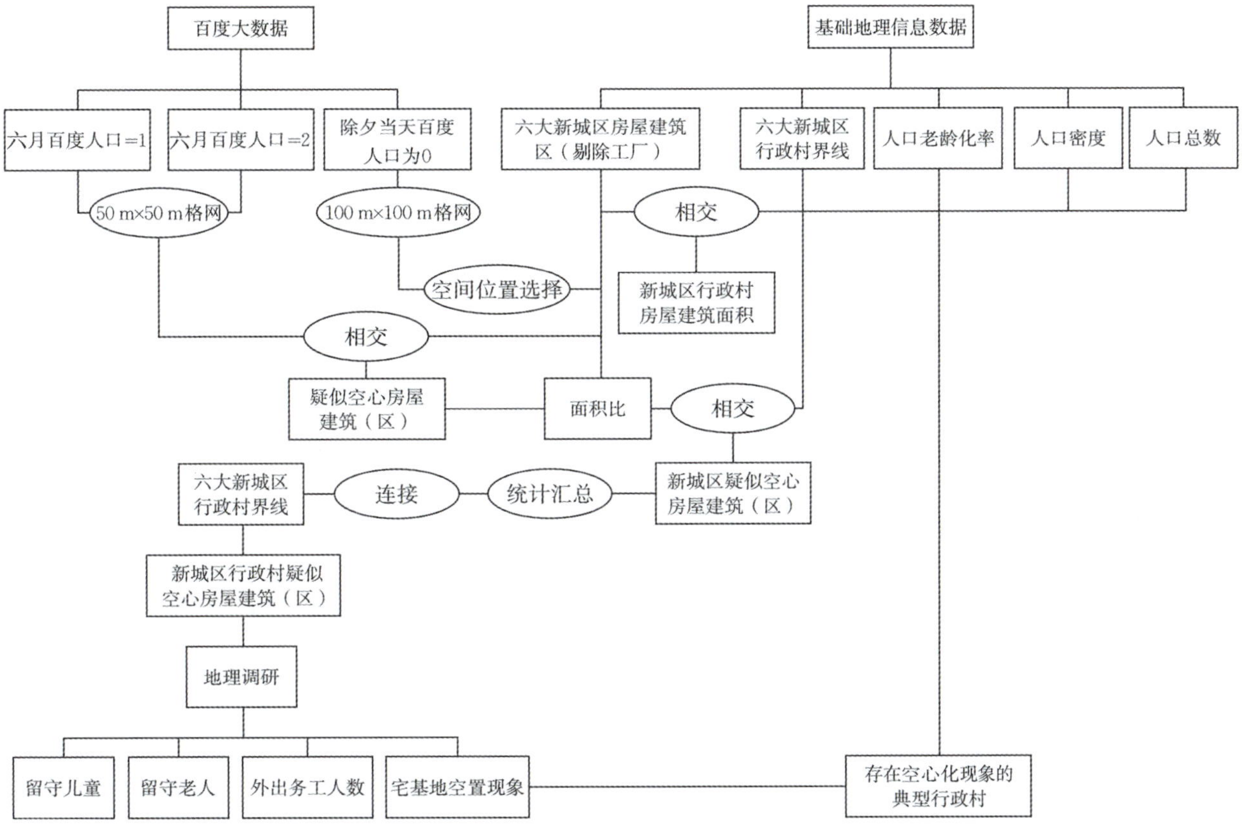

图1-19 空心村识别技术流程

1.4 主要结论

1.4.1 自然生态格局

武汉市素有“百湖之市”之美誉。全市自然地表占市域总面积的五分之四，呈现“三田二林二水一湖半分山”格局，水域面积占比达27.17%，在19个副省级城市和11个长江经济带省会城市中排名第 1。

“十三五”以来，全市植被覆盖面积小幅度减少，水域面积保持稳定，水质呈现波动上升趋势，生态绿楔内土地开发得到有效控制，中心城区和功能区山体破损率降至 5.24%，生态环境持续改善，新增绿道成为贯穿山、水、园、林、城市的风景线。

“十三五”以来，全市碳排放总量上升 6.13%，单位 GDP 能耗保持下降态势。2020 年，工业碳排放量占比约五成，较 2015 年下降 4.55%；居民生活碳排放占比约四成，较 2015 年增加 15.35%；交通碳排放占比约 5%，较 2015 年大幅提升，增幅为 63.57%。

1.4.2 城市空间格局

武汉正处于大建设、大发展时期。“十三五”以来，全市建筑工地年均存量约 230km^2，新增建筑工地来源于自然地表和人工地表占比维持在 7∶3 左右。主城建设区扩张面积约 92km^2，更新地块面积约 75km^2，已进入扩张与更新并存、增量与存量并重发展阶段。

从扩张来看，主城年均扩张面积约 18.4km^2，其中三大开发区占比近四成。扩张速度逐渐放缓，扩张模式以边缘扩展为主，在原有片区基础上扩展增大。扩张用地主要为居住、工业和交通设施用地，主要分布在二环至四环区域。

从更新来看，主城年均更新地块面积 15km^2，约六成分布在二环至三环区域。更新方式以拆除重建为主，微更新、微改造为辅，其中强度提升型占比超 50%。更新地块平均容积率上升，平均建筑密度略有下降。中心城区“三旧改造”遵循海绵城市建设标准，开发模式转变，不透水面小幅减少。

1.4.3 经济社会发展

武汉正处于加快国家中心城市建设的关键时期。“十三五”以来，全市GDP年均增长942万元，2020 年达到 1.56 万亿元，三次产业结构由 2015 年的 3.3∶45.7∶51.0 调整为 2020 年的2.3∶36.9∶60.8，第三产业占比上升近 10 个百分点。城市更新促进了产业升级，中心城区楼宇经济蓬勃发展。

“十三五”以来，全市户籍和常住人口逐年稳步增长，人口呈净流入状态。根据“七普”最新公布数据，2020 年常住人口1 232.65万人，与“六普”相比增加了 254.11 万人，年平均增长率为 2.34%。

新冠肺炎疫情对全市经济社会发展造成一定影响，2020 年全市 GDP 同比下降 4.7%，三季度转正，疫后经济重振复苏。根据百度用户定位数据识别结果，截至 2020 年 12 月，全市居住、就业人口分别恢复至 2019 年平常时段的 97%和 92%，“英雄之城”表现出极强的韧性。

1.4.4 综合交通建设

武汉市九省通衢、三镇鼎立、大江大湖等独特的城市格局给交通运行带来了重大影响。“十三五”以来，对外交通方面，铁路长度增加 15km，公路长度增加1 353km，货物运输总量增长 32.1%。城市交通方面，新增过江桥隧 7 座，过长江和汉江桥隧分别增至 17 和 12 座；新增轨道交通 264km，运营里程达 360km，轨道交通客运量在公共交通客运量中占比增至 52%。

根据大数据识别结果，2017—2019 年，全市交通出行量稳定增长，三镇间联系强度进一步增强，三镇间跨江总流量增长23%，武昌-汉口片区联系最为紧密。通勤出行量小幅度增长，以江岸、江汉、硚口、武昌、洪山、汉阳六区为核心，由核心向外网络密度明显下降；跨区通勤结构相对稳定，随着人口与产业向外转移，特别是轨道交通线路向新城区的延伸，跨圈层通勤出行增长。

2020年，受疫情影响，全市交通出行量下降，6月人口流量恢复至2019年同期的77%，三镇间跨江联系强度恢复率为78%。截至2020年9月，随着百万大学生集中返校和中小学生开学，城市内部出行已全面恢复常态，拥堵指数高于往年同期，市民自驾出行比例提高，武汉已恢复往日的“烟火气息”。

1.4.5 基本公共服务保障

“十三五”期间，全市基本公共服务设施建设较为完善，幼儿园、小学数量持续增加，公共交通设施尤其是轨道交通建设成效显著，各区基本公共服务配置水平均有所提升，满足了居民多层次、多方位的基本公共服务需求。

城市宜居水平各项指标发展均衡，达到了“宜居城市”的标准，其中公共交通与其他一线城市相比处于领先水平，主城区96%的社区均可在5分钟抵达公交站点，15分钟内抵达轨道交通站点，交通网络以及生活设施的不断完善，使得居民社区生活质量稳步提升。

基本公共服务资源空间分布存在不均衡现象，中心城区的教育和医疗资源优势明显，重点高中和三甲医院的跨区、跨江服务显著。大型休闲娱乐空间活力突显，跨区域辐射和客流吸引能力提升。

1.4.6 区域城际联系

武汉地处华中腹地，九省通衢的交通枢纽地位突出，城际人口流量巨大。从区域地位看，在全国重点城市中综合排名第8，2020年受疫情影响，GDP排名仅下降1位，仍然处于全国领先地位。

从交通可达性看，武汉铁水公空综合可达性呈橄榄型分布，对外交通整体呈现出陆路交通东强西弱、航空交通近少远多、高铁与航空互补等特点，区域中心城市地位显著。

从人口联系看，城际联系以省内(占全国60%)、“1+8”城市圈(占省内70%)为主，春节前人口迁徙以净流出为主。武汉大都市区空间一体化格局初步显现，在武汉东、西两个“蜂腰”处与鄂州、孝感跨城通勤明显，近域同城化趋势显著，东向的光谷科技创新大走廊、西向的临空经济大走廊态势基本形成。

从经济联系看，武汉市在全国的投资吸引略高于投资辐射，在省内、“1+8”城市圈以投资辐射为主，在全国范围与京津冀、长中游、长三角和珠三角投资联系密切，在省内与鄂州、黄冈、黄石、襄阳、荆州等地投资联系更加密切。

第二章

自然生态格局

本章以地理国情监测成果为基础，从自然资源家底、生态保护修复、资源环境承载力 3 个方面，反映武汉市山水林田湖草等自然资源情况，以及“十三五”期间生态保护修复成效，开展资源环境承载力和适宜性评价，总体框架如图 2-1 所示。

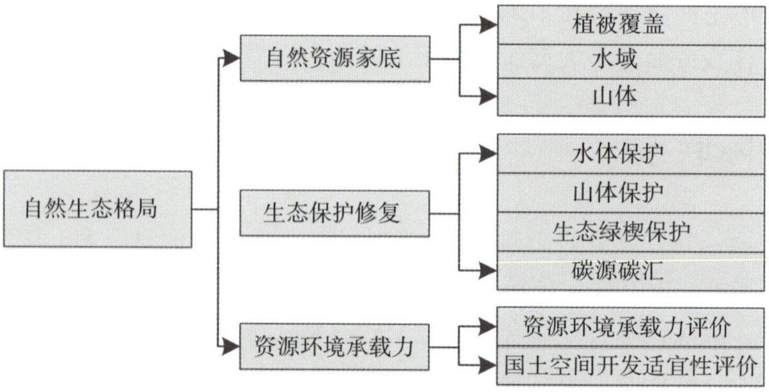

图 2-1　自然生态格局变化监测总体框架

2.1　自然资源家底

地理国情监测以地表覆盖为对象，客观、真实、准确地反映了自然资源家底。武汉市自然资源得天独厚，全市自然地表占市域总面积的五分之四，呈现“三田二林二水一湖半分山”格局。本节从数量、变化、分布等角度分析植被覆盖、水域、山体等各类自然要素的区域差异情况。

2.1.1　植被覆盖

1. 种植土地

2020 年，全市种植土地面积占比为 33.24%，其中，89.28%的种植土地分布在新城区，9.08%分布在功能区，1.64%分布在中心城区。如图 2-2 所示，“十三五”以来，全市种植土地主要减少区域为经济技术开发区(汉南区)、东湖高新区和新城区。

2. 林草覆盖

2020 年，全市林草覆盖面积占比为 25.79%。其中，81.16%的林草覆盖分布在新城区，11.58%分布在功能区，7.26%分布在中心城区。“十三五”以来，全市林草覆盖主要减少区域为黄陂区、新洲区、江夏区和蔡甸区。

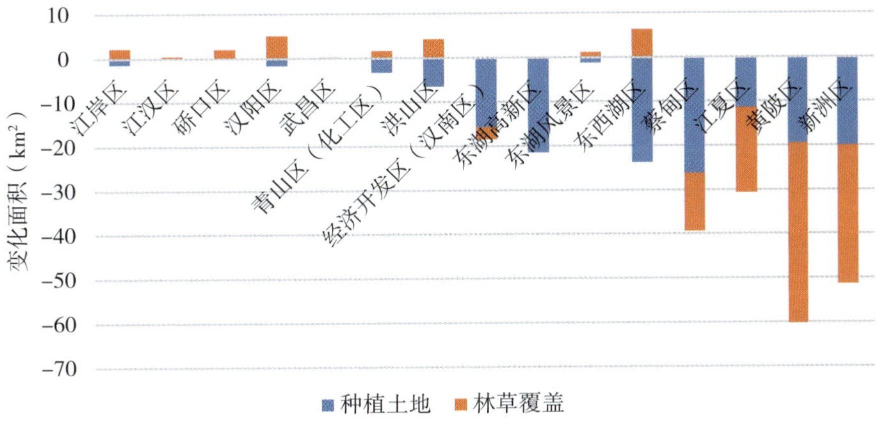

图 2-2　2015—2020 年武汉市植被覆盖各区变化面积

2.1.2　水域

水域类型主要为河渠、湖泊以及库塘。

1. 水域概况

2020 年，全市高水位水域面积占比为 27.17%，其中河渠面积占比为 6.30%，湖泊面积占比为 9.54%，库塘面积占比为 11.33%。如图 2-3(a)所示，江夏区水域面积最大，其次为新洲区。“十三五”以来，全市水域面积增加 12.00km^2，基本保持稳定。

2. 湖泊

武汉市自古以“百湖之市”著称，湖泊面积在 19 个副省级以上城市排名第 1，现有 166 个湖泊列入《武汉市湖泊保护名录》，蓝线保护面积为 867km^2。“十三五”以来，湖泊面积基本稳定。如图 2-3(b)所示，从地区分布看，江夏区湖泊面积最大，江汉区最小。

2.1.3　山体

从总量上看，根据《武汉市山体保护规划(2014—2020)》，全市共有大小山体 446 座，山体本体线总面积为 527.58km²，江夏区和黄陂区山体数量较多，均超 120 余座，各区山体数量如图 2-4 所示。

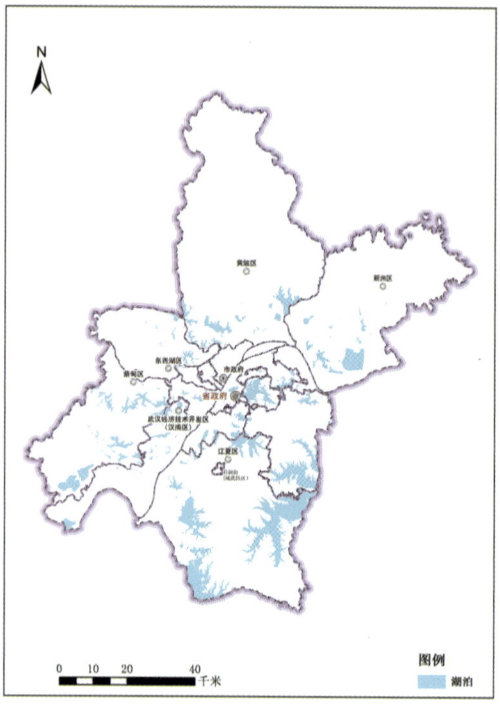

（a）湖泊分布

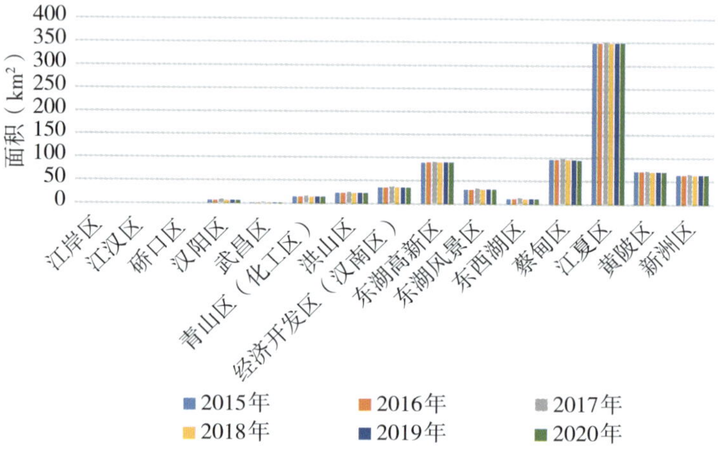

（b）湖泊统计

图 2-3　2020 年武汉市湖泊分布与各区湖泊面积统计

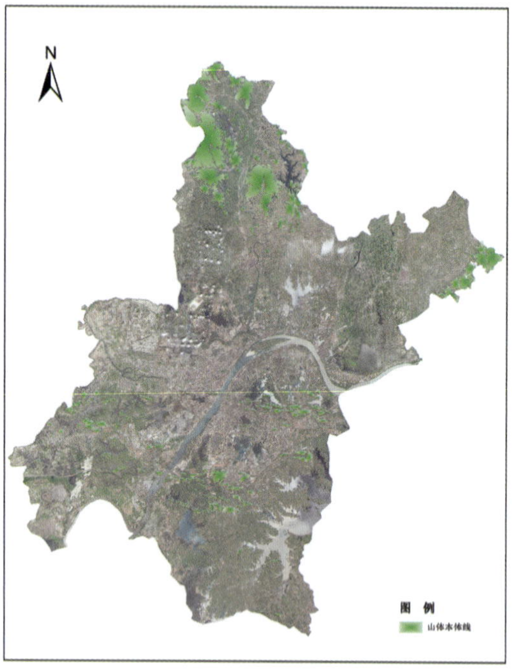

（a）山体分布

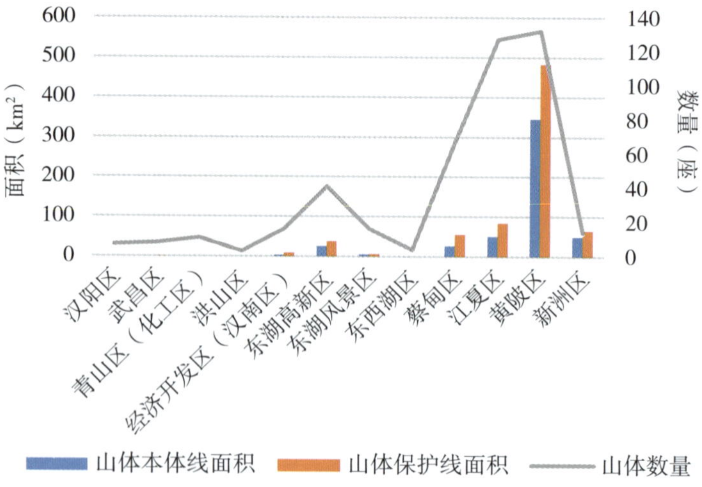

（b）山体数量

图 2-4　武汉市保护山体分布

2.2 生态保护修复

本节从水体保护、山体保护、生态绿楔保护、碳源碳汇 4 个方面阐述全市“十三五”期间生态保护修复成效。

2.2.1 水体保护

水体保护成效从湖泊蓝线保护状态和湖泊水质情况两方面进行分析。

1. 蓝线保护状态

湖泊水域保护线，即湖泊蓝线，指界定湖泊水域范围，实施湖泊水体生态保护的边界线。如图 2-5所示，“十三五”以来，蓝线保护区域内湖泊面积保持稳定，表明湖泊“三线一路”保护规划实施卓有成效。

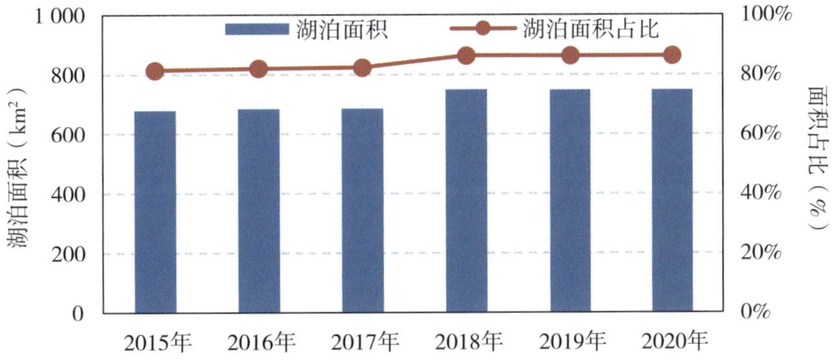

图 2-5　2015—2020 年武汉市湖泊保护蓝线内水域面积及占比

2. 湖泊水质

对全市 80 个主要湖泊水质进行监测，如图 2-6 所示。2020 年，水质达标率为 46.0%，相较于 2015 年的 33.8%，有较大提升；Ⅱ类、Ⅲ类、劣于Ⅳ类水质类别的湖泊数量占比相较于 2015 年有所下降，Ⅳ类湖泊数量占比有所上升。“十三五”以来，全市主要湖泊水质达标率呈波动上升，湖泊水质保护与改善有所成效。

2.2.2 山体保护

中心城区和功能区 100 座主要监测山体主要分布于东湖高新区、洪山区以及东湖风景区等区域，面积为 39.28km^2，占全市 446 座保护山体总面积的 7.40%。

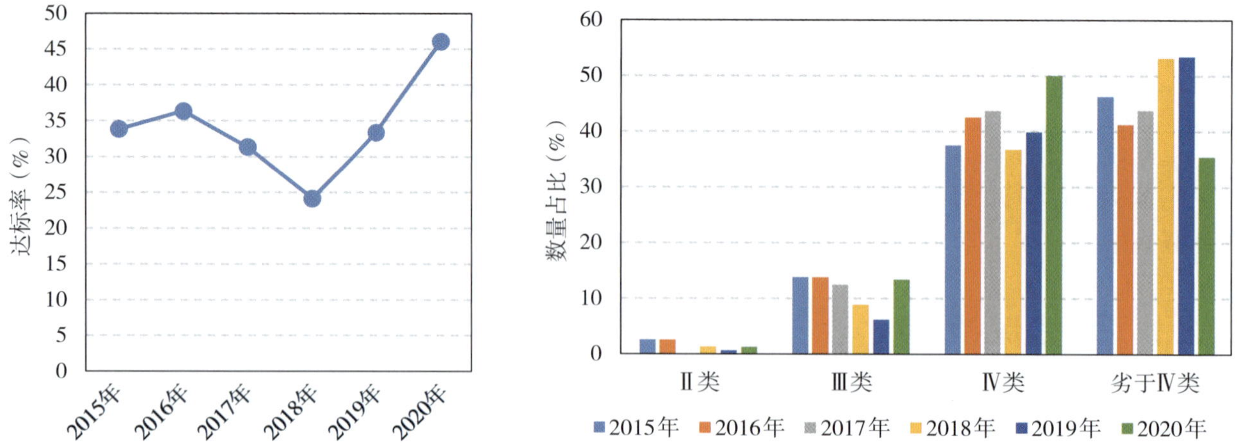

（a）水质达标率

（b）不同水质湖泊数量占比

图 2-6　2015—2020 年武汉市湖泊水质变化统计

1. 山体破损

山体破损情况主要通过两项指标衡量，一是山体破损面积，二是山体破损率。破损面积指山体本体范围内无植被覆盖的裸露地表或被人工构筑物占用的区域，破损率指山体破损面积与山体总面积之比。

“十三五”以来，中心城区和功能区主要监测山体破损情况如图 2-7（a）所示。2020 年，山体破损率为 5.24%。相较于 2015 年，山体破损率下降 0.37 个百分点。

2. 山体修复

山体修复情况主要通过两项指标衡量，一是山体修复面积，二是山体修复率。山体修复面积是基于前一年的山体破损数据，将山体破损转化为植被覆盖作为山体修复面积，山体修复率是山体修复面积与山体破损面积之比。

“十三五”以来，中心城区和功能区主要监测山体修复情况如图 2-7（b）所示。2020 年，平均山体修复率为 11.46%。“十三五”以来，累计修复面积达 2.03km^2。

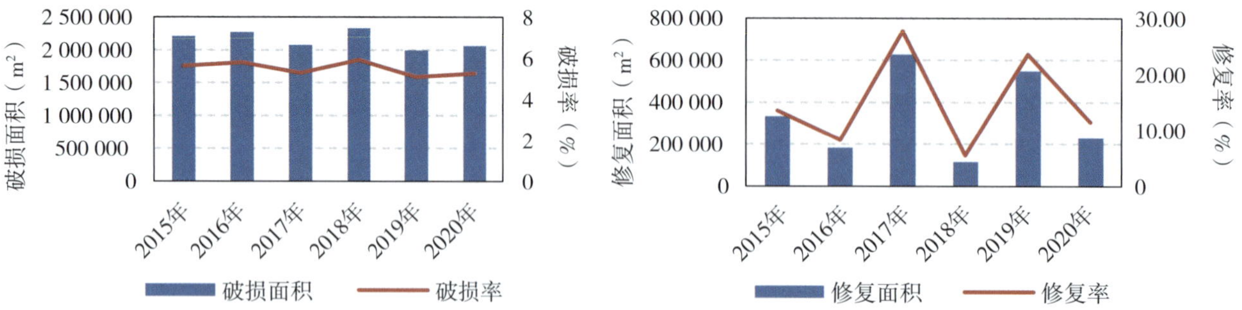

（a）破损面积与破损率

（b）修复面积与修复率

图 2-7　2015—2020 年中心城区和功能区主要监测山体保护情况统计

2.2.3 生态绿楔保护

全市有东湖绿楔、府河绿楔、后官湖绿楔、青菱湖绿楔、汤逊湖绿楔、武湖绿楔六大生态绿楔，本节从生态用地面积增长率、土地利用程度与人工建设开发速度等方面来监测生态绿楔保护情况。

1. 生态用地面积增长率

生态用地包括林地、草地以及水域。“十三五”以来，全市六大绿楔生态用地增长率如图 2-8 所示。2020 年，六大生态绿楔内生态用地总面积增长率为 1.06%，除后官湖绿楔外，其他绿楔的生态用地面积均有所增长，其中大东湖绿楔增幅最大。“十三五”以来，全市六大生态绿楔生态用地增长率波动增长，表明生态绿楔的生态建设工作有成效。

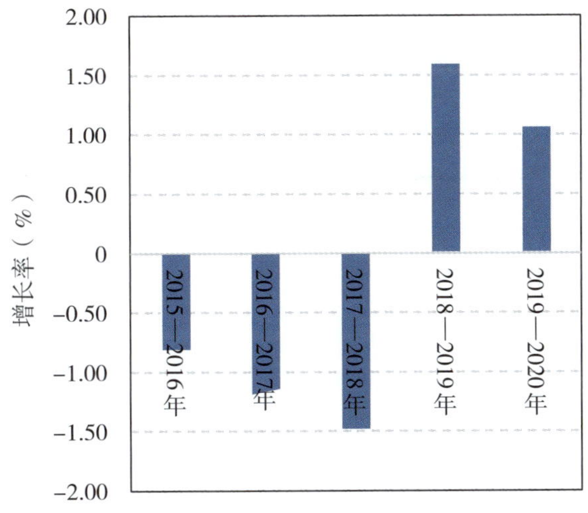

(a)六大绿楔生态用地面积增长率

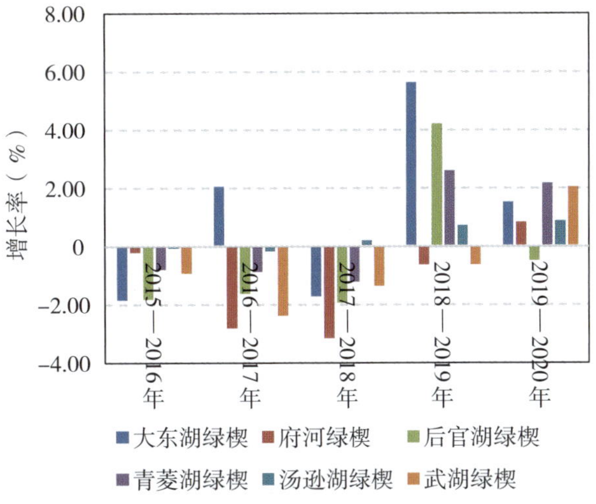

(b)各绿楔生态用地面积增长率

图 2-8　2015—2020 年武汉市绿楔生态用地增长率统计

2. 土地利用程度

土地利用程度反映了土地系统中人类因素的影响程度。如图 2-9 所示，2020 年六大生态绿楔总体土地利用程度综合指数为 264.90，其中青菱湖绿楔土地利用程度最大，说明土地开发的深度和广度较大；汤逊湖绿楔土地利用程度最低，说明自然地表覆盖形态维持得较好，土地开发程度小，区域环境的相对发展潜力和承载能力较好。“十三五”以来，六大绿楔土地利用程度年均增长率为 1.22%，其中府河绿楔年均增长率最高，达到 1.66%。

3. 人工建设开发速度

用人工地表(房屋建筑(区)、铁路与道路、构筑物等)的年度面积变化率来表征人工建设开发速度。如图 2-10 所示，2020 年六大生态绿楔总体人工建设开发速度为-1.17%，除后官湖绿楔外，其他绿楔的人工建设工地均为减少趋势。相较于 2015 年，武湖绿楔人工建设开发速度由 8.19% 变为 -3.39%，开发速度变化最大，表明后期以复绿为主，人工建设开发进程放缓，生态环境逐步恢复。

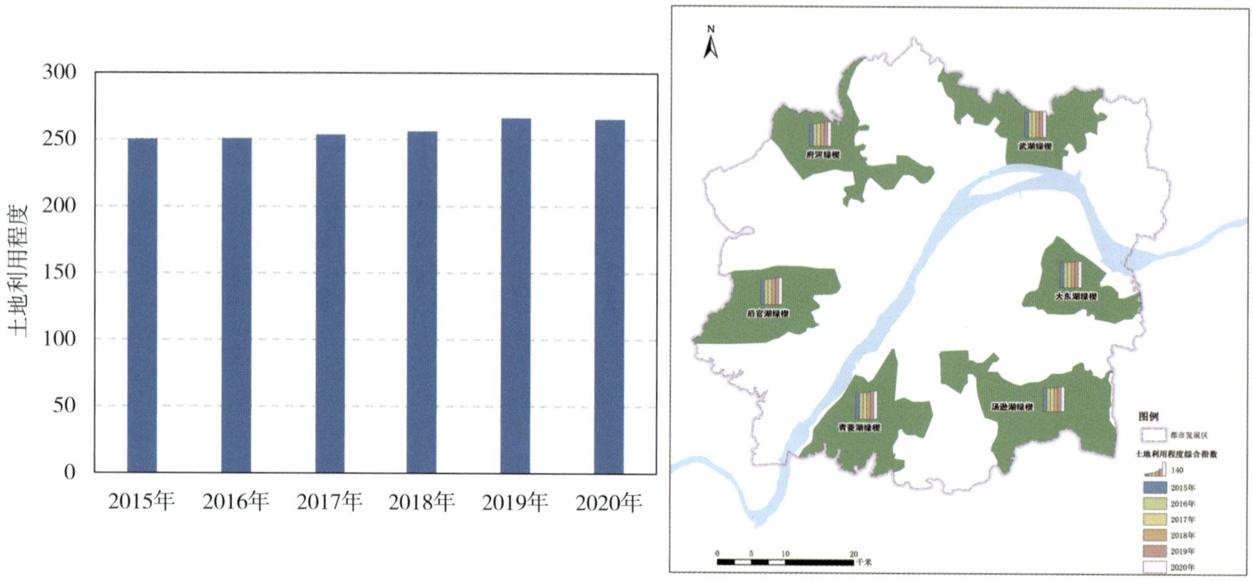

（a）六大绿楔土地利用程度综合指数　　（b）六大绿楔土地利用程度综合指数分布图

图 2-9　2015—2020 年武汉市绿楔土地利用程度综合指数

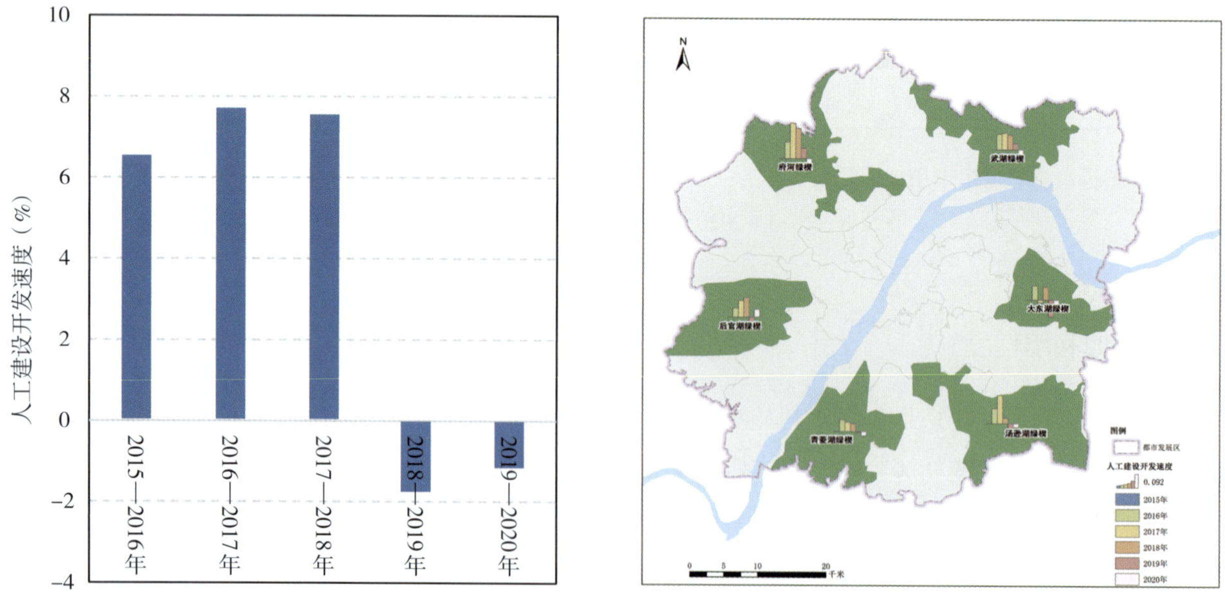

（a）六大绿楔人工建设开发速度　　（b）各绿楔人工建设开发速度分布图

图 2-10　2015—2020 年武汉市绿楔土地利用程度综合指数

2.2.4 碳源碳汇

碳排放是指主要由工业(能源消耗、工业生产、工业废弃物)、生活(生活废弃物、居民生活用电、居民生活用气)、交通运输业、农业生产和建筑施工等人类活动引起的碳排放反映。碳汇是指主要由耕地、园地、林地、草地等植被覆盖固碳能力反映,是生态环境改善的重要指标。

2.2.4.1 碳排放现状与变化监测

结合地理国情监测数据和社会经济统计数据,在 IPCC 碳排放清单的指导下研究武汉市"十三五"期间碳排放特征。

1. 碳排放总量变化

2020 年,全市碳排放总量为11 181.53万吨,相较于 2015 年增加了 646.21 万吨,增幅为 6.13%。"十三五"以来,碳排放总量呈先下降后上升趋势。对比图 2-11(a)和图 2-11(b)可以看出,2020 年全市碳排放仍然以工业碳排放为主,约占碳排放总量的 53%,其次为生活碳排放、交通运输业和建筑施工。

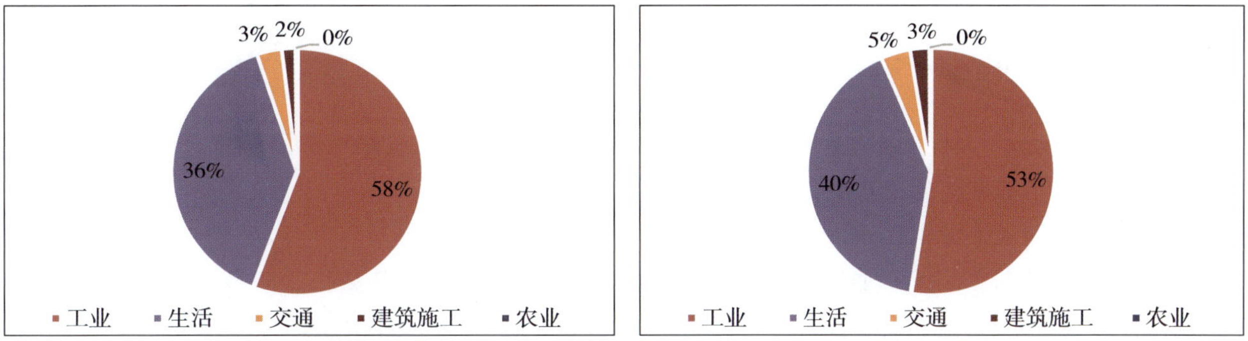

(a)2015 年碳排放结构　　(b)2020 年碳排放结构

图 2-11　2015 年和 2020 年武汉市分行业碳排放结构

2. 碳排放空间变化

碳排放总量方面,2020 年全市碳排放空间分布呈现由中心城区到新城区"低—高—低"的分布趋势。如图 2-12(a)所示,"十三五"以来,中心城区碳排放总量总体下降,其中减少最多的为青山区(化工区),主要由于工业碳排放减少。新城区碳排放总量总体呈增加趋势,其中增加最多的是黄陂区,主要为生活碳排放增加。

碳排放密度方面,中心城区碳排放密度较大,其次为功能区中的经济开发区(汉南区)和东湖高新区,东湖生态旅游景区以及新城区的碳排放密度较低。如图 2-12(b)所示,"十三五"以来,全市多数区域的碳排放密度均有所下降,尤其是中心城区的碳排放密度下降得最多,新城区次之,以东湖高新区为代表的功能区碳排放密度有所增加。

人均碳排放量方面，表现为南部高中部低的片状分布特点。如图 2-12(c)所示，“十三五”以来，新城区的人均碳排放量增加值最大，原因主要是人口增多之后，生活用电、用气、废弃物等均有增加，导致生活碳排放增多。

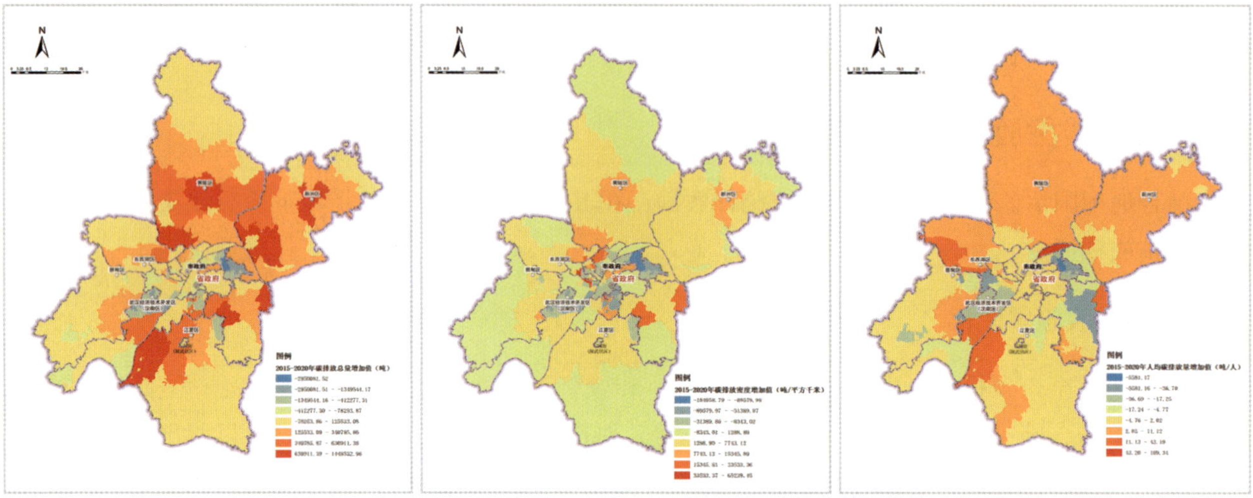

(a)碳排放总量　　(b)碳排放密度　　(c)人均碳排放

图 2-12　2015—2020 年武汉市碳排放相关指标空间变化

3. 不同行业碳排放

对全市“十三五”以来不同行业碳排放情况进行分析，工业碳排放量呈下降趋势，生活碳排放和交通运输碳排放增加空间分布如图 2-13 所示。

1)规模以上工业能源消耗碳排放

2020 年，全市规模以上工业能源消耗碳排放量为3 073. 02万吨，相较于 2015 年增加了 118. 42 万吨，增幅为 4. 01%。其中，增量较大的为东湖高新区和江夏区，减量较大的为青山区(化工区)、经济开发区(汉南区)和汉阳区。

2)工业生产碳排放

2020 年，全市工业生产碳排放量为1 013. 99万吨，相较于 2015 年减少了 49. 36 万吨，降幅为 4. 64%。其中，增量较大的为东湖高新区和江夏区，减量较大的为青山区(化工区)、经济开发区(汉南区)和汉阳区。

3)工业废弃物处理碳排放

2020 年，全市工业废弃物处理碳排放量为1 792. 91万吨，相较于 2015 年减少了 336. 30 万吨，降幅为 15. 79%。其中，增量较大的为东湖高新区和江夏区，减量较大的为青山区(化工区)、经济开发区(汉南区)、汉阳区和蔡甸区。

4)生活用电碳排放

2020 年，全市生活用电碳排放量为 105. 47 万吨，相较于 2015 年增加了 41. 74 万吨，增幅为 65. 48%。其中，增量较大的为黄陂区和新洲区，减量较大的为青山区(化工区)。

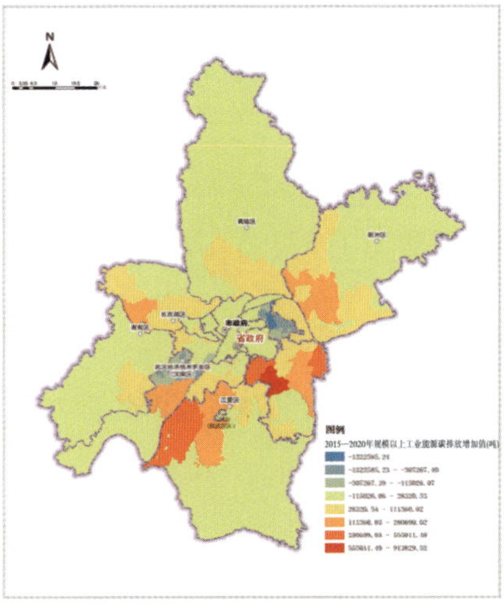

(a)规模以上工业能源消耗

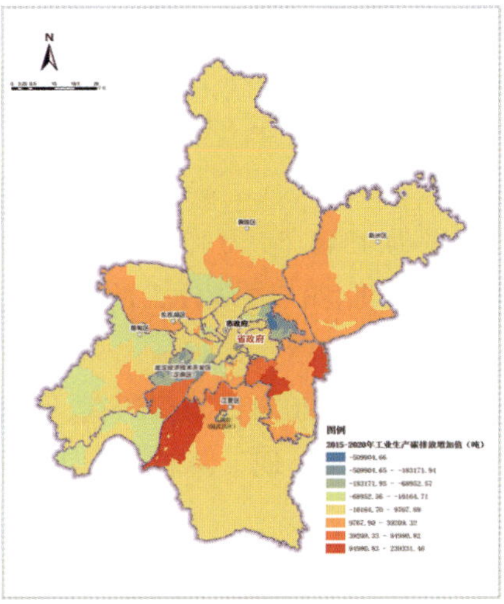

(b)工业生产

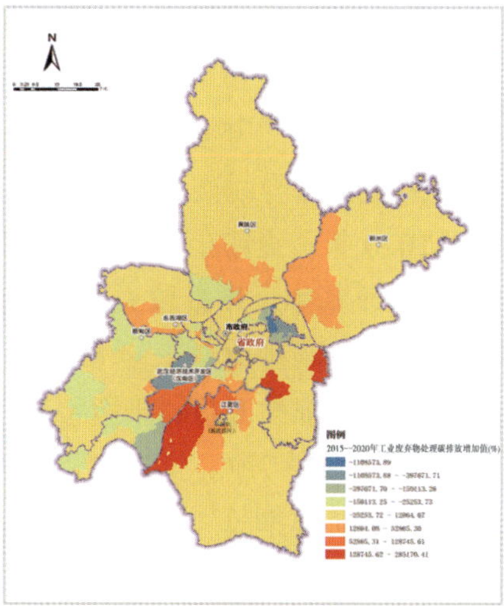

(c)工业废弃物处理

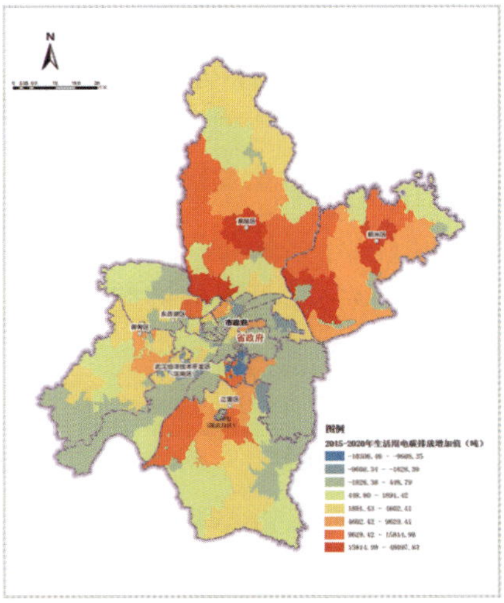

(d)生活用电

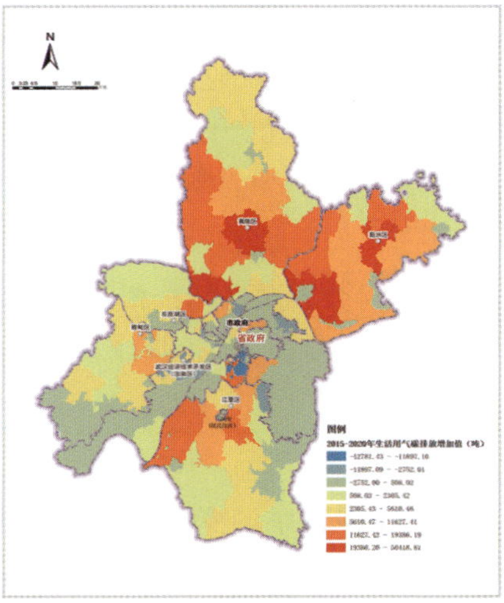

(e)生活用气

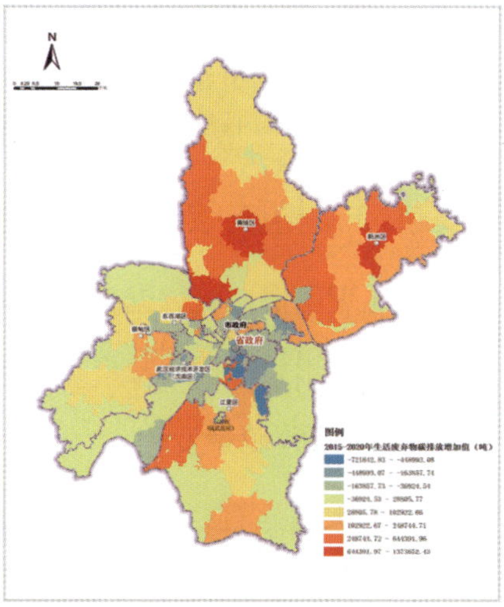

(f)生活废弃物

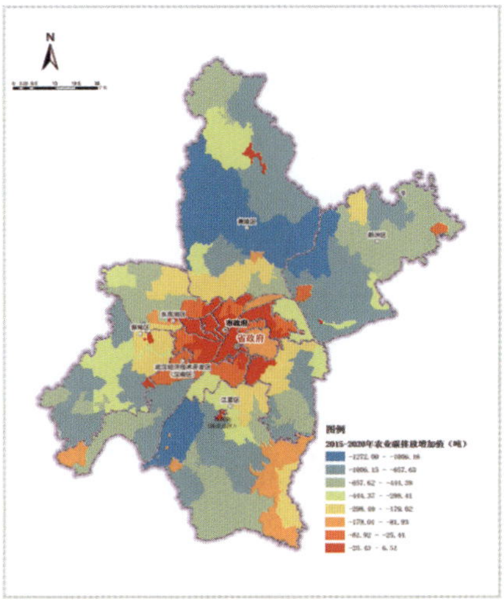

(g)农业

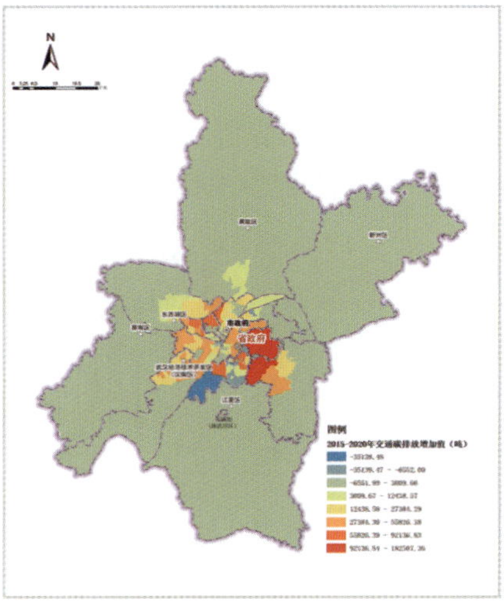

(h)交通

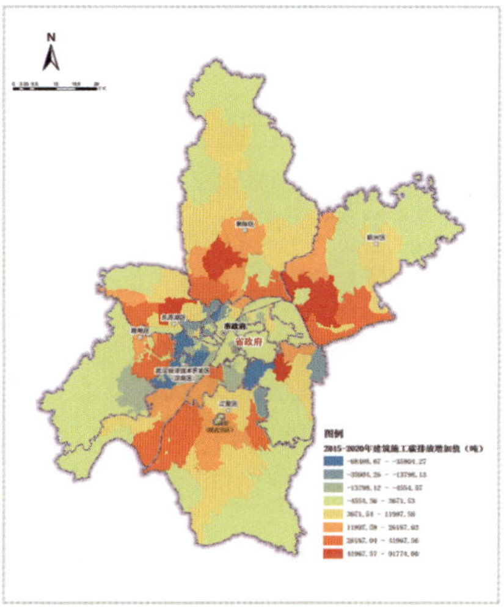

(i)建筑施工

图 2-13　2015—2020 年武汉市各区分行业碳排放空间变化

5)生活用气碳排放

2020年，全市生活用气碳排放量为129.64万吨，相较于2015年增加了50.89万吨，增幅为64.63%。其中，增量较大的为黄陂区和新洲区，减量较大的为青山区(化工区)。

6)生活废弃物碳排放

2020年，全市生活废弃物碳排放量为4246.59万吨，相较于2015年增加了573.62万吨，增幅为15.62%。其中，增量较大的为黄陂区和新洲区，减量较大的为洪山区。

7)农业碳排放

农业碳排放占总碳排放量的比重较小。2020年，全市农业碳排放量为14.61万吨，相较于2015年减少了4.39万吨，降幅为23.08%。各区均呈现下降趋势，下降最多的是黄陂区。

8)交通碳排放

2020年，全市交通碳排放量为519.07万吨，相较于2015年增加了201.73万吨，增幅为63.57%。其中，增量较大的为硚口区，江夏区、新洲区和蔡甸区交通碳排放略微下降。

9)建筑施工碳排放

2020年，全市建筑施工碳排放量为286.23万吨，相较于2015年增加了49.87万吨，增幅为21.20%。其中，增量较大的为黄陂区，减量较大的为汉阳区。

2.2.4.2 植被碳汇现状与变化监测

以地理国情监测数据为主，林业二类调查数据为辅，根据单木生物量模型估算不同植被类型碳汇能力，分析植被碳汇现状及其变化情况。

1. 植被碳储量变化

如图2-14(a)所示，从全市各植被类型覆盖率的变化可知，植被覆盖中耕地覆盖类型最多，园地覆盖类型最少。如图2-14(b)所示，全市耕地的碳储量最多，园地最少。“十三五”期间，林地碳储量减少得最多，耕地次之，林地中阔叶林、灌木林碳储量减少得最多，人工幼林、绿化林地碳储量有所增加。

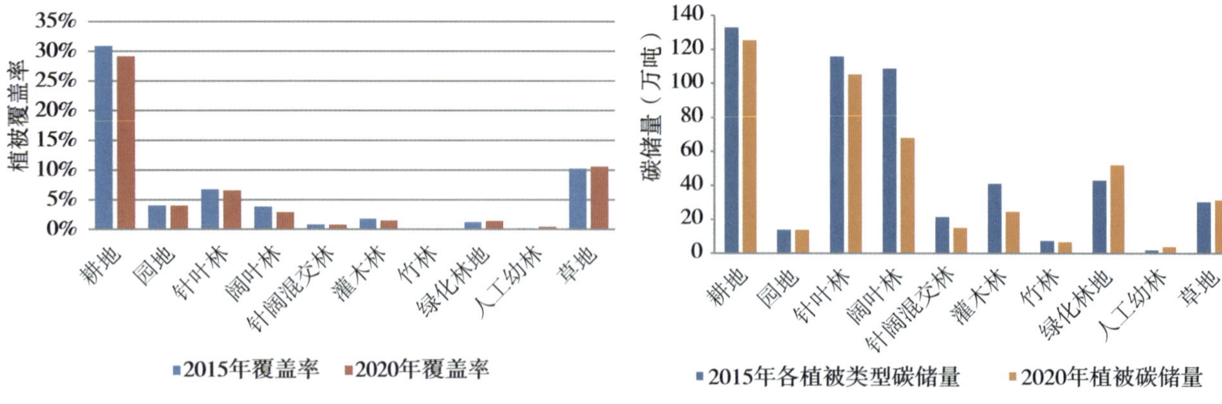

(a)各植被类型覆盖率变化　　(b)各植被类型碳储量变化

图2-14　2015—2020年武汉市各植被类型覆盖率及碳储量变化

从全市各街道植被碳储量的变化(图 2-15(a))可知，除中心城区之外的各个街道碳储量均有所下降，尤其是江夏区、黄陂区和新洲区下降十分明显，中心城区大部分街道碳储量有所增加。从全市各街道植被碳密度变化(图 2-15(b))可知，除中心城区之外的各个街道碳密度均有所下降，尤其是江夏区和新洲区碳密度下降最多，黄陂区次之。“十三五”期间，中心城区的碳储量和碳密度均有小幅度增加，这是因为政府在中心城区大力开展绿化工作，植被覆盖率有所增加。

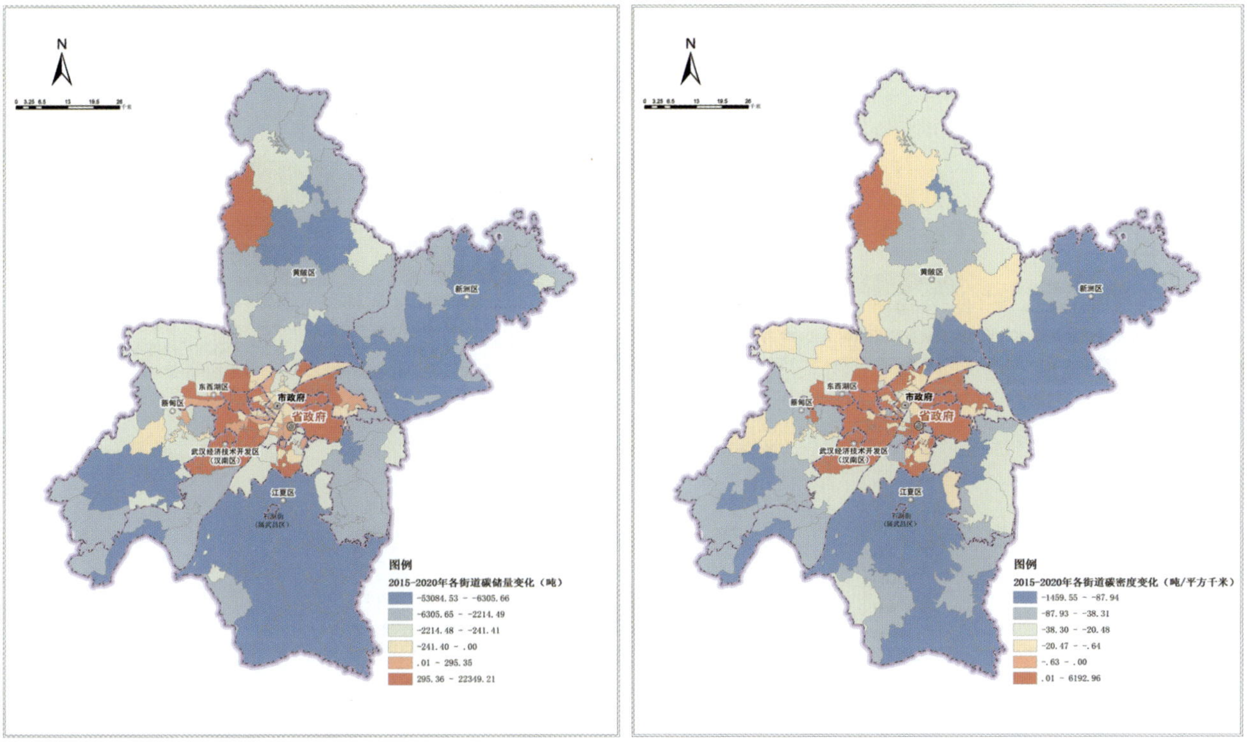

(a)碳储量变化　　　　(b)碳密度变化

图 2-15　2015—2020 年武汉市各街道碳储量空间变化

2. 各圈层碳储量变化

如图 2-16(a)所示，植被碳储量方面，“十三五”以来新城区植被碳储量呈现缓慢下降趋势，中心城区和功能区小幅波动。

植被碳密度方面，“十三五”以来新城区植被碳密度呈现小幅下降，中心城区的植被碳密度小幅波动，功能区的植被碳密度呈现下降的趋势，如图 2-16(b)所示。

植被人均碳储量方面，“十三五”以来新城区和功能区的人均碳储量均呈现逐渐下降趋势，中心城区人均碳储量保持小幅度波动，主要原因是中心城区人口基数大，变化不明显，如图 2-16(c)所示。

2.2.4.3　基于碳脱钩模式的低碳水平现状分析

基于全市经济数据和碳排放相关的统计数据，考察全市以及各区的碳脱钩水平，如表 2-1 所示。2020 年，全市仍呈现弱脱钩的状态，表明相较于 2015 年，能源消耗速度低于经济增长速度。从分区来看，全市碳脱钩情况较为均衡，大多数地区碳脱钩类型较好。江岸区、硚口区、武昌区、青山区（化工区）、洪山区、经济开发区（汉南区）依然为强脱钩类型，说明这六个区呈现经济增长而能量消耗与污染物排放减量的态势。江汉区、东湖高新区、东西湖区、蔡甸区、江夏区、黄陂区、新洲区呈现弱脱钩状态，即经济增长，资源效率提高，能量消耗与污染物排放量总量增加，但经济增长远大于能量消耗与污染物排放量总量增长。东湖风景区为扩张脱钩状态，即资源消耗与经济发展同步增长，资源利用效率无明显提高。

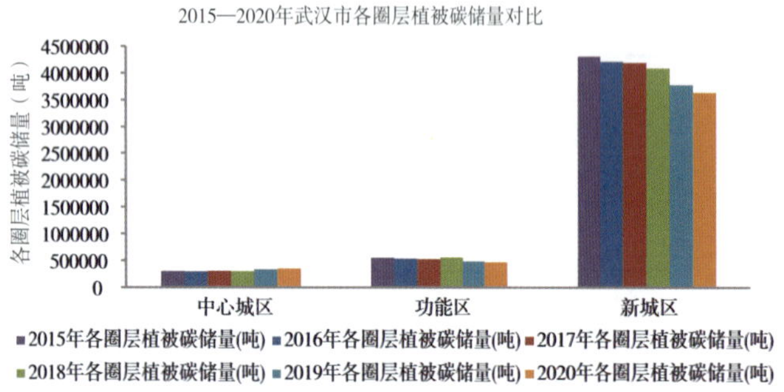

(a)碳储量变化

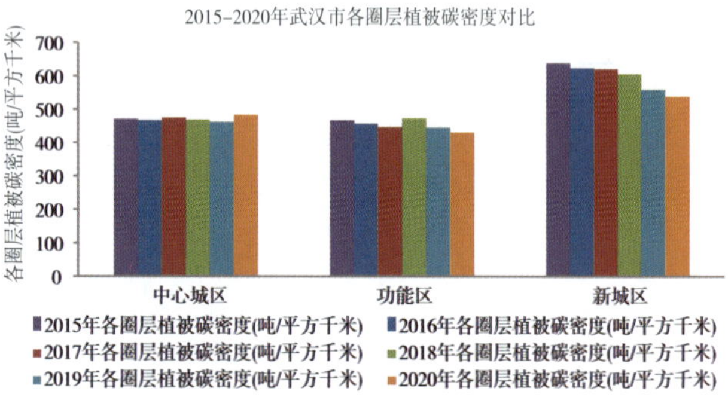

(b)碳密度变化

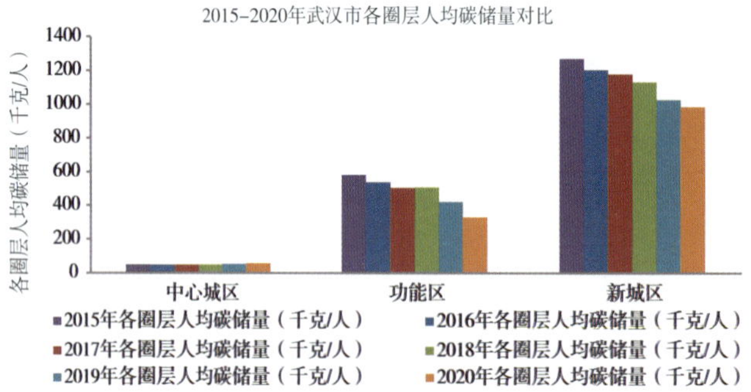

(c)人均碳储量变化

图 2-16　2015—2020 年武汉市各圈层变化

表 2-1　**2020 年武汉市及各区碳脱钩情况类型**

市及各区	2020 年碳脱钩系数	2020 年碳脱钩类型
全市	9.96	弱脱钩
江岸区	-19.03	强脱钩
江汉区	761.72	弱脱钩
硚口区	-8.84	强脱钩
汉阳区	0.25	衰退脱钩
武昌区	-5.68	强脱钩
青山区(化工区)	-1.12	强脱钩
洪山区	-5.20	强脱钩
经济开发区(汉南区)	-3.39	强脱钩

续表

市及各区	2020 年碳脱钩系数	2020 年碳脱钩类型
东湖高新区	3.20	弱脱钩
东湖风景区	1.19	扩张脱钩
东西湖区	4.87	弱脱钩
蔡甸区	1.46	弱脱钩
江夏区	1.72	弱脱钩
黄陂区	1.87	弱脱钩
新洲区	1.86	弱脱钩

2.3 资源环境承载力

资源环境承载力评价是针对自然资源禀赋和生态环境本底的综合评价，以确定国土空间在生态保护、农业生产、城镇建设等功能指向下的承载能力等级。在此基础上，开展国土空间开发适宜性评价，明确国土空间发展过程中农业生产适宜性、生态保护重要性和城镇建设适宜性情况。武汉市资源环境承载力与国土空间开发适宜性评价主要依据自然资源部下发的《资源环境承载力和国土空间开发适宜性评价指南(征求意见稿)》(以下简称《评价指南》)。

本节根据《评价指南》，结合武汉市资源环境本底情况对评价方法做了特别调整。评价单元方面，采用 250m×250m 规则格网；土地资源评价方面，增加耕地等别指标以反映耕地经济效益等级条件；灾害评价方面，增加行、蓄洪区范围潜在的洪涝灾害影响，同时对灾害情况进行集成评价；农业供水条件的确定方面，对沟渠和泵站两类对象划分缓冲区大小；城镇供水条件方面，采用距离衰减参数划分长江、汉江、举水、滠水四条河流缓冲区，最后采用熵权法确定各个指标权重。

2.3.1 资源环境承载力集成评价

资源环境承载力集成评价是在土地资源、水资源、环境、生态和灾害五方面单项要素评价基础上，从生态保护、农业生产、城镇建设三个功能指向出发，分别采用熵权法和专家打分法确定权重，对单项要素进行集成评价，集成评价选取指标体系如表 2-2 所示。

表 2-2 资源环境承载能力单项要素评价指标体系

功能	土地资源	水资源	环境	生态	灾害
生态保护	—	—	—	生态系统服务功能重要性：水源涵养，生态敏感性，水土流失	—

续表

功能	土地资源	水资源	环境	生态	灾害
农业生产	农业耕作条件：坡度、高程、耕地等别	水资源丰度：降水量、水资源总量	—	—	气象灾害风险：洪涝
城镇建设	城镇建设条件：坡度、高程	水资源丰度：降水量、水资源总量	城镇建设环境条件：水环境容量	—	地质灾害风险：地质易发、地面塌陷等

2.3.1.1 生态保护等级

依据上述资源环境承载力评价结果，进行全市生态保护等级评价，如图 2-17(a)所示。全市生态保护等级呈现了典型的“北高、南低、中部分散”的空间分布格局，其中黄陂区北部、新洲区东北部、江夏区北部、蔡甸区东南部、汉南区、东湖高新区等区域生态保护等级较高。导致这种空间分布格局的原因主要有两方面：黄陂区北部、新洲区东北部、江夏区北部、蔡甸区东北部、东湖高新区水源涵养重要性较高，发挥较为重要的生态功能作用；同时这些地区水土流失程度较高，生态较为脆弱，抗干扰能力相对较低。

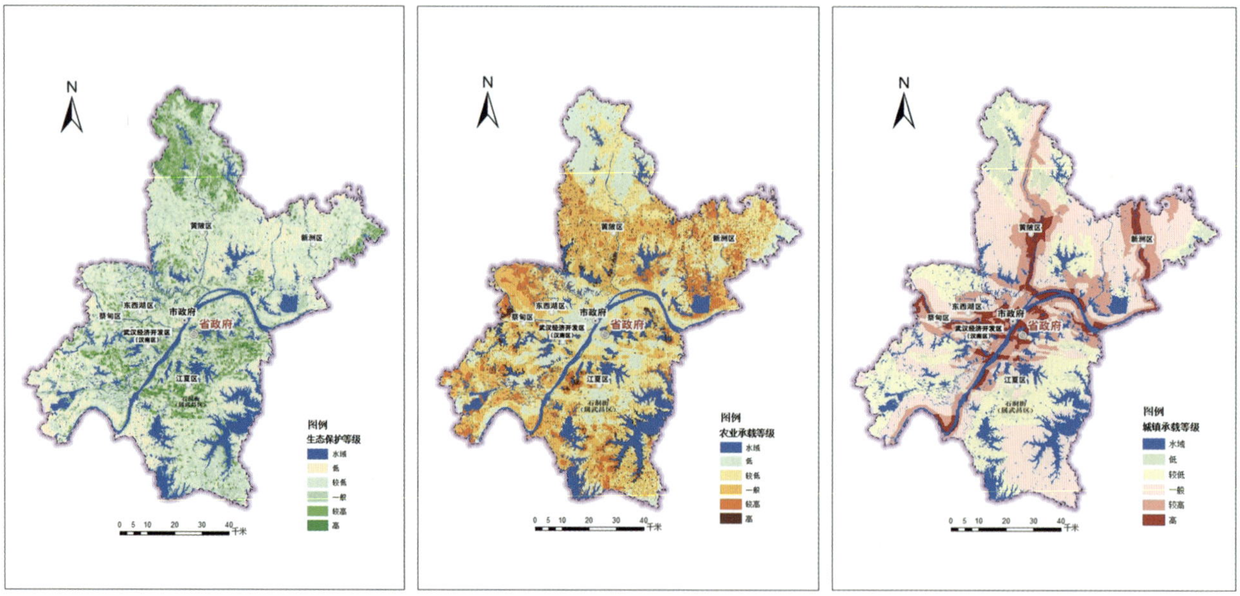

(a)生态保护等级　　(b)农业功能指向承载等级　　(c)城镇功能指向承载等级

图 2-17　武汉市不同功能指向的承载等级空间分布

生态保护等级为高等级的区域面积占比为 2.22%，较高等级的区域面积占比 12.98%，一般等级的区域面积占比 18.06%，较低等级的区域面积占比 31.02%，低等级的区域面积占比 35.72%。从各区的分布来看，黄陂区高等级生态保护区域面积最大，江夏区、东湖高新区和蔡甸区次之。

2.3.1.2　农业功能指向的承载等级

全市农业功能指向承载等级呈现“四周高，中间低”的空间分布格局，其中黄陂区北部、新洲区东北部、建成区等级较低，江夏区南部、黄陂区南部、蔡甸区、东西湖区西部等级较高。受坡度、高程、耕地等别、灾害、农业供水条件等多种因素影响，农业承载等级呈现斑点分布的特征。

如图 2-17(b)所示，受行、滞、蓄洪区影响，黄陂区北部、新洲区东南部、东西湖区西部、蔡甸区西南部、江夏区西南部农业承载等级均有所降低，黄陂区南部、江夏区东南部农业承载等级有所提升。如图 2-18 所示，全市农业承载等级为高等级区域面积占比 6.29%，较高等级的区域面积占比 17.90%，一般等级的区域面积占比 30.03%，较低等级的区域面积占比为 29.40%，低等级的区域面积占比 16.37%。从各区的分布来看，江夏区高农业承载等级区域面积最大，黄陂区次之，江夏区、黄陂区、新洲区低农业承载等级的土地面积都超过 100km^2。

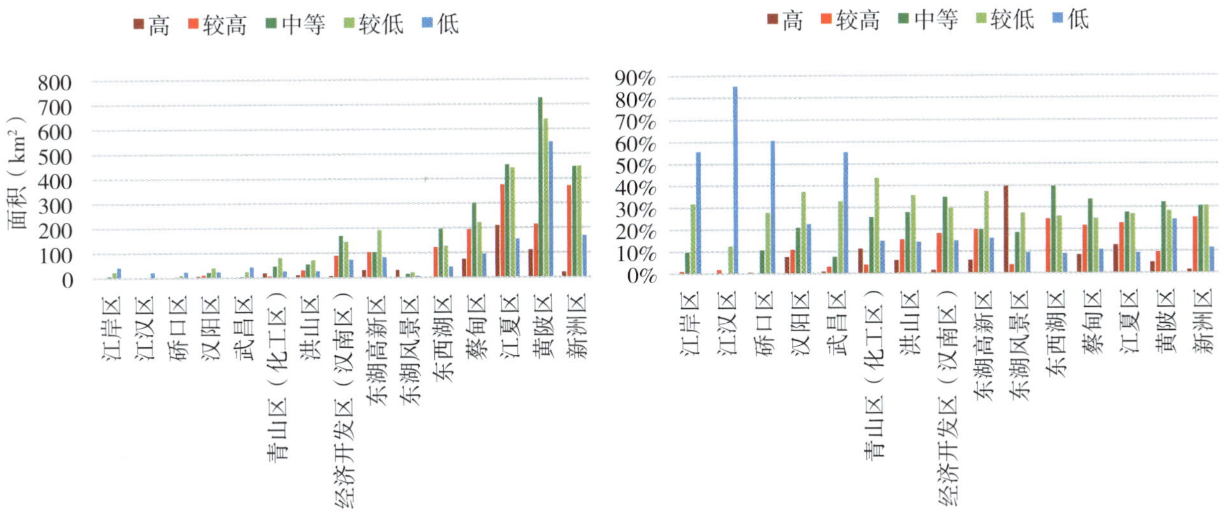

(a)农业承载等级面积统计　　(b)农业承载等级面积占比

图 2-18　农业承载等级统计

2.3.1.3　城镇建设功能指向的承载等级

如图 2-17(c)所示，受地形要素影响，黄陂区北部和新洲区东北部城镇建设承载等级较低。城镇承载等级考虑了城镇建设现阶段取水条件和城镇供水条件因素，其中城镇供水条件主要考虑长江、汉江、举水、滠水 4 条河流，但由于城镇建设条件其他区域差异不明显，导致城镇承载等级较高区域主要集中在上述 4 条河流周边。受行、滞、蓄洪区影响，黄陂区北部、江夏区北部、蔡甸区、新洲区东南部、建成区等级均有所下降，其中建成区变化最为明显。

如图 2-19 所示，全市城镇建设功能指向承载等级为高等级的区域面积占比 7.48%，较高等级的区域面积占比 19.60%，一般等级的区域面积占比 40.38%，较低等级的区域面积占比 27.67%，低等级的区域面积占比 4.86%。从各区的分布来看，黄陂区高承载等级区域面积最大，江夏区、东湖高新区和蔡甸区次之。

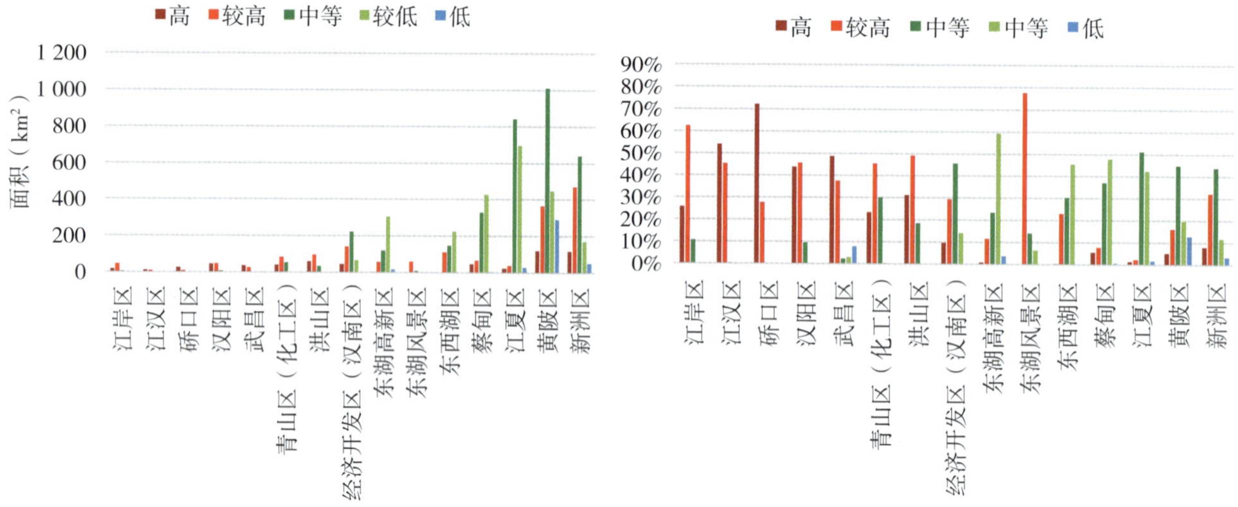

(a)面积统计　　(b)面积占比

图 2-19　城镇建设功能指向承载等级分区统计

2.3.2　国土空间开发适宜性评价

国土空间开发适宜性评价有助于明确各区的空间开发功能定位，制定针对性的对策、措施，对区域协调发展、合理配置空间资源具有重要意义。本节以生态保护、农业生产、城镇建设功能指向下的资源环境承载力集成评价结果为基础，开展国土空间开发适宜性评价，分别将全市建成区以外区域划分为生态保护极重要区、一般重要区、不重要区，农业生产适宜区、一般适宜区、不适宜区，城镇建设适宜区、一般适宜区、不适宜区。

国土空间开发适宜性评价总体框架如图 2-20 所示。基于资源环境承载能力评价结果，选取生态保护、农业生产和城镇建设功能指向下的适宜性备选区。同时，考虑不同功能指向下的适宜性约束因子，对备选区域进一步修正得到生态保护、农业生产和城镇建设功能指向下的适宜性分区。生态保护重要性分区使用斑块集中度修正，农业生产适宜性分区使用地块连片度修正，而城镇建设适宜性分区使用地块集中度和综合优势度修正。

2.3.2.1　国土空间开发适宜性备选区分析

生态保护重要性评价方面，利用生态斑块集中度刻画生态系统服务功能重要性及生态敏感区域的规模及空间分异特征，对生态保护极重要和重要备选区按 50m 范围聚合，并根据面积大小分为 5 个等级。将生态保护等级高的空间单元划为生态保护极重要区备选区域，将生态保护较高(Ⅳ)、中等(Ⅲ)、较低(Ⅱ)的空间单元划为生态保护重要区备选区域，将生态保护低(Ⅰ)的空间单元划定为生态保护一般重要区，如图 2-21(a)所示。

农业生产适宜性评价方面，通过地块连片度表征适合农业生产田块的规模及空间分异特征，对农业生产适宜区、一般适宜区的备选区域，按 50m 聚合连片地块，根据连片度划分 5 个等级。针对地块形状指数大于 2 的地块，按照离心距离逐步降低其外围区域的连片度等级，将农业承载能力等级为高(Ⅴ)、较高(Ⅳ)的空间单元，划为农业生产适宜区的备选区域；将农业承载能力为较高(Ⅳ)、中

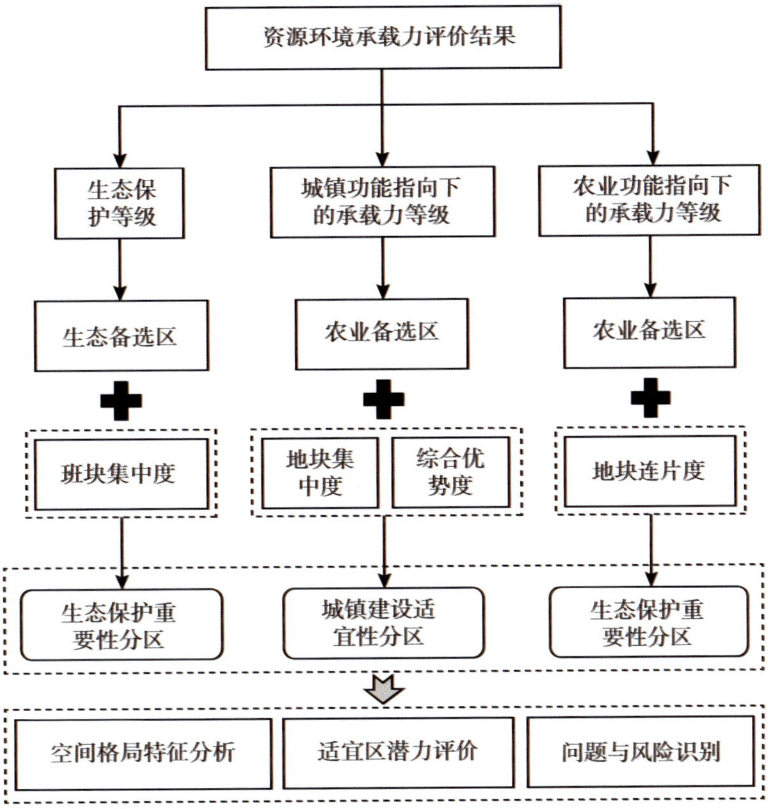

图 2-20　国土空间开发适宜性评价总体框架

等(Ⅲ)、较低(Ⅱ)的空间单元划为农业生产一般适宜区备选区域；将农业承载能力低(Ⅰ)的空间单元划为农业生产不适宜区，如图 2-21(b)所示。

城镇建设适宜性评价方面，利用地块集中度表征适合城镇建设的区域规模及空间分异特征，对城镇建设适宜和一般适宜的备选区域按 100m 范围聚合，根据面积阈值将地块集中度划分为 5 个等级。针对连片适宜建设用地紧凑度小于 0.2 的地块，按照离心距离逐步降低外围区域的集中度等级。同时，考虑区位条件、交通网络密度等综合优势度，将城镇承载能力等级为高(Ⅴ)、较高(Ⅳ)的空间单元作为城镇建设适宜区的备选区域，将城镇承载能力为较高(Ⅳ)、中等(Ⅲ)、较低(Ⅱ)的空间单元作为城镇建设一般适宜区的备选区域，将城镇承载能力等级为低(Ⅰ)的区域直接划定为城镇建设不适宜区，如图 2-21(c)所示。

2.3.2.2　国土开发适宜区分析

通过上述生态保护重要性评价方法，得到全市生态保护重要性评价结果如图 2-22(a)所示。生态保护等级重要区主要分布在山体较为集中的区域，如黄陂区北部、新洲区东北部、江夏区北部、蔡甸区东南部、汉南区、东湖高新区。经对比发现，生态保护重要性等级对生态保护等级评价结果的依赖性较高，生态斑块集中度等级较高，生态保护重要性等级高。扣除建成区范围，全市生态保护极重要区总面积为2 001.14km^2，占比约为 23%；重要区总面积为3 744.00km^2，占比约为 44%；一般区总面积为2 492.86km^2，占比约为 29%。黄陂区生态保护极重要区面积最大，江夏区、蔡甸区和新洲区次之，濒临长江和汉江的经济开发区(汉南区)和东西湖区内生态保护重要区面积较大。

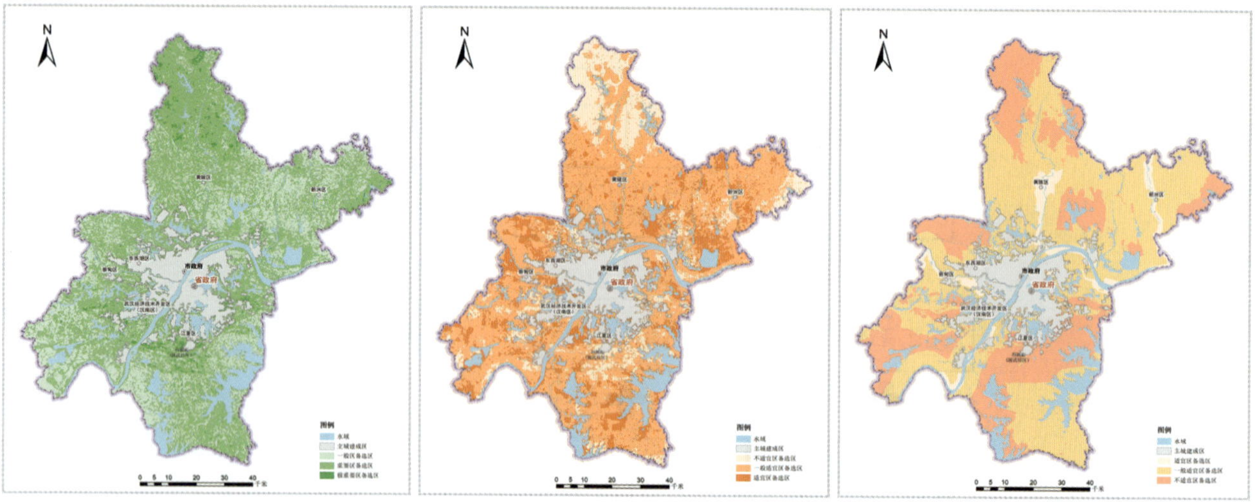

（a）生态保护重要区　　（b）农业生产适宜区　　（c）城镇建设适宜区

图 2-21　国土空间开发适宜性备选区

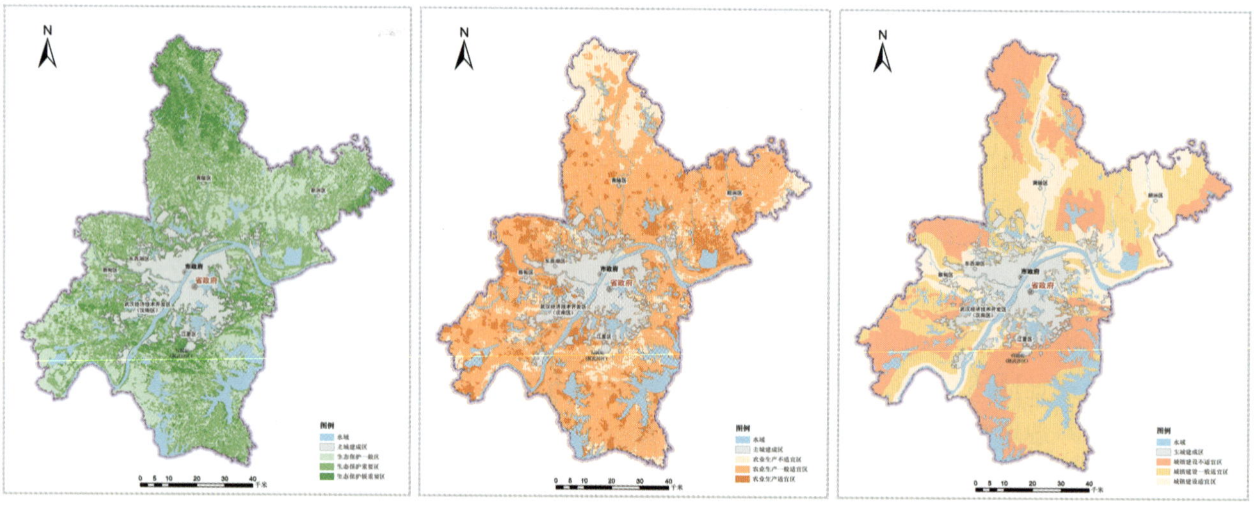

（a）生态保护重要区　　（b）农业生产适宜区　　（c）城镇建设适宜区

图 2-22　国土空间开发适宜性

农业生产适宜性评价方面，全市农业生产适宜区呈现出零散分布特征，在新洲区南部、东西湖区中部、蔡甸区北部和南部、汉南区西南部以及江夏区南部均有分布；不适宜区多集中分布于黄陂区北部、新洲区东北部和江夏区中部如图 2-22(b)所示。扣除建成区范围，全市农业生产适宜区总面积为 817.80km^2，占比约为 10%；一般适宜区总面积为4 726.94km^2，占比约为 55%；不适宜区总面积为 2 639.24km^2，占比约为 31%。新洲区农业生产适宜区面积最大，江夏区、蔡甸区和黄陂区次之，四者的农业生产适宜区总面积占比达到 77%，经济开发区（汉南区）、东西湖区和东湖高新区内一般适宜区面积较大，不适宜区则主要分布在江夏区和黄陂区。

城镇建设适宜性方面，全市城镇建设适宜区主要分布在集建区附近，且呈现沿河流分布的特点，如图 2-22(c)所示。究其原因主要有 3 个方面：①城镇承载能力较高，具备承载城镇建设活动的资源环境综合条件；②地块集中度较高，集中连片性相对较好；③综合优势度较高，拥有较高的基础设施网络密度和区位优势，城镇空间发育和拓展潜力较大。城镇建设适宜区面积为1 272.32km²，占比约为15%；一般适宜区面积为1 432.13km²，占比约为16%；不适宜区面积为5 533.44km²，占比约为64%。新洲区城镇建设适宜区面积最大，黄陂区次之，为190.85km²，二者的适宜区面积占比达到34%。黄陂区城镇建设一般适宜区面积最大，新洲区次之。城镇建设不适宜区主要集中分布在黄陂区和江夏区。

2.3.2.3 农业生产和城镇建设潜力分析

在农业生产适宜区基础上，依次扣除生态保护极重要区、现状城镇(不含农村居民点)及基础设施建设用地、连片分布的林地、不宜作为耕地的坑塘水面，以及难以满足现代农业生产的细碎地块等，识别农业生产适宜区剩余可用空间，如图2-23(a)所示。

在城镇建设适宜区基础上，依次扣除生态保护极重要区、连片分布的现状优质耕地、现状建设用地以及难以满足城镇建设的细碎地块等，识别城镇建设适宜区剩余可用空间。城镇建设适宜区剩余空间面积总计187.53km²，面积占比2.19%，其中蔡甸区剩余空间面积最大，新洲区次之，黄陂区和洪山区城镇建设剩余空间相对较少，经济开发区(汉南区)和东西湖区城镇建设剩余空间最少，如图2-23(b)所示。

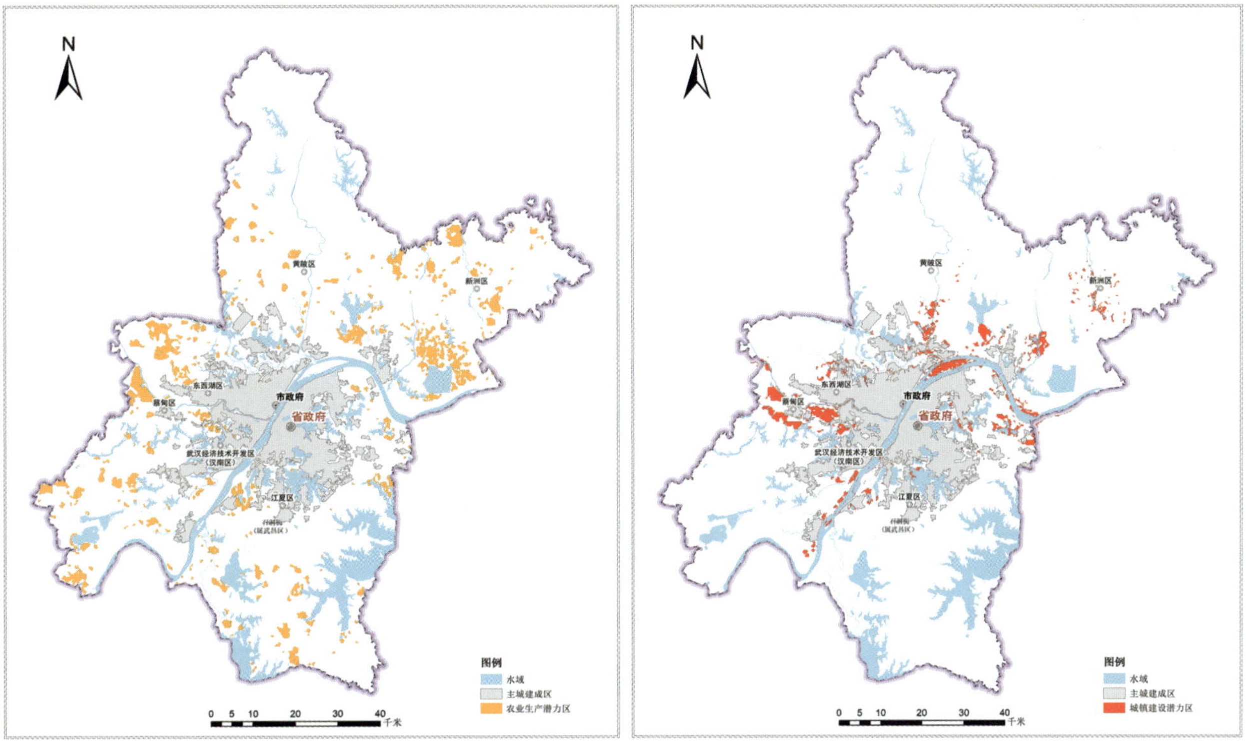

(a)农业生产　　(b)城镇建设

图2-23　适宜区可用空间潜力分析

2.3.2.4 问题与风险识别

叠加生态保护极重要区和城镇建设用地，分析生态保护极重要区内开发利用地类规模与空间分布，如图 2-24(a)所示。开发利用地在生态保护极重要区内呈现零星分布，面积为 33.02km²，占生态保护极重要区总面积的 1.65%。其中，黄陂区内冲突区域面积最大，江夏区次之。

叠加农业生产不适宜区和现状耕地，分析农业生产不适宜区内耕地规模与空间分布，如图 2-24(b)所示。耕地在农业生产不适宜区内呈现聚集连片的空间分布状态，面积为 303.02km²，约占不适宜区总面积的 11.48%。黄陂区内冲突区域面积最大，江夏区次之。

叠加城镇建设不适宜区和现状城镇建设用地，分析城镇建设不适宜区内城镇建设用地规模与空间分布，如图 2-24(c)所示。城镇建设用地在城镇建设不适宜区内呈现零星的空间分布状态，面积 23.83km²，占不适宜区总面积的 0.43%。江夏区内冲突区域面积最大，黄陂区次之。

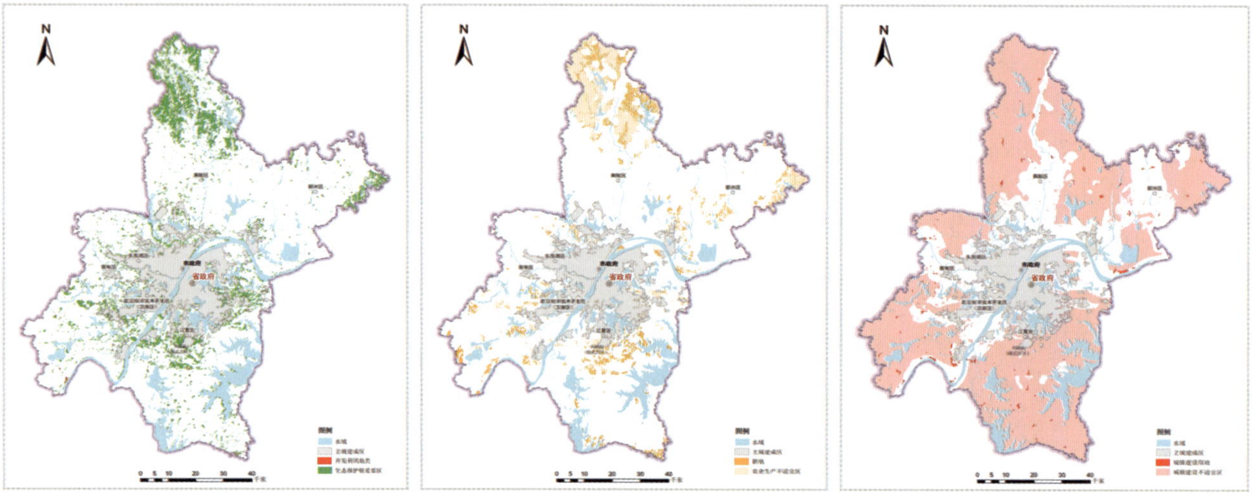

(a)生态保护　　(b)农业生产　　(c)城镇建设

图 2-24　问题与风险分布

2.4 小　　结

1. 城市自然资源得天独厚，大江大湖的城市特色突显

全市自然地表占市域总面积的五分之四，呈现“三田二林二水一湖半分山”格局，水域面积占比达 27.17%。“十三五”以来，全市种植土地、林草覆盖面积均有微小幅度减少，部分转化为房屋建筑(区)、市政道路等建设用地。

2. 生态保护工程实施效果显著，滨江滨湖生态环境持续改善

“十三五”以来，全市水质波动上升，2020 年较 2015 年湖泊水质达标率有较大提升。山体修复持续推进，山体破损率逐年下降，降至 5.24%。生态绿楔内土地开发得到有效控制，生态用地面积增长，人工建设开发进程放缓，生态环境逐步恢复。

3. 碳排放总量上升，碳汇略有下降，单位 GDP 能耗下降，低碳水平不断提升

“十三五”以来，全市碳排放总量上升 6.13%，单位 GDP 碳排放量下降，碳排放密度从中心城区到新城区依次降低。其中，工业碳排放量占比约五成，下降 4.55%；居民生活碳排放量增加 15.35%；交通碳排放量明显增加，增幅达 63.57%。全市碳汇量略有下降，其中林地下降明显。中心城区碳汇量小幅度增加，新城区有所下降，其中江夏区、黄陂区和新洲区降幅明显。

4. 不同功能指向的承载等级空间交替分布，局部区域冲突问题突出

高等和较高等级的生态保护区、农业功能区和城镇建设区面积占比分别为 15.20%、24.19% 和 27.08%，空间上交替分布。其中，生态保护等级呈现“北高、南低、中部分散”的特征，农业功能指向承载等级呈“四周高，中间低”特征，城镇建设承载等级高值区沿两江集中分布。在扣除主城建成区后的待开发空间中，生态保护极重要区占 23.34%，农业生产适宜区占 10.16%，城镇建设适宜区占 14.83%。结合国土空间开发现状，农业生产仍具备一定的潜力空间，城镇建设适宜区剩余空间相对有限，充分提升土地开发利用效率将是未来发展的重点。

第三章

城市空间格局

本章将围绕国土空间规划实施过程和效果评价需求，从城乡建设和空间增长两方面监测武汉市“十三五”期间房屋建筑(区)、建筑工地的现状与变化，分析城市扩张与更新、建设强度与功能结构变化，反映城市空间格局的演变过程。总体框架如图 3-1 所示。

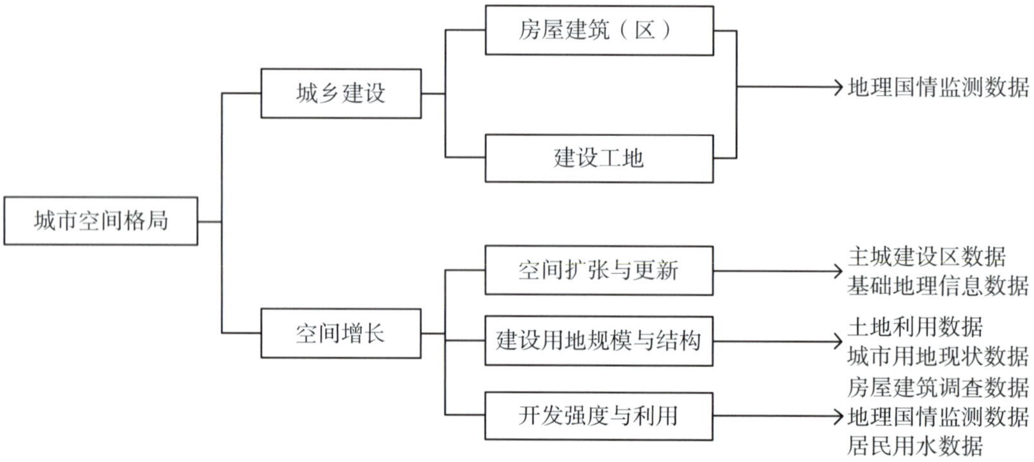

图 3-1　城市空间格局研究总体框架

3.1　城乡建设

本节主要基于地理国情监测数据，分析不同区域、圈层中房屋建筑(区)及建筑工地现状及其多期变化。

3.1.1　房屋建筑(区)

如图 3-2(a)所示，2020 年全市房屋建筑(区)占地面积占市域面积的 7.00%。“十三五”以来，江夏区、黄陂区和东湖高新区房屋建筑(区)面积增长较快，如图 3-2(a)、图 3-3 所示。

与 2015 年相比，全市新增房屋占地面积为 44.64km^2，其中竣工房屋占地面积为 99.9km^2，拆迁房屋占地面积为 55.15km^2。黄陂区、江夏区和新洲区竣工房屋占地面积最多，黄陂区、东西湖区和新洲区拆迁房屋占地面积最多，如图 3-2(b)所示。

从圈层看，新城区竣工房屋的占地面积最多，超过中心城区和功能区之和，且远大于拆迁房屋，新增房屋建筑(区)最多。中心城区竣工和拆迁房屋的占地面积基本持平。功能区竣工房屋的占地面积为拆迁房屋的近 2 倍，新增房屋建筑(区)较多，如图 3-2(c)所示。

从环线看，二环内竣工房屋占地面积小于拆迁房屋占地面积，其他环线竣工房屋占地面积大于拆迁房屋占地面积。外环以外区域竣工房屋占地面积明显大于拆迁房屋占地面积，其次为三环至四环范围，如图 3-2(d)所示。

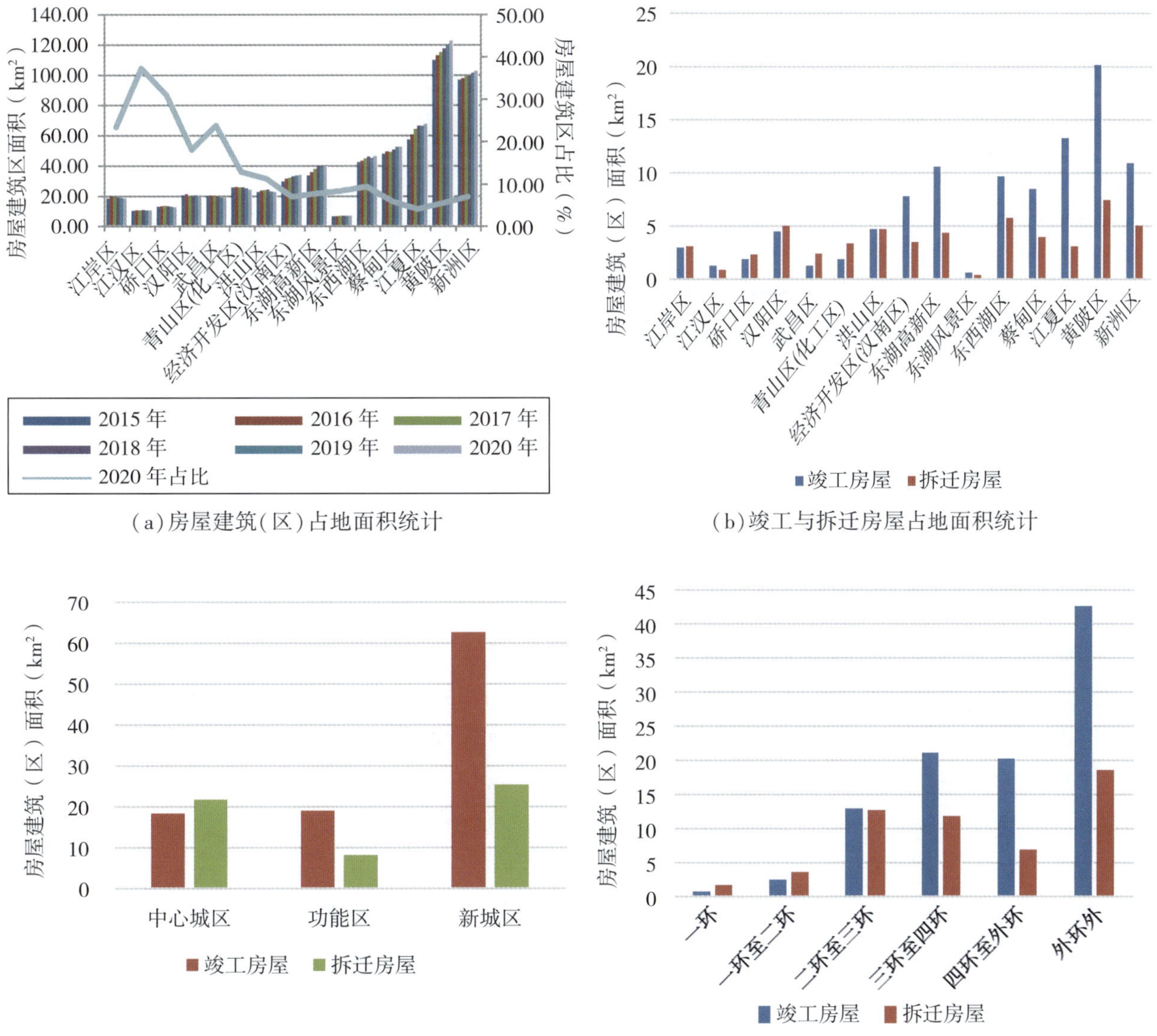

(a)房屋建筑(区)占地面积统计

(b)竣工与拆迁房屋占地面积统计

(c)竣工与拆迁房屋占地面积

(d)竣工与拆迁房屋占地面积

图 3-2 2015—2020 年武汉市各区房屋建筑(区)占地面积统计

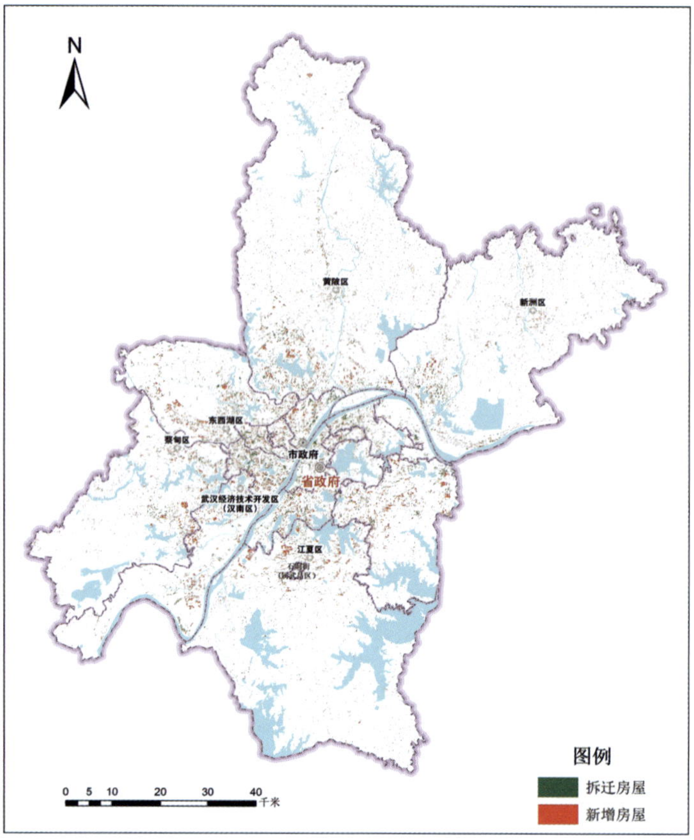

图 3-3　2015—2020 年武汉市房屋建筑(区)及变化

3.1.2　建筑工地

1. 工地类型及变化

2020 年，全市建筑工地总量占市域面积的 2.73%，其中房屋建筑工地占市域面积的 1.16%，道路建筑工地占市域面积的 0.54%。东湖高新区建筑工地面积最大，占全市建筑工地总量的 15.93%，汉阳区建筑工地面积占比最高，占全区面积的 11.53%，如图 3-4(a)所示。

“十三五”以来，全市工地年均存量为 229.95km^2，主要分布在中心城区、开发区和新城区城关镇等城市热点发展区域。其中，2016 至 2019 年持续增长，平均净增长率约为 10%，2020 年较 2019 年稍有回落，如图 3-5(a)所示。

从环线看，新增建筑工地主要分布在二环至外环，其中二环至四环新增建筑工地面积占总量的比例达到了 34.10%，外环外新增建筑工地面积占比达到了 44.12%，如图 3-4(b)所示。

2. 工地来源

如图 3-5(a)所示，2020 年全市存量工地占市域面积的 5.18%，其中 26.96%来源于林草覆盖，22.10%来源于种植土地。中心城区存量工地主要来源于低矮、低密度房屋建筑和林草覆盖，其中存量工地面积较大的是洪山区和汉阳区；功能区和新城区存量工地主要来源于自然地表，其中面积较大的是东湖高新区、经济开发区(汉南区)、江夏区和和黄陂区。如图 3-5(b)所示，“十三五”以来新增建筑工地来源中，自然地表和人工地表转换占比基本维持在 70%与 30%。

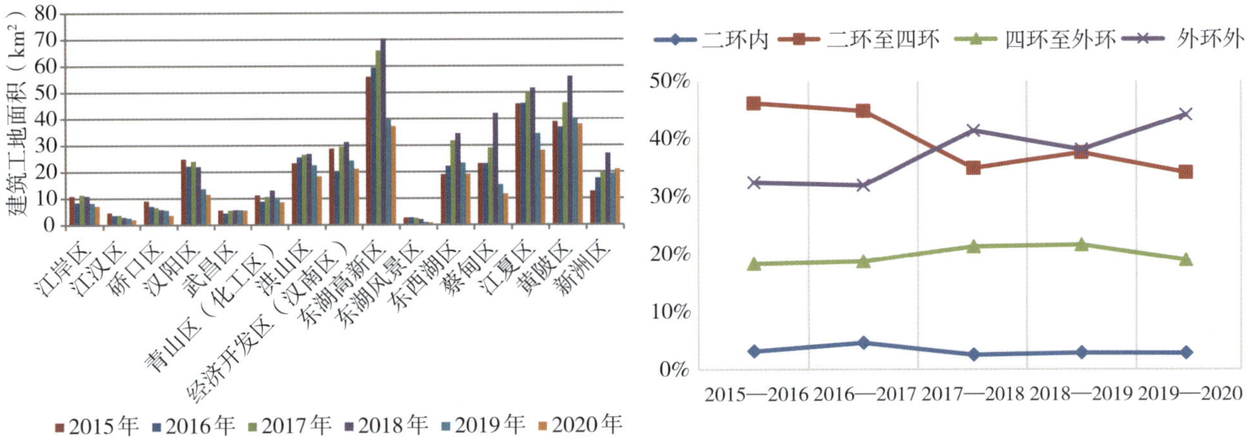

(a)建筑工地面积　　(b)新增建筑工地各环线占比

图 3-4　2016—2020 年武汉市新增建筑工地统计

注：本表统计上年度转换的自然地表仅包括种植土地、林草覆盖和水域；人工地表包括房屋建筑(区)、铁路与道路、构筑物。

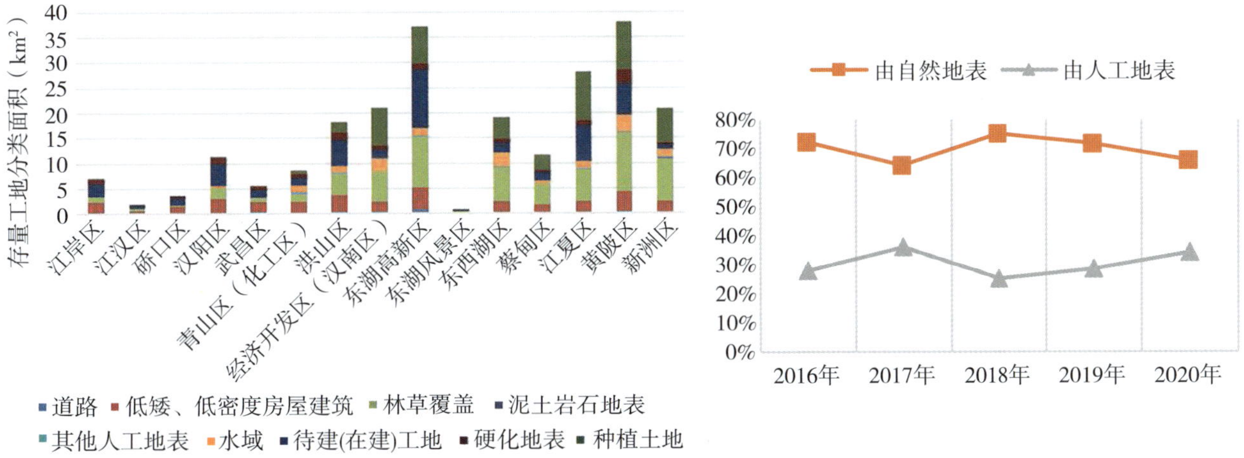

(a)存量工地来源　　(b)新增建筑工地来源占比

图 3-5　2020 年武汉市工地面积统计

3.2　空间增长

本节从空间扩张与更新、建设用地规模与结构、开发强度与利用 3 个方面，反映城市空间增长的差异性与非均质性。

3.2.1 空间扩张与更新

基于地理国情普查与监测数据及高分辨率遥感影像，结合多期主城建设区数据及城市用地数据、社会经济数据等，从扩张规模、速率、方向、用地结构与空间形态等方面开展城市空间扩张时空过程分析；从更新规模、更新方式、开发强度、现存旧城等方面开展旧城更新实践及效果分析。

3.2.1.1 空间扩张

1. 扩张面积

2020 年，武汉市主城建设区面积达 885.11km^2。“十三五”以来，主城建设区扩张面积约 92km^2，如图 3-6(a)所示，总体处于平稳扩张期，但扩张速度逐渐放缓，年均扩张面积约 18.4km^2；扩张模式以边缘扩展为主，在原有片区上扩展增大。从分圈层看，”十三五”以来扩张面积最大的是新城区，扩张面积约为 55km^2，功能区和中心城区扩张面积分别约为 22km^2 和 15km^2。从环线看，变化的区域主要分布在二环至四环间。

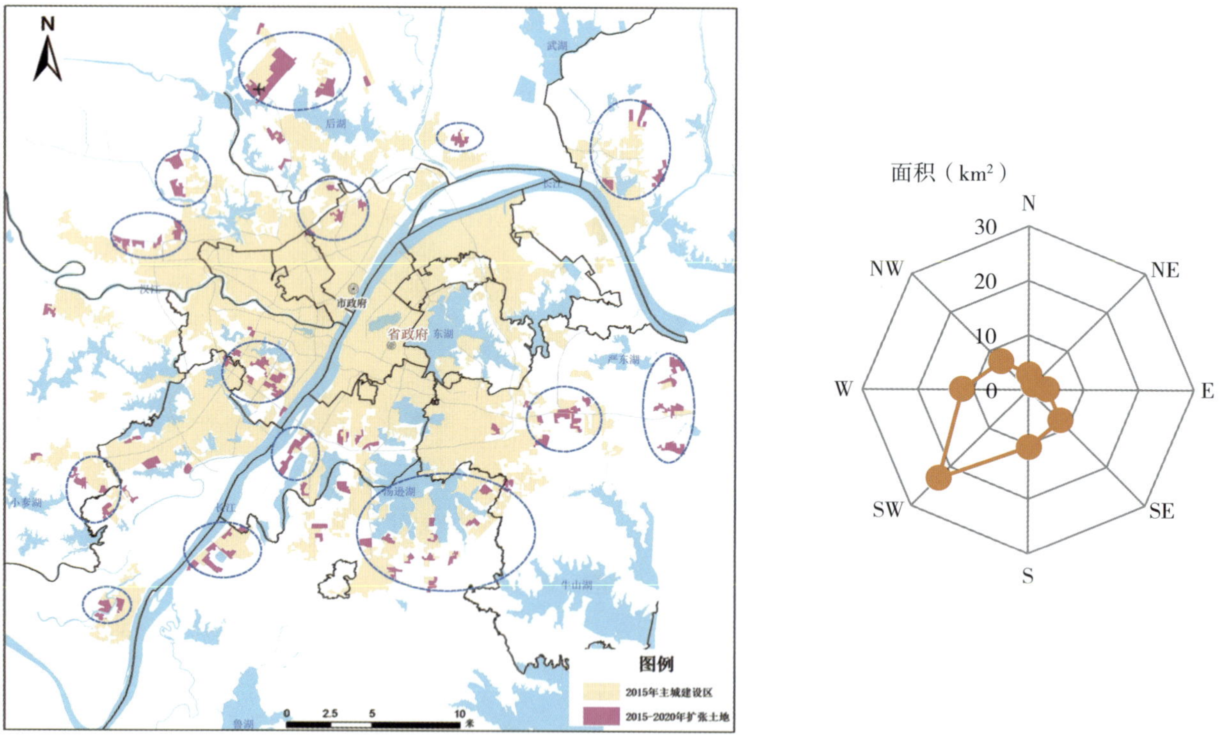

(a)扩张规模　　(b)扩张方向

图 3-6　2015—2020 年武汉市主城建设区扩张用地分布

注：主城建设区指城市中心城区及其周边相邻地区已建设完成或正在建设、分布相对集中的地区，包括已成片建设、市政公用设施和公共设施基本完备的中心城区集中连片部分。利用全市规划编制研究和展示中心最新建成区资料，根据遥感影像判读获取往年主城建设区界线。八方向图以全市中心点为圆点，北方向计算时扣除天河机场三期建设的扩张土地，避免因重大工程建设对项目监测的影响。

2. 扩张方向

“十三五”以来，主城建设区面积增加最多的是西南方向，接近总增长面积的 30.6%，东北方向增长最小，其他方向扩张比较均衡，如图 3-6(b)所示。

3. 扩张结构

“十三五”以来，主城建设区扩张结构与增长方式如图 3-7、表 3-2 所示，扩张用地主要为居住、工业和交通设施用地，居住用地面积占比约 20%，主要分布在黄陂区和江夏区；工业用地面积占比约 16%，主要分布在东湖高新区和江夏区；交通设施用地面积占比约 16%，一半分布在黄陂区。

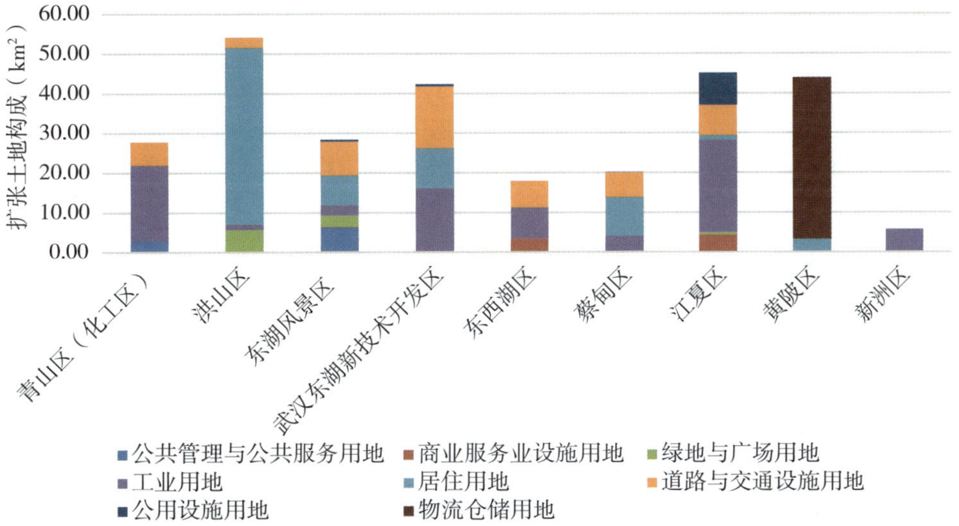

图 3-7　2015—2020 年武汉市主城建设区扩张土地构成

表 3-2　**2015—2020 年武汉主城建设区扩张结构与增长方式**

区域	主要区域	主要用地性质	主要道路	增长方式
A	瀚华天地、龙兴大件(武汉龙发物流园)仓库、松林湾、城中村-喻家湾	居住用地、物流仓储	平江西路、余泊南路	边缘式扩张
B	九峰街、光谷世纪城、北辰当代优+国际青年互动社区、创新天地、武汉光谷(国际)外国语学校、全球公共采购交易服务总部基地	居住用地、商业服务业设施用地、公共管理与公共服务用地	光谷六路、高新二路、佛祖岭东街	边缘式扩张
C	中国船舶重工集团七一九研究生、光谷·芯中心1E 区、武汉东湖综合保税区产业配套科技园、流芳镇牌楼舒片区棚户区还建房	工业用地、公共管理与公共服务用地、居住用地	杨桥湖达大道、流芳路、光谷三路	边缘式扩张
D	青江苑、美好长江首玺、东原启城	居住用地	南郊路、丽水路烽胜路	边缘式扩张
E	庙山办事处、武汉康顺捷路	居住用地、商业服务业设施用地、工业用地		边缘式扩张
F	金口水厂、武汉金港汽车零部件产业园、武汉港金口港埠有限公司、上汽通用汽车武汉分公司	工业用地、工业设施用地	疏港大道、外环北路、上汽通用大道	边缘式扩张

续表

区域	主要区域	主要用地性质	主要道路	增长方式
G	新长江香榭澜溪门、武汉华世达防护用品有限公司、幸福园路、湖北省建筑科学研究设计院、武汉洁力环卫汽车装备有限公司	工业用地、区域交通设施用地	薇湖路	边缘式扩张
H	武汉车都现代有轨电车有限公司、武汉欣程实业有限公司厂房、武汉裕丰润实业有限公司、湖北飞天石化有限公司	工业用地、道路与交通设施用地	黄陂大道、弹簧公路	边缘式扩张
I	招商樾望、纽宾凯国际社区、新城璟棠、正荣府、中铁世纪金桥、中核时代广场办公楼、华发四季、华发未来荟、城投·四新之光、武汉国博新城、卧龙墨水湖边	居住用地、公共管理与公共服务用地、商业服务业设施用地	四新北路、连通港西路、梅林东路、四新南路、子期路、墨水湖南路	边缘式扩张
J	海大集团产业基地、城中村-林家湾、城中村-马周田	工业用地、居住用地	临空东路、川龙大道	边缘式扩张
K	武汉港颖科技实业有限公司、创元联合汽车减速器总成组装及销售中心、中国四海新能源基地、东西湖区废弃物分拣转运中心	工业用地、商业服务业设施用地、物流仓储、居住用地	新城十九路、金山大道、新城十七路、新城十三路	边缘式扩张
L	石桥二路、汇悦天地、绿地汉口中心商铺、融创澜岸	居住用地、商业服务业设施用地、公用设施用地	金桥大道、健美街、和谐大道	边缘式扩张
M	花样城、恒大城、田园中路、田园东路小区、中国政府创新与管理研究中心、武汉苗木生产基地	居住用地、工业用地、商业服务业设施用地	环湖中路、环湖路、田园中路、田园东路、张柏路	边缘式扩张
N	城中村-刘古塘、F 绿道、恒大盘龙湾、城中村-上杨湾	居住用地、商业服务业设施用地	龙腾大道、盘龙大道	边缘式扩张

4. 空间形态

分形维数和紧凑度是反映研究对象空间形态的重要指标，前者表征了其边缘对于空间的填充能力和边界不规则的复杂程度，后者体现了城市内各部分之间的联系距离。分形维数越大，空间形态越不规则，越复杂。紧凑度越高，越有利于提高城市基础设施、土地开发、资源利用效率，降低城市管理成本。如表 3-3 所示，"十三五"以来，主城建设区分形维数和紧凑度均变化不大，城市空间形态基本处于稳定状态。

表 3-3　**2015—2020 年武汉市主城建设区分形维数和紧凑度**

	2016 年	2017 年	2018 年	2019 年	2020 年
分形维数	1.90	1.89	1.88	1.88	1.87
紧凑度	2.10	2.14	2.16	2.18	2.21

3.2.1.2 旧城更新

2010年以来，武汉市出台多项政策推进城市更新。在更新过程中，注重产业结构优化调整，强调城市功能提档升级，加快城市空间品质建设，积极完善民生保障能力，有效促进了旧城空间、社会、经济的协调发展，实现“提升城市功能、优化城市品质、助力民生升级”的工作目标。

本部分对“十三五”期间武汉市城市更新过程中更新规模、更新方式、开发强度、现存旧城4个方面展开分析。

1. 更新规模

武汉市城市更新实践始于1990年代初期，1992年土地有偿出让使用制度确立，使旧城更新动力机制发生了重大变化。针对中心城区人口密集、空间品质不高、土地利用效率低下等问题，城市发展开始逐渐转向“三旧”改造，由粗放型发展转向集约型发展阶段。2010年，《武汉市城市总体规划(2010—2020年)》提出全面推行旧城改造和新区开发，武汉市进入增量与存量发展并重的转型期。

“十三五”以来，主城区更新地块规模为75.05km^2，约六成分布在二环至三环区域，如图3-8(a)所示；而更新规模较大的主要区域是汉阳区，占比为17.65%，其次是洪山区、江岸区和武昌区，占比分别为16.04%、12.74%和11.23%。

2. 更新方式

“十三五”以来，主城区更新方式以强度提升型(改造后用地性质未变化，容积率显著提升)为主，占比为51.57%；其次为功能置换型(未改造，仅用地性质变化)，占比为21.30%；功能转变型(用地性质与容积率均变化)占比为21.26%；环境整治型相对较少，仅占5.87%，表明了主要以拆除重建为主，微更新、微改造为辅。

空间分布上，强度提升型主要分布在武昌区、洪山区、江岸区，主要为旧城、旧厂、旧小区、城中村的拆除重建；功能转变型主要分布在洪山区、汉阳区、东湖高新区，主要以旧厂、旧城拆除重建为居住区；环境整治型主要分布在东湖高新区、汉阳区、武汉经济开发区，主要是对旧城、旧厂、旧小区进行微更新、微改造；功能置换型主要分布在汉阳区、洪山区、江岸区，主要是其他用地变更为道路交通用地及公园绿地，如图3-8(b)所示。

3. 开发强度

主城区更新地块平均容积率由2015年的1.26上升至2020年的2.37，容积率增加主要以老旧小区、旧厂拆除重建为居住区和工厂以及绿地变更为居住、商业用地等为主，空间分布上平均容积率变化值较大的区域主要分布在江汉区、硚口区、汉阳区，如图3-9(a)所示。

主城区更新地块平均建筑密度由2015年的22.20%上升至2020年的22.00%，平均建筑密度下降0.20%，如图3-9(b)所示。

4. 现存旧城

利用历年地形图、影像图以及地籍、红线、建筑等工程资料，对主城区内旧城区域进行识别，识别现存旧城区域总面积为39.37km^2，其中居住用地占比为40.13%，工业用地占比为46.02%，村庄建设用地占比为13.84%，如图3-10、表3-4所示。

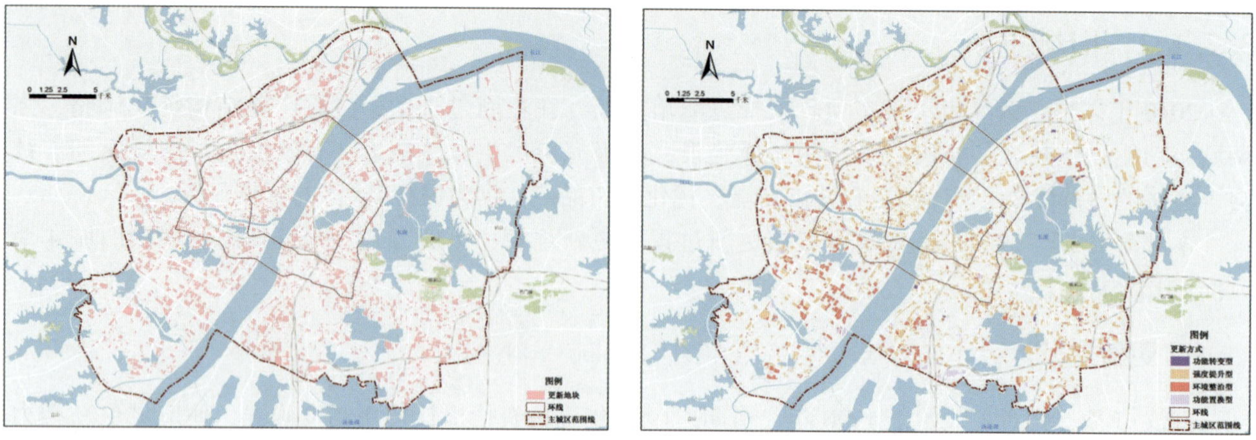

(a)更新区域　　(b)更新方式

图 3-8　2015—2020 年武汉市主城区范围内更新区域分布

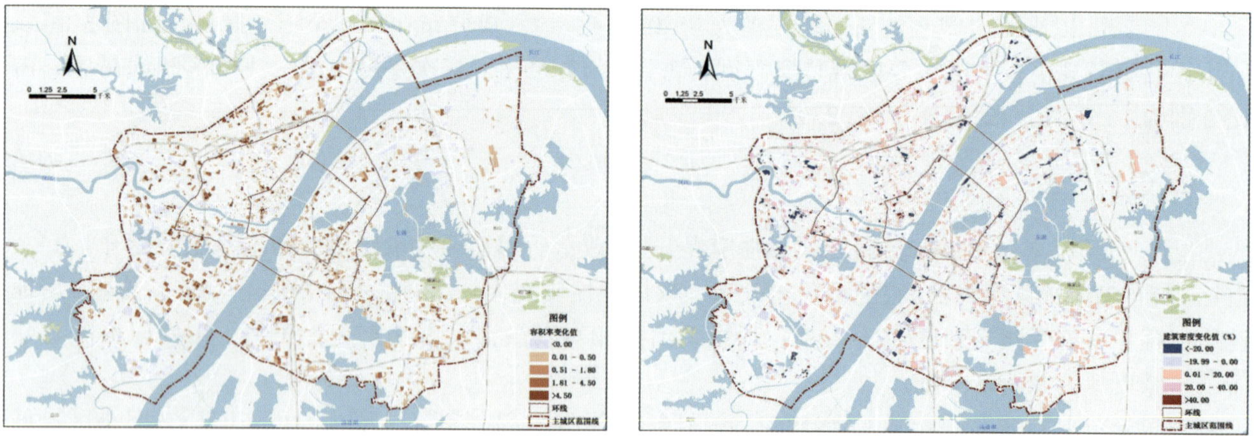

(a)容积率　　(b)建筑密度

图 3-9　2015—2020 年武汉市主城区范围内更新用地开发强度变化分析

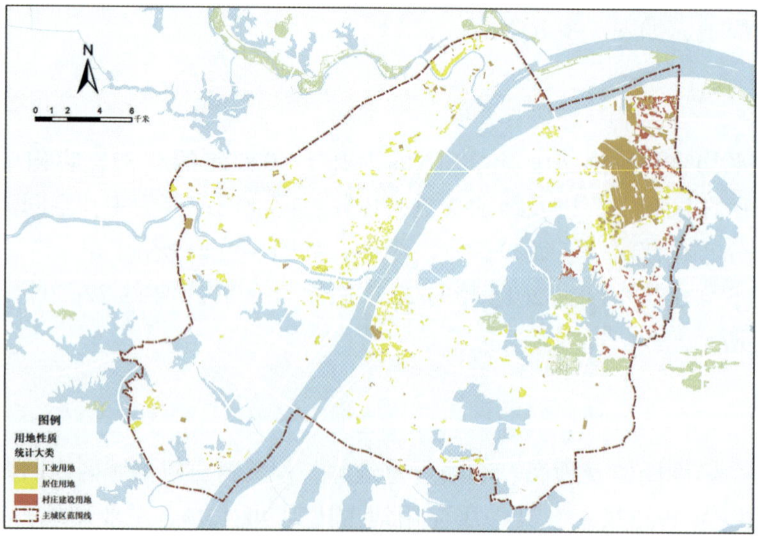

图 3-10　2020 年武汉市现存旧城及年代划分

表 3-4　　不同建设年代面积统计表

建筑年代	旧城面积占比(%)	工业用地占比(%)	居住用地占比(%)	村庄建设用地占比(%)
中华人民共和国成立前	2.79	1.77	4.30	—
20 世纪 50 年代	8.59	0.94	17.77	—
20 世纪 60—70 年代	31.47	54.69	13.69	—
20 世纪 80 年代	39.73	4.80	51.43	100.00
20 世纪 90 年代初	17.41	37.80	—	—
合计	100.00	100.00	100.00	100.00

3.2.2　建设用地规模与结构

建设用地包括城乡居民点建设用地、区域交通设施用地、区域公用设施用地、特殊用地、采矿用地以及其他建设用地等，城市建设用地包括城市内居住用地、公共管理与公共服务用地、商业服务设施用地、工业用地、物流仓储用地、道路与交通设施用地、公用设施用地和绿地与广场用地。

1. 用地规模

基于地理国情普查和监测数据，结合城市用地现状数据，分析不同区域和圈层建设用地和城市建设用地的规模、结构、变化及差异。

1)建设用地

2020 年，全市建设用地占比约 23%，其中黄陂区建设用地面积最大，江汉区建设用地面积占比最大。“十三五”以来，各区建设用地面积呈波动增加趋势，如图 3-11 所示。

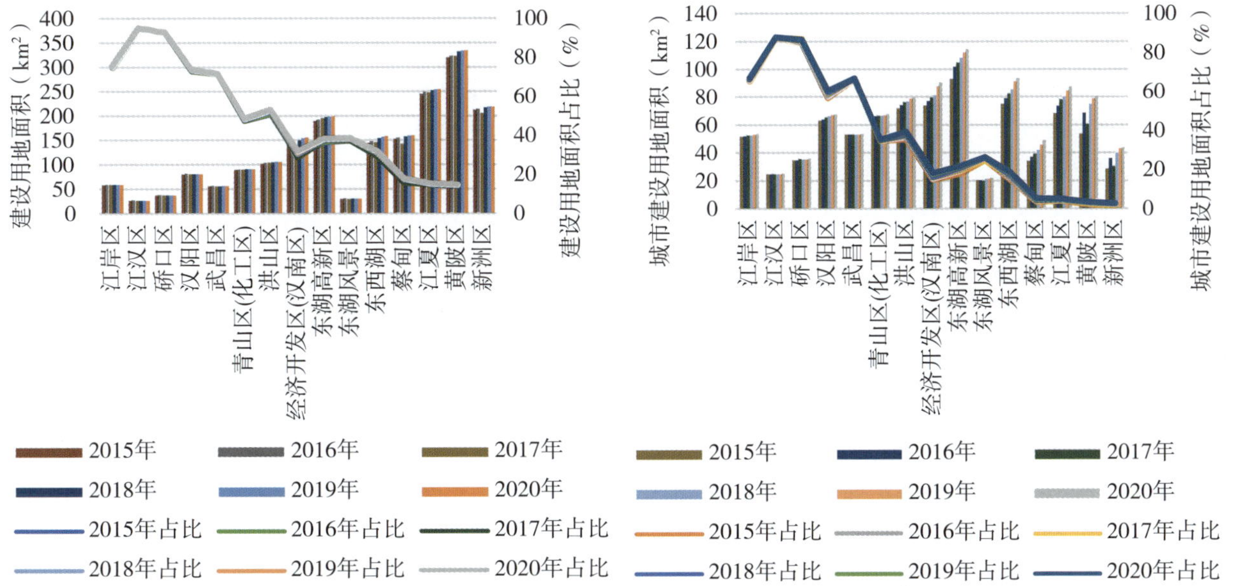

(a)建设用地　　(b)城市建设用地

图 3-11　2015—2020 年武汉市各区建设用地、城市建设用地面积统计

对比新城区集建区与乡村地区变化情况，2020 年全市乡村建设用地总面积占比为 9.2%，与 2015 年相比增加了 36.27km^2。乡村地区建设用地面积的增长呈现距中心城区越近增长越多的特点，增加较多的区域主要在东西湖区西部，黄陂区、汉南区南部。整体来看，乡村地区和集建区的建设用地面积均呈现上升趋势，其中乡村地区中黄陂区的建设用地面积增幅最大，集建区中江夏区的建设用地面积增幅最大，如图 3-12 所示。

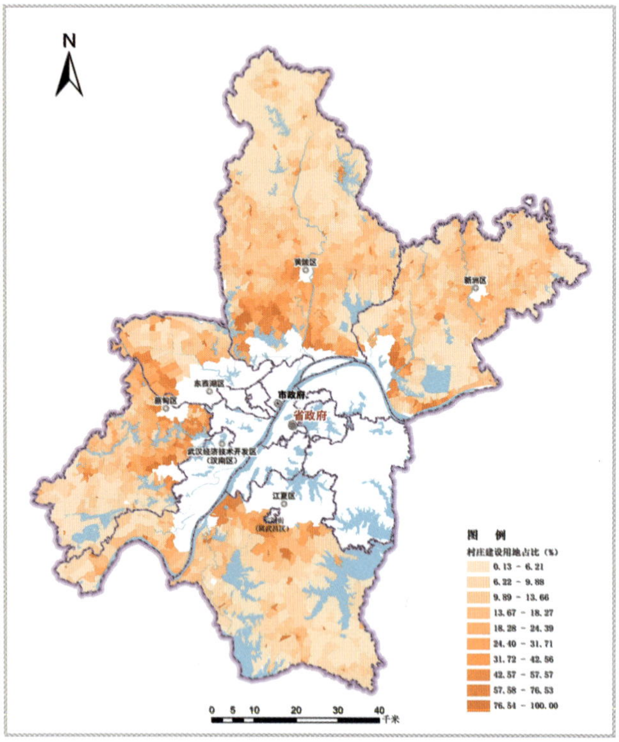

(a) 2020 年

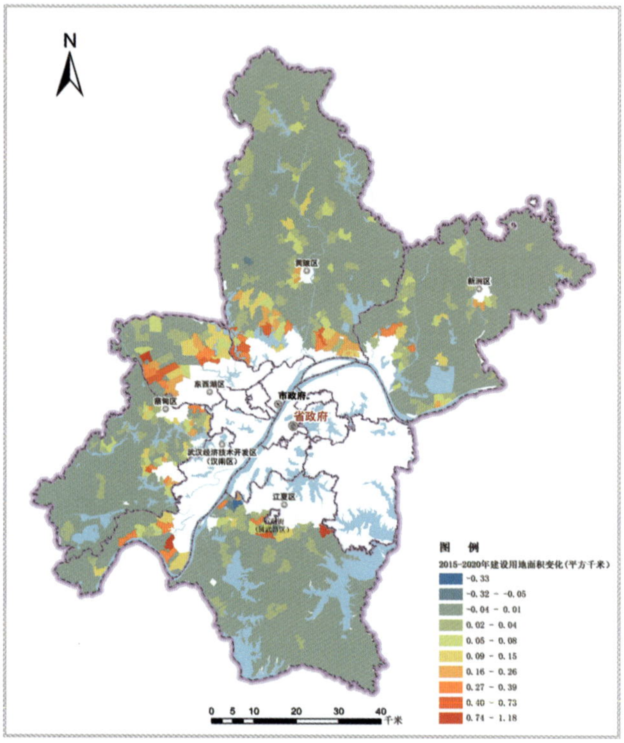

(b) 2015—2020 年差值

图 3-12　2015 年和 2020 年武汉市新城区乡村地区建设用地面积及变化情况

注：将新城区划分为集建区和乡村地区两个范围，集建区指东西湖区的吴家山、金银潭片区，汉南区的纱帽、沌口片区，蔡甸区的城区、大集片区，江夏区的黄家湖、纸坊、金口片区，黄陂区的盘龙、横店、武湖、前川片区，新洲区的阳逻开发区、邾城片区，乡村地区指新城区内扣除集建区的区域，共计1 868个行政村。

2) 城市建设用地

2020 年，全市城市建设用地占比为 11.21%，其中东湖高新区城市建设用地面积最大，江汉区城市建设用地占比最高。"十三五"以来，各区城市建设用地面积整体呈增加趋势，如图 3-13 所示。

2. 用地结构

2020 年，全市城市建设用地以居住用地和工业用地为主，如图 3-14(a) 所示。从分区各类用地面积占该区总面积之比来看，居住用地面积占比最高的为武昌区，约占 4 成；工业用地面积占比最高的为青山区（化工区），接近一半；公共管理与公共服务用地面积最大的是洪山区，约占 2 成；道路与交通设施用地面积占比最高的是江汉区，约占 2 成；绿地与广场用地面积占比最高的为东湖风景区，

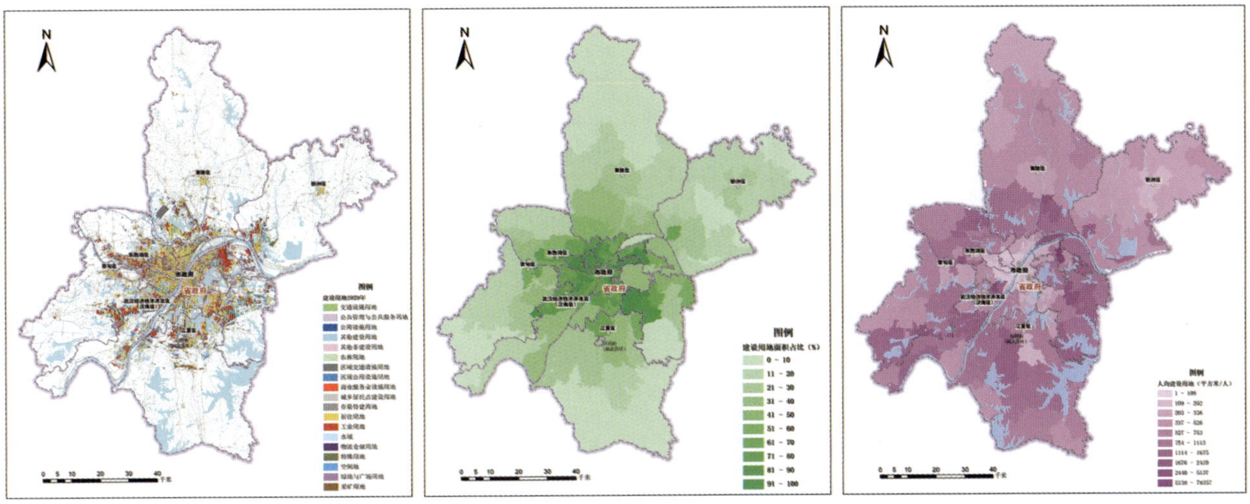

（a）建设用地分布　　（b）建设用地占比　　（c）人均建设用地

图 3-13　2020 年武汉市建设用地分布

约占 2 成半，远超过其他区。“十三五”以来，居住用地占比持续增加，物流仓储用地波动减少，如图 3-14（b）所示。

从圈层看，2020 年中心城区的居住用地面积占比较高，中心城区和功能区的公共管理用地和绿地与广场用地面积占比高于新城区，中心城区的工业用地面积占比低于功能区和新城区，功能区的道路与交通设施面积占比较高，如图 3-14（c）所示。

从环线看，2020 年三环以内以居住用地为主；四环外多以工业用地为主，商业服务用地、绿化用地面积比例由内向外逐渐减小，工业用地、公用设施用地、物流仓储用地面积占比逐渐增大，如图 3-14（d）所示。

3.2.3　开发强度与利用

基于地理国情普查与监测数据，结合房屋建筑调查和居民用水等数据，从开发建设强度、不透水面和房屋空置等方面分析开发强度和利用情况。

3.2.3.1　开发建设强度

利用房屋建筑调查数据，从平面和立体两方面分析全市及建成区容积率和建筑密度，并与规划控制指标进行对比。

1. 容积率

2020 年，全市容积率为 2.17，“十三五”以来全市及各区容积率波动上升，容积率最高的始终为江汉区。

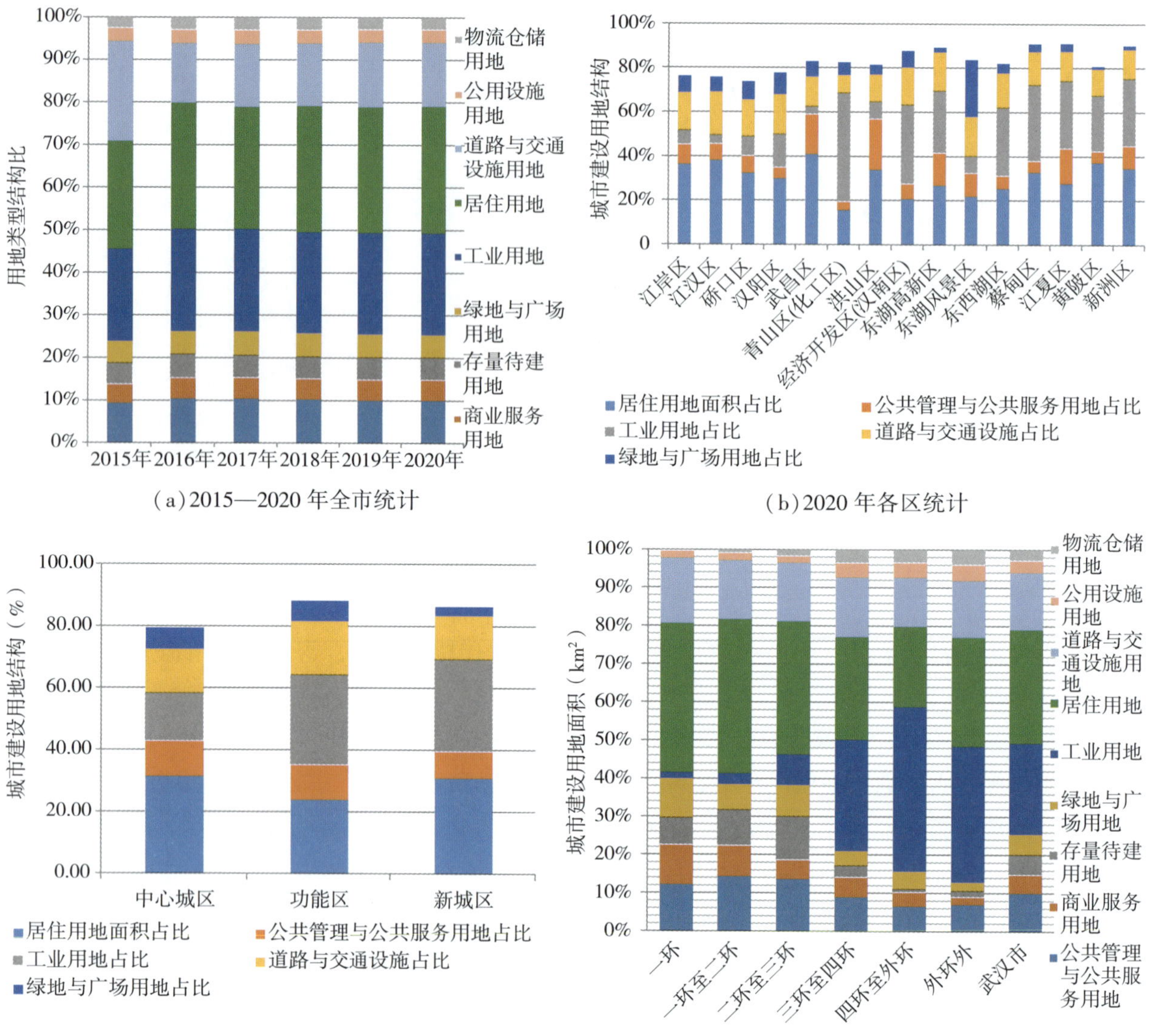

(a) 2015—2020 年全市统计　　(b) 2020 年各区统计

(c) 2020 年分圈层统计　　(d) 2020 年分环线统计

图 3-14　2015—2020 年武汉市城市建设用地结构统计

建成区容积率呈现“内高外低”的分布趋势，从中心向外围逐渐降低，汉口片区普遍高于武昌区和汉阳区，容积率高值区域沿长江和汉江分布，其中江汉区、江岸区各街道容积率明显高于其他街道，以民权街、满春街、花楼街、车站街等街道容积率最高。容积率低值区域集中在城市外围工业区或大型建筑设施区，包括武钢集团、天河街、横店街等。大部分街道近年来呈现增长趋势，以建成区二环到三环范围为主。高值区部分街道容积率呈“逆增长”趋势，如武昌片区的黄鹤楼街、汉口片区的民族街、前进街等。

2. 建筑密度

如图 3-15 所示，2020 年全市建筑密度为 8.93%，相较 2015 年的 8.88%略微上升，主要由于建筑密集程度的加大以及土地集约利用能力的提高。中心城区建筑密度均超过 15%。汉口片区建筑密度显著高于其他区域，其中硚口区建筑密度接近 40%。“十三五”以来，江汉区、东湖风景区、东西湖区、蔡甸区、江夏区、黄陂区建筑密度变化不大，其余各区略有下降。

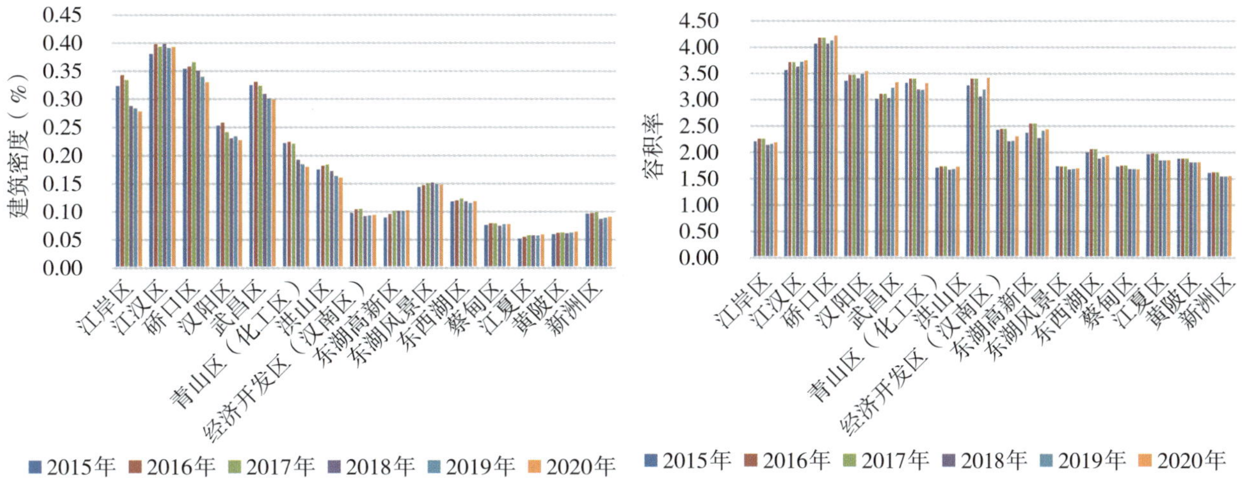

（a）建筑密度　　（b）容积率

图 3-15　2015—2020 年武汉市开发强度指标

如图 3-16 所示，从分布看，两江四岸城市核心区建筑密度显著高于其他区域，建筑密度沿圈层由内向外逐渐递减。分街道来看，建筑密度居于前四的是江汉区的花楼街、满春街、民权街和新华街，武昌片区中建筑密度最高的为中南路街，汉阳片区中建筑密度最高的为江汉二桥街。其中，2 个高值集聚区分布在城市生活空间，沿长江分布，汉口片区高值集聚区覆盖江汉区、江岸区、硚口区沿江地带，武昌片区高值集聚区覆盖中南路、黄鹤楼街等街道；3 个高值集聚区分布在外围工业生产空间，包括武钢集团和三里桥街。建成区建筑密度整体稳中带升，高值区并未发生明显转移，位于外围的高值区呈逐年上升趋势，内部高值区有部分街道出现下降趋势。

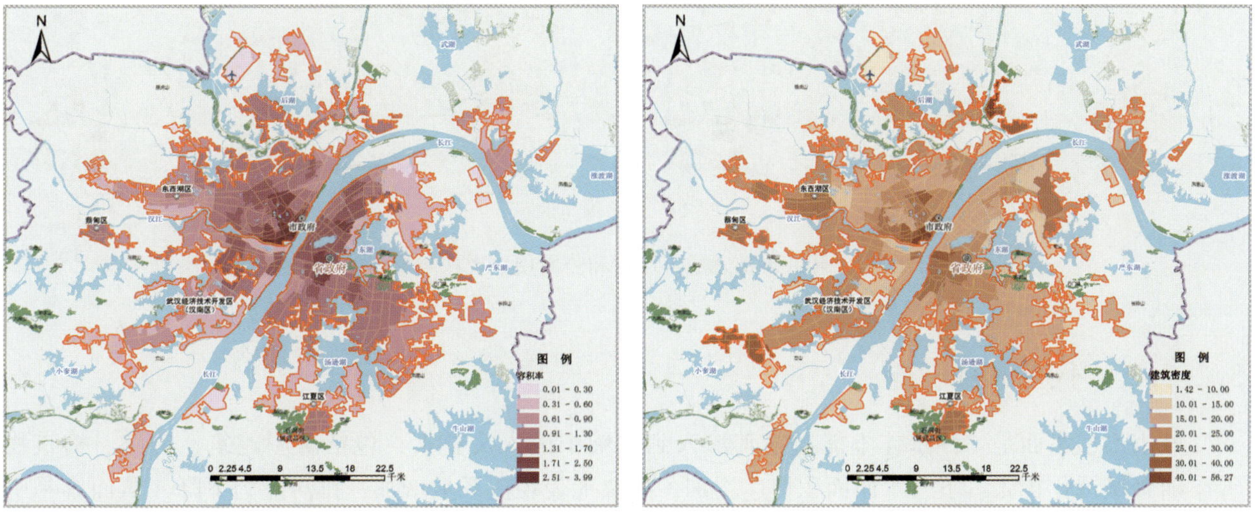

（a）容积率　　（b）建筑密度

图 3-16　2020 年武汉市建成区容积率建筑密度分布

3. 现状开发强度与规划指标对比

根据《全市主城区用地建设强度管理规定》中对主城区建设强度的管理规定，对建成区范围内各街道生活及生产空间容积率进行评价，分别计算各地块容积率与建筑密度，并与建设强度控制指标进行对比。

现状建筑密度与规划值相差不大、分布较为一致的区域面积占比 79. 85%。其中，居住用地建筑密度达标面积占比 83. 52%，公服用地建筑密度达标面积占比 75. 13%。如图 3-17(b)所示，现状建筑密度高于规划值的区域，在汉口和武昌沿江地带形成两个空间集聚中心，其中汉口片区集聚中心覆盖一元街、大智街、车站街、民权街、水塔街、汉正街和汉中街等街道，武昌片区集聚中心覆盖黄鹤楼街、中华路街和粮道街，白沙洲街和紫阳街也有部分高值聚集，以建筑年代较久、空间密集分布的红顶房屋为主。现状建筑密度低于规划值的区域集中分布于二环至三环范围内。

现状容积率与规划容积率相差不大、相互一致的区域面积约占 88. 76%。其中，居住用地容积率达标面积占比 94. 48%，公服用地容积率达标面积占比 85. 27%。如图 3-17(a)所示，现状容积率明显高于规划容积率的地块主要集中在汉口片区，以花楼街、满春街、民意街、四唯街等街道占比较大，主要为新建高层住宅小区。现状容积率明显低于规划容积率的地块分布较散，其中汉口片区集中在后湖街、百步亭花园、汉兴街等，汉阳片区集中在江汉二桥街、沌阳街，武昌片区主要分布于青山区(化工区)，如徐家棚街、钢化村街、冶金街等，此外南湖街和洪山街也存在大块地块现状容积率较低。

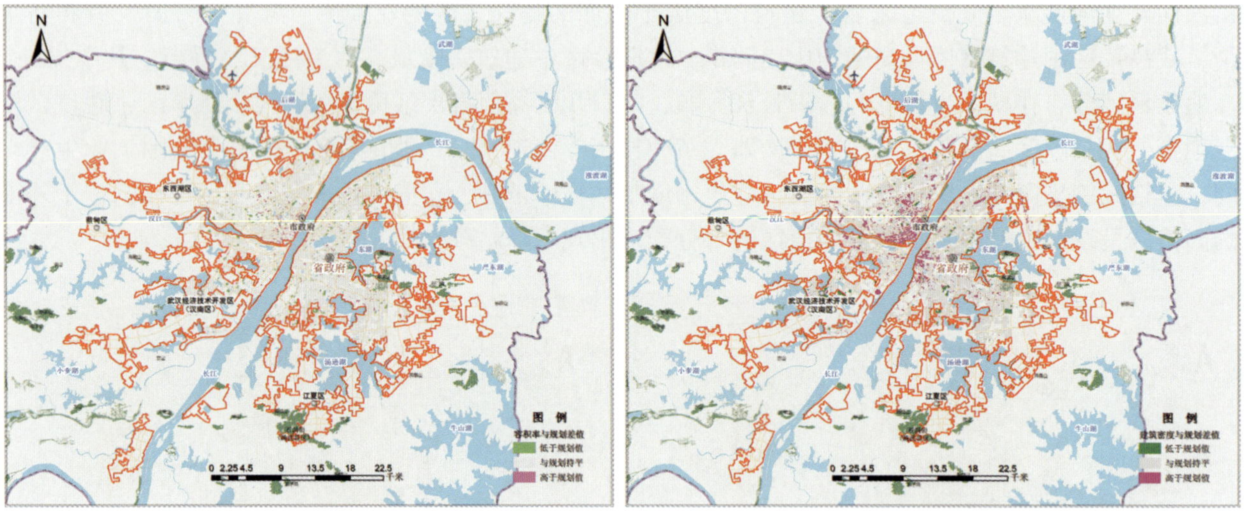

(a)容积率　　　　　　　　　　(b)建筑密度

图 3-17　2020 年武汉市建成区居住和公服用地现状与规划差值分布

3. 2. 3. 2　不透水面

城市不透水面是一种水体不能通过其渗入到土壤中的人文要素，包括房屋建筑、道路、构筑物等。随着城镇化扩张、不透水面面积快速增加，导致地表径流系数增加，排涝能力下降，从而容易引发洪涝积水、河流水系生态恶化、水污染加重等一系列问题。

本部分基于地理国情普查与监测成果，根据各地类地表覆盖的透水特性提取不透水面，并对房屋建筑区和建筑工地分类加以修正，得到不透水面提取结果，并从全市、圈层环线和分区的角度分析其在“十三五”期间的变化。

1. 不透水面现状与变化监测

1）全市概况

2020 年全市不透水面面积占比达 16. 86%。“十三五”以来，不透水面面积增长了 189. 27km^2，年均增长 37. 85km^2，总体呈现逐年增长趋势，但增速逐年放缓，如图 3-18 所示。不透水面的空间分布变化不大，均呈现自城市中心向周边逐渐递减的圈层趋势，主要表现为中心城区不透水面密度较大，功能区不透水面密度其次，新城区最小，如图 3-19 所示。

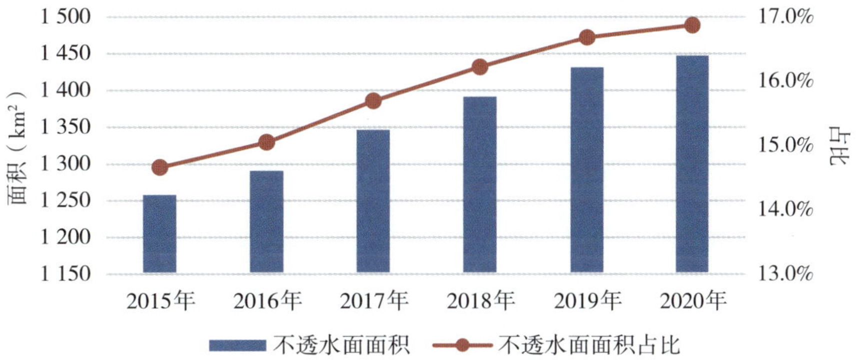

图 3-18　2015—2020 年武汉市不透水面面积及占比统计

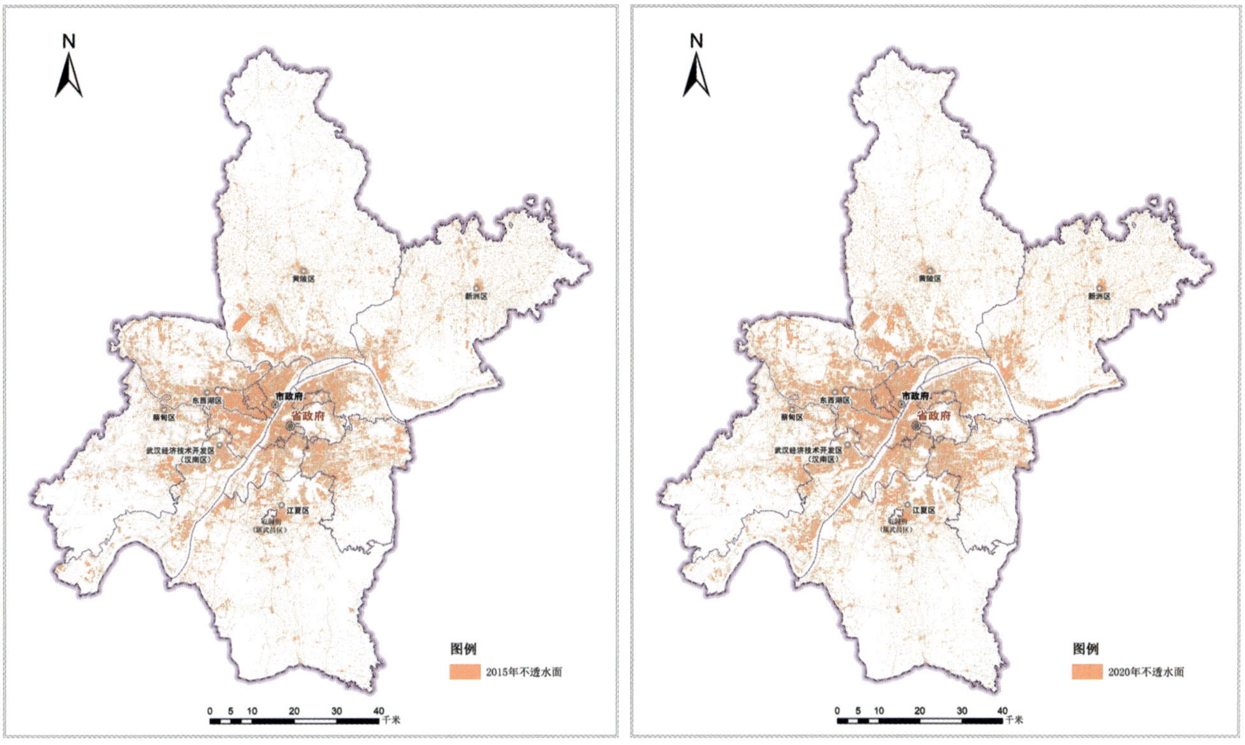

（a）2015 年　　（b）2020 年

图 3-19　2015—2020 年武汉市不透水面分布

2020 年，全市不透水面主要构成是房屋建筑(区)，占比达 40.40%，其次是铁路与道路和构筑物，占比最小的是荒漠与裸露地(岩石地表)。总体来看，房屋建筑(区)面积在增长，但构成比从 2016 年起逐年下降，说明房屋建筑(区)相对于其他类型的不透水面增长速度相对放缓。“十三五”以来，不透水地表构成比较稳定，各地类变化幅度较小，如图 3-20 所示。

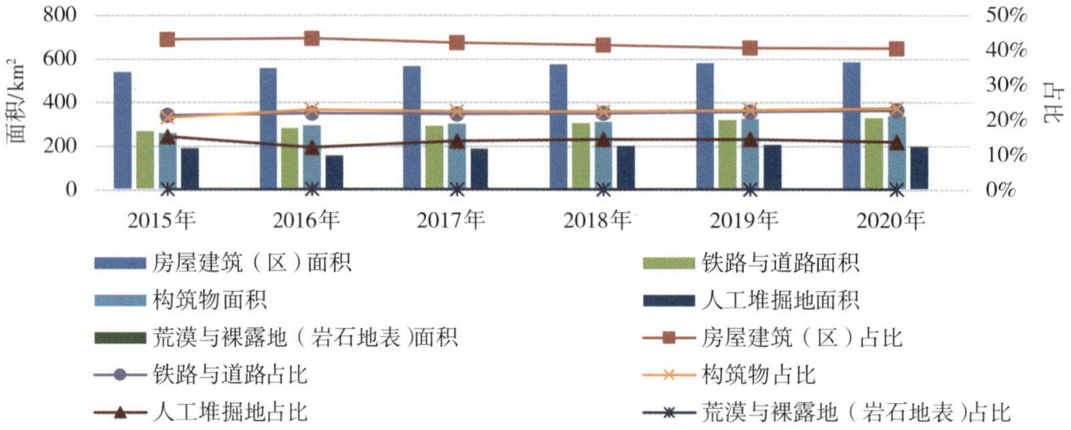

图 3-20　2015—2020 年武汉市不透水面构成统计

2)分环线特征分析

2020 年，全市大部分不透水面分布在外环以内，不透水面密度分布从内到外依次递减，一环至二环最高，一环以内次之，越向外则占比越低。

如图 3-21(a)所示，“十三五”以来，三环以内各年不透水面变化面积量较小，均在绝对值 4km² 以内，而三环至四环、四环至外环的变化面积远高于三环以内的变化面积，变化均超过 2km²，外环以外的变化量最高，超过 95km²。

3)分区特征分析

如图 3-21(b)所示，“十三五”以来，除洪山区外，中心城区不透水面面积均有小幅度减少，其中硚口区和汉阳区的不透水面面积下降幅度最大，年均减少率为 0.5%~2%；江岸区、江汉区、武昌区和青山区(化工区)年均减少 0.2%以上，主要原因是中心城区新建小区基本遵循海绵城市的建设标准，加强了绿地覆盖和透水铺装。新城区不透水面的年增长率均在 3%以上，其中黄陂区和新洲区年均增长率超过了 4.5%。功能区的不透水面年均增长率在 0.2%~5%，其中经济开发区(汉南区)的年均增长率在 4%~5%。

2. 地表径流系数现状与变化监测

在不考虑地下管网和湖泊调蓄影响的前提下，从下垫面改造的角度评价海绵城市的建设效果，通过对比地表径流系数规划值来反映现状与规划目标的差距。

《全市海绵城市专项规划(2016—2030 年)》提出的各个建设分区地表径流控制率规划目标值如图 3-22(a)所示，地表径流控制率越高说明雨水被控制得越好，积水越能得到缓解。总体来看，各分区的地表径流控制率目标值在 0.60~0.80 之间，越靠近中心区域，规划目标值越小。

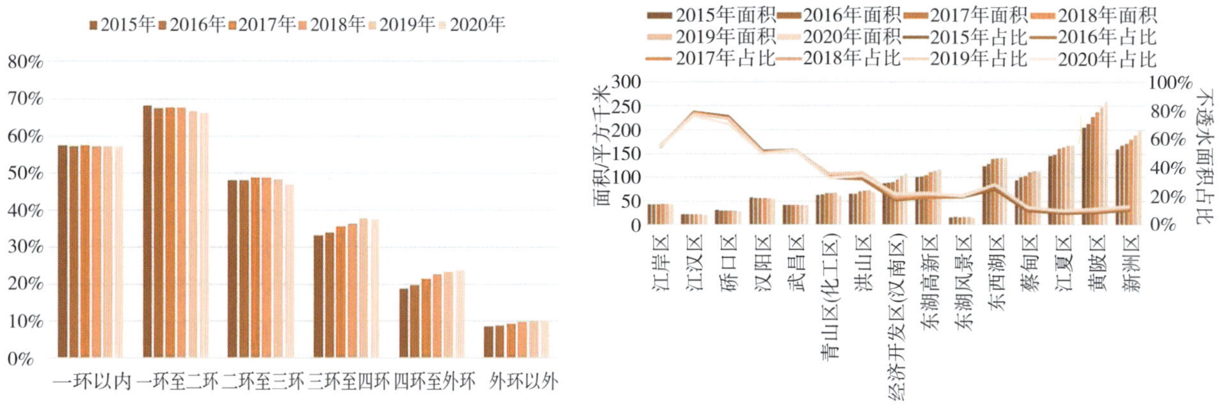

（a）分环线　　　　（b）分区

图 3-21　2015—2020 年武汉市不透水面分区变化

以全市 201 个建设分区为统计单元进行计算，2020 年地表径流系数达标个数 17 个，个数达标率为 8.46%，达标面积为 163.52km^2，面积达标率为 7.56%。如图 3-22(b)所示，2020 年地表径流控制率达标区域主要分布在长江右侧区域，对应的目标地表径流控制率主要在 60%～70%之间。与规划目标差距超过 0.3 的区域分布在中心城区以及武湖水系、东沙湖水系(东湖汇水区)。”十三五”以来，地表径流系数变化情况如图 3-22(c)所示，地表径流系数降低的有 44 个，面积为 484.6km^2，分别是东西湖水系、汉口沿江系统、汉阳沿河系统、黄孝河系统、南太子湖汇水区等，如童家湖水系由于不透水面减少，半透面增加，导致地表径流系数下降。

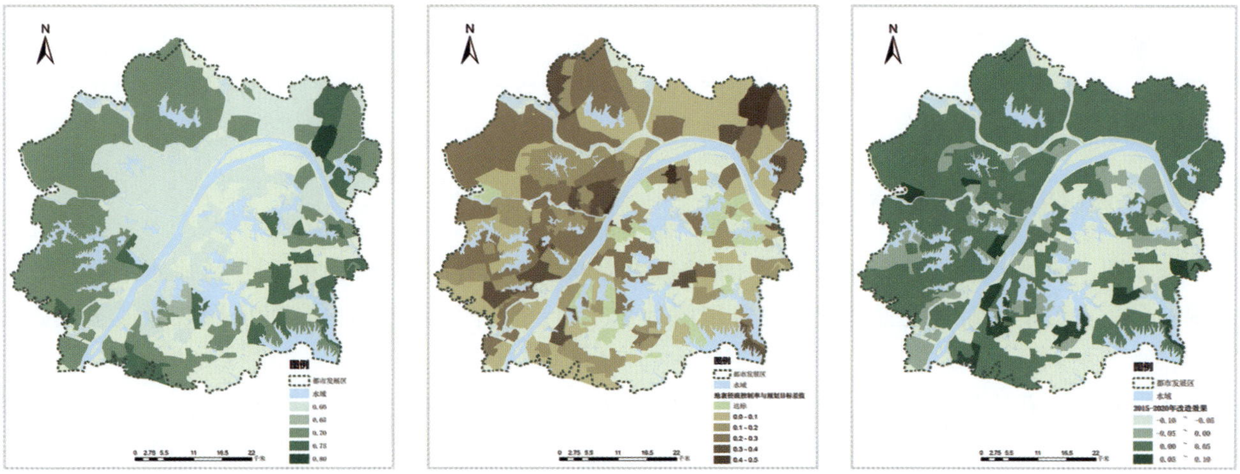

（a）地表控制率规划目标值　　（b）2020 年与规划目标差值　　（c）2015—2020 年变化值

图 3-22　武汉市地表径流系数相关指标空间分布

3.2.3.3　房屋空置与利用

本部分利用地理国情普查与监测、居民用水等数据，分析武汉市中心城区居民用水的空间差异，并利用月用水量构建房屋空置判定条件，识别房屋空置数量及房屋空置率。居民用水数据来源于市水务局，空间范围为江岸、江汉、硚口、汉阳、武昌、洪山和东湖高新区 7 个区(不含青山区)，时间为 2018 年 4—7 月，主要为居民户表(一户一表)数据，不含总表数据(一个小区一表)，约 231 万条原始记录。

1. 用水数据预处理

对居民用水数据进行以下预处理：一是基于高德地图地理编码，对居民用水数据进行地址匹配、剔除非居民用户等处理；二是结合用水实际抄表工序(分两片、隔 2 月抄一次表、抄表当月无法入户不抄表)的情况，将用水数据进行按水表地址聚合(水表地址相同判为一户，地址相同的记录取平均值)。

清洗后的全市 112.18 万条居民用水记录，经地址匹配后得到 108.07 万有效地址户数，匹配率为 96.39%。其中，以居住小区为地址的占比 80.32%，以门牌号为地址且门牌号容易识别的占 16.07%。未匹配率 3.61%，以门牌号地址为主，但地址不详或不易识别。从用水地址匹配结果看，东湖高新区匹配率最高，达到 99.28%，居民小区地址占 99.19%；江岸区匹配到居住小区的地址为 60%左右，匹配到门牌号近 34%左右。

2. 空置率条件判定

居民月用水均量存在较多干扰信息，剔除月用水均量为 0、月用水均量过大且用水户数较少等异常值，得到用水均量区间的居民户数分布，基本符合正态分布。利用用水均量区间的居民户数的下限与横坐标居民用水量区间相交得到用水量的空置阈值，为 5.65m^3(61.95L/(人·d))。将该阈值对标《城市居民生活用水量标准》(GB/T 50331—2002)，可以看出户月用水阈值 61.95L/(人·d)低于湖北地区城市生活用水的最低标准下限(120L/(人·d))。

采用全年空置房和临时空置房两个指标来开展居民住宅空置分析，全年空置房为连续两个月(当月和上月)用水量及去年同期用水量均小于 5.65m^3，临时空置房为连续两个月(当月和上月)用水量均小于 5.65m^3。

3. 主城区房屋空置率分析

基于用水阈值空置判定条件，从总用水户数中提取全年空置用水户数和临时空置用水户数，计算主城区全年空置率和临时空置率。从空置房屋数量来看，江岸区和武昌区空置房屋数量最多，如图 3-23所示。

从空置率来看，各区房屋全年空置率在 17%左右，其中江岸区较高，达到 18.06%。主城区房屋临时空置率在 21%左右，武昌区临时空置率最高，达 22.48%；东湖高新区最低，为 17.39%，如图 3-24所示。

4. 居住小区房屋空置率分析

对提供的用水小区进行房屋空置空间分析。整体来看，全市全年空置房屋主要集中在城市三环边等新建小区一带。从空置率来看，两者差异比较明显，全年空置率较高的区域主要集聚在三环周边，而临时空置率较高的区域位于主城区，如图 3-25、图 3-26 所示。

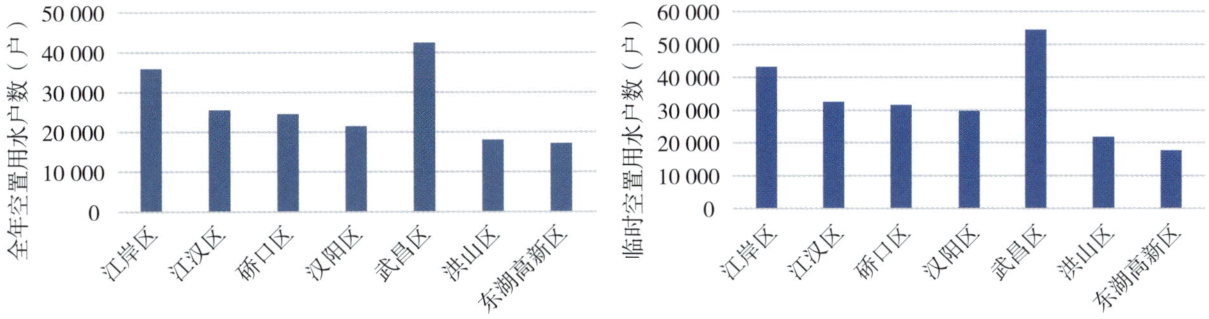

（a）全年空置户数　　（b）临时空置户数

图 3-23　2018 年武汉市中心城区空置户数统计

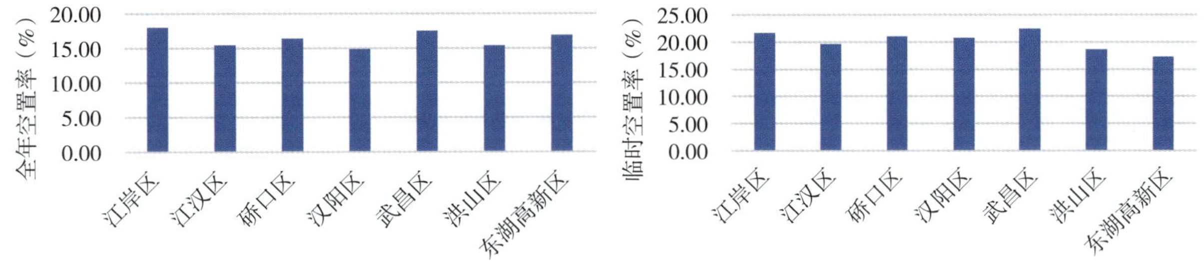

（a）全年空置率　　（b）临时空置率

图 3-24　2018 年武汉市中心城区空置率统计

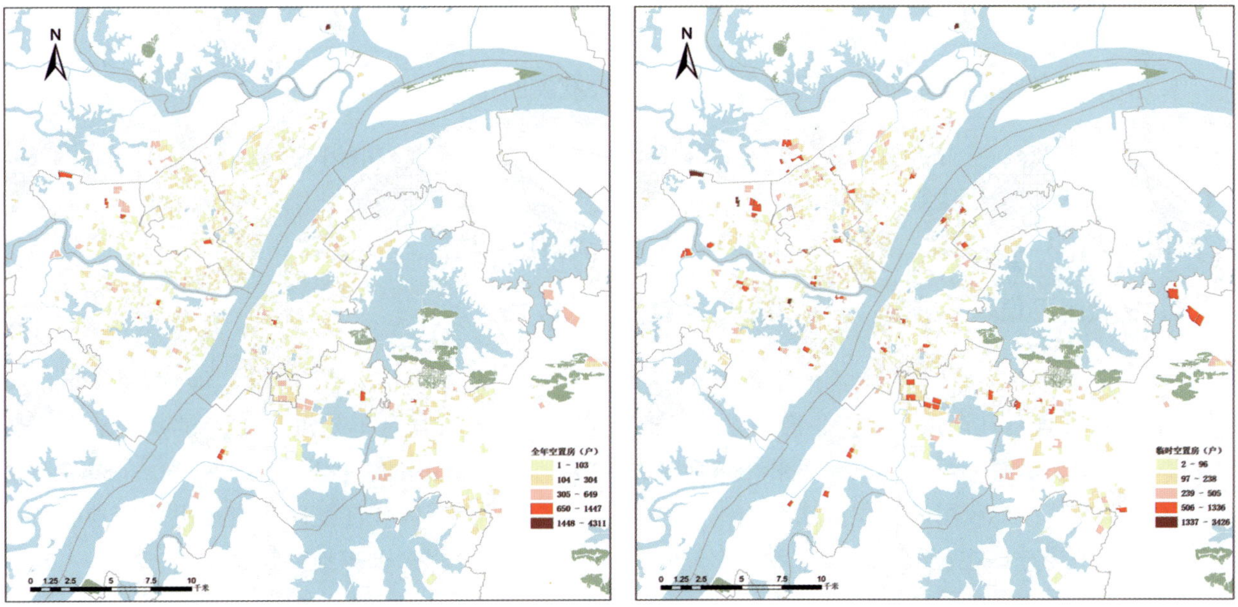

（a）全年空置房户数　　（b）临时空置房户数

图 3-25　2018 年武汉市中心城区空置户数分布

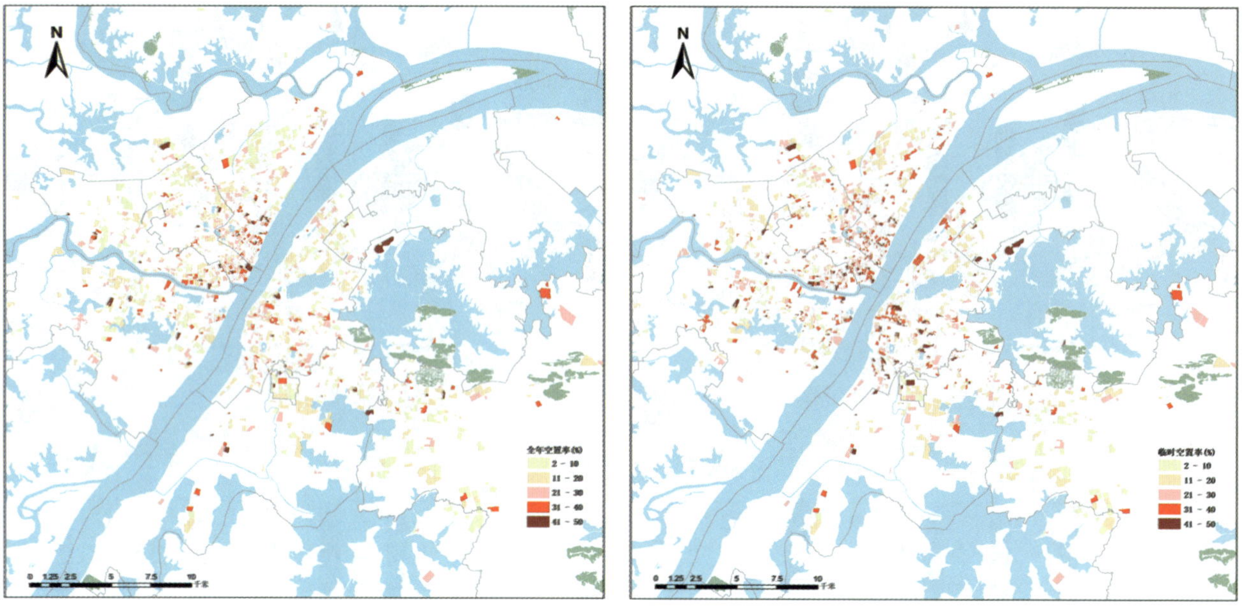

(a)全年空置率　　　　(b)临时空置率

图 3-26　2018 年武汉市中心城区空置率分布

3.3 小　　结

1. 全市城乡建设日新月异，正处于大建设、大发展时期

“十三五”以来，全市地表覆盖年均更新率为 5.40%，中心城区、功能区、新城区分别为 7.39%、7.65%和 4.70%。全市建筑工地年均存量约为 230km²，累计新增工地约为 313km²，新增建筑工地主要分布在二环至四环区域，来源于自然地表和人工地表占比维持在 7∶3 左右。

2. 主城区平稳向外扩张，西南为主要方向

“十三五”以来，主城建设区扩张面积约为 92km²，三大开发区占近四成，年均扩张面积为 18.4km²，扩张速度逐渐放缓。扩张模式以边缘扩展为主，在原有片区上扩展增大。扩张用地主要为居住、工业和交通设施用地，主要集聚在二环至四环间，其中居住用地面积占比约 20%，主要分布在黄陂区和江夏区；工业用地面积占比约 16%，主要分布在东湖高新区和江夏区；交通设施用地面积占比约 16%，一半分布在黄陂区。全市容积率逐年提高，建设集约程度逐步提高。

3. 主城区更新效果显著，城市空间由规模增长转向质量提升

“十三五”以来，主城区更新地块规模约为 75km²，约六成分布在二环至三环区，年均更新地块面积为 15km²。更新方式以拆除重建为主，微更新、微改造为辅，其中强度提升型占比超 50%。更新地块平均容积率由 1.26 上升至 2.37，平均建筑密度由 22.20%下降至 22.00%。更新地块分布基本符合

"十三五"规划和"三旧改造"中提出的城市更新目标及重点更新区域。

4. 全市海绵城市建设初见成效，新城区不透水面增长，房屋建筑(区)为主

"十三五"以来，全市不透水面年均增长 37km^2，以房屋建筑(区)为主导类型。中心城区"三旧改造"遵循海绵城市建设标准，开发模式转变，不透水面小幅度减少；功能区和新城区仍以传统开发模式为主，不透水面向外蔓延，其中黄陂区、新洲区和经济开发区(汉南区)增幅较大。

5. 中心城区空置房屋主要分布在老旧小区及三环线周边新建小区

基于居民用水数据，以每户月均用水量 5.65m^3 为阈值，估算得到中心城区全年空置率约为17%。从数量来看，江岸区和武昌区空置房屋数量最多；从空间分布看，主要集聚在三环周边新建小区及旧城区内的老旧拆迁小区。

第四章

经济社会发展

本章融合地理国情数据、社会经济统计数据和新兴大数据，从经济发展、人口分布两方面开展武汉市“十三五”期间经济社会发展监测分析，包括经济规模、产业变迁、经济活力、人口规模与结构、人口分布与变化，并利用联通手机信令与百度定位数据，开展实际服务人口(常住人口、短期驻留人口、过境人口)、居住与就业人口的识别分析，动态反映2020年新冠肺炎疫情后人口的恢复情况。总体框架如图4-1所示。

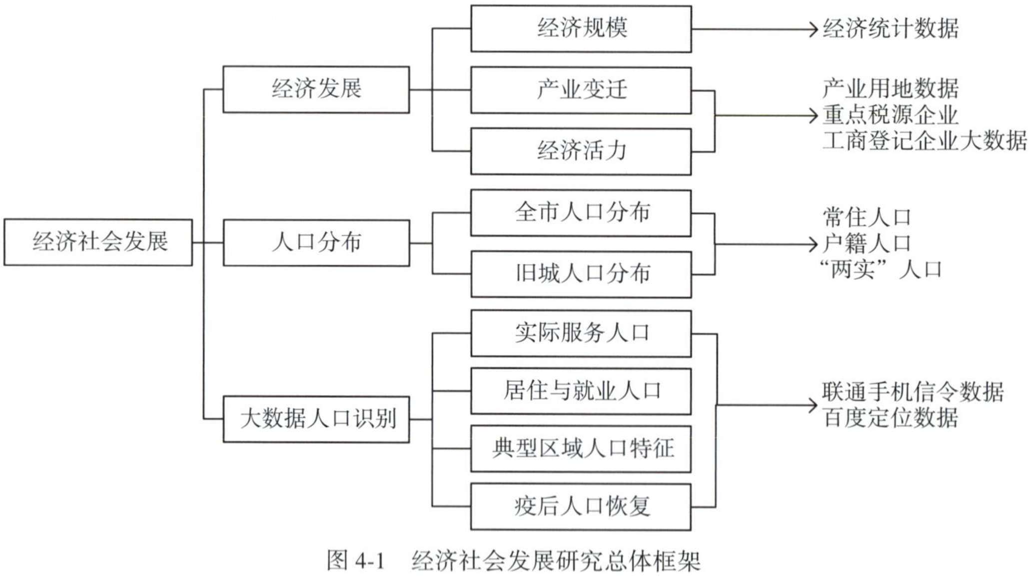

图4-1　经济社会发展研究总体框架

4.1 经济发展

本节基于经济统计数据，反映武汉市“十三五”期间经济发展现状与变化，结合城市用地数据和企业大数据，分析全市产业变迁和经济活力情况，深入研究城市经济发展规律。

4.1.1 经济规模

本小节基于地理国情监测数据，结合经济统计数据，分析“十三五”以来武汉市经济发展状况与变化，反映区域经济发展的差异。

4.1.1.1 经济总量

1. 地区生产总值

2015—2020 年，全市 GDP 从 1.09 万亿元增长到 1.56 万亿元。其中，2015—2019 年，全市 GDP 年均增长 7.8%，江岸区、经济开发区(汉南区)和武昌区增长较快；2020 年，全市 GDP 同比下降 4.7%，三季度转正，疫后经济重振复苏，如图 4-2(a)所示。

2. 地方一般公共预算总收入

2015—2020 年，全市地方一般公共预算总收入从1 245亿元下降到1 230亿元。其中，2015—2019 年，增加 319 亿元，各区逐年递增，地方一般公共预算最高的为经济开发区(汉南区)；2020 年，同比下降 21.3%，如图 4-2(a)所示。

3. 固定资产投资总额

2015—2020 年，全市固定资产投资从7 225亿元增长到8 431亿元。其中，2015—2019 年，增加 1 833亿元，东湖高新区、经济开发区(汉南区)增长较快；2020 年，同比下降 11.8%，如图 4-2(b)所示。

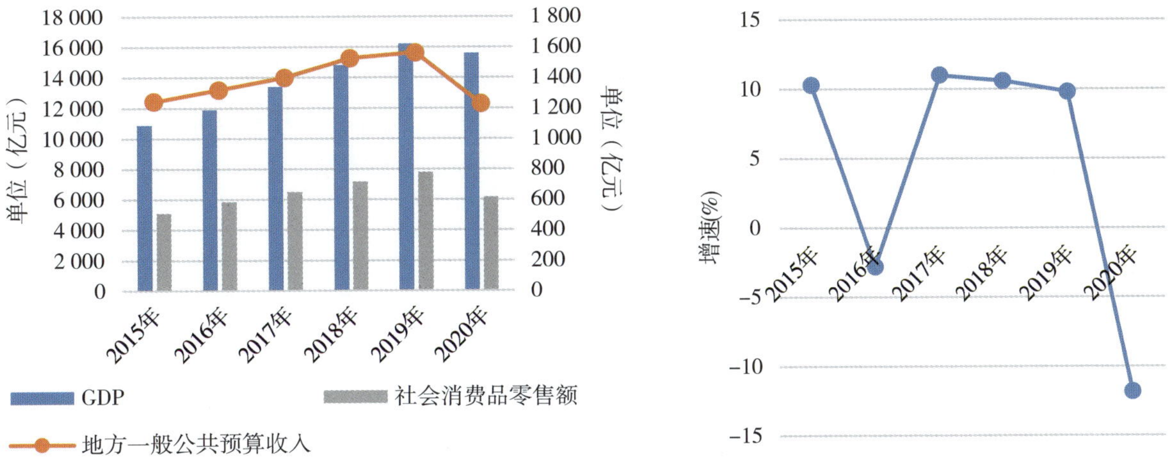

(a)经济总量　　(b)固定资产投资增速

图 4-2　2015—2020 年武汉市经济指标

4. 社会消费品零售总额

2015—2020 年，全市社会消费品零售总额从5 102亿元增长到6 149亿元。其中，2015—2019 年，增加2 672亿元，各区社会消费品零售总额逐年递增；2020 年，同比下降 20.9%，如图 4-2(a)所示。

5. 疫后经济恢复分析

2020 年，面对新冠肺炎疫情的巨大冲击和国际复杂多变的经济环境，武汉市经济受到了明显的短期影响。经济发展从一季度"按下暂停"，到二季度"重启恢复"，再到三季度"稳步恢复"，全市经济持续复苏向好，市场活力不断增强。

从固定资产投资额来看，2020 年初全市固定资产投资额持续降低，截至 3 月累计同比降幅为 81.6%；从 4 月 8 日开始，固定资产投资出现拐点，并持续反弹；截至 12 月底，全市固定资产投资额已恢复到 2019 年的 88.2%，如图 4-3(a)所示。

从进出口总额来看，截至 2020 年 5 月全市进出口总额与 2019 年同期持平，6 月以后开始超 2019 年同期水平，表明随着武汉复工复产，外贸出口能力逐步恢复，如图 4-3(b)所示。

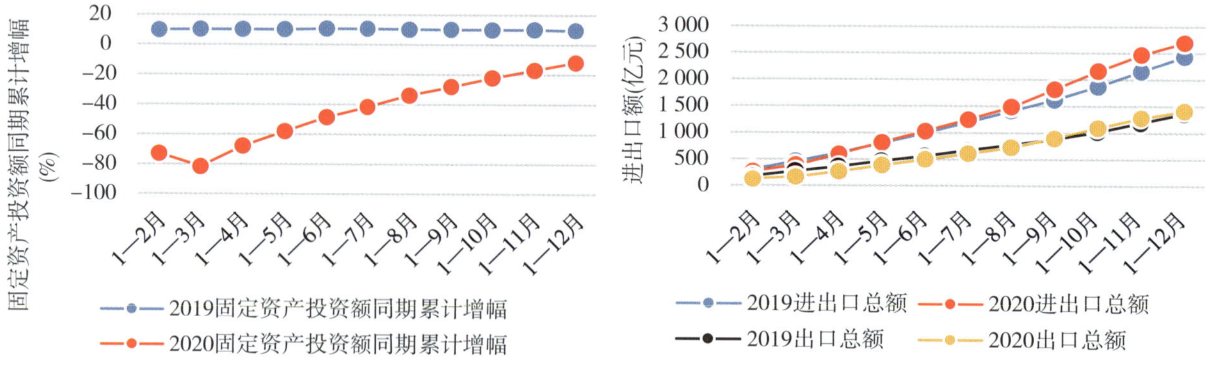

(a)固定资产投资额同期累计增幅　　(b)进出口总额

图 4-3　2020 年武汉市固定资产投资总额和进出口总额逐月恢复

从社会消费品零售总额来看，截至 2020 年 3 月全市社会消费零售总额为 994.74 亿元，累计同比增幅为-45.7%(全年最低)，3 月以后逐步恢复，12 月同比增长 2.2%，全年累计增幅为-20.9%。总体而言，全市社会消费零售总额增速的波动幅度较大，显示疫情对消费有短期影响，随着疫情逐步得到控制，社会消费零售总额逐步回到以往水平，如图 4-4 所示。

4.1.1.2　经济质量

1. 地均 GDP

2015—2020 年，全市地均 GDP 从 1.27 亿元/千米^2 增长到 1.82 亿元/千米^2。其中，2015—2019 年，增加 0.62 亿元/千米^2；2020 年，同比下降 0.06 亿元/千米^2，其中江汉区地均 GDP 最高，超过 50 亿元/千米^2，如图 4-5(a)所示。

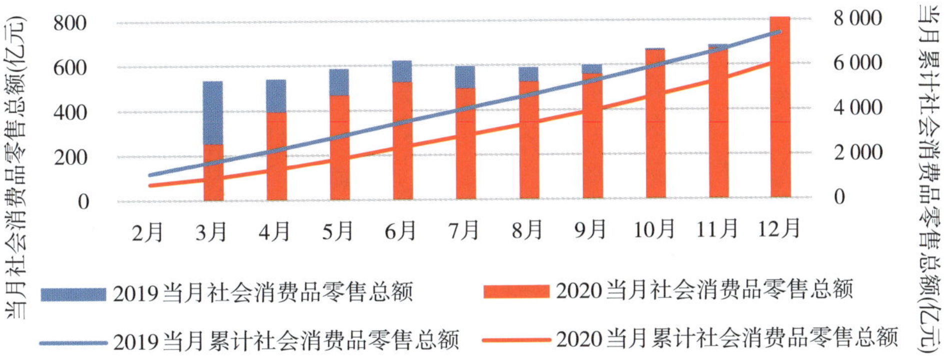

图 4-4　2020 年武汉市社会消费零售总额恢复

2. 人均 GDP

2015—2020 年，全市人均 GDP 从 10.28 万元/人增长到 12.67 万元/人。其中，2015—2019 年，增加 4.19 万元/人；2020 年，同比下降 1.80 万元/人，其中经济开发区(汉南区)人均 GDP 最高，超过 34 万元，如图 4-5(b)所示。

3. 地均地方一般公共预算收入

2015—2020 年，全市地均地方一般公共预算收入从1 452.89万元/千米^2 下降到1 435.72万元/千米^2。其中，2015—2019 年，增加 372 万元/千米^2，各区均稳定增长；2020 年，同比下降 389 万元/千米^2，其中江汉区地均地方一般公共预算收入最高，超 4.5 亿元，如图 4-5(c)所示。

4. 人均地方一般公共预算收入

2015—2020 年，全市人均地方一般公共预算收入从11 736.76元/人增长到9 980.85元/人。其中，2015—2019 年，增加2 212.58元，各区人均财政收入均稳定增长；2020 年，同比下降3 968.49元/人，其中经济开发区(汉南区)人均地方一般公共预算收入最高，约 3.3 万元/人，如图 4-5(d)所示。

4.1.1.3　产业结构

2020 年，第一产业增加值 402.18 亿元，同比下降 3.8%；第二产业增加值5 557.47亿元，同比下降 7.3%；第三产业增加值9 656.41亿元，同比下降 3.1%。三类产业增加值构成由 2015 年的 3.3∶45.7∶51.0，调整为 2020 年的 2.6∶35.6∶61.8，如图 4-6 所示。

4.1.2　产业变迁

改革开放 40 年是武汉市快速发展、加快经济转型、促进“中部地区崛起”的 40 年，经济规模和产业结构发生了巨大变化。本小节基于企业大数据、产业用地数据及经济统计数据等，分析武汉市企业发展历史演变及产业变迁。企业大数据为全国工商登记企业信息，具体为武汉市 1978—2020 年在营企业，按企业注册时间统计。

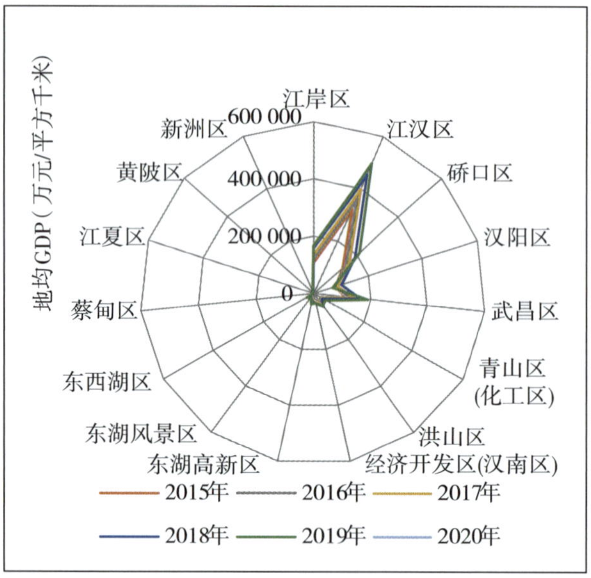

(a)地均 GDP

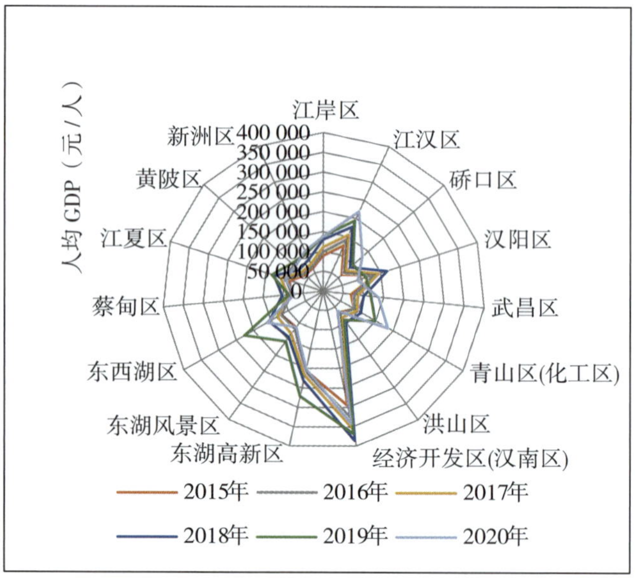

(b)人均 GDP

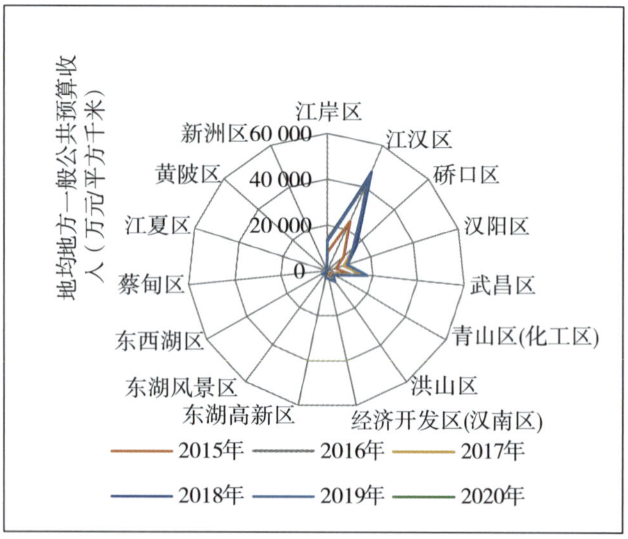

(c)地均地方一般公共预算收入

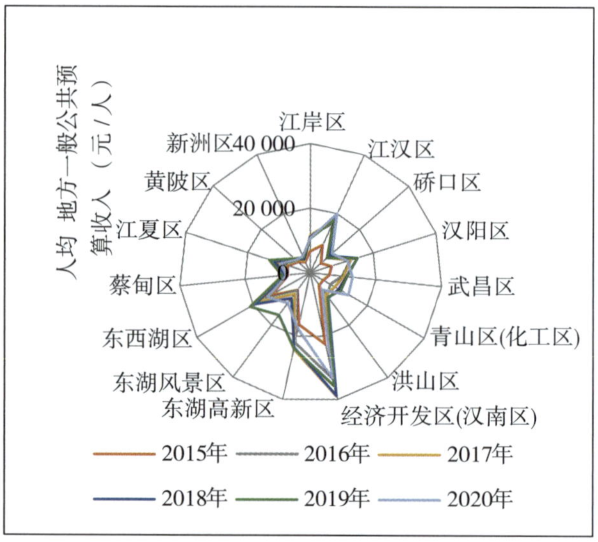

(d)人均地方一般公共预算收入

图 4-5　2015—2020 年武汉市各区经济质量指标

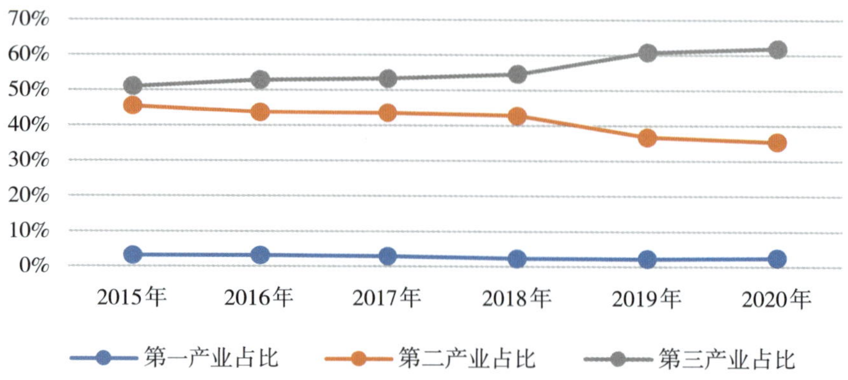

图 4-6　2015—2020 年武汉市第一、第二、第三产业增加值统计

4.1.2.1 全市产业发展回顾

1. 第一产业变迁

2020 年，全市第一产业企业数量占比为 1.19%。第一产业企业数量自 2010 年后增长较快，2015 年后增长趋于平缓。“十三五”以来，第一产业企业年均新增3 571家，如图 4-7 所示。

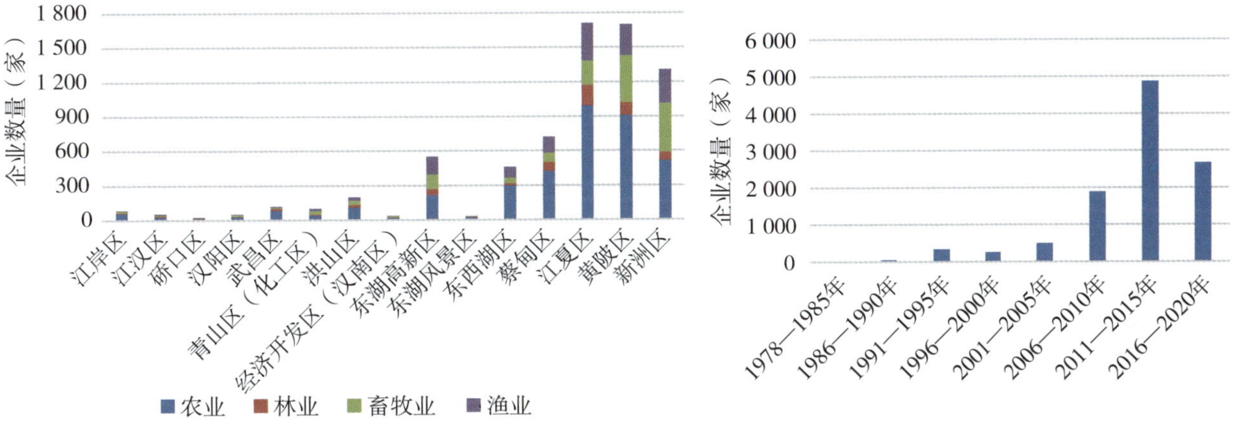

(a) 2020 年分区　　(b) 1978—2020 年全市总量

图 4-7　1978—2020 年武汉市第一产业企业数量分区分行业统计

从分布看，农、林、牧、渔业主要分布在江夏区、黄陂区、新洲区和东湖高新区，出现逐年集聚的趋势，江夏区的集聚态势最为显著，如图 4-8 所示。

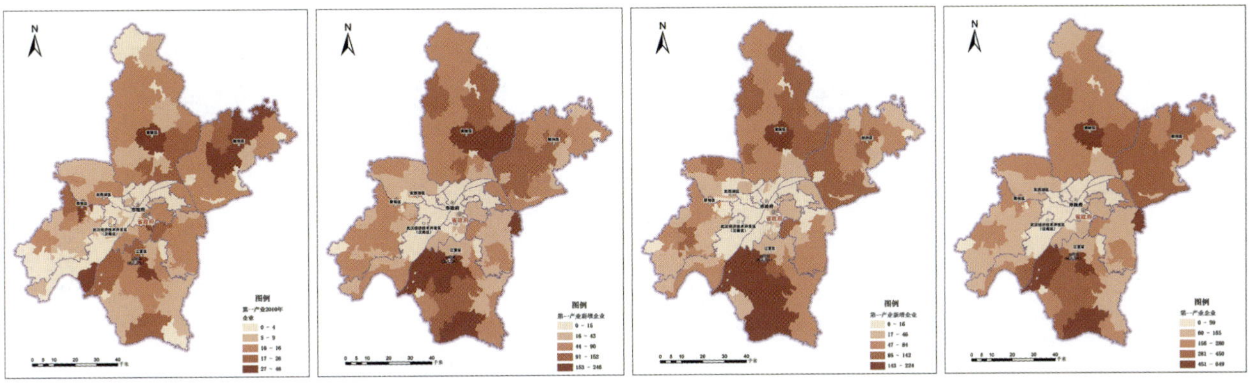

(a) 2010 年　　(b) 2011—2015 年　　(c) 2015—2020 年　　(d) 2020 年

图 4-8　2010—2020 年武汉市第一产业演变分布

2. 第二产业变迁

2020 年，全市第二产业企业数量占比 17.85%。第二产业企业数量自 2000 年以来逐年攀升，其中制造业企业在 1995—2015 年增长较快，2016 年后增长趋于平稳；建筑业企业在 2010 年后增长迅速，2020 年数量是 2010 年的 8 倍，如图 4-9 所示。

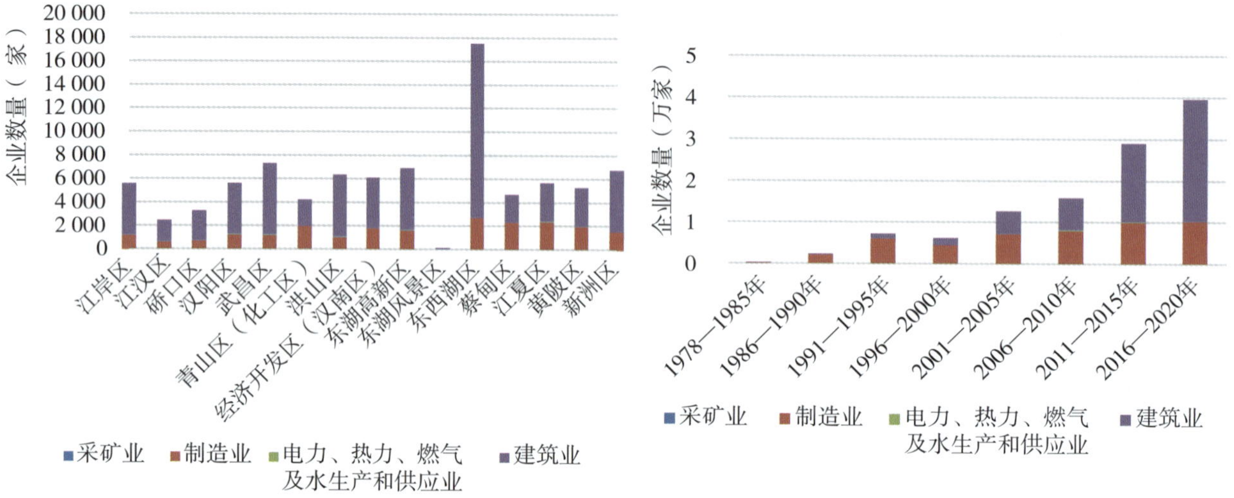

（a）2020 年分区　　（b）1978—2020 年全市总量

图 4-9　2020 年武汉市第二产业企业数量分行业统计

从分布看，20 世纪 90 年代初期，东湖高新区、经济开发区相继成立，在吴家山、庙山、沌口和阳逻、五通口、滠口等地区出现了工业组团，至 1995 年成片工业用地基本退出二环以内地区。2000 年起，主城内工业企业向三环线周边的关山、沌口和临空港聚集。随着“工业倍增”计划的推进，近年来新城区城关镇及重点镇周边的制造业也有较大发展，如图 4-10 所示。

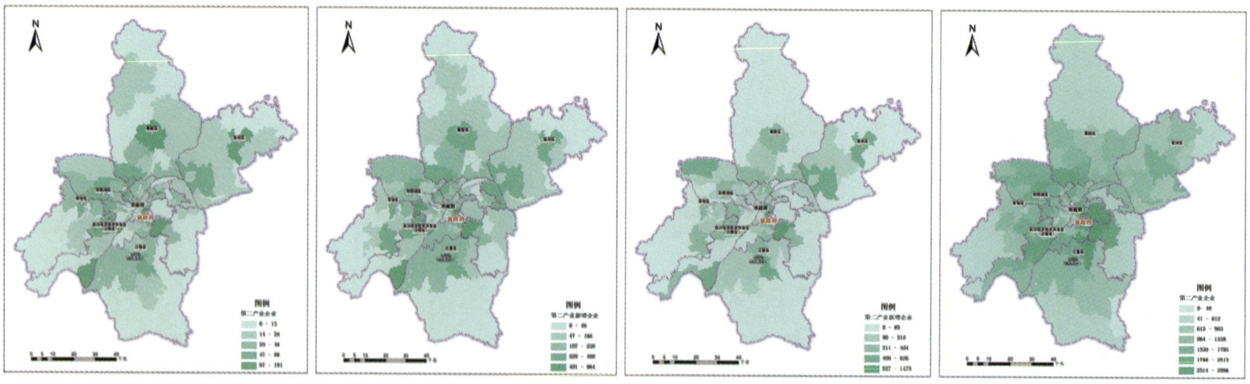

（a）2010 年　（b）2011—2015 年　（c）2015—2020 年　（d）2020 年

图 4-10　1978—2020 年武汉市第二产业演变分布

3. 第三产业变迁

2020 年，全市第三产业企业数量占全市企业的 80.96%，占比最多的行业是批发和零售业、租赁和商务服务业，占比分别为 29.01%、16.71%，如图 4-11（a）所示。1978—2020 年，第三产业企业数量逐年攀升，增长最快的行业包括批发和零售业、租赁和商务服务业、科学研究和技术服务业以及信息传输、软件和信息技术服务业。信息传输、软件和信息技术服务业、租赁和商务服务业等占比逐年增加，成为经济发展主力，住宿和餐饮业、金融业等占比逐年下降，如图 4-11(b)所示。

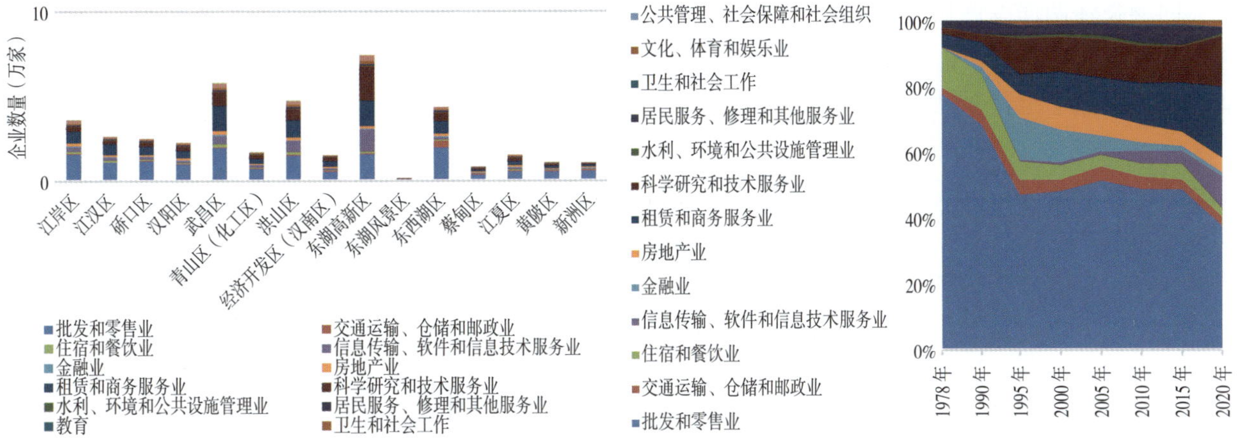

(a)2020 年分区分行业　　　　(b)1978—2020 年全市分行业占比

图 4-11　1978—2020 年武汉市第三产业企业变迁统计

从分布看，第三产业的中心集聚态势明显。1985 年前，企业分布集聚态势不显著。1985—2005 年，企业快速增加且中心城区集聚速度快于功能区和新城区。2005 年后，三环线周边及新城区城关镇企业增长迅速，数量逐渐追平主城区。其中，东湖高新区关东街集聚最为明显，信息传输、软件、科研等服务业占比超 40%，如图 4-12 所示。

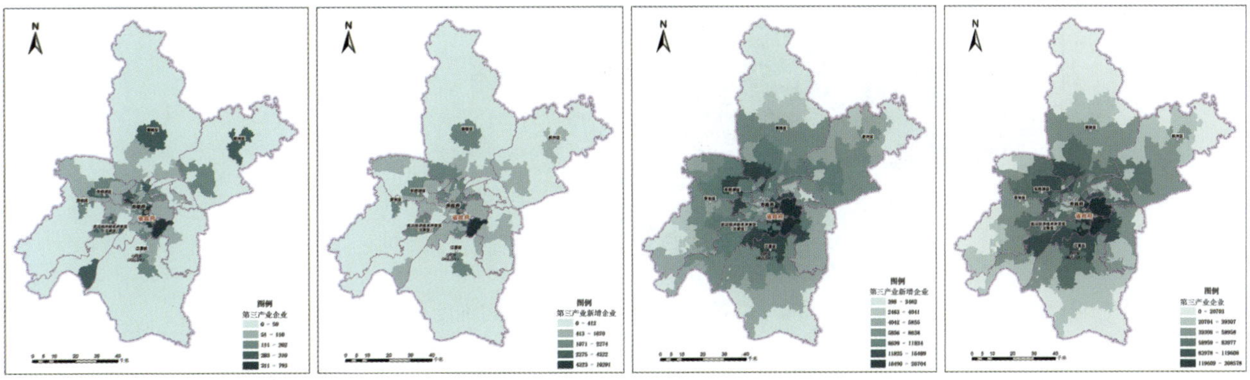

(a)2010 年　　(b)2011—2015 年　　(c)2015—2020 年　　(d)2020 年

图 4-12　1978—2020 年武汉市第三产业演变分布

4.1.2.2　长江两岸空间更新

以武汉市长江两岸空间为研究对象，梳理长江两岸滨水空间的更新与演变。研究范围为长江主轴核心段，北至长江二桥，南至长江大桥及琴台大道沿线，东至和平大道、中山路，西至中山大道与月湖桥沿线，面积为 26.49km^2，其中陆域面积为 15.18km^2，长江江段长为 6.8km。

2017 年《长江主轴战略规划》提出“集中建设展示长江文化、生态特色、发展成就和城市文明的世界级城市中轴文明景观带，打造交通轴、发展轴、生态轴和景观轴”。规划对现有的长江两岸进一步提升优化，通过城市修补、生态修复，进一步提升功能和景观形象，集五轴一体，集中发展高端服务业，包括商业、金融、信息、咨询、文化创意、旅游等现代化产业。

回顾长江两岸发展历程，如图 4-13 所示，城市发展初期，汇聚要素较少，主要为传统工商业、城市管理机构等传统市镇功能。至汉口开埠后，两岸商业流通进一步加快，规模不断扩大，传统工商业的复兴促进了近代金融业和商贸流通的发展。

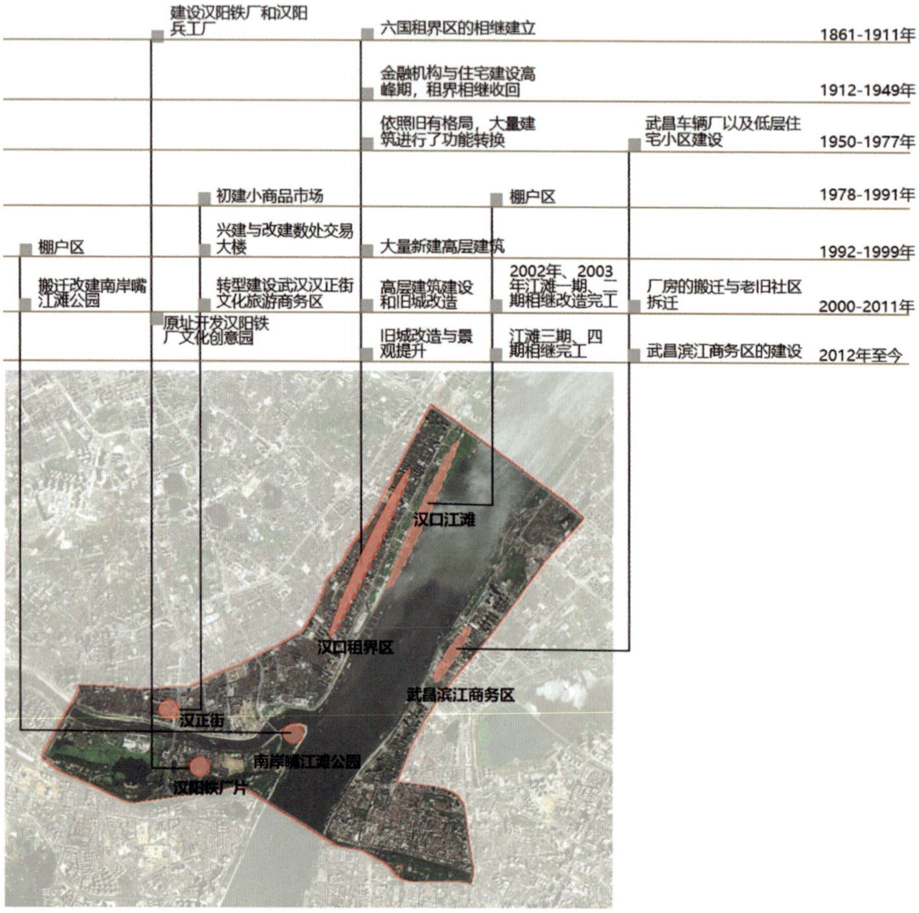

图 4-13　长江主轴主要要素时间维度

中华人民共和国成立后，计划经济下长江两岸以发展重工业为主，并配套以交通基础设施的建设，而其他行业的发展渐渐式微。

改革开放后，市场经济促进了长江两岸工商业发展，而工业要素逐步外迁，两岸核心区逐渐转变为由商贸、旅游、公共服务、居住等职能主导。

党的十八大后，武汉市启动“长江新城”“长江主轴发展”战略，依托滨江重点功能区，汇聚现代服务业集聚区，强化公共交通与城市服务建设，提升长江天际线、江滩公园等特色景观风貌。

武汉因江而生，因江而兴，滨江区域在经过传统工商业—近代商业与金融业—中华人民共和国成立初期重工业—现代服务业集聚区功能演变后，正以“全国领先、世界一流”为要求，打造金融商贸、文化旅游、创新创意等高端产业，通过点线面结合的圈层式空间布局结构形式，建设亮点区块，集中展示长江文化、生态特征、发展成就和城市文明，塑造世界级城市中轴文明景观。

4.1.2.3 主城区工业外迁

本小节以全市主城区内工业区为研究对象，重点分析老旧工业区的更新演变。

1. 工业区发展历程

全市工业区发展经历了由内向外的空间滚动推进过程，早期工业主要集中在传统城区，呈现沿江河、沿铁路线性分布的特征，交通运输作为最主要因素影响工业布局形态。20 世纪 80 年代，工业发展突破汉口、汉阳、武昌旧城，逐步形成 12 片大中型工业区，工业用地在城市二环线附近呈组团式发展，促进了工业与居住的逐步分离。1992 年后，“成片工业用地基本退出二环以内地区。2010 年后，“工业倍增计划”推进了新城区新型工业化，按照“产城融合”的发展思路，整体形成“轴向拓展+组团生长”格局，详见表 4-1。

表 4-1　全市工业区发展历程

时间段	阶段	背景	空间格局	案例
1861—1949 年	近代工业的初创	汉口开埠、张之洞督鄂、长江航运兴起	武汉工业呈现沿江河、铁路线性分布，交通运输为影响工业布局形态的主要因素	汉阳铁厂、湖北枪炮厂、大冶铁矿
1949—1962 年	中华人民共和国初重工业基地的建设	三年国民经济恢复、“一五”“二五”发展	工业主要分布在长江和汉江两岸，工业区呈现出三个传统城区为原点向四周放射型的布局	武钢一期工程、青山热电厂一期工程、武汉重型机床厂、武汉肉类联合加工厂、武昌造船厂、武汉锅炉厂
1963—1978 年	工业生产建设的调整	“大跃进”、工业生产建设调整	大中型工业区的建设使城市加快了沿江、沿河向外拓展，工业用地在城市二环线附近呈组团式发展	青山工业区、堤角工业区、钵盂山工业区、白沙洲工业区、答王庙工业区等
1979—1991 年	改革开放初工业的恢复与发展	社会主义市场经济体制的逐步建立	工业活动向城市以外地区蔓延，市区内部工业向市区外迁移	近郊区 12 个工业区、东湖新技术开发区、沌口经济技术开发区
1992—2000 年	现代产业集群的崛起	邓小平视察南方讲话、“开放先导”发展战略、国有企业改革	大型开发区集聚式发展，城市中心中小型工业聚集区转化为城市居住等三产业发展区	东湖新技术开发区、武汉经济技术开发区、青山石化工业区、葛店工业区
2001—2010 年	先进制造业基地建设与“退二进三”	武汉工业融入全球经济体系，全市形成钢铁、汽车及机械装备、电子信息、石油化工等四大支柱产业，《关于支持制造业项目用地的通知》	中心城区工业用地大量减少，以七个中心城区都市工业园为载体支持知识技术密集型和都市型工业发展	硚口古田都市工业园、武汉出口加工区、武汉临空港经济技术开发区、武汉经济技术开发区、武汉东湖高新技术开发区

续表

时间段	阶段	背景	空间格局	案例
2011—2020 年	产城融合与旧厂新生	建设“国家中心城市”、“工业倍增计划”、《全市新型工业化空间发展规划》、“三旧”改造计划、“创谷计划”“新兴产业倍增计划”、工业遗产保护、“长江新城”战略	建设“环城工业带+四大产业集聚区”，整体形成“轴向拓展+组团生长”格局，分类推进 6 大新城组群建设	光电子信息及生物产业集聚区、铁化工及装备制造业集聚区、汽车及机电产业集聚区、食品轻工产业集聚区、大智无界 · 空中小镇创意产业园、“D+M 工业设计小镇”

2. 更新分析

武汉市近年来通过产业升级与结构调整，促进了城市空间重构和功能重塑，在城市外围形成光谷高新、沌口车都、阳逻临港、黄陂临空以及国际生态产业板块等先进制造业集群，在中心城区以都市工业园为载体支撑知识技术密集型和都市型工业发展，并通过“退二进三”、发展创意产业、创新工业遗产保护方式等措施，推动了产业体系、生产方式、空间模式的持续升级与变化。

如图 4-14，早期由于城市发展范围的限制，武汉市工业用地基本分布于主城区范围内，兴建了许多以制造业为主的小型开发区；截至 2000 年，武汉市工业用地开始逐步沿主干道向城郊伸展，呈现主城区与城郊共存的态势，从中小型工业区零星到逐渐集中发展，再到大型开发区集聚融合发展；到 2011 年，中心城区工业用地大量减少，主城外围工业用地的面积明显增加，沿城市外环形成具备综合竞争实力的先进制造业基地；直至 2020 年，主城区边缘三环至外环区域形成“环城工业带+四大产业集聚区”的布局，增长的工业用地基本位于外围新城。

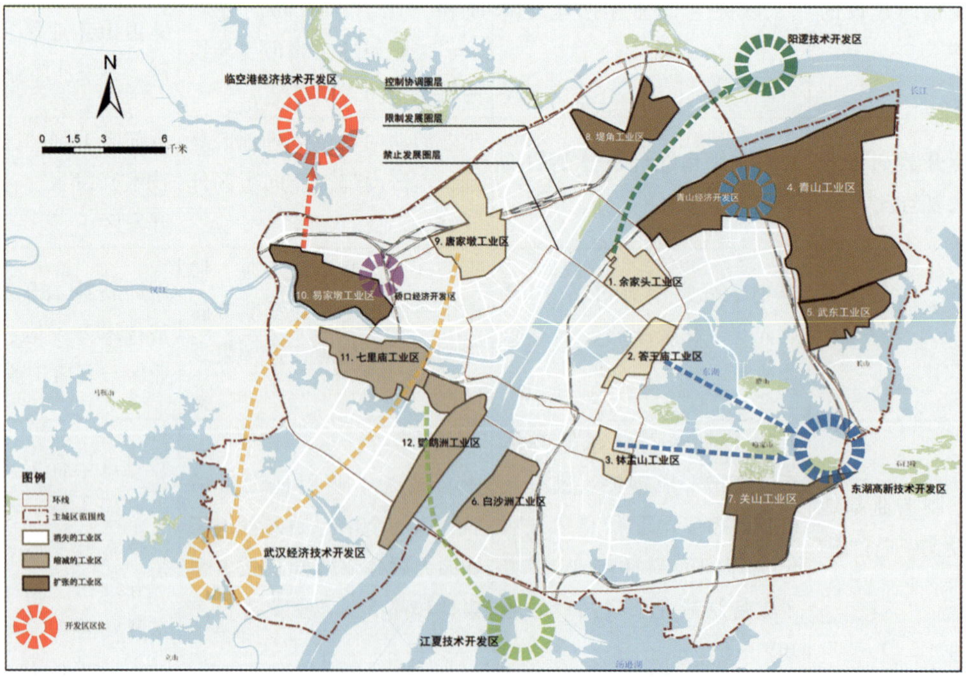

图 4-14　1990—2020 年武汉主城区主要工业区搬迁变化

如图 4-15 所示，武汉市工业区更新可以归纳为 4 种典型模式：一是工业转综合，建设重点功能区，先进制造业外迁，建设大量商住混合服务项目；二是工业转工业，导入优势产业，采用“退二转二”模式，原用地性质不变，导入优势及高新技术第二产业，内部实现转型升级；三是工业转居住，助力产业搬迁，旧厂转型为房地产与城市公园，少数保留工业元素，改善城市环境；四是工业转创意产业，工业遗产保护再利用，探索工业遗产保护性利用，将原有厂房更新为创意产业、艺术、旅游等。

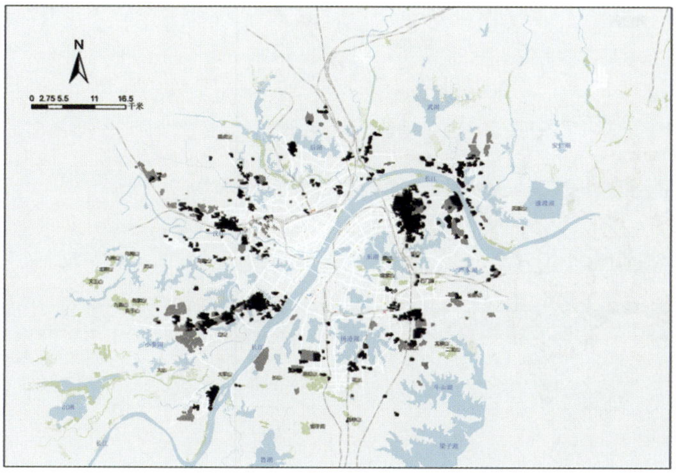

(a)2020 年工业用地分布

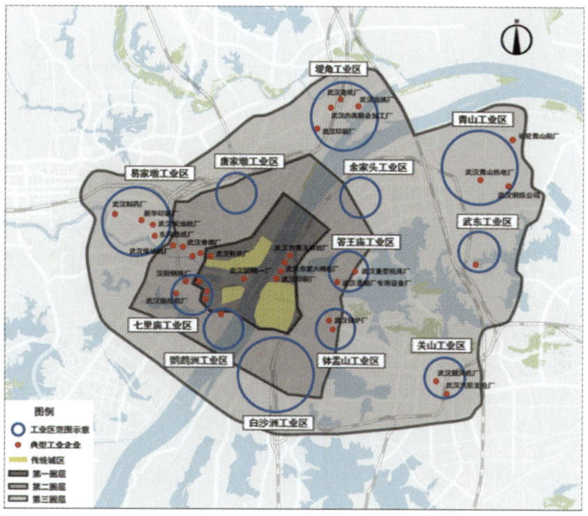

(b)20 世纪 90 年代工业区圈层分布

图 4-15　1992—2020 年武汉主城区工业用地现状及布局变化

4.1.2.4　开发区组团聚集

自 1984 年以来，开发区在我国已成为产业升级、区域发展的推动器和科技创新基地，在对外吸引外资、扩大出口、引进人才，对内服务于母城、发挥改革试点辐射作用等方面发挥了举足轻重的作用。东湖高新区、经济开发区(汉南区)和东西湖临空区 3 个国家级开发区空间分布如图 4-16 所示。

1. 经济增长极

经过 20 多年的高速发展，三大国家级开发区已发展成为武汉市土地集约程度较高、现代制造业集中、产业集聚效应突出的区域，成为全市重要的经济增长极，综合实力位居全市前列。如图 4-17 所示，2020 年，三大国家级开发区占全市 12%的土地面积，创造了全市 32.16%的地均生产总值和 29.50%的地方一般财政预算收入。

2. 产业转移龙头

如图 4-18 所示，2005—2010 年，东湖高新区、经济开发区(汉南区)工业用地呈现集聚扩张态势，位于武昌区的传统老工业武汉重型机床有限公司和武锅集团搬迁至东湖高新区。2010—2015 年，二环线以内的工业用地呈现明显的减少趋势，关山、沌口工业区工业用地依然有较为集中的增长，逐渐形成相对集中、成熟的工业中心。

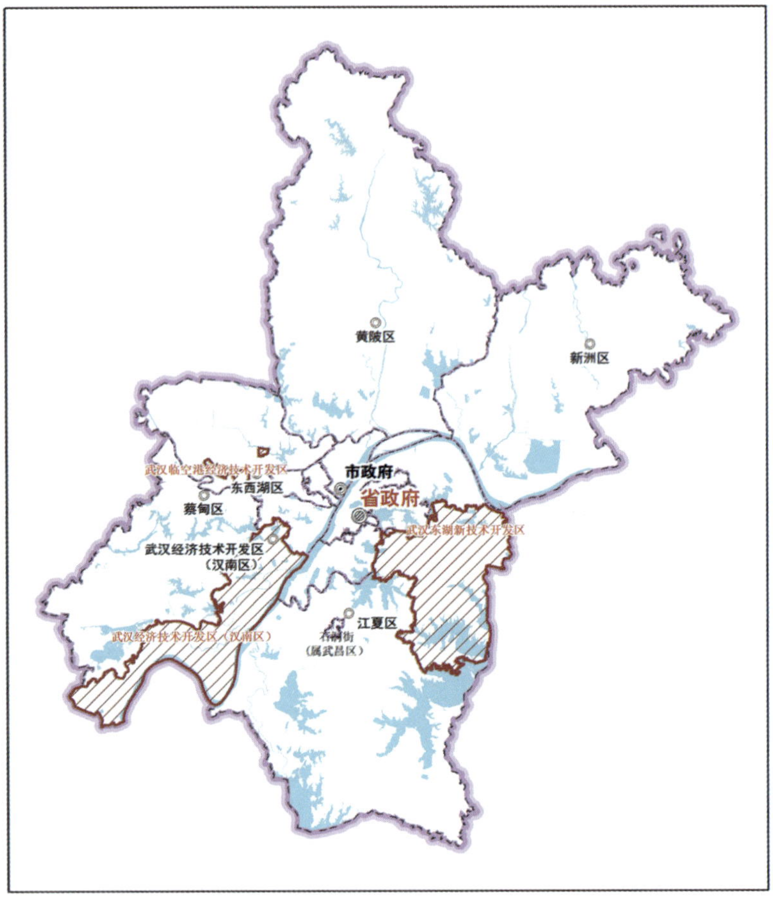

图 4-16　武汉市三大国家级开发区分布

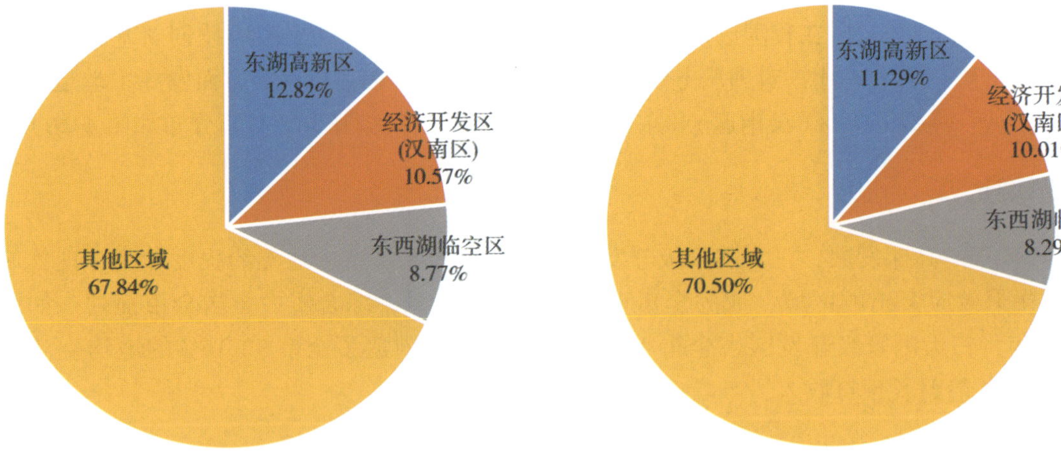

(a)全市 GDP 构成　　　　(b)全市地方一般公共预算收入构成

图 4-17　2020 年三大国家级开发区主要经济指标统计图

如图 4-19 所示，2020 年三大国家级开发区产业用地(工业用地、商业服务设施用地和物流仓储用地)占全市产业用地 37.69%。其中，东湖高新区占比为 12.27%；经济开发区(汉南区)占比为 12.70%；东西湖临空区占比为 12.72%。

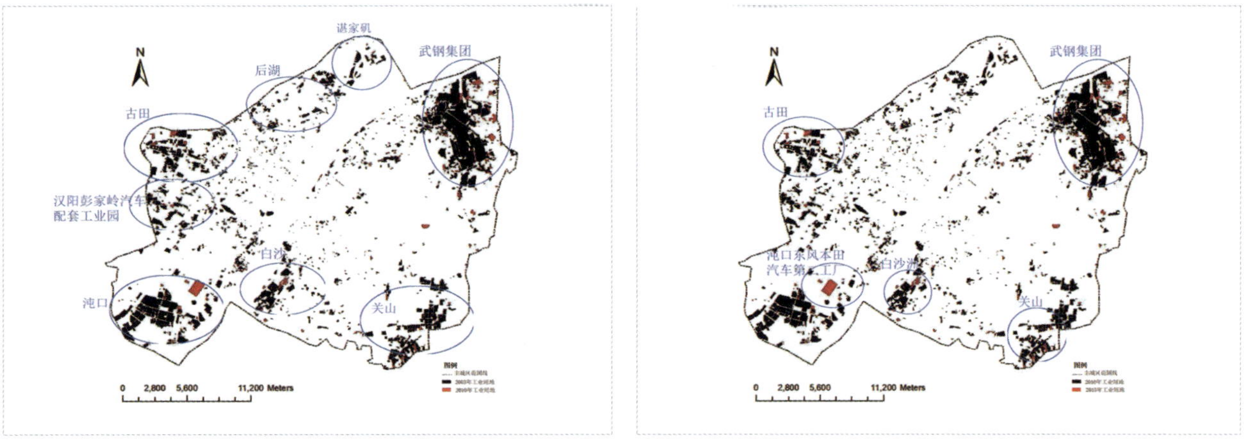

(a)2005—2010 年　　(b)2010—2015 年

图 4-18　2005—2015 年武汉市主城区工业用地变迁分布

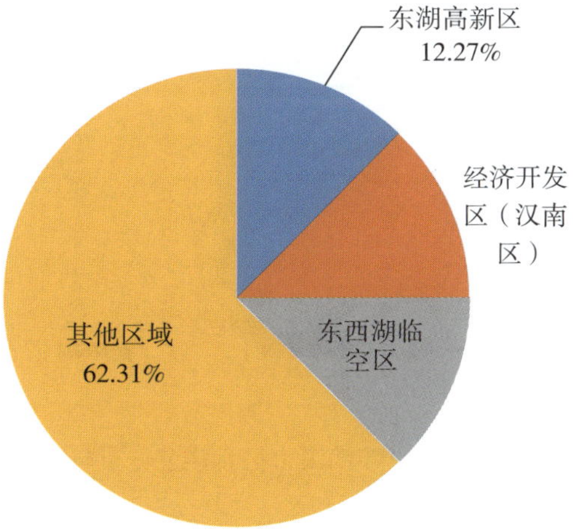

图 4-19　2020 年三大国家级开发区产业用地统计图

4.1.3　经济活力

本小节基于地理国情普查与监测数据，结合统计数据、房屋建筑调查、重点税源企业及企业注册等数据，将从楼宇经济、总部经济、旧城更新和乡村振兴等方面重点分析武汉市经济发展与活力，分析全市楼宇经济和总部经济集聚和活力程度、旧城更新区内经济活力和乡村地区经济发展情况。

4.1.3.1　楼宇经济

“楼宇经济”是集聚现代服务业与企业总部的高级经济形态，被称为“立起来的开发区”，一栋栋高楼大厦成为“柱状经济”发展的新载体，逐渐成为引领中心城区经济高质量发展的新增长极。全市纳税额超亿元的楼宇有 84 栋，纳税企业数量达 228 家(不含企业自建办公楼)。税收过亿的楼宇以江汉区、武昌区和东湖高新区最多，三个区亿元楼宇总量超过全市的 60%，楼宇纳税额占全市亿元楼宇的 67.24%，如图 4-20(a)所示。

江汉区亿元楼宇位居首位，达到21座，纳税额超过百亿元，主要分布在建设大道与解放大道沿线。武昌区亿元楼宇达16座，仅次于江汉区，纳税额超过66亿元，主要分布在中南路、中北路和徐东大道沿线，如图4-20(b)所示。

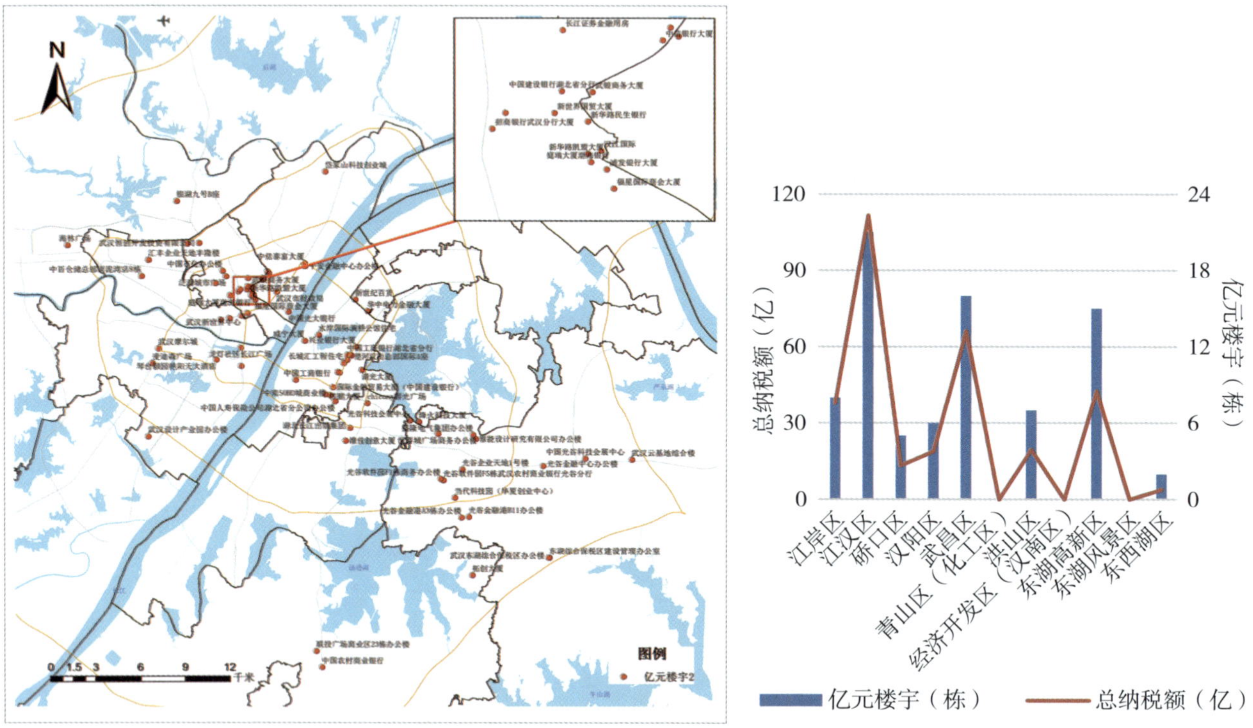

(a)空间分布　　　　(b)分区统计

图4-20　2020年武汉市亿元楼宇分布与统计

4.1.3.2　总部经济

总部经济是通过总部集群布局，形成总部集聚效应，从而实现不同区域分工协作、资源优化配置的一种新的经济形态。本部分基于企业大数据及总部经济相关规划及报道，识别全市第一总部企业、第二总部企业，分析武汉总部企业规模、分布及发展历史演变。

分区来看，如图4-21(a)所示东湖高新区总部企业最多，达51家，占全市总部企业的近一半。从第一总部看，东湖高新区以10家居首，其次东西湖区达到8家。从第二总部看，东湖高新区第二总部企业41家，远高于其他各区。分街道看，如图4-21(b)所示，东湖高新区关东街36家，占东湖高新区总部企业的7成，占全市总部企业的三分之一；佛祖岭街9家，位居第二。从第二总部看，关东街第二总部达到31家，远高于第二名佛祖岭街的6家。

如图4-22所示，从企业变迁看，武汉市总部企业经历了起步萌芽、平稳增长和快速发展3个阶段。第一阶段(1998年前)，以第一总部企业为主，以本地“龙头企业”为代表，分布较为分散未形成集聚。第二阶段(1999—2008年)，以第一总部企业为主，在东湖高新区、武昌区、洪山区有较为明显的集聚态势。第三阶段(2009年至今)，以第二总部为主，在东湖高新区呈集聚态势。

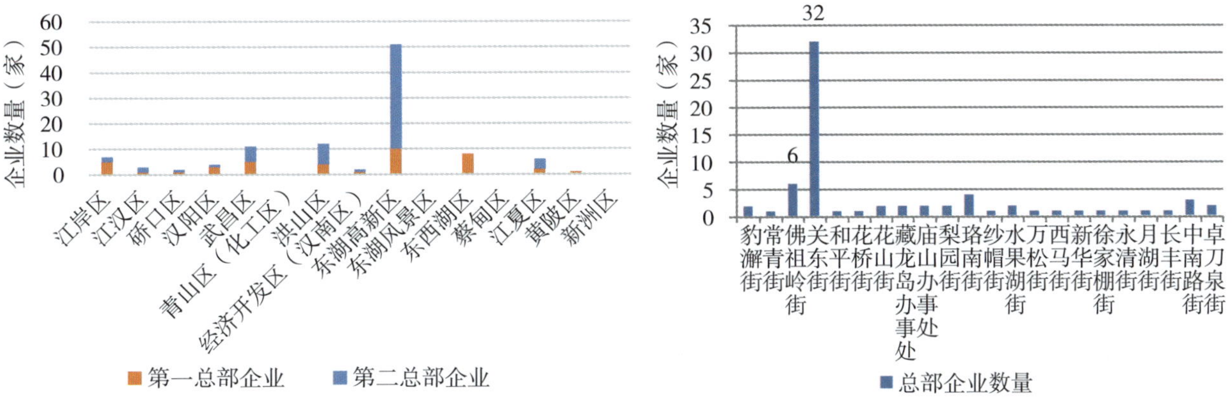

(a)分区　　(b)分街道

图 4-21　2020 年武汉市分区两类总部企业数量

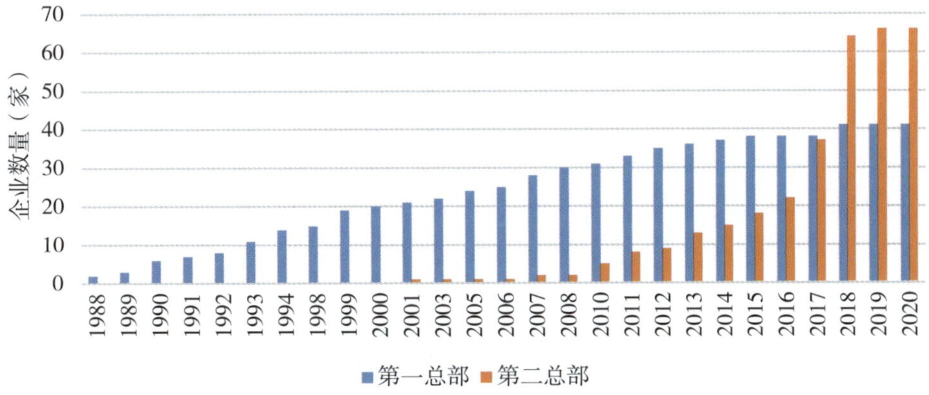

图 4-22　1988—2020 年武汉市总部企业数量统计

4.1.3.3　旧城更新与经济活力

基于 3.2.1.2 节识别的“十三五”期间武汉市主城更新地块，分析旧城更新后经济活力的变化。企业大数据为全国工商登记企业信息，具体为武汉市 1978—2020 年在营企业，按企业注册时间统计。

1. 主城区经济活力

“十三五”期间，武汉市主城区更新地块企业数量、密度和结构均发生较大变化，企业数量和密度呈增长趋势，如图 4-23 所示。从新增企业的数量来看，增加企业的产业类型主要以第三产业为主，其中高端服务业企业增加占比约 43%；从新增企业的注册资金总量来看，第三产业企业注册资金中高端服务业企业资金总量占比约 44%。“十三五”期间，主城区通过城市更新，产业结构不断优化，第一、第二产业外迁腾出，第三产业和高端服务业向中心城区迁入；同时，大力发展生活性服务业，推动商贸行业发展，逐步实现由生产型城市向服务型城市、生活型城市的转变。

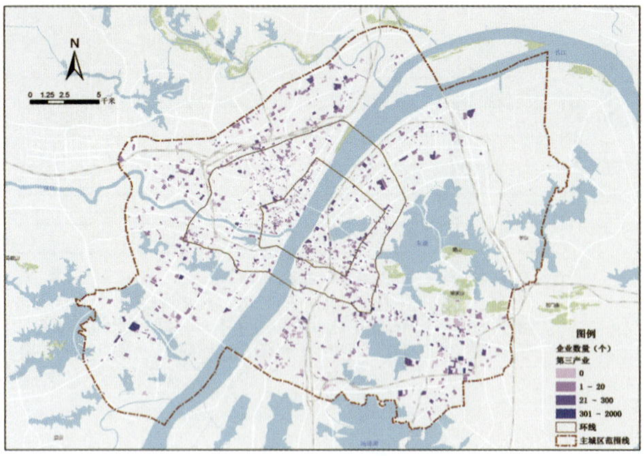

(a)第三产业企业数量

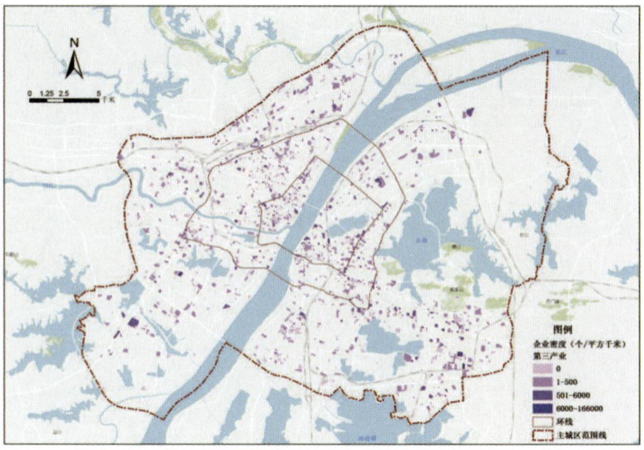

(b)第三产业企业密度

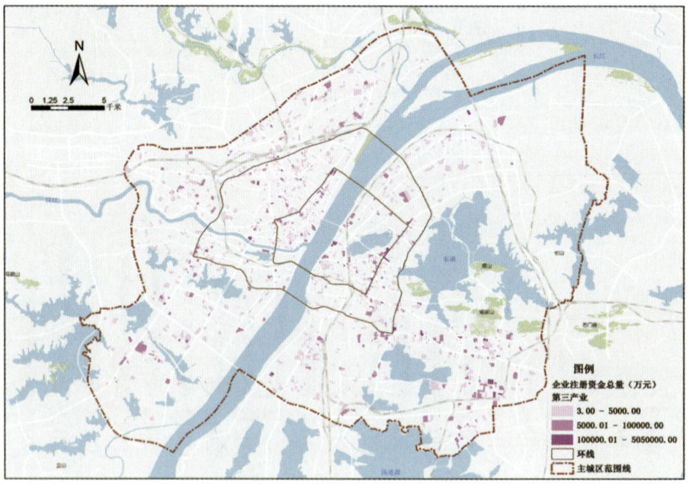

(c)第三产业企业注册资金

图 4-23　2015—2020 年武汉市主城区更新地块第三产业分布

2. 核心区经济活力

参考 1930 年武汉三镇市街实测详图，沿京汉铁路(现京汉大道)、古城城墙、历史风貌区、现有社区边界与城市主干道等明显人工边界，根据旧城地块建设年代、斑块密度等，划分旧城核心区范围，即汉口京汉大道与沿河大道、沿江大道围合片区，西至硚口路，北至黄浦大街，主要包括汉正街与老租界两个片区；武昌临江大道至武金堤路段与中山路至白沙洲大道围合区域，南至江民路，主要包括昙华林、首义片、八铺街三个片区；汉阳知音大道、晴川大道与鹦鹉大道围合片区，主要为龟山片区，共包含 155 个社区，如图 4-24 所示。

如图 4-25 所示，2015 年至今新增在营企业中，主城区约 15 万个，其中第三产业企业约 13 万个，高端服务业约 5 万个；核心区新增企业约 1.2 万个，其中第三产业约 1 万个，高端服务业约 0.3 万个。“十三五”以来，主城区新增企业类型主要为批发和零售业，商务服务业，信息传输、软件和信息技术服务业，土木工程建筑业；核心区新增企业类型前四位与主城区相同，制造业多于租赁和商务服务业。

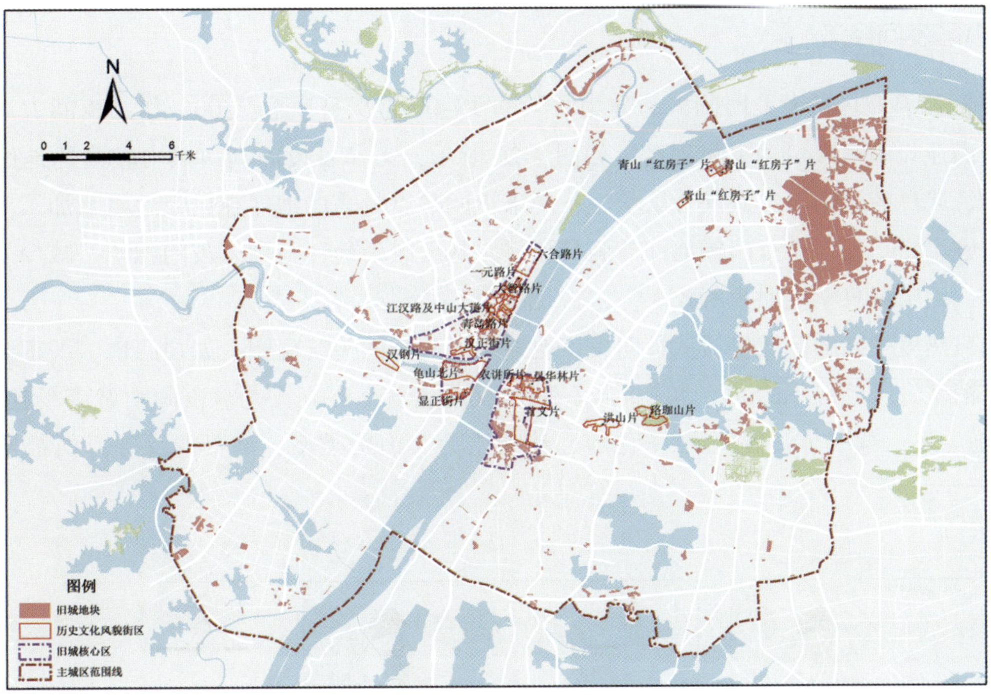

图 4-24　武汉市旧城核心区历史风貌图

(a)企业密度变化　　　　(b)高端服务业变化

图 4-25　2015—2020 年武汉市旧城核心区企业密度、高端服务业变化

3. 核心区夜间经济

“夜经济”经营主体的营业时间大部分为每天的18:00至次日凌晨2:00，作为夜间人口热力基础数据，分析商业设施对人口的聚集程度。如图4-26所示，工作日夜间到访热力较高的地区为汉口的武汉新天地、武昌的司门口、武汉音乐学院；周末夜间热度较高的地区在以上地点增加了南京路、江汉路、界立方、户部巷、小东门等地；节假日夜间，热度较高地区与周末夜间相仿，减少了武汉音乐学院等地区，因节假日学生回家所致。

夜间人口热度较高的区域包括从早期夜市地摊发展起来的传统商圈，如司门口、汉正街，同时包含了近几年消费升级趋势下的大型购物商场，如武汉新天地、界立方等。夜间消费市场越来越综合，涵盖“食、游、购、娱、体、展、演”等内容，消费主力、消费类型、消费期待等方面都发生了很大的转变。

(a)工作日　(b)周末　(c)节假日

图4-26　2020年武汉市旧城核心区夜间到访人口热力

4.1.3.4　乡村振兴与经济发展

武汉市乡村范围包括六个新城区剔除集建区后的地区，共1 868个行政村，简称为“乡村地区”。剔除的集建区包括东西湖吴家山、金银潭片区；汉南纱帽、沌口片区，蔡甸城区、大集片区，江夏黄家湖、纸坊、金口片区，黄陂盘龙城、横店、武湖、前川片区，新洲阳逻开发区、邾城片区。

为了反映乡村地区各村产业经济发展的综合情况，基于GDP总产值，对各新城区乡村地区和集建区的三类产业总产值进行了尺度下推。其中，第一产业总产值利用耕地面积下推，高效农业总产值利用林业、牧业、渔业等种植面积下推，第二产业总产值利用工业用地面积下推，第三产业总产值利用联通手机信令数据中的游憩人口数据下推。

1. 第一产业总产值

2020 年，全市乡村地区第一产业总产值占新城区的 97%。“十三五”以来，新城区第一产业总产值增长的区域主要均匀地分布在新洲区、黄陂区和汉南区靠近江、湖的周边，下降的区域主要集中在蔡甸区和江夏区，如图 4-27 所示。

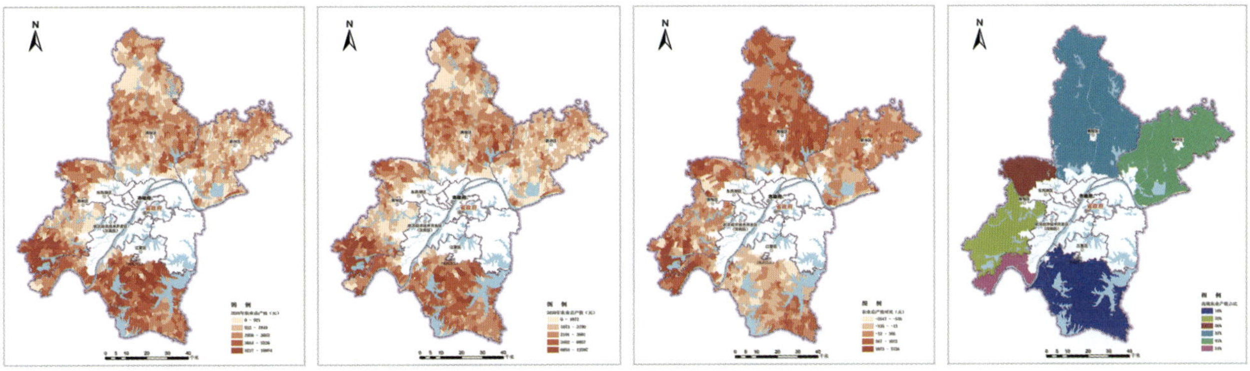

(a)2015 年　(b)2020 年　(c)2015—2020 年差值　(d)2020 年高效农业

图 4-27　2015 年和 2020 年武汉市乡村地区第一产业及高效农业总产值及变化情况

高效农业产值占比是研究范围内除种植农业外的林业、牧业、渔业和副业的总产值占农林牧渔总产值的比例，表示第一产业发展的高效水平。全市乡村地区高效农业产值占比空间差异比较明显，高值区在汉南区，占比超过 50%，是高效农业发展的高地；其他 5 区均在 50%以下，差距较小，如图 4-27 所示。

2. 第二产业总产值

2020 年，全市乡村地区第二产业总产值占新城区的近七成。“十三五”以来，新城区第二产业总产值增长的区域主要分布在汉南区的南部、东西湖区的北部，如图 4-28 所示。

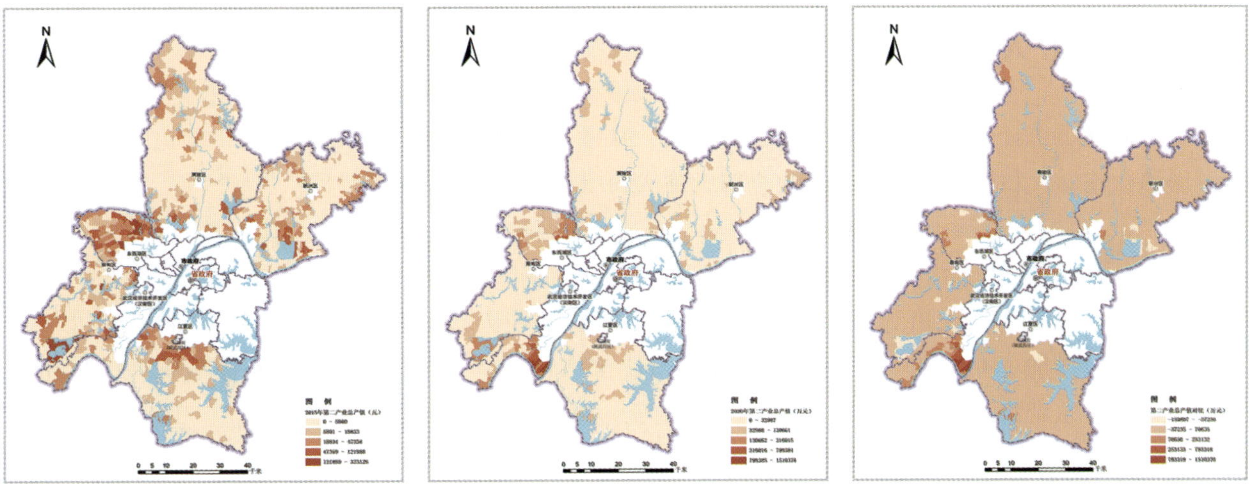

(a)2015 年　(b)2020 年　(c)2015—2020 年差值

图 4-28　2015 年和 2020 年武汉市乡村地区第二产业总产值及变化情况

3. 第三产业总产值

2020 年，全市乡村地区第三产业总产值占新城区的近四成。2017—2019 年，新城区第三产业总产值增长的区域分布于汉南区、东西湖区，高值区分布在距离集建区较近的区域，如图 4-29 所示。

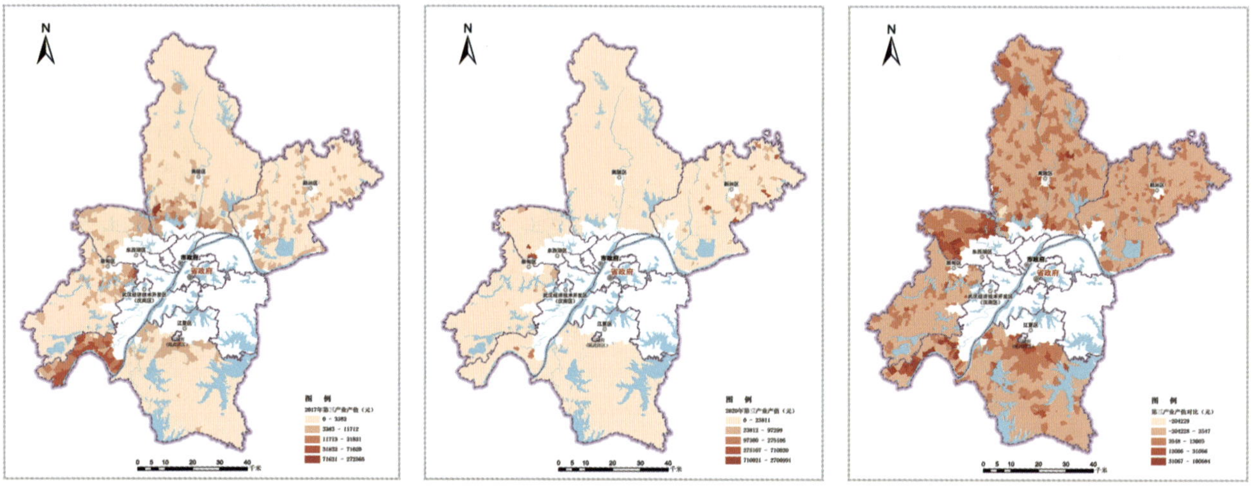

(a)2017 年　(b)2020 年　(c)2017—2020 年差值

图 4-29　2017 年和 2020 年武汉市乡村地区第三产业总产值及变化情况

4.2 人口分布

本节基于常住人口、户籍人口和“两实人口”(“实有房屋，实有人口”)数据，反映全市不同区域人口空间分布和圈层差异性。

4.2.1 全市人口分布

基于武汉市统计年鉴的常住和户籍人口数据，从常住人口、常住人口密度、人口净流入率、常住人口城镇化率、人口结构等方面，反映全市常住人口空间分布和圈层异质性。

1. 总量

2020 年，全市常住人口为1 232.65万人，从分区看常住人口最多的是洪山区。“十三五”以来，全市常住人口增加了 171.88 万人，各区常住人口稳定增长。武昌区、洪山区和黄陂区常住人口超百万，江岸区、东湖高新区和江夏区常住人口近百万，如图 4-30(a)所示。

2. 人口净流入率

2020 年，全市人口净流入率为 26.47%，净流入人口为 326.25 万人。“十三五”以来，全市人口净流入率稳步上升。分区看，东湖风景区、洪山区和东西湖区人口净流入率较高，蔡甸区、黄陂区和新洲区处于少量人口净流出状态，但净流出趋势逐年缓解，如图 4-30(a)所示。

3. 城镇化率

2020 年，全市常住人口城镇化率 84.31%。“十三五”以来，全市城镇化率整体稳中有升，如图 4-30(a)所示。

4. 人口密度

“十三五”以来，全市人口密度逐年上升，中心城区高于功能区及新城区，人口核心集聚区始终集中分布于硚口区、江汉区和江岸区。人口密度超过 10 万人/千米^2 的社区均位于以上 3 个区，95%的人口高度集聚区位于中心城区，中度集聚区主要分布于中心城区和新城区城关镇，如图 4-30(b)所示。

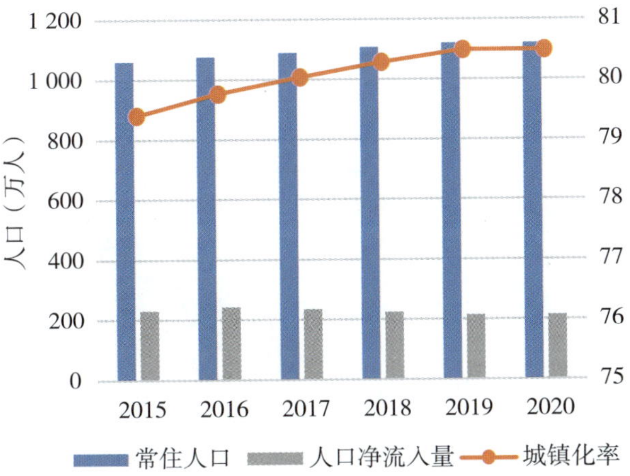

(a)人口规模

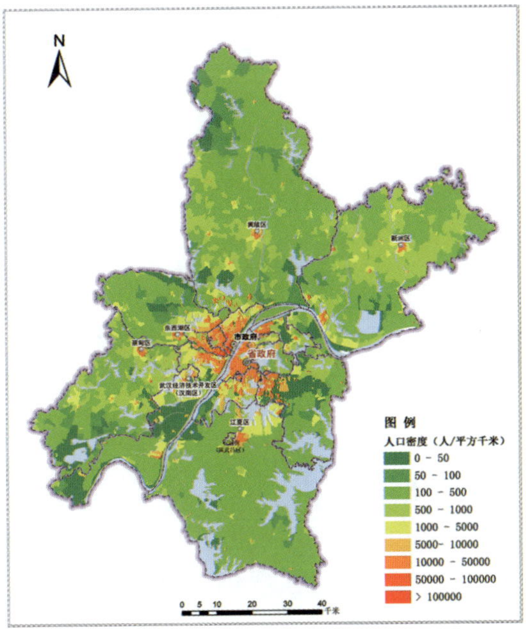

(b)人口密度

图 4-30 2015—2020 年武汉市常住人口规模与密度统计

5. 人口结构

2020 年，全市常住人口中大专及以上文化程度人口占比为 33.87%，15~59 岁劳动力人口占比为 69.72%，60 岁及以上老龄人口占比为 17.23%，其中 65 岁及以上人口占比为 11.81%。“十三五”以来，各区大专以上学历人口占比逐年增加，洪山区、武昌区占比最高，均在 40%以上。劳动力人口比例逐年下降，黄陂区劳动力人口最多，洪山区劳动力人口占比最高。

4.2.2 旧城人口分布

基于公安部门“实有房屋，实有人口”数据，分析旧城核心区流动人口及常住人口密度、结构情况，反映区域差异，并分析主城区更新地块内人口密度变化，反映旧城更新成效。

1. 旧城核心区人口分布

流动人口方面，旧城核心区总流动人口占中心城区流动人口的10%左右，根据各街道流动人口数划分为5个等级，流动人口数大于20 000的主要集中在武昌区，如图4-31(a)所示。

人口密度方面，主城区人口密度为0.99万人/千米^2，旧城核心区人口密度为4.59万人/千米^2，核心区整体人口密度较大，远高于主城区。如图4-31(b)所示，旧城核心区内人口密度划分为5个等级，其中有25个社区人口密度在0~3万人/千米^2。人口密度大于13万人/千米^{2}的社区占2.05%，分别为大龙、宝善、居仁、任冬、汇通、桃源、永安、安善和民意社区。大多数旧城社区人口密度在较低区间，因旧城人居环境和配套设施较差，原住民逐渐搬迁至居住环境更好的新社区，留下少量原住民和租户在旧城社区生活。

人口老龄化方面，主城区老龄化率11.13%，旧城核心区老龄化率15.25%，核心区老龄化程度较高。如图4-31(c)所示，未出现老龄化的社区占比4.52%，主要分布于江汉区江汉关、苗家、花楼社区，硚口区宝善、全新、石码社区，武昌区万福林社区。其余社区均出现不同程度老龄化现象，其中人口老龄化率在7%~14%的社区占比25.81%，14%~20%的社区占比56.77%，超过20%的社区占比12.90%。

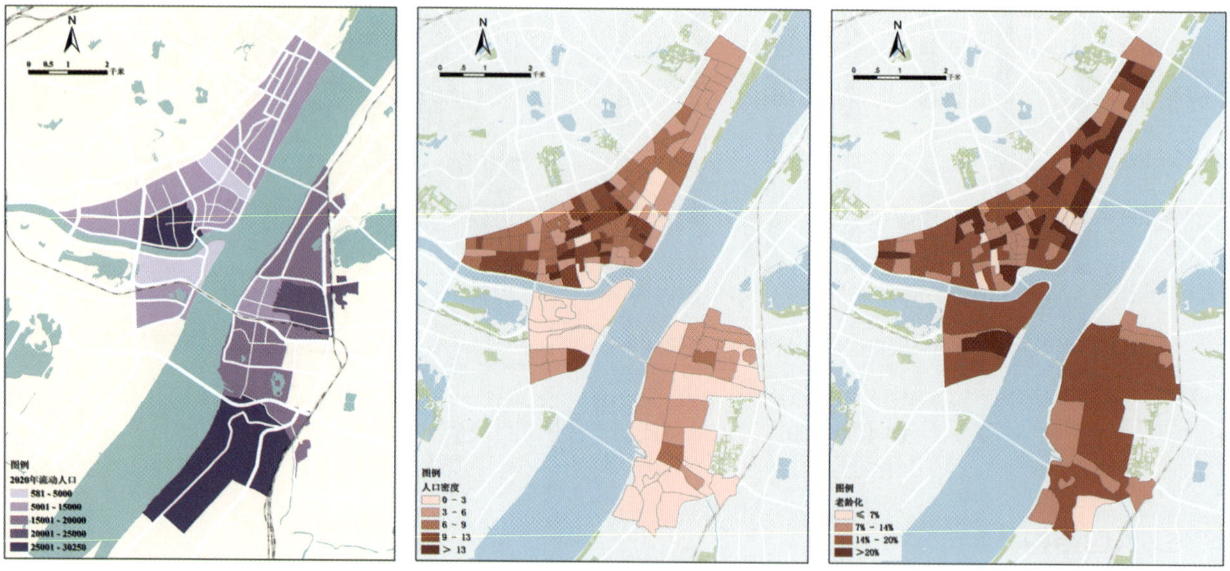

(a)流动人口　(b)人口密度　(c)人口老龄化

图4-31　旧城核心区人口分布图

2. 主城区人口变化

“十三五”以来，武汉市主城区更新地块人口呈上升趋势，平均人口密度由2015年的1.28万人/千米^{2}上升至2020年的1.32万人/千米^2，一环人口密度上升幅度最为明显，上升约1.36万人/千米^2，其中人口密度变化值较大的区域包括东湖高新区(0.33万人/千米^2)、青山区(0.11万人/千米^2）、武昌区（0.08 万人/千米^2），如图 4-32 所示。

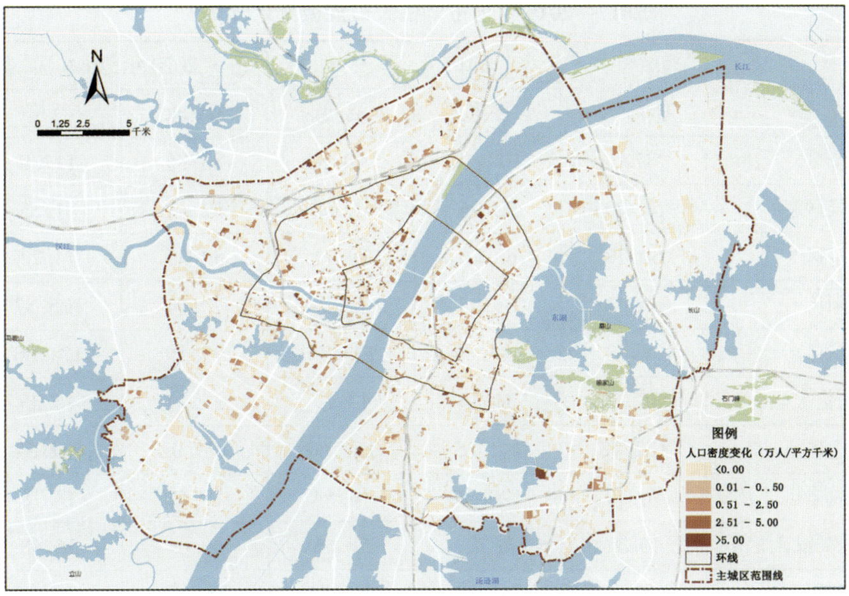

图 4-32　武汉市主城区范围内更新地块人口密度变化分布

4.3　大数据人口识别

本节从实际服务人口、居住与就业人口、典型区域人口特征和疫后人口恢复 4 个方面，分析大数据人口识别结果。

4.3.1　实际服务人口

实际服务人口包括常住人口和 3 天以上、半年以下短期驻留人口。本节使用百度位置服务数据与手机信令数据，利用连续 6 个月数据分别估算实际服务人口，比较大数据估算结果和传统统计数据的空间差异，并利用“头尾组合法则”校验大数据扩样结果。

4.3.1.1　常住人口

常住人口识别规则是在连续 6 个月内，筛选出夜间居住地（每日休息时段的最久停留地）50%以上（重复率）日期内均位于市域范围内的人群，以街道为单元，进行常住人口的扩样计算。本节使用 2017 年 4~9 月、2019 年 1~6 月、2020 年 4~9 月联通手机信令和百度位置服务数据识别常住人口，并对比分析常住人口变化。

如表 4-2 所示，2017—2019 年，联通手机信令数据识别全市常住人口规模从 956.6 万增至 1 130.9万，增幅为 18.2%。中心城区、功能区、新城区增量构成比为 4 : 3 : 3。功能区增长最为迅速，但中心城区依然是最主要的常住人口聚集地。其中东湖高新区、江夏区、洪山区、汉阳区 4 区的新增常住人口占全市新增常住人口总量一半以上。

表 4-2　　**2017—2019 年全市常住人口规模变化计算**

区		2017 年（万人）	2019 年（万人）		2020 年（万人）		2017—2019 年增幅
			联通	百度	联通	百度	
中心城区	江岸区	87.5	100.18	114.33	83.85	111.9	14.49%
	江汉区	56.79	62.96	75.28	52.41	71.55	10.86%
	硚口区	60.78	63.06	79.71	52.31	74.73	3.75%
	汉阳区	65.47	84.05	106.74	72.44	105.57	28.37%
	武昌区	98.63	113.83	133.44	99.19	121.06	15.41%
	青山区（化工区）	34.32	34.35	47.17	31.77	46.25	0.08%
	洪山区	122.78	141.65	158.80	124.02	132.52	15.37%
功能区	东湖风景区	16.29	20.3	16.54	17.67	13.78	24.65%
	经济开发区（汉南区）	40.37	51.73	57.65	46.64	56.48	28.14%
	东湖高新区	119.33	155.82	147.25	151.51	137.98	30.58%
新城区	东西湖区	62.3	76.34	98.15	72.25	95.73	22.52%
	蔡甸区	25.88	28.78	48.12	28.05	49.46	11.20%
	江夏区	69.72	88.88	94.39	87.26	81.89	27.48%
	黄陂区	62.1	68.88	99.79	69.16	105.32	10.92%
	新洲区	34.34	40.13	56.55	40.24	60.74	16.87%
汇总		956.61	1 130.94	1 333.90	1 028.77	1 264.98	18.22%

2020 年，联通手机信令数据识别常住人口数为 1 028.76 万人，百度位置服务数据识别常住人口数为 1 264.98 万人。从最新公布的第七次人口普查数据看，百度的扩样结果更贴近真实情况。按圈层统计，中心城区、功能区、新城区圈层人口占比约为 5∶2∶3。按分区统计，东湖高新区常住人口数占比最高，洪山区、武昌区紧随其后，东湖风景区、青山区（化工区）、蔡甸区常住人口数最少。按街道统计，二环线与四环线之间街道常住人口增加明显，关东街常住人口数量增加最为明显，其次为佛祖岭街、盘龙城经济开发区和洪山街。两种大数据识别的常住人口分布如图 4-33 所示。

4.3.1.2　短期驻留人口

短期驻留人口识别需要依赖定位时间连续性较高的手机信令数据。将在市域内连续出现 3 小时以上、10 天以下的统计为 10 天以下短期驻留人口，将在市域内连续出现 10 天以上、6 个月以下的人群定义为 10 天以上短期驻留人口。

1. 短期驻留人口规模

本部分对比分析了 2017 年 6 月、2019 年 6 月和 2020 年 9 月短期驻留人口数据，因不同年份计算规则差异，短期驻留人口规模不可直接比较，通过比较各空间单元短期驻留人口占全市比重看其分布的时空变化趋势。

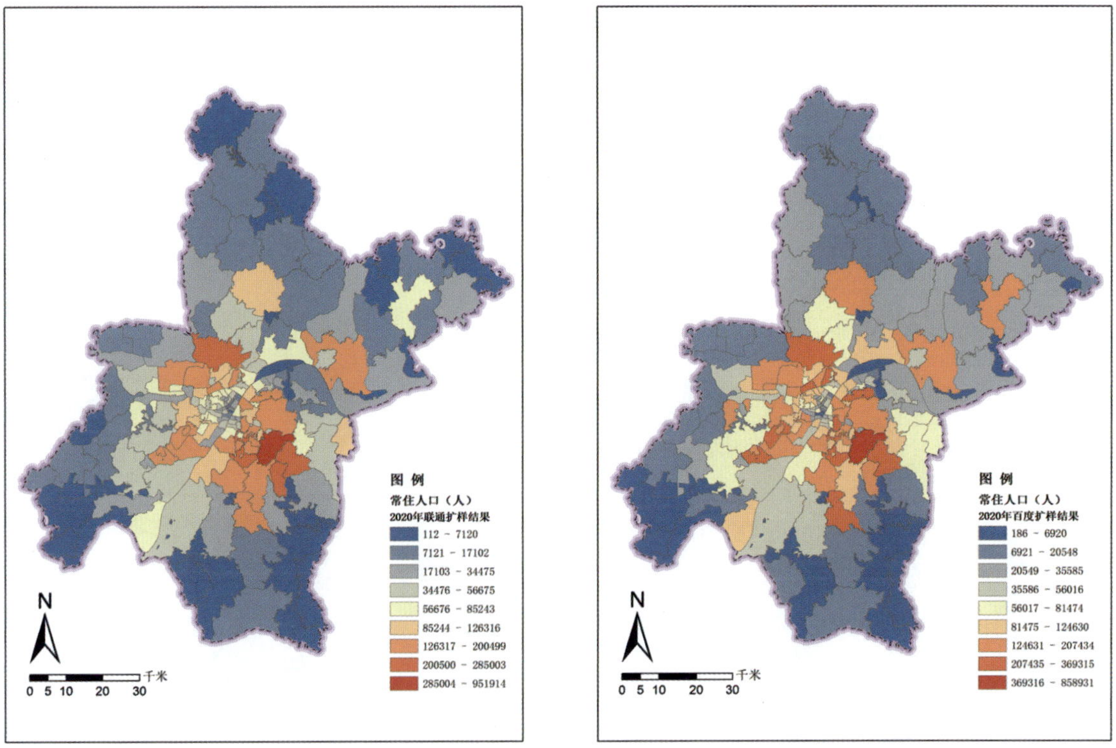

(a)联通手机信令数据　　(b)百度位置服务数据

图 4-33　2020 年武汉市常住人口空间分布

如图 4-34 所示，中心城区短期驻留人口占比持续下降，新城区占比持续上升，2017—2020 年全市短期驻留人口分布中心从中心城区向新城区转移。

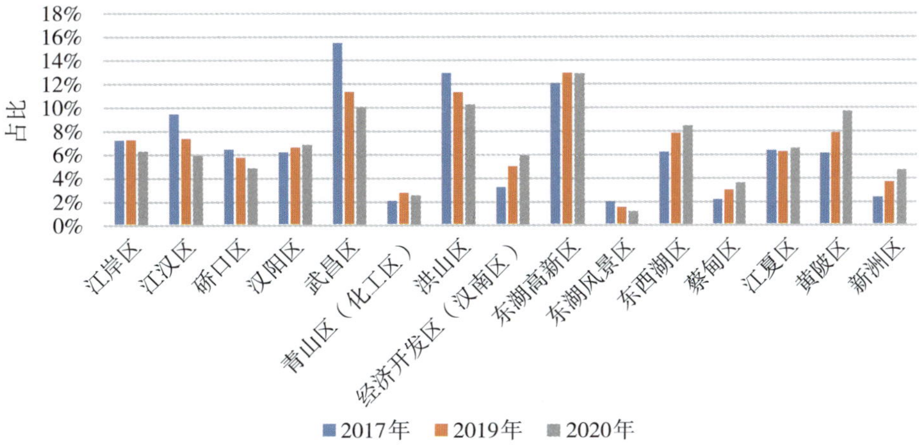

图 4-34　2017—2020 年全市短期驻留人口分区占比

如图 4-35 所示，2020 年 9 月全市短期驻留人口规模为 51.5 万人，其中 10 天以下短期驻留人口为 45.5 万人，10 天以上短期驻留人口为 6 万人。两类短期驻留人口空间分布上存在高度相关性。按圈层统计，两类短期驻留人口在中心城区、功能区、新城区基本均呈现 5∶2∶3 的比例关系。按分区统计，东湖高新区短期驻留人口数最多，洪山区、武昌区、黄陂区并列第二梯队。相较之下 10 天以上短期驻留人口的中心-外围分异更为显著，即表现出高度向心性。

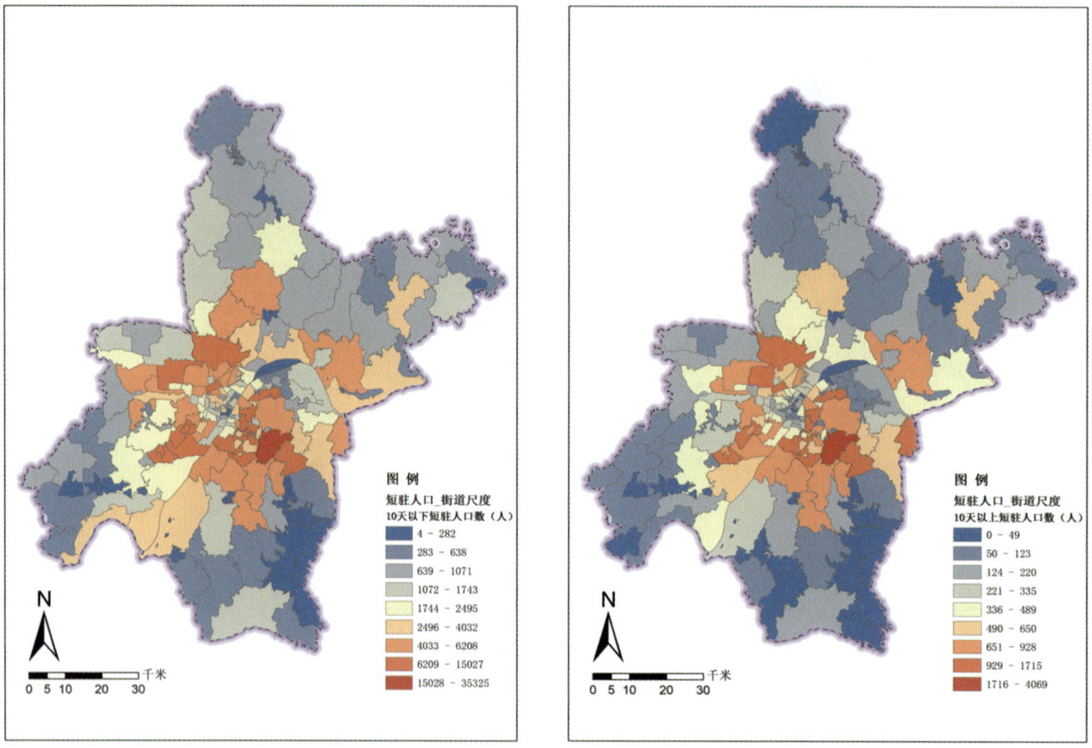

(a) 10 天以下短期驻留人口　　(b) 10 天以上短期驻留人口

图 4-35　2020 年武汉市短期驻留人口空间分布

如图 4-36 所示，按 2020 年 9 月若干典型日统计，10 天以下短期驻留人口数约为 10 天以上短期驻留人口数的 7~10 倍，短期驻留人口数与同期常住人口数比值维持在 3.5%~6%区间，休息日相比工作日短期驻留人口占实际服务人口比例会略有增长。

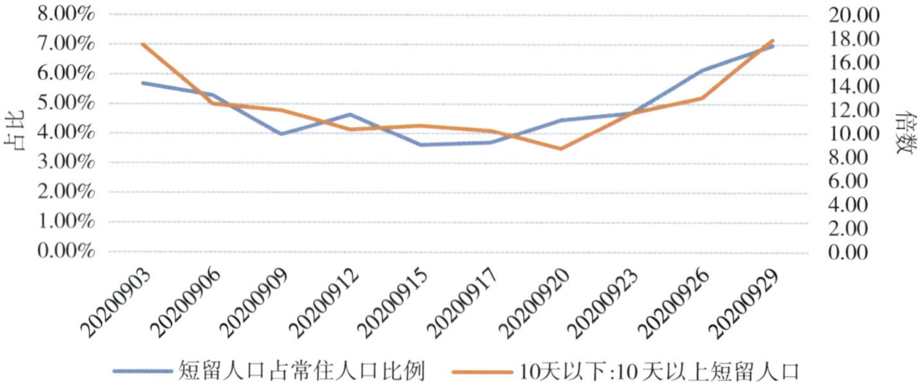

图 4-36　2020 年 9 月典型日短期驻留人口规模

2. 短期驻留日间/夜间热点分布

以 250m×250m 网格作为空间统计单元，识别短期驻留人口的日间停驻地及夜间停驻地。识别规则为对存在当天驻留时长大于 3h 的用户，找到日间（08:00—20:00）或夜间（20:00—次日 8:00）停驻时长大于 30min 且排序前 5 名的停驻地为相应时段停驻地，且日夜间停驻地与职住地不重合。日夜间停驻地的统计对象为人次数，反映短期驻留人口活动强度的空间分布特征。

如图 4-37 所示，主城区范围内的短期驻留人口日夜分布表现为同中有异。整体上看，短期驻留人口日夜空间分布趋势基本吻合，日间驻留高值区包括汉口核心区域（汉江路一带）、汉口火车站、武汉站、武昌火车站、楚河汉街、光谷，短期驻留人口在夜间停驻汉口火车站、武汉站等交通枢纽的频次大幅度降低，在汉口核心区域（汉江路一带）、光谷等商圈的停驻地更为集聚。

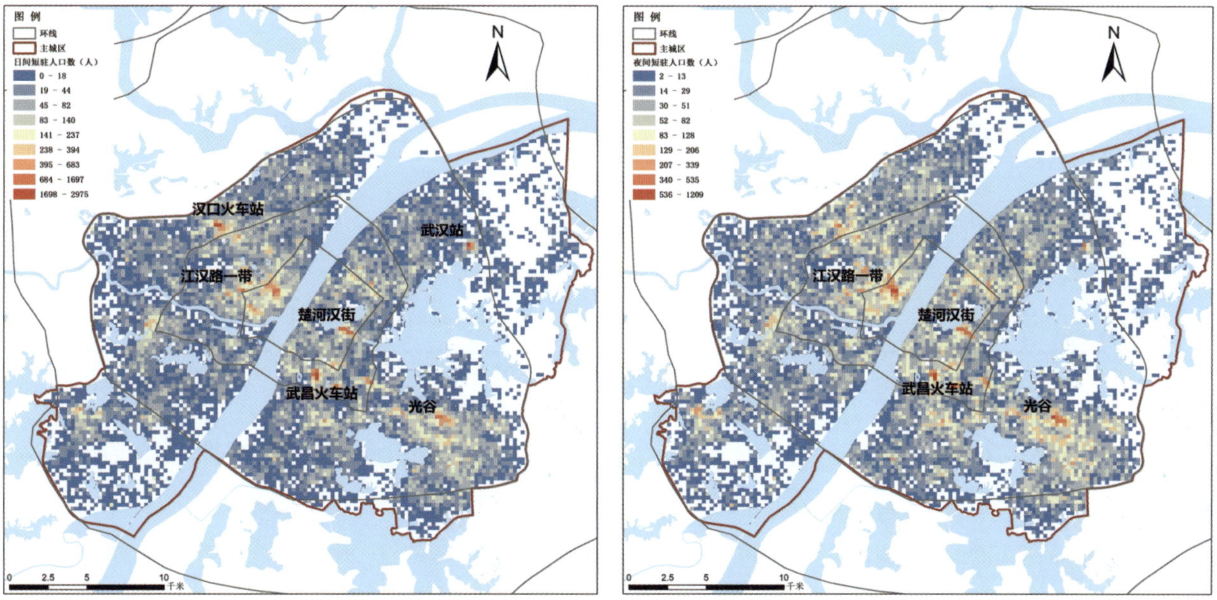

（a）日间停驻　　（b）夜间停驻

图 4-37　武汉市主城区短期驻留人口活动强度空间分布

按城区统计，东湖风景区的日间短期驻留人口活动强度大大高于夜间，江岸区、东湖高新区、经济开发区（汉南区）等高校、产业集聚区域夜间短期驻留人口活动较为频繁，如图 4-38 所示。

4.3.1.3　过境人口

如图 4-39 所示，2019 年 6 月，全市日均过境人口约为 75 万人，全月在 60 万～111 万人之间浮动。

4.3.2　居住与就业人口

本小节基于联通手机信令数据，从圈层、环线、三镇、分区和街道尺度分析武汉市内居住与就业人口分布特征。

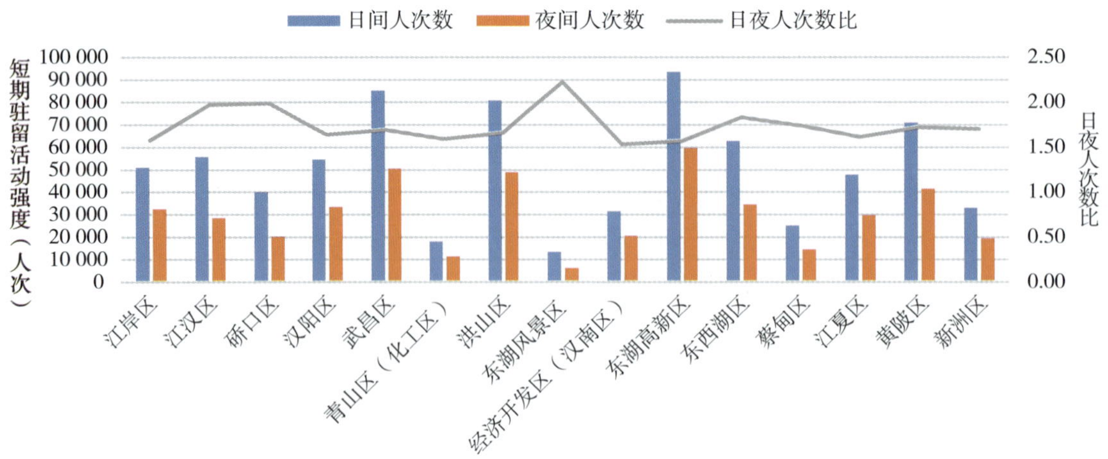

图 4-38　2020 年武汉市短期驻留人口停驻人次数日夜比较

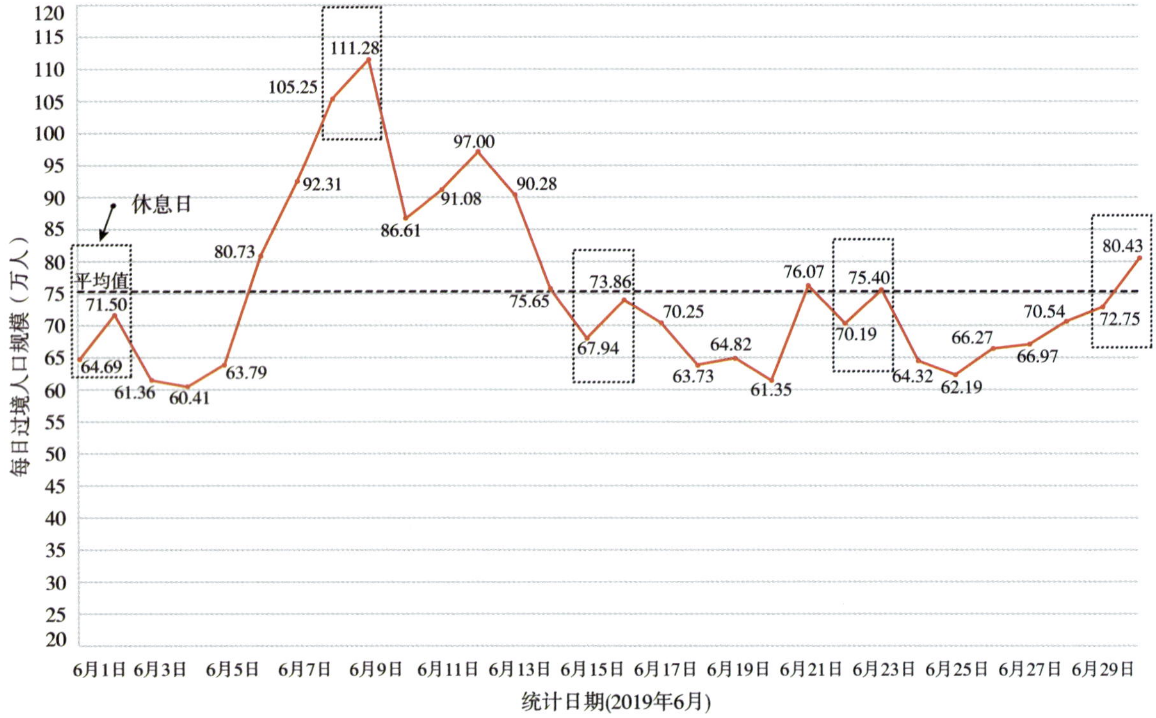

图 4-39　2019 年 6 月武汉基于联通手机信令数据的每日过境人口规模

4.3.2.1　圈层尺度变化特征

如图 4-40 所示，2017—2019 年，各圈层居住和就业人口密度逐年增长，中心城区增量最大，年增量达到 207 人/千米^2，2020 年各圈层常住和就业人口密度相较于 2019 年有所下降。2017—2020 年期间，功能区和新城区人口占比增长明显，圈层间差距逐渐缩小，中心城区、功能区和新城区的就业人口占比比例由 5∶2∶1 逐渐变为 3∶2∶1；而各圈层的常住人口增长差异不明显，常住人口占比比例基本保持在 2∶1∶1。

（a）人口密度

（b）人口占比

图 4-40　2017—2020 年武汉市各圈层居住、就业人口密度与人口占比

4.3.2.2　环线尺度变化特征

如图 4-41 所示，2017—2019 年，一环以内居住和就业人口密度均减少，一环以外居住和就业人口密度有所增加，居住、就业人口密度在二环至三环之间增量最大。居住和就业人口占比在三环以内

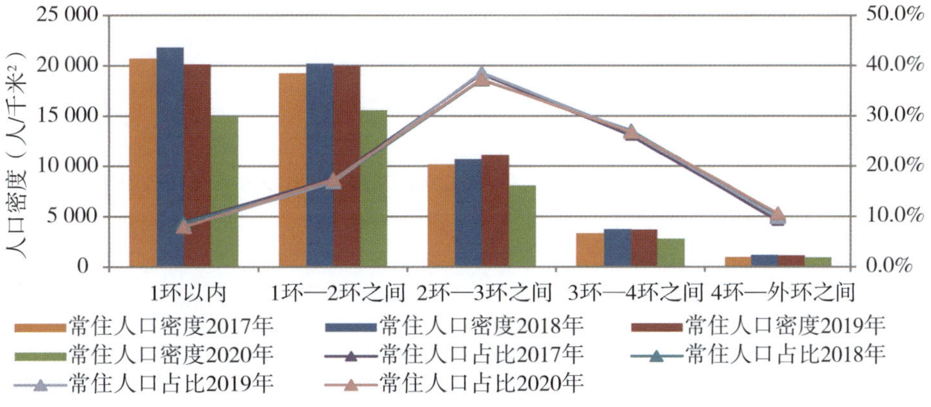

（a）常住人口

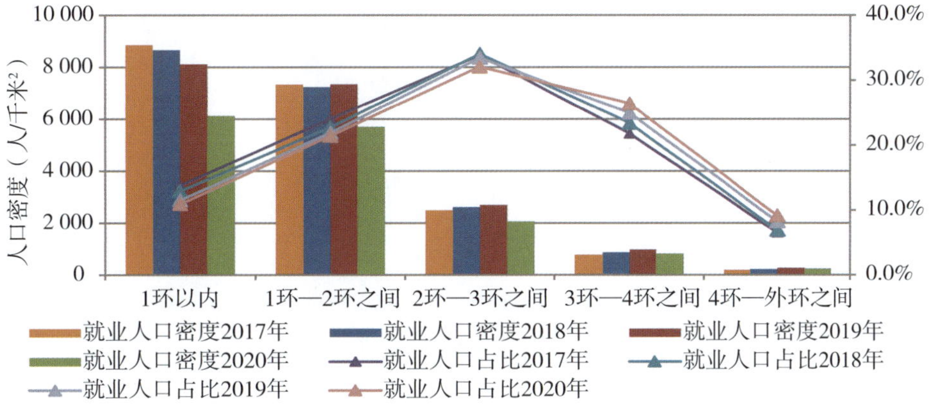

（b）就业人口

图 4-41　2017—2020 年武汉市各环线常住和就业人口密度和人口占比

逐年递减，在三环以外逐年增加，四环至外环之间居住和就业人口占比增加最显著。2020 年，疫情显著影响各圈层常住和就业人口密度，但各圈层变化存在差异，对各环线的人口密度变化的影响强度由一环向外环逐级递减。

4.3.2.3 三镇尺度变化特征

如图 4-42 所示，2017—2019 年，除汉口片区就业人口密度减少外，三镇其他片区居住和就业人口密度均稳定增长，汉阳片区居住人口密度增量最大，其中汉阳片区常住人口密度是就业人口密度的 4 倍。三镇居住人口占比变化相较于就业人口占比更显著，汉口片区、武昌片区居住和就业人口占比减少，而汉阳片区略微提高。2020 年，三镇的常住和就业人口密度均下降，但汉口片区下降程度远远高于其他片区，汉阳片区下降程度最小。

(a) 人口密度

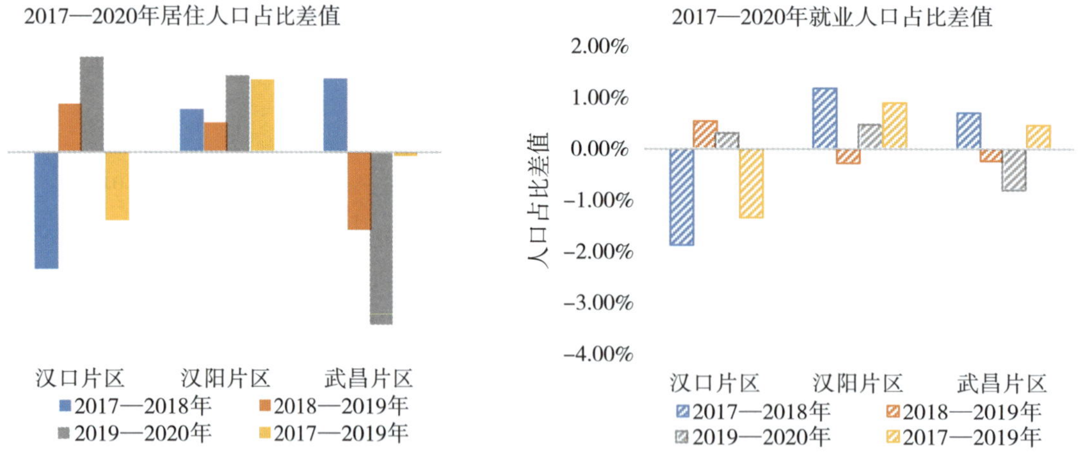

(b) 人口占比差值

图 4-42 2017—2020 年武汉市三镇居住和就业人口密度和人口占比差值

4.3.2.4 分区尺度变化特征

如图 4-43 所示，2017—2019 年，硚口区和青山区居住人口密度下降，硚口区和江汉区就业人口密度下降，其余各区居住和就业人口密度显著增加，汉阳区居住人口密度增量最大，东湖高新区就业人口密度增量最大。2020 年各区常住和就业人口密度减少程度不同，中心城区内的江岸区、江汉区、硚口区、武昌区、洪山区以及功能区内的东湖风景区下降幅度明显。

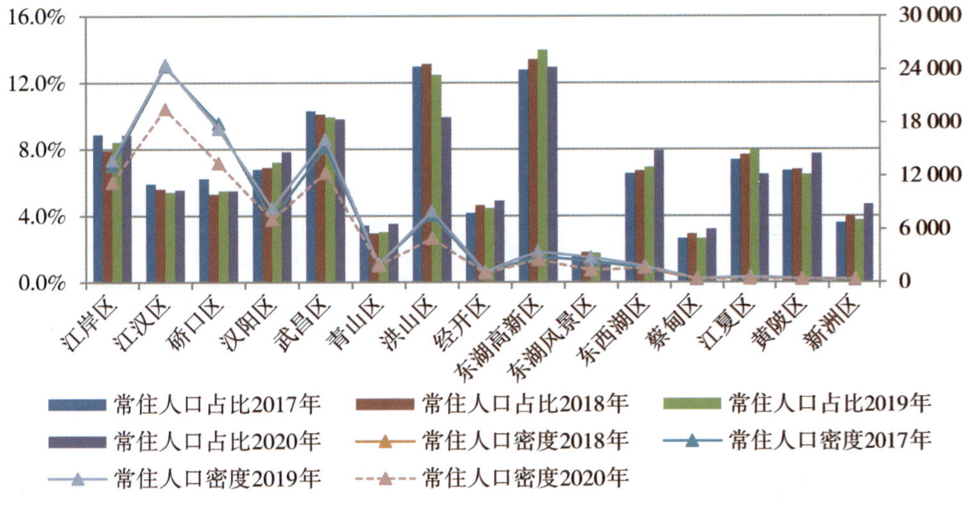

(a)居住人口

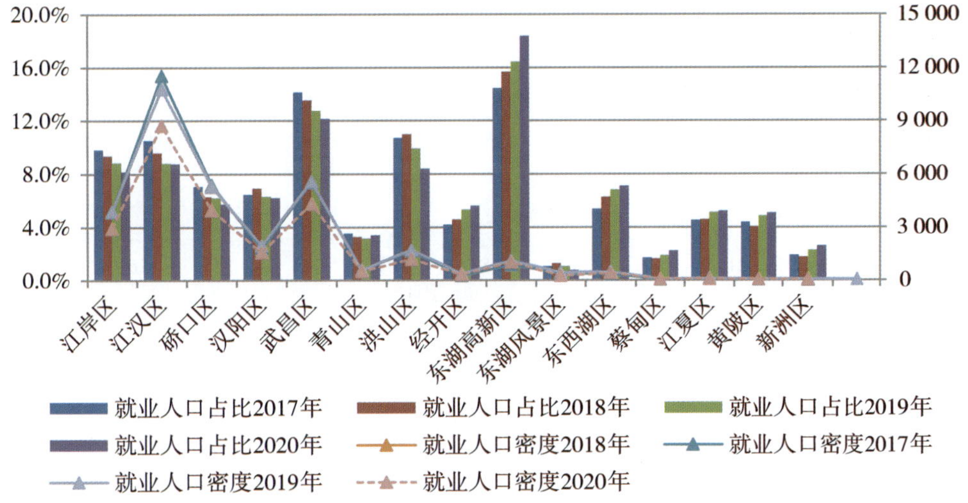

(b)就业人口

图 4-43 2017—2020 年武汉市各区居住和就业人口密度和人口占比

4.3.2.5 街道尺度变化特征

2017—2019 年，中心城区、新城区的街道居住人口占比逐渐降低，功能区的街道居住人口占比显著增加，中心城区以及城市边界地区的街道就业人口占比逐渐降低，新城区和功能区内二环至外环间的街道就业人口占比逐渐增大。在 2020 年，各街道的人口密度普遍下降，但常住人口密度在2 000人/千米^2 以上和就业人口密度在2 500人/千米^2 以上的街道下降幅度更为明显，如图 4-44 所示。

图 4-45 所示，从人口占比来看，常住和就业人口占比在空间分布上具有相似性，均呈现出随距

离衰减的圈层结构，常住人口占比变化不显著，就业人口占比变化趋势明显。

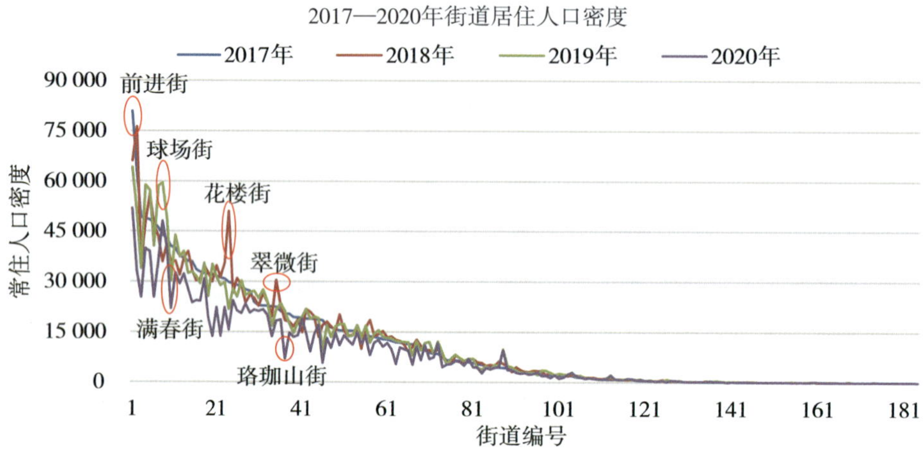

（a）居住人口密度

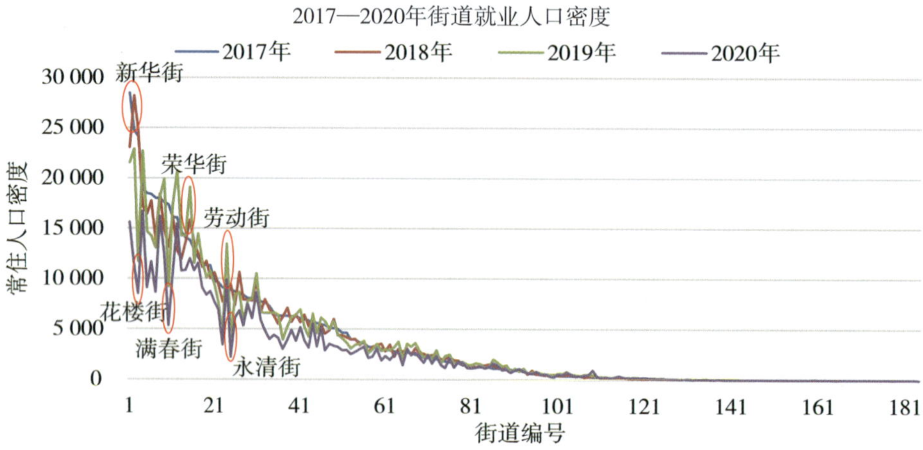

（b）就业人口密度

图 4-44　2017—2020 年武汉市各街道居住和就业人口密度

4.3.3　典型区域人口特征

本小节重点分析旧城核心区人口分布类型，识别乡村地区空心化现象。

4.3.3.1　旧城核心区人口特征

利用 2020 年 8 月百度慧眼人口画像数据，分析旧城核心区社区尺度人口教育水平、收入水平和消费水平占比分布。

从教育水平来看，如图 4-46 所示，武昌区教育水平最高，汉阳次之，汉口武胜路以东、江汉路步行街以西的六渡桥片区中老人和外来务工人员聚集，整体教育水平较低。

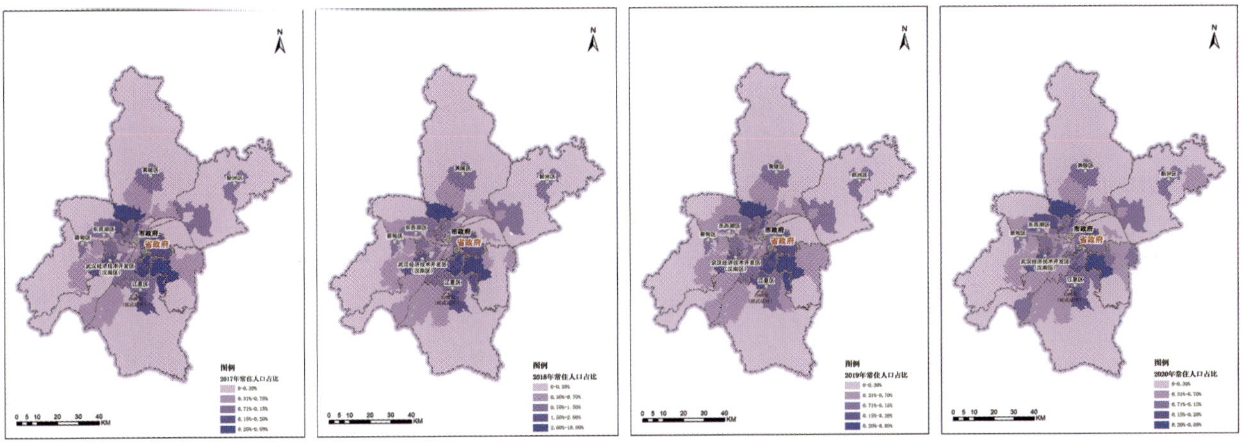

(a)2017 年常住人口占比　(b)2018 年常住人口占比　(c)2019 年常住人口占比　(d)2020 年常住人口占比

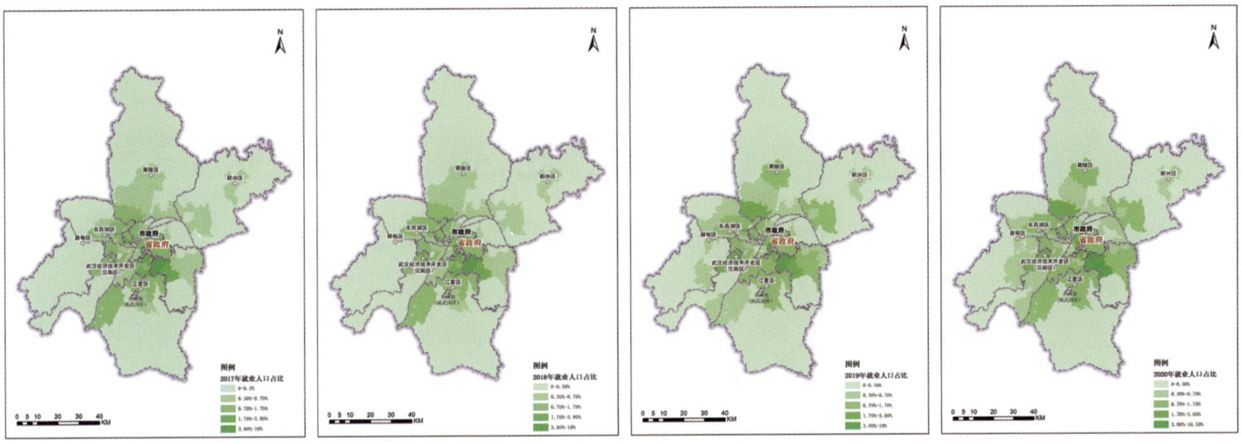

(e)2017 年就业人口占比　(f)2018 年就业人口占比　(g)2019 年就业人口占比　(h)2020 年就业人口占比

图 4-45　2017—2020 年武汉市居住和就业人口占比

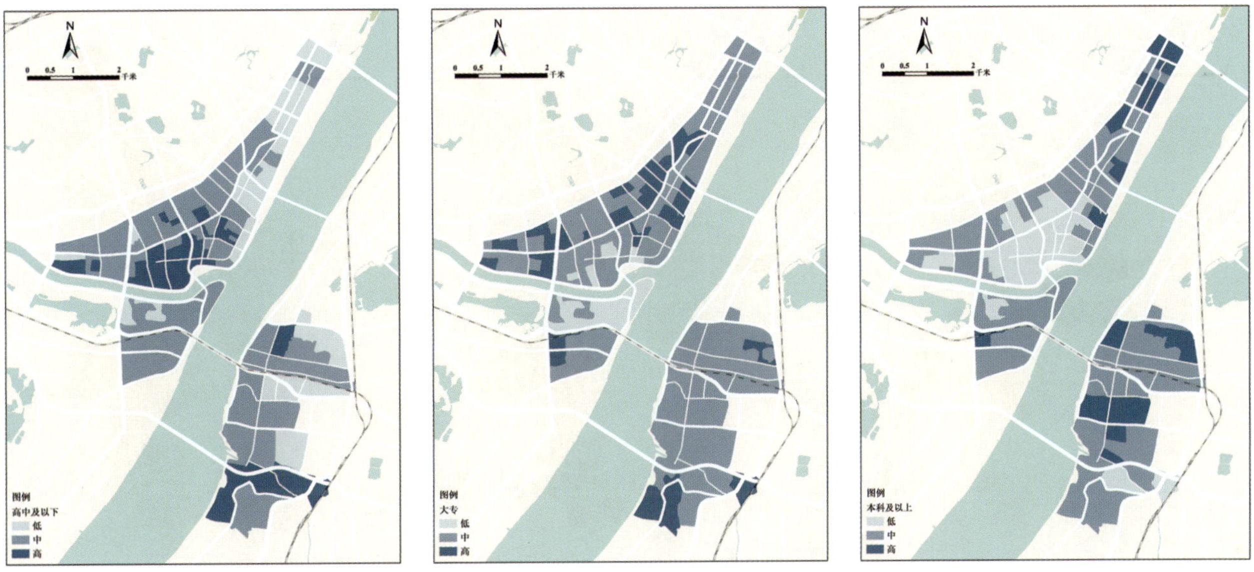

(a)高中及以下　(b)大专　(c)本科及以上

图 4-46　2020 年武汉市旧城核心区教育水平

从收入水平来看，如图4-47所示，汉正街片区收入水平较低，江岸区的三阳路社区、六安社区、新天地社区等收入水平较高；汉阳收入水平都较为适中；武昌区人均月收入水平主要集中在4 000元以上。

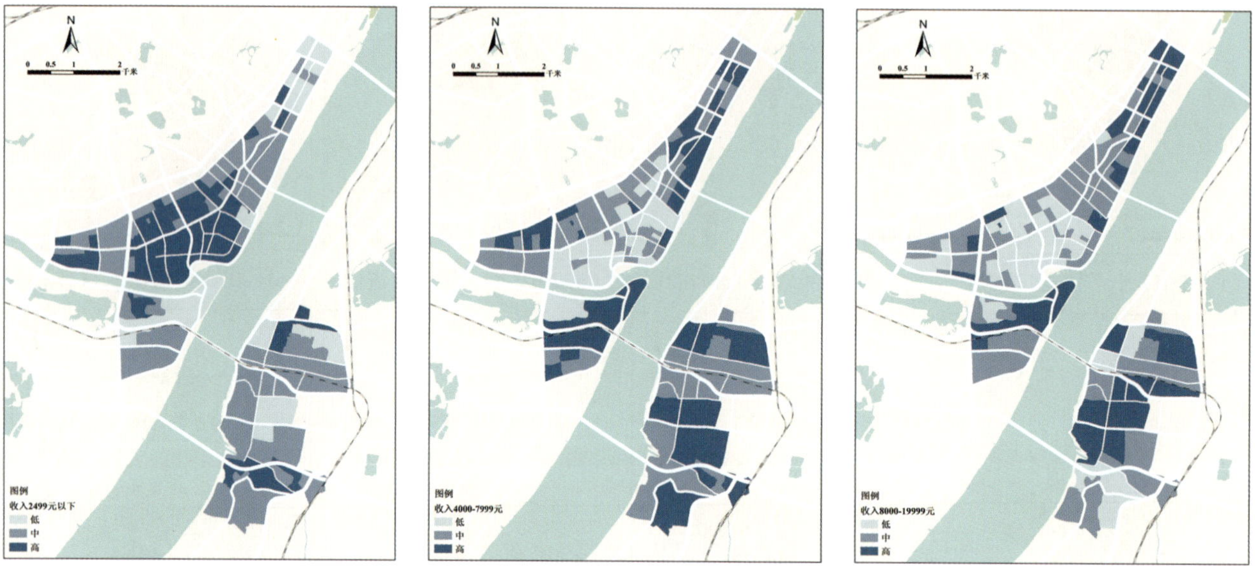

(a)收入2 499元以下　(b)收入4 000~7 999元　(c)收入8 000~19 999元

图4-47　2020年武汉市旧城核心区月均收入水平

从消费水平看，如图4-48所示，旧城核心区的消费水平以中消费水平为主，高消费水平集中在汉口江岸区的三阳路社区、六安社区、五福社区、新天地社区等地方，与收入水平分布基本保持一致。

(a)低消费水平　(b)中消费水平　(c)中消费水平

图4-48　2020年武汉市旧城核心区消费水平

4.3.3.2 乡村人口空心化

基于2019年春节和6月百度人口大数据，采用极端阈值法，筛选出居住人口为极端最小值的格网，即疑似空心化格网。将剔除厂区后的新城区房屋建筑区与疑似空心化格网叠加，得到疑似空心房屋建筑区。然后，计算新城区疑似空心房屋建筑面积与总面积的比值，设定阈值，筛选出比值较高的疑似空心房屋建筑区。将疑似空心房屋建筑区与行政村界线叠加，得到新城区疑似空心房屋建筑区，通过社区编码字段计算行政村疑似空心房屋建筑面积与各行政村房屋建筑总面积的比值，得到新城区行政村疑似空心化率。

如图4-49所示，春节期间，疑似空心村主要分布在蔡甸区、江夏区、黄陂区和新洲区，其中江夏区有38个，东西湖区、汉南区空心村数量较少。空心村平均空置率为78.91%，新洲区平均空置率高达86.49%，较为典型的村落有新洲区的红星大队、汉宜大队、水产大队，江夏区的红星村、邓家洲村、东方红村，黄陂区的白莲院渔渔场村、新建村、三湾村。

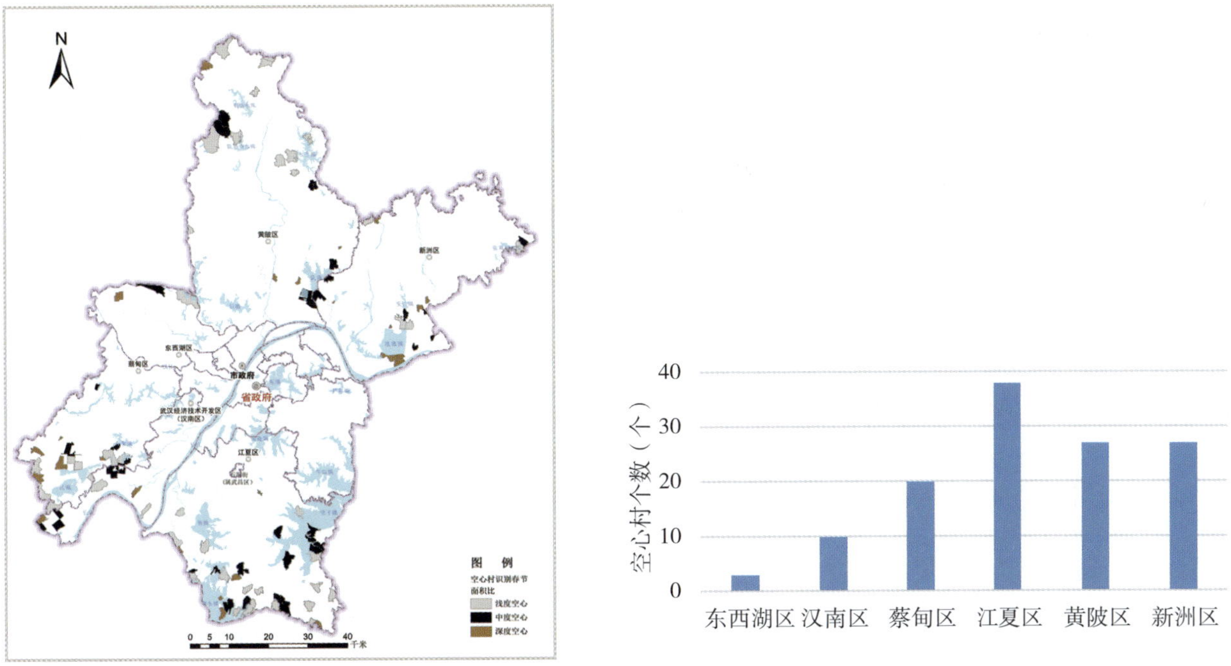

(a)空间分布　　(b)分区空心村个数

图4-49　2020年武汉市春节期间疑似空心村分区统计和分布

如图4-50所示，2020年6月疑似空心村主要分布在黄陂、新洲两区，黄陂区最为突出有40个，东西湖、汉南两区空心村数量较少。空心村平均空置率为70.39%，各区空置率较为平均，新洲区稍高，为73.37%。最为典型的是新洲区的前进大队、涢口大队，黄陂区的新湖村、杨集村、张家堰村。

结合两个时间段的空心村识别结果，发现空心村主要分布在远郊乡村、靠近水域及远离建成区区域。东西湖区由于距主城区较近，大部分务工者可以从近择业，空心村数量较少。新洲区、黄陂区在6月时由于外出务工人数较多，空心村数量较多，且多集中在乡村整体发展较弱的区域，春节期间外出务工者返乡，使得空心化现象得到改善。蔡甸区、汉南区、江夏区由于工业园区较多，6 月时段空心村现象相比蔡甸、新洲两区较好，春节时期由于当地企业务工者大量返乡，导致空心村数量增多。

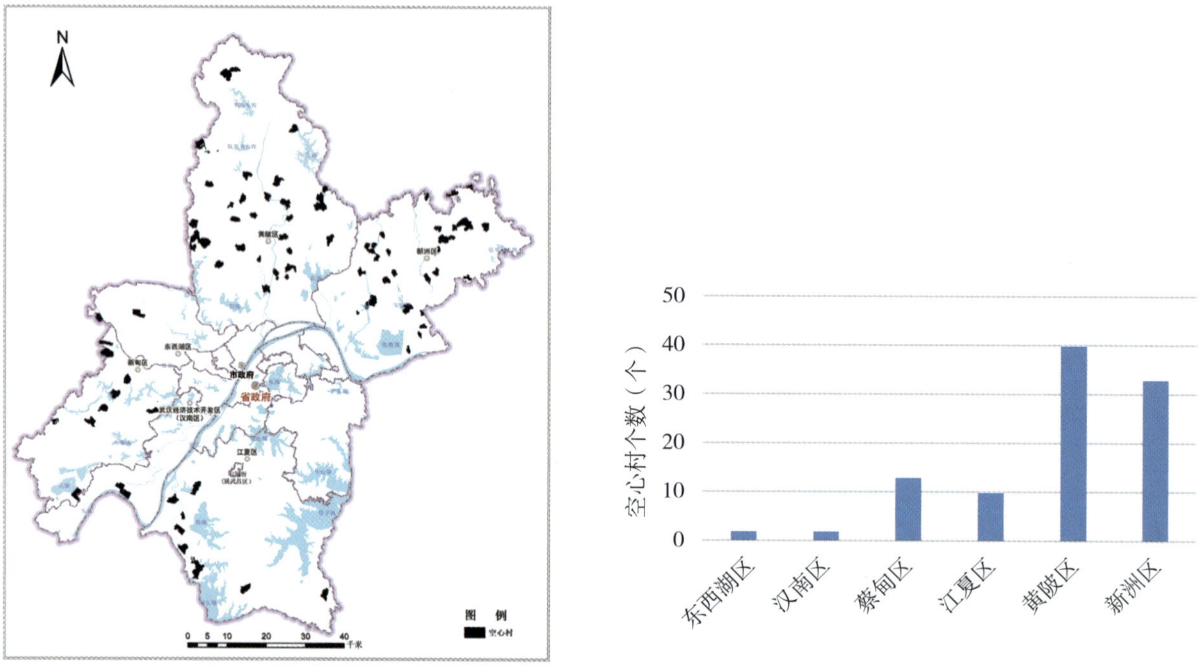

(a)空间分布　　(b)分区空心村个数

图 4-50　2020 年 6 月武汉市疑似空心村分区统计和空间分布

4.3.4　疫后人口恢复

本节利用百度位置和联通手机信令等大数据，从流动空间角度分析疫后人口恢复规律。

4.3.4.1　常住人口恢复

2020 年联通手机信令数据识别常住人口数为1 028.76万人，百度位置服务数据识别常住人口数为 1 264.98万人。与 2019 年同源数据比较，计算常住人口恢复率均在 9 成以上。两源数据在功能区和新城区的恢复率计算结果相近，在中心城区计算结果存在较大分异。以 4 月、5 月、6 月、7 月、8 月和 9 月为时间截面，利用百度位置服务大数据识别常住人口的规模和分布，分析疫后分区人口恢复情况，如图 4-51 所示。从分区恢复来看，黄陂区、新洲区看似疫后恢复度高，实则是疫情影响了外出务工人员的流出；江夏区恢复程度略低，是因为外来务工人员尚未完全返汉。

4.3.4.2　居住与就业人口恢复

根据百度用户定位及有效时长识别月均人口数量，以 2019 年 6 月居住、就业人口为平常时段参考基准，对比分析全市居住与就业人口恢复情况。截至 2020 年 12 月，全市居住、就业人口分别恢复至 2019 年平常时段的 97%和 92%，如图 4-52 所示。从分区恢复来看，9 月洪山区、东湖高新区和武昌区等高校集聚地区居住人口恢复率显著上升，其中东湖高新区居住人口环比增长 16%，大学生返校影响显著；中心城区就业人口恢复相对滞后，江岸区、汉阳区和洪山区恢复较好，如图4-53所示。

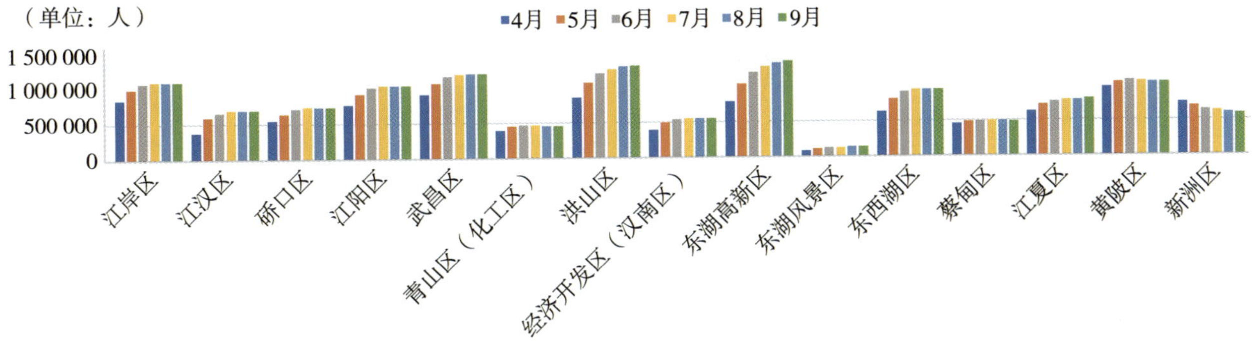

图 4-51　常住人口逐月恢复

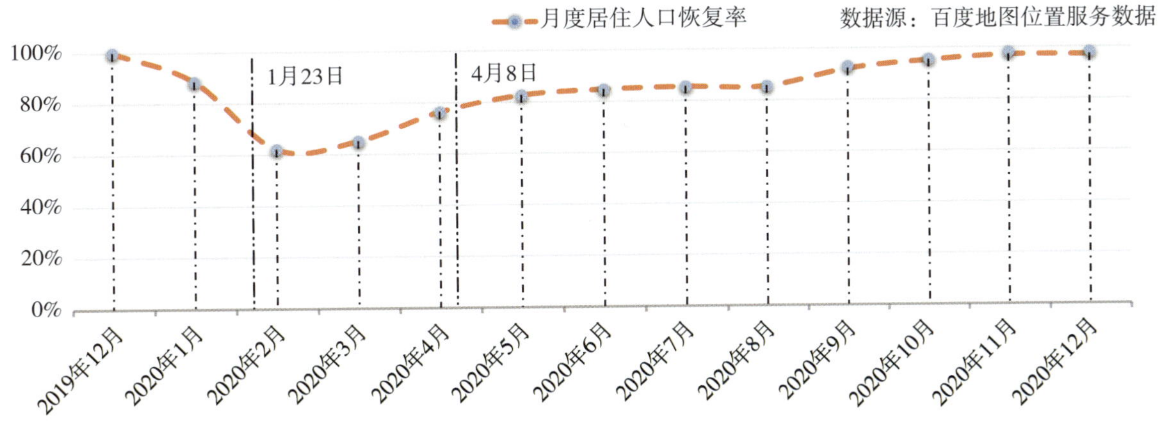

(a)居住人口

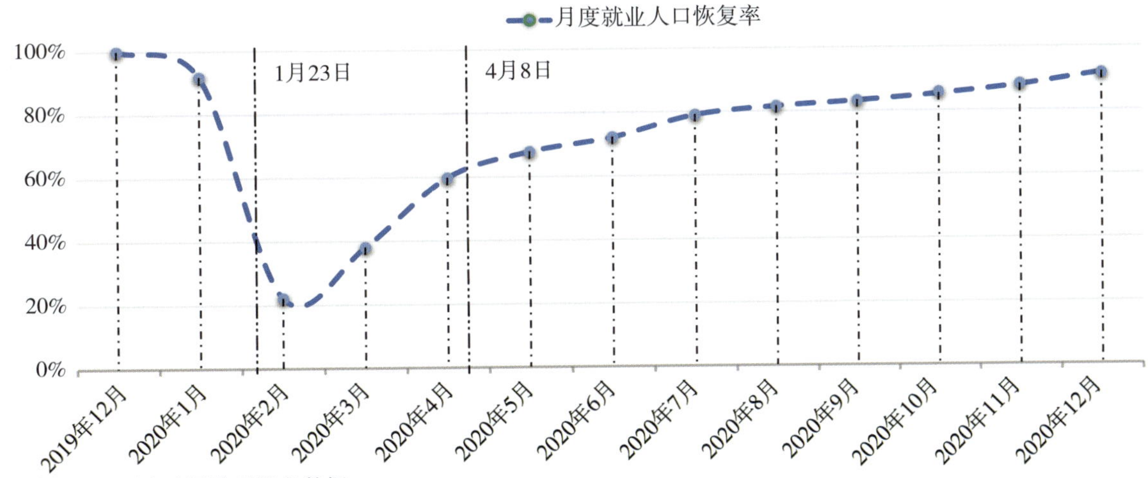

数据源：百度地图位置服务数据

(b)就业人口

图 4-52　2020 年全市人口规模逐月变化图

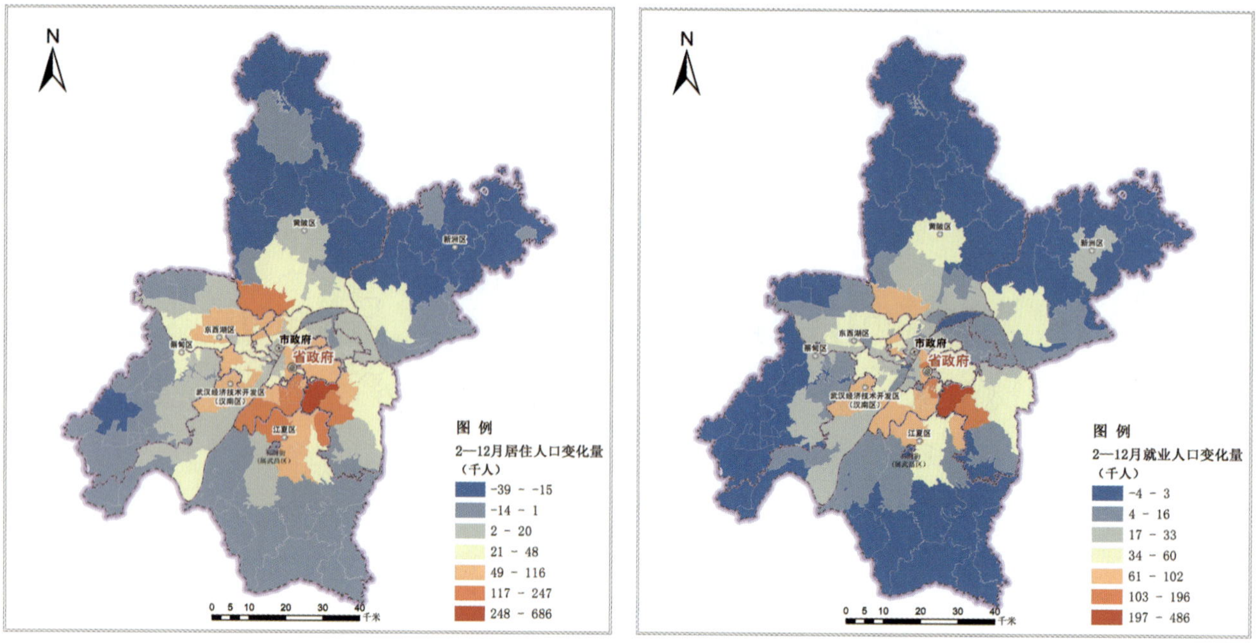

(a)居住人口　　　　(b)就业人口

图 4-53　2020 年 2—12 月各街道人口变化分布图

4.4 小　结

1. 经济总量稳定增长，产业结构进一步优化

“十三五”以来，全市 GDP 从 1.09 万亿元增长到 1.56 万亿元，其中 2015—2019 年年均增长 7.8%，2020 年受疫情影响同比下降 4.7%，三季度转正，疫后经济重振复苏。第三产业占比稳步提高，三次产业构成由 2015 年的 3.3：45.7：51.0，调整为 2020 年的 2.3：36.9：60.8。从经济质量看，2020 年地均 GDP 为 1.82 亿元/千米^2，人均 GDP 为 12.67 万元/人，其中江汉区地均 GDP 最高，经济开发区(汉南区)人均 GDP 最高。从产业用地变化看，新增产业用地主要分布在三环以外，减少产业用地主要在二环与三环之间。

2. 产业格局多中心集聚，中心城区楼宇经济带状分布，开发区成为经济增长极

“十三五”以来，城市更新促进了中心城区产业升级，中心城区第三产业和高端服务业集聚，楼宇经济蓬勃发展，纳税额亿元以上的大厦有 80 余座，超 8 成分布在江汉区、武昌区和东湖高新区。三大国家级开发区成为经济增长极和就业次中心，东湖高新区总部聚集，高质量发展态势显著。乡村经济发展有大幅度提升，但各区发展仍存在一定差距，东西湖区为乡村产业经济发展高地。

3. 人口持续增长，旧城核心区更新改造后人口密度提高，乡村空心化现象仍较突出

“十三五”以来，全市人口逐年稳步增长，劳动力占比逐年下降，老龄化率提高。根据第七次全

国人口普查最新公布数据，2020 年常住人口 1 232.65 万人，与第六次全国人口普查相比增加了 254.11 万人，净流入人口 326.25 万人。主城区更新地块人口呈上升趋势，平均人口密度由 2015 年 1.28 万人/千米^2 上升至 2020 年 1.32 万人/千米^2，旧城核心区人口老龄化、流动性、低学历、低收入特征显著。乡村地区人口出现回流，吸纳外来劳动力增多，但存在一定的季节性空心化现象，北部平常空心化严重、外出务工者多，南部春节空心化严重、外来务工者多。

4. 人口分布呈圈层特征，近郊区人口不断流入与集聚

2020 年，大数据识别全市常住人口为1 265万人，与最新公布的第七次全国人口普查数据差异不大，中心城区、功能区、新城区各圈层占比为 5∶2∶3，中心城区占比下降；短期驻留人口占常住人口的 3.5%~6%，其中 10 日以下为 10 天以上的 7~10 倍；日均过境人口约 75 万；就业人口约 690 万，向近郊扩散，中心城区、功能区、新城区各圈层占比为 3∶2∶1。

5. 疫后重振举措成效凸显，全市居住和就业人口显著回升

根据百度用户位置服务数据识别月均人口数量(扩样概算)，截至 2020 年 12 月，全市居住、就业人口恢复至 2019 年平常时段的 97%和 92%，但圈层差异显著。东湖高新区就业恢复最快，中心城区服务业集中地区就业恢复滞后，新洲区、黄陂区等北部郊区居住恢复率表面偏高，实则疫情影响了务工人员流出。洪山区、东湖高新区和武昌区得益于“大学之城”的人才吸引优势，9 月高校陆续开学后，居住人口恢复率显著上升。

第五章

综合交通建设

本章围绕着武汉市建设现代化交通体系、提升全国性综合交通枢纽功能等目标，在综合交通发展现状与变化监测的基础上，利用联通手机信令数据与百度位置服务数据，从圈层出行、职住通勤、潮汐式交通、跨江交通、公共交通、早晚高峰拥堵点和慢行系统等方面，分析城市交通出行特征，反映“十三五”期间交通建设发展成效，以及2020年新冠肺炎疫情之后城市活力的恢复情况。总体框架如图5-1所示。

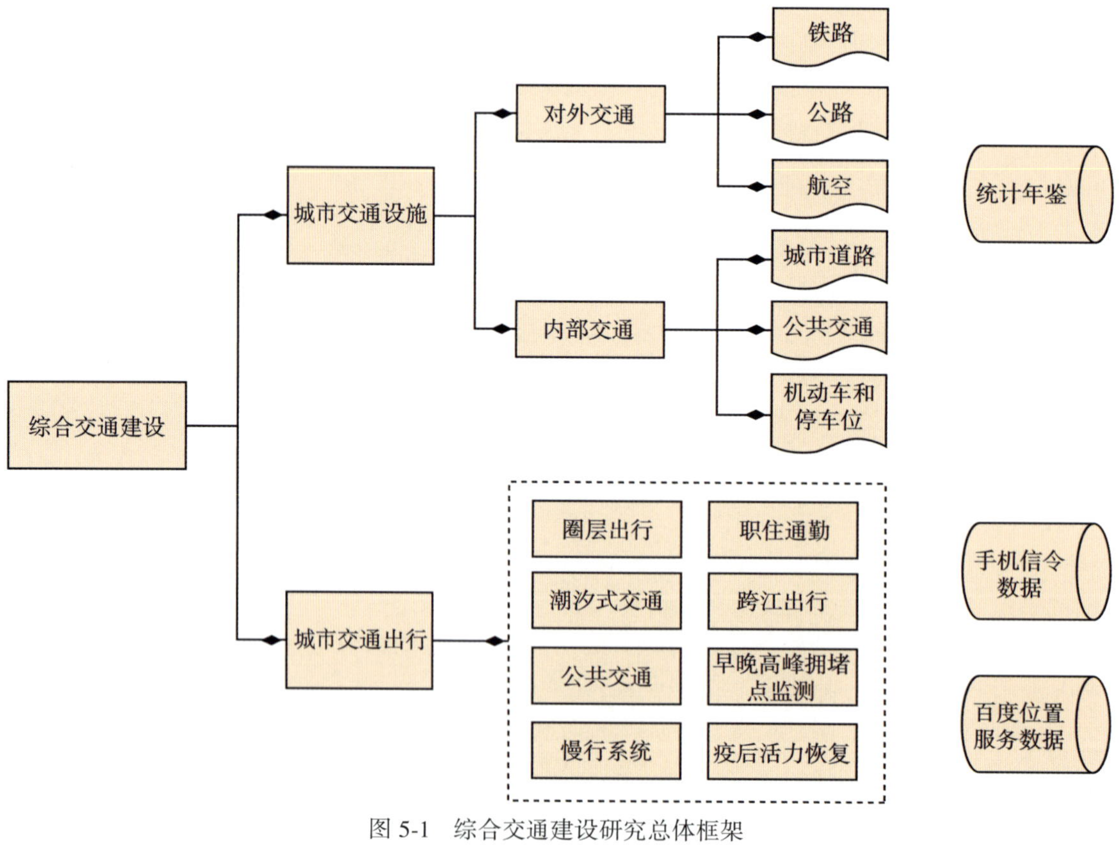

图5-1 综合交通建设研究总体框架

5.1 对外交通

本节使用地理国情监测数据和统计数据，从交通设施和运行情况两个方面，对武汉市2015—2020年的综合交通发展现状进行现状评价和变化分析。

5.1.1 交通设施

2020年，全市铁路密度达到0.09km/km^2。黄陂区铁路长度最长，占全市34.99%。“十三五”以来，全市铁路总增长15.39km，黄陂区铁路增长量最大，其他区域铁路长度保持不变或有小幅度减少。目前新建铁路主要集中于黄陂区、江夏区和东西湖区。

2020年，全市公路密度①达1.01km/km^2，江夏区公路长度最大，占全市总长的26.88%。“十三五”以来，全市公路长度增长1 353.39km，其中江夏区增长670.39km，占全市增量的49.45%。

2020年，全市民用航空航线124条，国际及地区航线16条；国内航线108条。中欧(武汉)国际班列到达国家12个，到达城市21个。

5.1.2 交通运行

1. 总体情况

2020年，全市完成货运量63 643.84万吨，同比下降5.8%；货物周转量4 050.54亿吨公里，同比增长3.9%；旅客运输量10 656.08万人，同比下降60.0%。

如图5-2所示，“十三五”以来，货物运输量呈上升趋势，增长32.1%，全市对外综合交通枢纽的地位进一步强化。其中，水运货运量增幅最大，增长82.5%；航空货运量略有下降，降幅为3.5%。随着近年来国内高速铁路发展，选择公路出行的旅客明显减少，全市旅客运输量总体呈下降趋势，2015—2019年降幅为8.7%，由于疫情影响，2020年降幅约六成。

2. 重要交通枢纽

本节利用2019年联通手机信令数据，还原到发旅客“出发地—交通枢纽—目的地”出行链，识别“三站一场”(武汉站、汉口站、武昌站和天河机场)到发旅客的来源地、去向地，估算省内旅客中转率，分析重要交通枢纽人口流动特征。

1)到发旅客总量

如表5-1所示，“三站”日均到达旅客25.06万人，其中8.79万人来自于省内，5.15万人来自于“1+8”城市圈；“三站”日均出发旅客31.34万人，其中12.95万人去往省内，8.04万人去往“1+8”城市圈。机场日均到达旅客2.04万人，日均出发旅客3.09万人，均视为省外到发旅客。

---

① 此处统计的公路不含乡村道路。

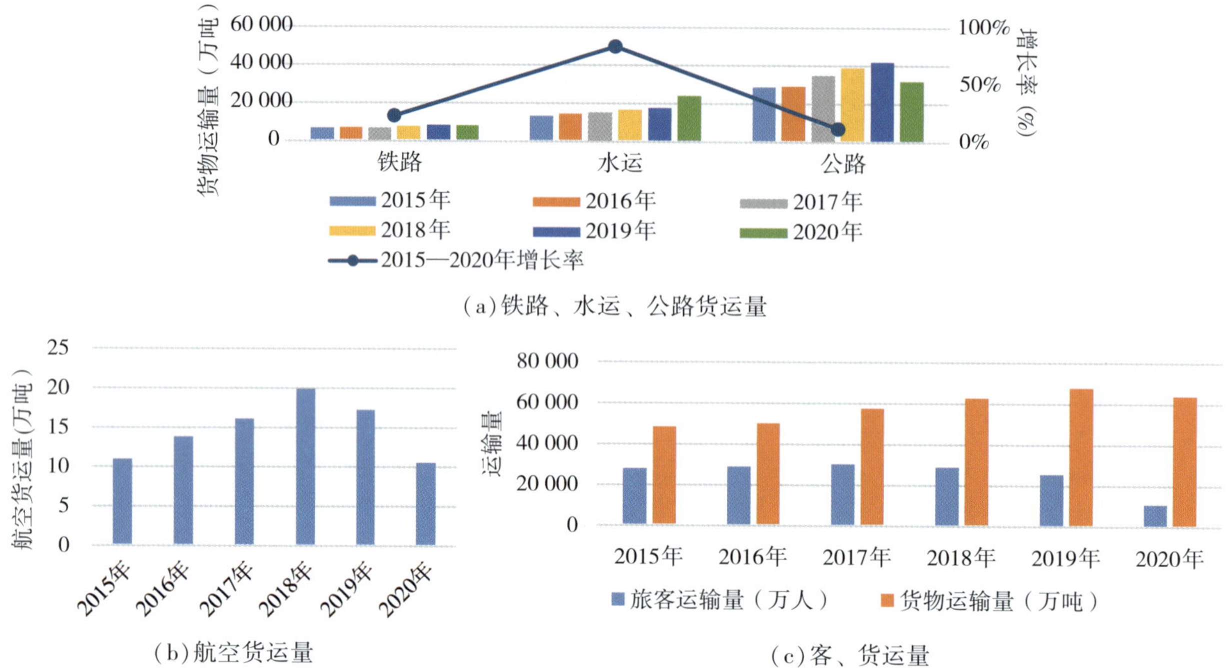

(a)铁路、水运、公路货运量

(b)航空货运量

(c)客、货运量

图 5-2　2015—2020 年交通客货运量统计

表 5-1　“三站一场”日均到发旅客数　（单位：万人）

		全国	省外	省内	“1+8”城市圈
到达	武汉站	10. 56	8. 12	2. 44	2. 00
	武昌站	6. 02	3. 36	2. 65	1. 49
	汉口站	8. 48	4. 78	3. 69	1. 66
	机场	—	2. 04	—	—
出发	武汉站	12. 70	9. 38	3. 32	2. 86
	武昌站	7. 85	3. 77	4. 09	2. 58
	汉口站	10. 78	5. 25	5. 53	2. 60
	机场	—	3. 09	—	—

注：表中数据为 2019 年非扩样结果。

2)省内中转旅客

根据联通手机信令数据的识别规则，将出发访客在湖北省内当天第一条驻留作为来源地，到达访客当天最后一条驻留作为去向地。以 6 月 12 日、6 月 15 日、10 月 15 日、10 月 17 日 4 天数据计算中转量。受识别规则限制，本节只识别了出发来源地、到达目的地在湖北省内的中转旅客。

从出发旅客来看，在火车站中转的旅客有 66. 25 万人，非中转旅客有 58. 69 万人；在机场中转的有 2. 2 万人，非中转旅客有 10. 05 万人。总体上，中转与非中转的比例约为 5 : 5。

从到达旅客来看，从火车站中转的旅客有 66. 97 万人，非中转的旅客有 33. 28 万人；在机场中转的有 2. 05 万人，非中转的旅客有 6. 12 万人。总体上，中转与非中转的比例约为 4 : 6。

累计出发与到达的旅客，从“三站一场”中转的共有 137.47 万人，非中转的有 108.14 万人，中转占比约为 55.97%。

如图 5-3 所示，从市外来看，天河机场到发旅客中“1+8”城市圈占比达到了 62.99%。从省内地级市尺度来看，天河机场到发旅客中孝感市、黄冈市、黄石市占比居前。从省内区县尺度来看，孝感市孝南区、孝感市汉川市、随州市曾都区、鄂州市鄂城区、仙桃市占比位于前 5 位。

武汉站到达旅客的省内来源地和出发旅客省内去向地分布上较为类似，主要来源于“1+8”城市圈，占比分别为 83.03%、85.58%。从排名上看，前 5 位分别为黄冈市、黄石市、鄂州市、咸宁市和孝感市。从空间分布上看，来源和去向主要是武汉市的东侧和南侧。

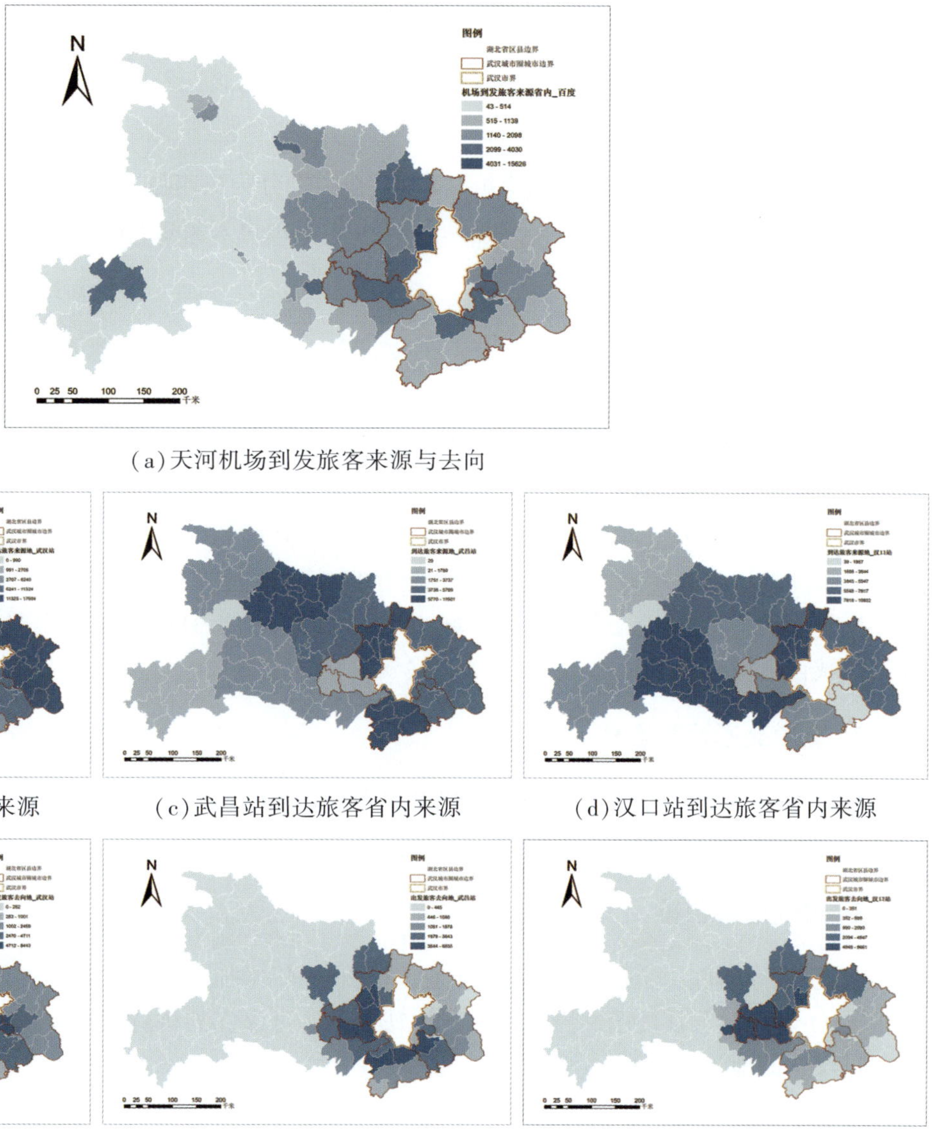

(a)天河机场到发旅客来源与去向

(b)武汉站到达旅客省内来源 (c)武昌站到达旅客省内来源 (d)汉口站到达旅客省内来源

(e)武汉站出发旅客省内去向 (f)武昌站出发旅客省内去向 (g)汉口站出发旅客省内去向

图 5-3 武汉、武昌和汉口站到发旅客来源与去向

相比武汉站，在武昌站到发旅客的省内来源地和去向地上，鄂州市不在前 5 位之列，襄阳市占比

明显提高，城市圈城市占比分别为 57.20%、63.12%。从空间分布上看，来源和去向主要是武汉市的西侧和南侧。

汉口站到达旅客省内来源地分布上，“1+8”城市圈占比仅为 46.12%，仅孝感市和黄冈市进入前 5 位；出发旅客省内去向地上看，“1+8”城市圈也仅有 48.85%，前 5 位只有孝感市和黄冈市位于“1+8”城市圈内。

5.2 城市交通设施

从城市道路、公共交通、机动车三个方面分析城市交通设施建设情况。

5.2.1 城市道路

城市道路是连接城市内部空间单元的道路，按类别分为快速路、主干路、次干路、支路、地铁和地面轨道等 6 类。本节从城市道路长度、轨道交通和过江通道重大交通工程等方面分析城市道路建设情况。

1. 城市道路密度和长度

2020 年，全市城市道路密度为 2.91km/km^2，其中快速路、主干路、次干路长度占城市道路总长度的比重分别为 9.85%、16.78%、19.24%。7 个中心城区和 3 个功能区快速路和主干路平均密度分别为 0.41km/km^2 和 0.87km/km^2，符合国家标准大城市 0.4～0.5km/km^2、0.8～1.2km/km^2 的标准；次干路平均密度为 0.81km/km^2，低于国家标准大城市 1.2～1.4km/km^2。

从分区来看，2020 年汉阳区的快速路最长，江夏区的主干路最长，经济开发区（汉南区）次干路最长，东湖新技术开发区支路最长，江岸区的地铁、地面轨道最长。

从变化来看，“十三五”以来全市城市道路长度增加1 318.65km，道路密度增加了 0.68km/km^2，多数区域长度均有所增长。

2. 轨道交通运营里程

截至 2020 年底，全市轨道交通运营里程为 360km（含 8 号线二期工程、11 号线三期葛店段），较 2015 年运营里程增加 231km。

3. 过江通道数量

截至 2020 年底，全市过江通道 29 条，较 2015 年增加 7 条。过长江的通道有 17 条，其中跨长江的桥梁 11 座，过长江的公路隧道 2 条、地铁 4 条；过汉江的桥隧通道有 12 条，其中跨汉江的桥梁 10 座，过汉江的地铁 2 条。

5.2.2 公共交通

如图 5-4（a）所示，2020 年全市公共交通客运量为 14.07 亿人次，其中常规公交汽电车占全市公共交通客运量约 40%，轨道交通客运量占比为 52%，出租车和轮渡占比较小。

2015—2019 年，全市公共交通客运量稳步增长，增幅达 24.02%，其中轨道交通客运量增幅达 116%。2020 年受疫情影响，公共交通出行客运量整体大幅度减少。“十三五”以来，轨道交通客运量在公共交通客运量中占比逐年增长，从 2015 年的 23%增长到 52%，占比已超过了常规公共汽电车。

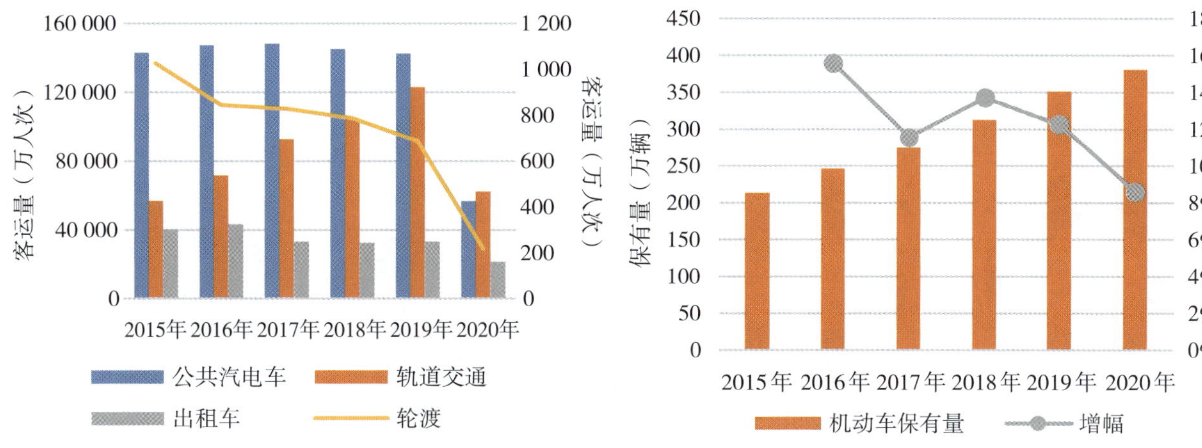

(a)公共交通客运量　　(b)机动车保有量

图 5-4　2015—2020 年全市公共交通客运量和机动车保有量变化统计

5.2.3　机动车

2020 年，全市机动车保有量达到 381 万辆，同比增幅 8.42%。截至 2020 年底，全国 13 个城市机动车保有量均超过 300 万辆，其中北京、成都、重庆超过 500 万辆；苏州、上海、郑州超过 400 万辆；西安、武汉、深圳、东莞、天津、青岛、石家庄超过 300 万辆；武汉市汽车保有量全国排名第八。“十三五”以来，全市机动车保有量增长约 168 万辆，年均增长率超 8%，如图 5-4(b)所示。

5.3　城市交通出行

本节利用手机信令、百度位置服务、公交和轨交刷卡、单车骑行、街景等大数据，开展了城市圈层出行特征分析、居住和就业人口识别与职住关系分析、潮汐式交通、跨江出行特征分析、公共交通出行评价、早晚高峰交通拥堵点动态监测、慢行系统分析以及疫后城市内部人口流动与活力恢复 8 个方面研究。

5.3.1　圈层出行

本小节利用 2017—2020 年 6 月联通手机信令全目的 OD、职住 OD 数据，根据居民出行出发地和目的地，划定居民内部、内向、逆向和侧向出行 4 种模式，并从出行人次、出行距离等方面分析不同的模式出行特征。

5.3.1.1 出行人次

2017—2020 年各圈层出行人次占比如图 5-5 所示，时点分别为 2017 年 6 月 12 日(工作日)、6 月 17 日(休息日)，2018 年 6 月 5 日(工作日)、6 月 9 日(休息日)，2019 年 6 月 12 日(工作日)、6 月 15 日(休息日)，2020 年 6 月 12 日(工作日)、6 月 14 日(休息日)。

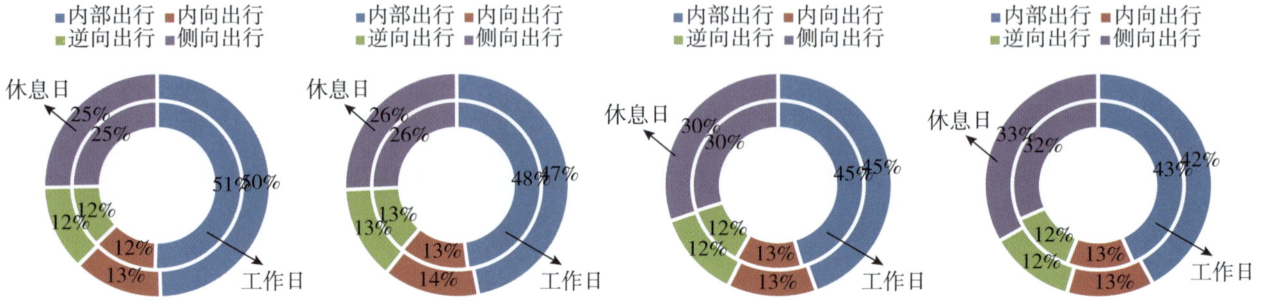

(a)2017 年　(b)2018 年　(c)2019 年　(d)2020 年

图 5-5　2017—2020 年全市居民出行模式

从“流”的角度来看，将出行的空间类型划分为以下四种：

(1)内部出行，即出行的起始地和目的地都在中心城区；

(2)内向出行，即出行的起始地在非中心城区，目的地在中心城区；

(3)逆向出行，即出行的起始地在中心城区，目的地在非中心城区；

(4)侧向出行，即出行的起始地和目的地都在非中心城区。

2020 年，全市工作日内部、侧向出行占比分别为 43.36%和 31.66%，内向、逆向出现占比均为 12%左右；休息日内部出行占比略低，侧向出行占比略高。综合来看，内部出行是主要的出行模式，侧向出行占比超过五成，即中心城区和新城区的内部出行较多，外部出行较少。圈内出行自给能力较强，跨圈层出行占比较小，外围圈层之间联系不紧密，功能区与新城区之间联系较为松散。

2017—2020 年，内部出行模式仍然占比较大，接近 50%，但有逐渐减少的趋势，工作日和休息日减少幅度为 14.09%、15.27%；侧向出行模式占比第二，有逐渐增加的趋势，工作日和休息日增加幅度分别为 25.50%、31.68%；内向、逆向出行的占比基本保持平稳。

5.3.1.2 出行距离

2020 年，全市圈层间平均出行距离从小至大依次为逆向出行、内部出行、内向出行和侧向出行，如图 5-6 所示。2017—2020 年，中心城区平均出行距离基本稳定，新城区出行距离呈增加趋势，交通出行范围愈来愈广。

5.3.1.3 通勤出行

如图 5-7 所示，2020 年全市通勤出行以内部出行和侧向出行为主，占比分别为 42.08%和 36.37%。2017—2020 年全市内部出行、内向出行占比减少，减少幅度为 30.25%、0.52%。逆向出行、侧向出行占比增多，增加幅度为 39.79%、4.39%。全市通勤外扩明显，内向特征减弱。

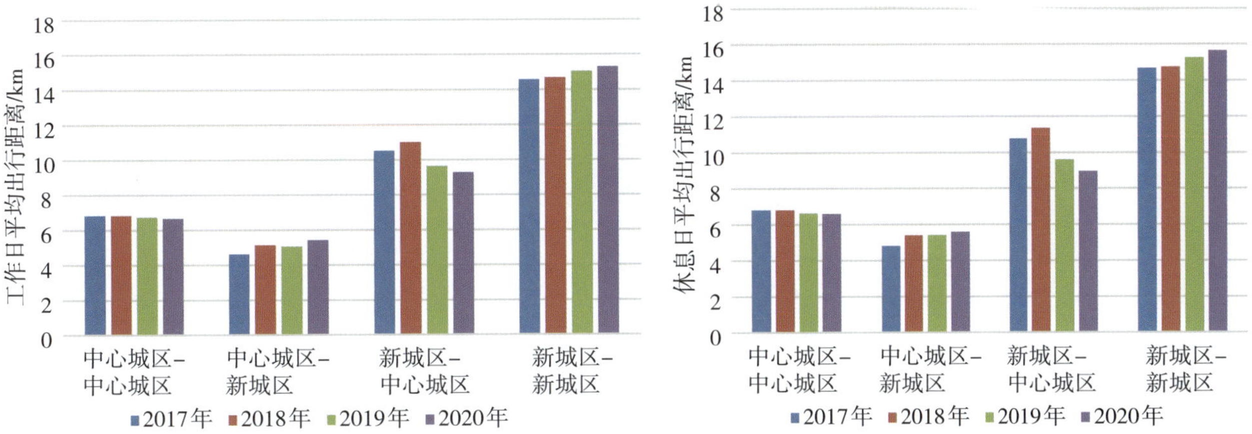

图 5-6　2017—2020 年圈层间工作日、休息日平均出行距离

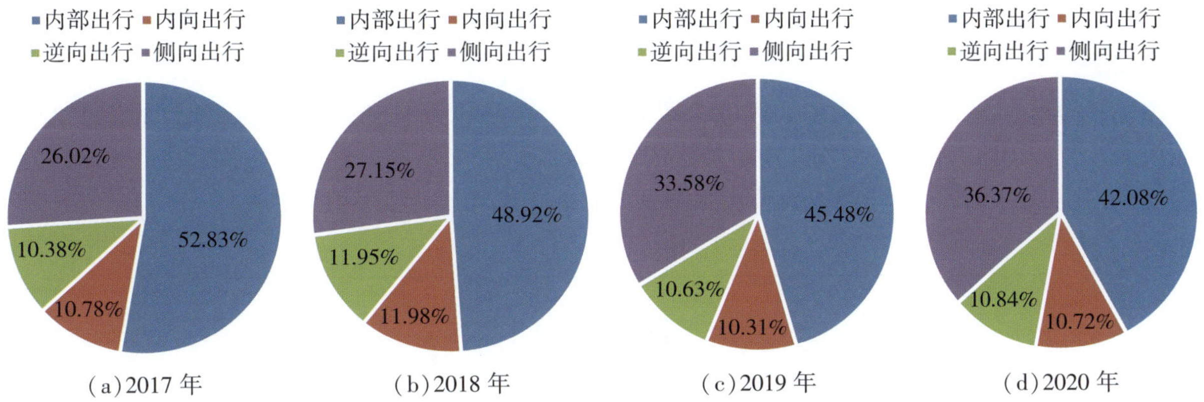

图 5-7　2017—2020 年全市通勤出行模式

5.3.2　职住通勤

本小节利用 2017—2020 年 6 月手机信令职住通勤人口数据，测度职住平衡关系，探究通勤流量和流向在分区、街道和三镇尺度上的变化特征，并选取典型的居住组团和就业组团，分析通勤腹地、廊道和方向的变化情况。

5.3.2.1　通勤流量特征

1. 全市尺度

如图 5-8 所示，2017—2020 年，全市职住通勤流量(扩样后)分别约 315 万、321 万、351 万和 284 万。2017—2019 年全市职住人口流量小幅度增长，2020 年疫情导致同期 6 月的职住流量下降近 20%。

2. 行政区尺度

由于人口和产业的空间分布不均衡，各区的职住通勤流动空间分布存在明显差异，职住通勤流入、流出人口集中于中心城区，以江汉区、武昌区、洪山区为中心，跨区职住通勤流动向外衰减，黄

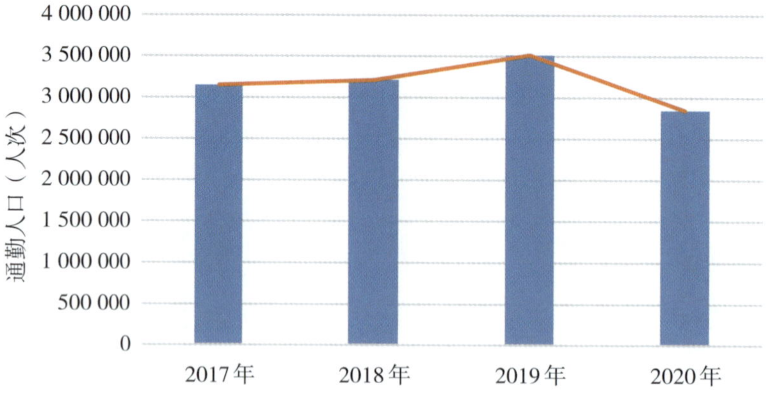

图 5-8　全市职住通勤人口

陂区、东西湖区和江夏区跨区通勤较为活跃，新洲区和蔡甸区跨区通勤现象不活跃，中心城区的洪山区、汉阳区和江岸区存在“低流入高流出”的通勤现象，东湖高新区和江汉区存在“高流入低流出”的通勤现象。

2017—2020 年，中心城区大多数区域跨区域流入人口占比普遍降低，仅有汉阳区的流出人口占比逐年上升，如图 5-9 所示。外围非中心城区的跨区域流入人口略有上升，以东湖高新区的流入上升最为明显，说明武汉市人口与产业向外扩张和延伸，外围地区的就业吸引力上升。

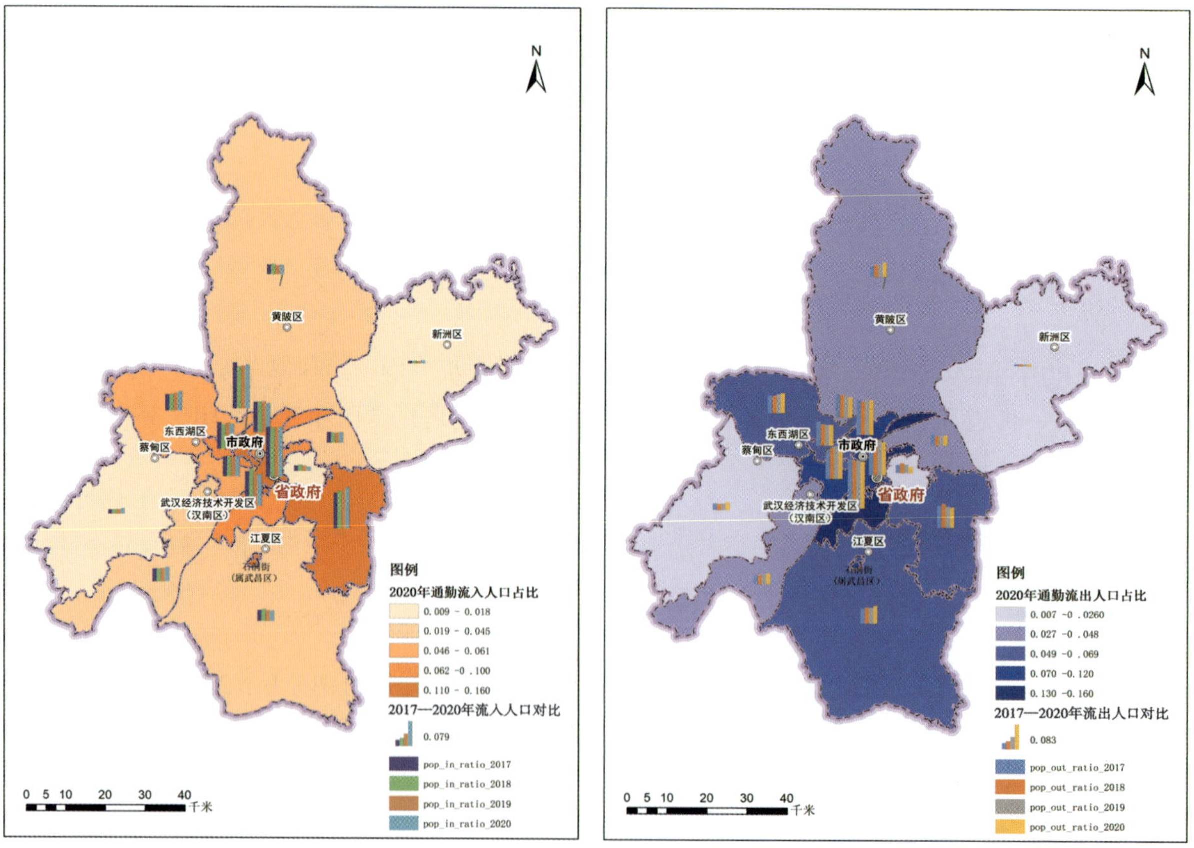

(a)流入人口占比　　(b)流出人口占比

图 5-9　分区通勤流入人口与流出人口占比

3. 街道尺度

2020 年，各街道职住通勤流动存在明显的圈层结构，中心城区高、四周低，长江沿岸地区高于远离长江地区。街道尺度通勤流入在空间分布上呈现出一体化的趋势，而通勤流出在空间分布离散化。通勤流动高值区域主要集中在中心城区及其边缘地区，相比通勤流入的情况来说，通勤流出高值区域在空间分布上更加广阔，由中心城区开始向西南、东北、北边扩展。

2017—2020 年，绝大多数街道流入和流出占比的波动较为平稳，波动的幅度在 0.6%以内，不论哪个年份，职住通勤流入与流出都集中于少数街道。如图 5-10 所示。

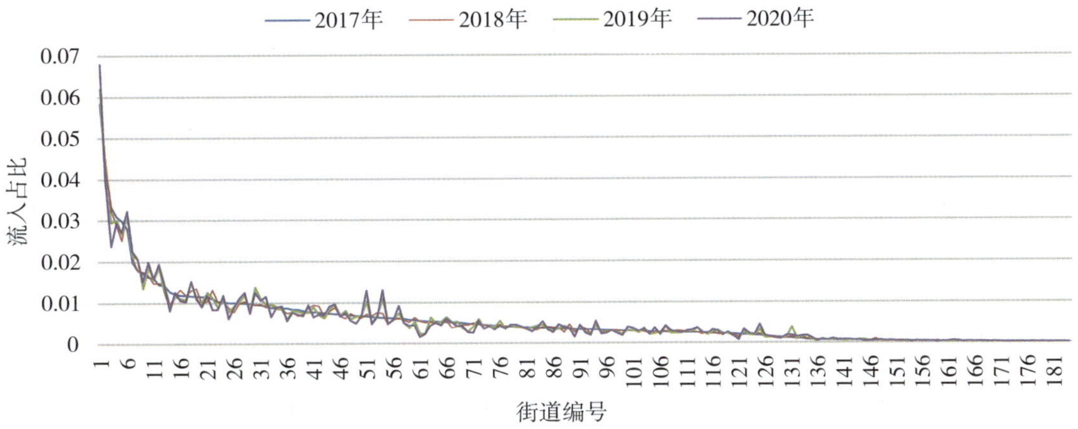

(a)不同年份的街道职住人口流入占比

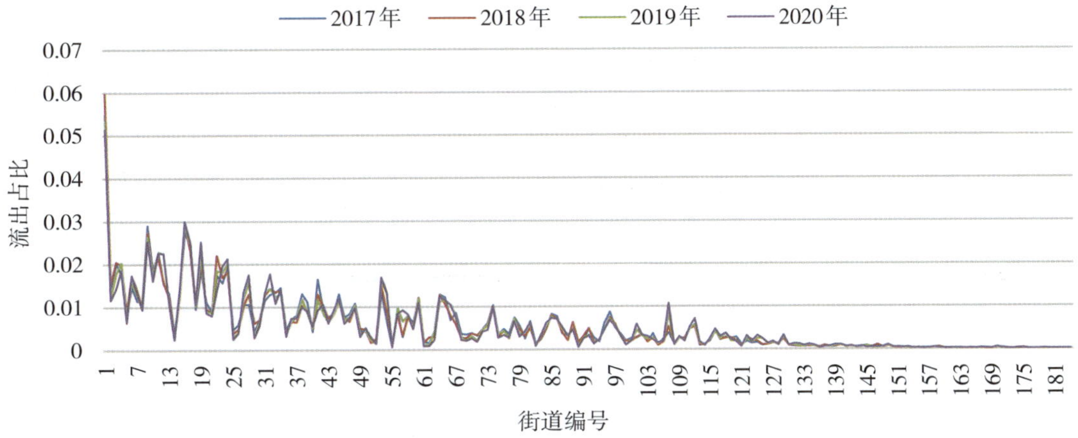

(b)不同年份的街道职住人口流出占比

图 5-10　街道职住流入人口和流出人口占比统计

5.3.2.2　通勤流向特征

1. 行政区尺度

如图 5-11 所示，跨区通勤人口流动以江岸区、江汉区、硚口区、武昌区、洪山区、汉阳区等 6 个区为核心，由核心向外网络密度明显下降。中心城区职住通勤流动频繁，特别是江岸区与江汉区间的通勤流动强度尤为显著。功能区中，东湖高新区与洪山区、东湖风景区与黄陂区之间的职住通勤流动较为频繁。新城区中，东西湖区、黄陂区和江夏区都与中心城区间具有显著的通勤流动，蔡甸区、新洲区的跨区通勤流动较少，没有与中心城区形成大量的通勤流动。

2017—2019 年，由于交通设施的完善，各区跨区通勤人数都在上升，以汉阳-汉南区、江夏-东湖高新区和江岸-武昌区最为显著。2020 年，疫后跨区通勤恢复情况较好。总体来看，2017—2020 年期间，跨区职住通勤流动结构较为稳定。

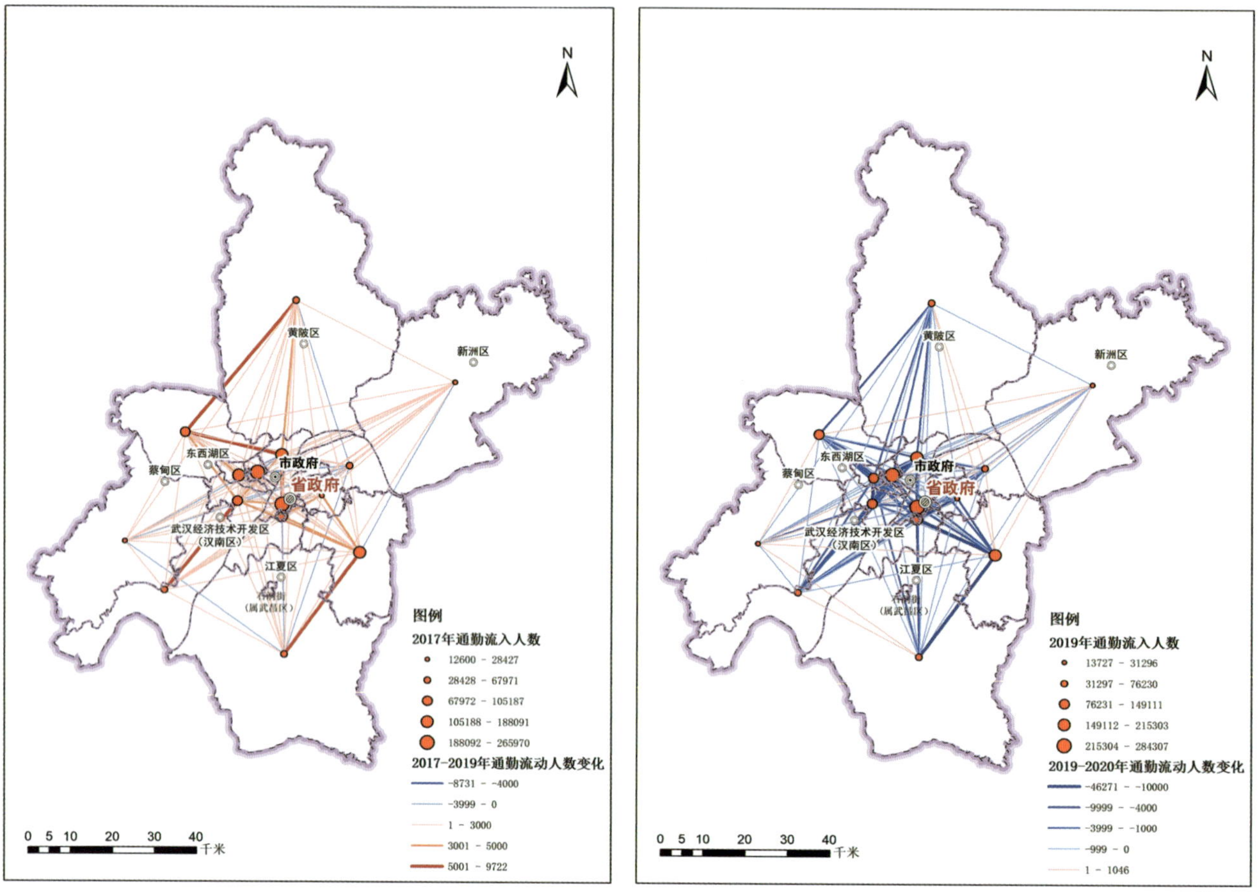

(a)2017—2019 年　　(b)2019—2020 年

图 5-11　全市各区职住通勤流动人数变化

2. 街道尺度

如图 5-12 所示，中心城区各街道间通勤联系紧密，人口的高度集中化使得职住通勤流动形成密集网络，是全市居民职住通勤流动发生的主要区域。其中，各区跨街道通勤分别集中于武昌区中南路街和水果湖街、江汉区汉兴街和万松街、洪山区珞南街和狮子山街、硚口区韩家墩街和长丰街、汉阳区江堤街和永丰街、东西湖区将军路街和吴家山街。与中心城区相邻的部分新城区、功能区内街道与中心城区通勤联系较为紧密，如东湖高新区关东街道和佛祖岭街、江夏区金口街、黄陂区盘龙城、东西湖临空区金银湖街道等。新城区形成独立的通勤联系组团，如新洲区邾城街和阳逻街。

2017—2019 年，外围城区的街道通勤流动更为紧密，东湖高新区的跨街道通勤关系有所减弱；

2019 年在外围城区的跨街道通勤出行水平略微有所下降，但中心城区街道间的通勤联系有所增强；由于疫情影响，2020 年跨街道通勤联系略微下降。

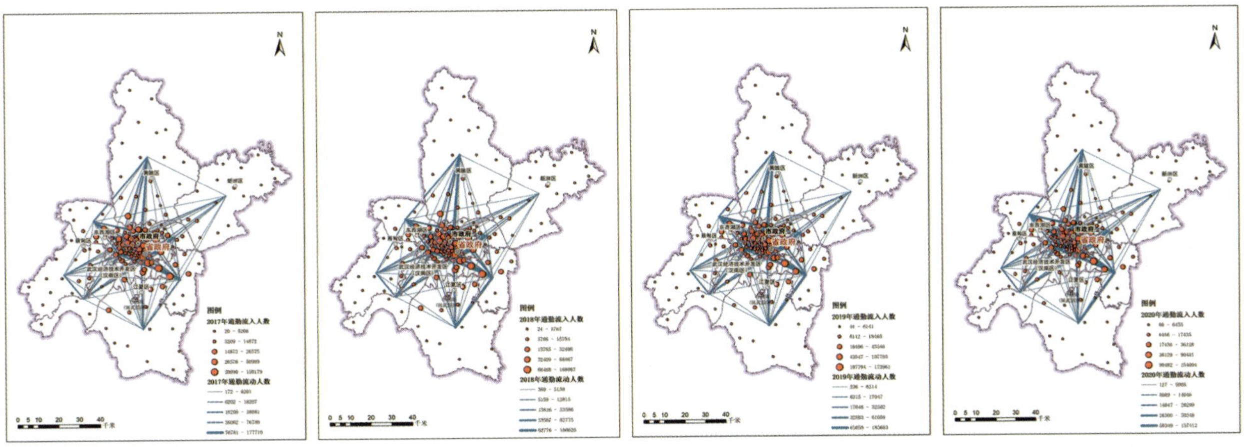

(a)2017 年　(b)2018 年　(c)2019 年　(d)2020 年

图 5-12　全市各街道职住通勤流动人数

5.3.2.3　典型组团通勤特征

本部分基于联通手机信令 OD 出行链表及定位点数据，对后湖、南湖、四新、白沙①、武钢、关山、沌口等七个组团中居住与就业人口外出通勤特征进行分析。

1. 通勤方式

居住组团流出人口均高于流入人口，就业组团流入人口均高于流出人口。居住组团中，南湖组团流入流出人口均最多。就业组团中，关山组团流入流出人口均最多。如图 5-13 所示，公共交通是最主要的通勤交通方式，占比均超过 50%，另外约有 30%的人选择开车上下班，约 20%采取骑行方式。各组团平均通勤距离越短，骑行的比例越高。

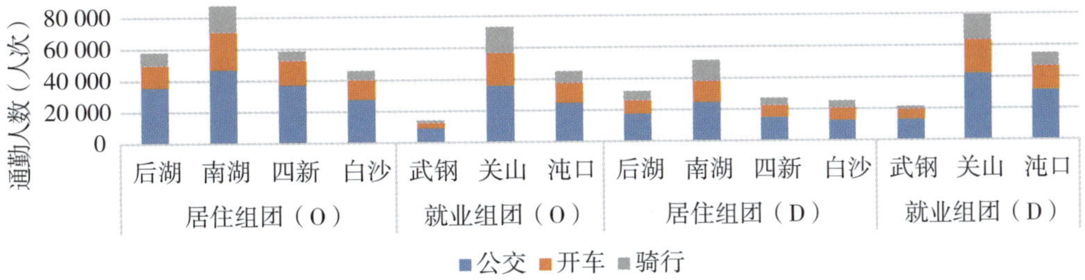

图 5-13　各组团不同通勤方式统计

2. 本地居住/就业率

如图 5-14 所示，居住组团中本地居住人数明显多于本地就业人数，就业组团中本地就业人数略

① 白沙是指白沙洲组团，此处及下文简称为“白沙”。

多于本地居住人数，可见就业组团良好的配套设施同时吸引了大量的就业人口来此居住，而居住组团因为岗位设置不足，对就业人口吸引力有待提升。

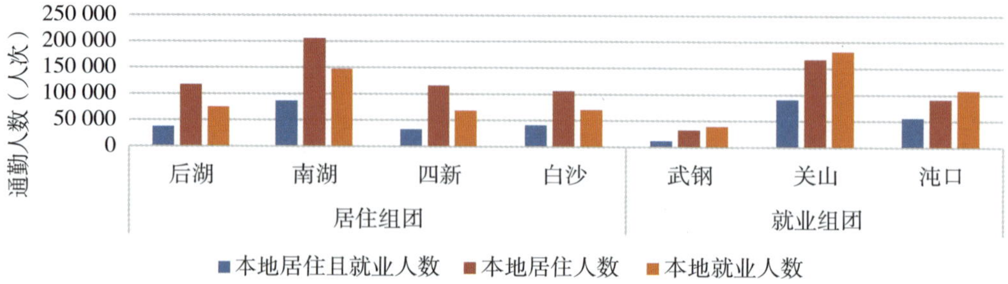

图 5-14　各组团本地居住和就业人数

如图 5-15 所示，4 个居住组团居住人口中仅有不足 50%在本区就业，就业岗位严重不足，导致组团内部居住人口更倾向于外出就业；相比后湖与四新组团，南湖与白沙组团居住平衡情况相对较好。就业组团中，关山与沌口组团超过 50%的居住人口在本区就业、超过 50%的就业人口在本区居住，职住平衡情况较好。

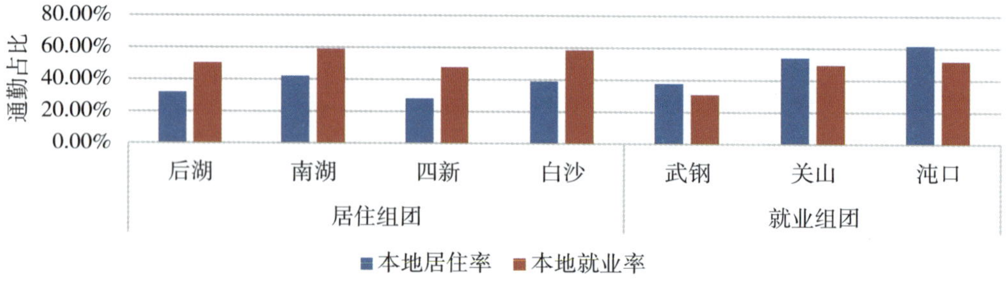

图 5-15　各组团本地居住/就业率

3. 通勤腹地与通勤廊道

本小节基于联通职住 OD 数据，对各组团进行通勤流入与流出腹地分析，并利用通勤轨迹还原数据识别各组团的主要通勤廊道。

1) 后湖组团

如图 5-16 所示，后湖组团以居住功能为主，是居住主导型单元。后湖组团内的常住人口均匀分布在组团中部丹水池街、后湖街区域，其工作地集中在组团西南部与二七组团接壤处。后湖组团内流出就业的居民大部分在组团周边，如二七街、万松街等区域就业，整体通勤距离较短。该组团跨江通勤行为并不明显，主要服务于长江北岸汉口中央活动区。

城市主干路、快速路等高等级道路为后湖组团外出通勤人口提供了主要交通廊道：①西南方向经由后湖大道进入塔子湖组团塔子湖街，经由兴业路—发展大道进入汉口中央活动区花桥街、唐家墩街等；②南方向经由建设大道进入汉口中央活动区劳动街，经由解放大道—中山大道进入汉口中央活动区大智街；③东方向跨江通勤主要经由二环线进入青山组团钢都花园管理委员会。南北向轨道交通一号线、西北-东南向轨道交通三号线、东西向轨道交通八号线是公共交通出行的重要廊道。

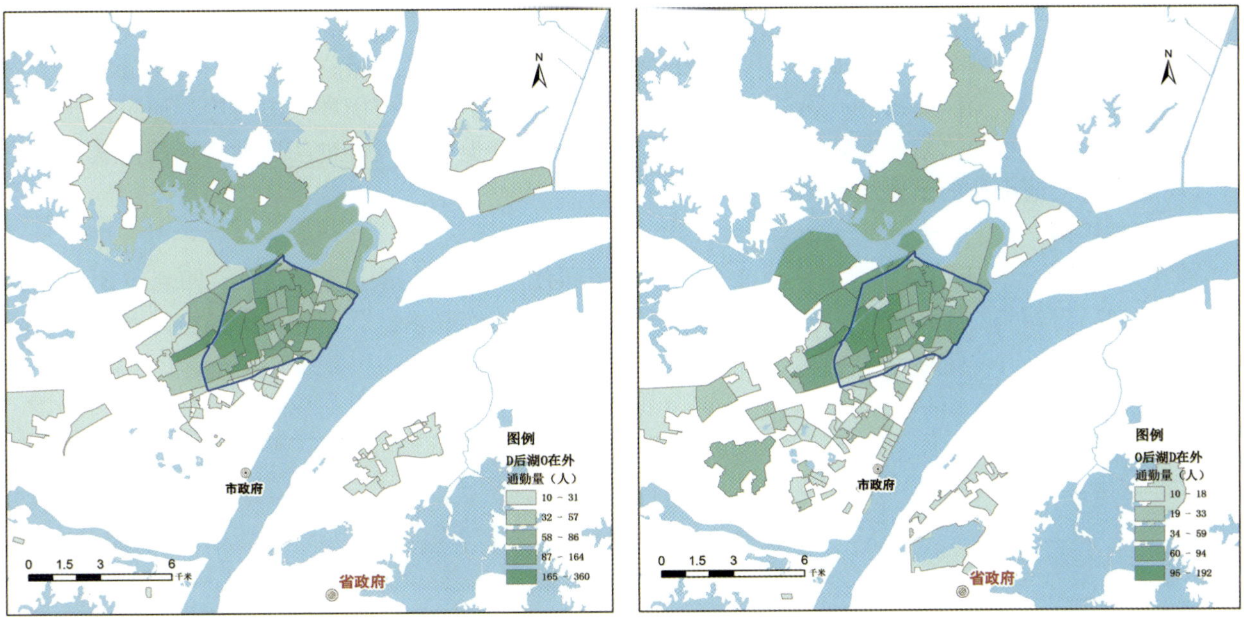

(a) 流入腹地　　(b) 流出腹地

图 5-16　后湖组团通勤流动特征

2) 南湖组团

如图 5-17 所示，南湖组团以居住功能为主，是强居住主导型单元。南湖组团通勤人口绕南湖集中居住，主要来源和目的地均为周边路南街道、狮子山街道、洪山街道等，与江夏区各街道亦联系紧密。居民就业地呈现出以南湖组团为中心，向西对白沙组团以及向北对珞瑜组团扩散的空间分布特征。该组团跨江通勤行为并不明显，远距离通勤行为较少。

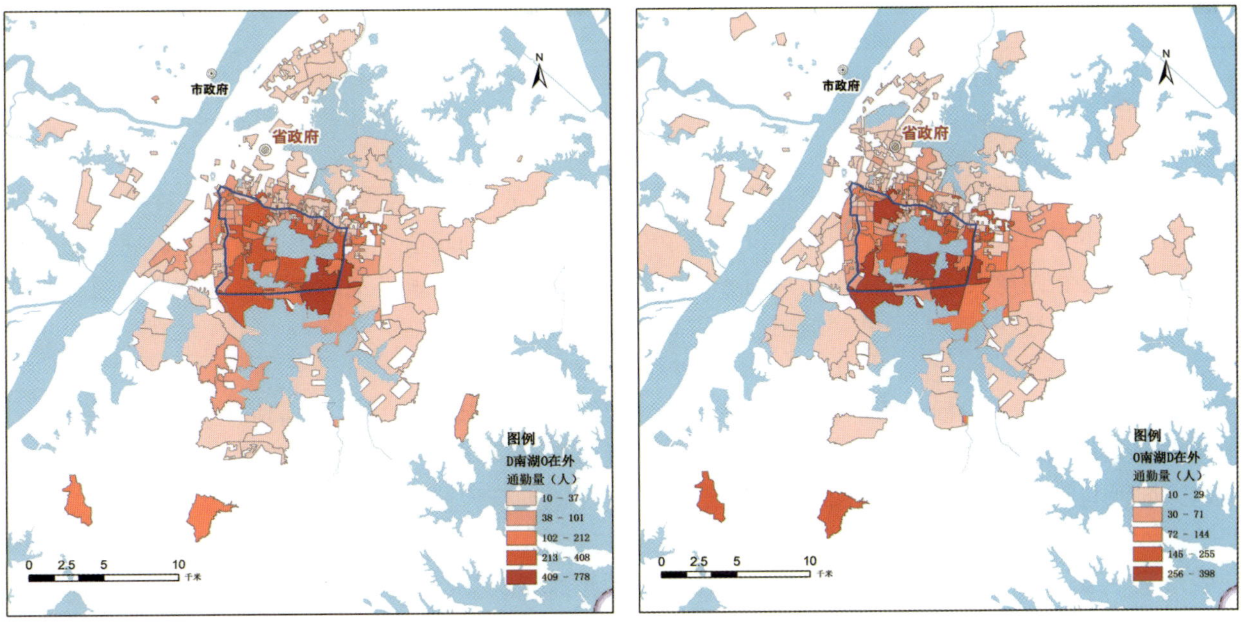

(a) 流入腹地　　(b) 流出腹地

图 5-17　南湖组团通勤流动特征

南湖组团主要通勤廊道可总结为“一横三纵”：①东西方向雄楚大道(二环线)连接了南湖组团、武昌中央活动区、珞瑜组与关山组团，几乎是南湖组团外出人口必经之路；②通过中山路进武昌中央商务区的首义路街、中南路街等，通过珞狮南路进入珞瑜组团的珞珈山街和关山街等，通过民族大道进入关山组团的关东街。南北向轨道交通七号线、换乘轨道交通四号线可过江通勤、东西向轨道交通二号线是公共交通出行的重要通勤廊道。

3)四新组团

如图 5-18 所示，四新组团以居住功能为主，是强居住主导型单元。整体上看，四新组团形成梯度通勤模式，与相邻的沌口组团、汉口中央商务区通勤存在密切联系，与较远的南湖组团和珞瑜组团中高校的集聚亦具有一定通勤联系。

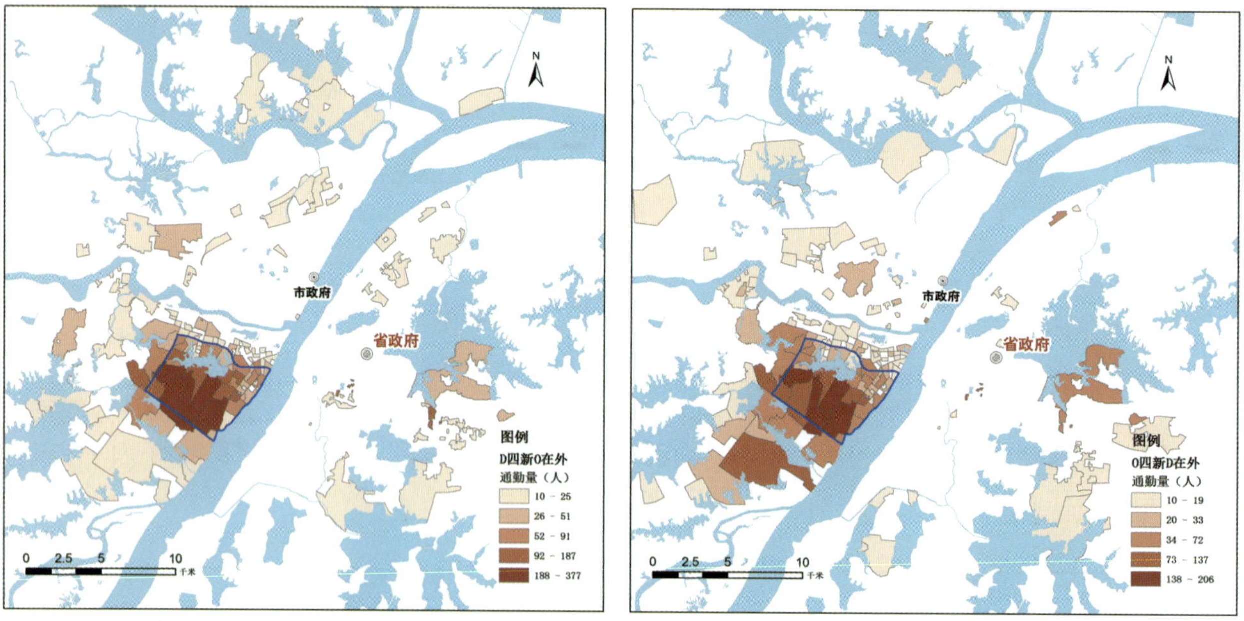

(a)流入腹地　　(b)流出腹地

图 5-18　四新组团通勤流动特征

四新组团通勤廊道分布格局可概括为“一横三纵”：①东西走向的汉阳大道作为贯穿汉阳中央活动区的城市主干道，为四新组团通勤人口提供了东西向转换通勤廊道；②组团内通勤人口通过龙阳大道、江城大道和国博大道进入汉阳中央商务区的翠微街等。南北向轨道交通 3 号线、轨道交通 6 号线与东西向轨道交通四号线是公共交通出行的重要通勤廊道。

4)白沙组团

如图 5-19 所示，白沙组团是居住主导型单元，组团内低学历人口居多，居住建筑分布较为均匀，常住人口分布亦较为平均，外出工作人口主要目的地包括水果湖街、徐家棚街等武昌中央活动区主要街道，向西与南湖组团、珞喻组团联系密切，向东过江通勤行为较少。

白沙组团通勤廊道分布格局可概括为“一纵一横”：①南北走向的白沙洲大道作为贯穿白沙组团的城市主干道，为白沙组团通勤人口提供了南北向通勤廊道；②经由白沙洲大道进入雄楚大道(二环线)，可去往南湖组团、珞喻组团以及关山组团。南北向轨道交通 7 号线、东西向轨道交通 4 号线是公共交通出行的重要廊道。

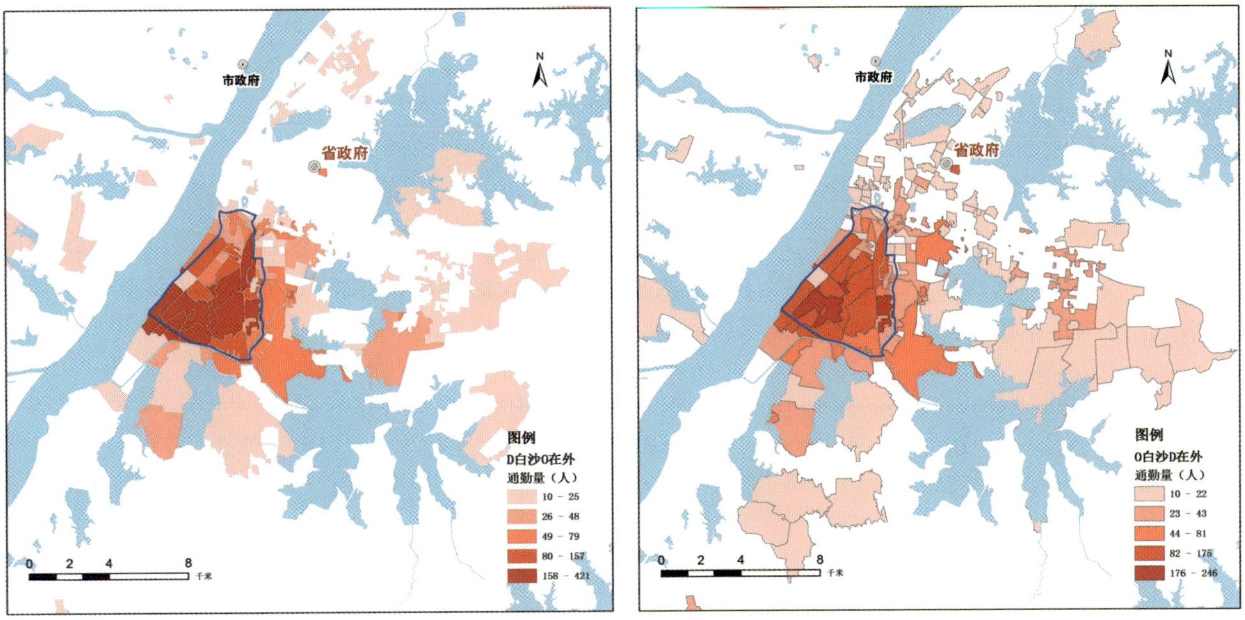

(a)流入腹地　　(b)流出腹地

图 5-19　白沙组团通勤流动特征

5)武钢组团

如图 5-20 所示，武钢组团以就业功能为主，是现代制造业主导型单元。武钢组团通勤流入者居住地集中在武钢厂区及其外围部分地区，就业者主要来自青山组团的和平、冶金街道。整体上看，武钢组团与青山组团联系最为紧密，青山组团分担了武钢厂区部分工人的居住问题。

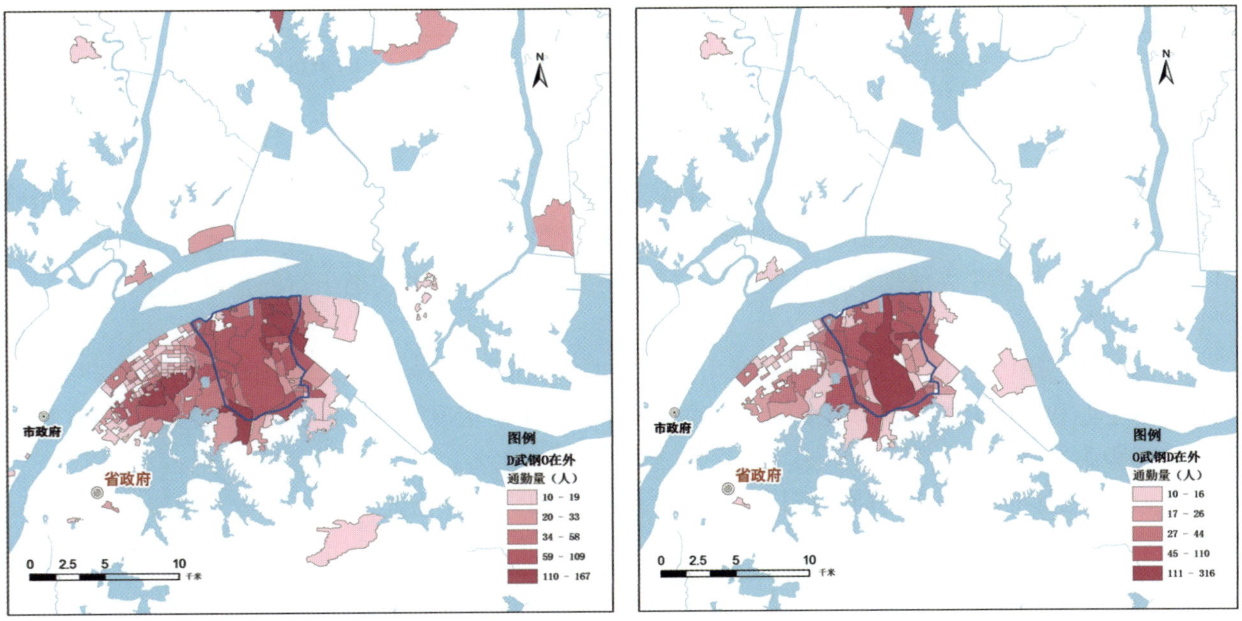

(a)流入腹地　　(b)流出腹地

图 5-20　武钢组团通勤流动特征

武钢组团通勤廊道主要包括冶金大道、和平大道等主干路，随州街等次干路，恩施街等支路均具有较高密度的通勤轨迹聚集特征，三环线也是武钢组团通勤人口的主要廊道。南北向轨道交通四号线对武钢组团外来人口流入也起到了重要作用。

6)关山组团

如图 5-21 所示，关山组团以就业功能为主，是高新技术产业主导型单元。关山组团外来就业人口主要来源于邻接的南湖组团东部、珞喻组团珞南街、狮子山街大部和东湖风景区南部东湖风景区街附近，这些地区高校云集，为关山组团注入了大量新鲜血液。该组团通勤行为呈现出明显聚集性，与其他组团发生远距离通勤的行为较少且零散。

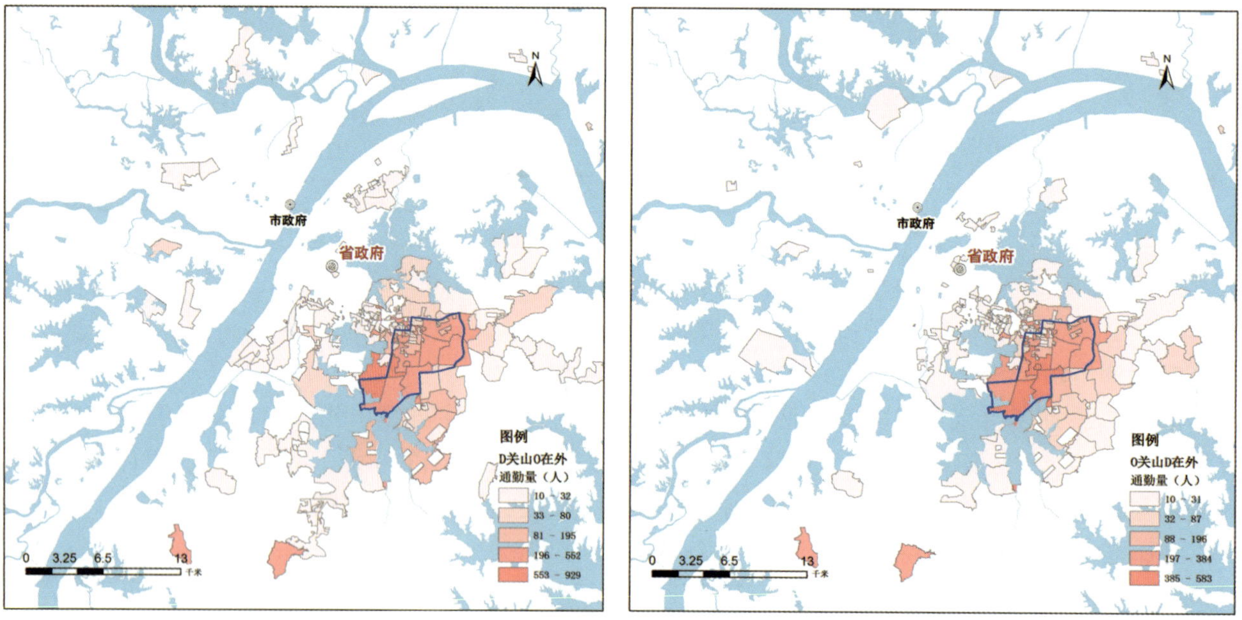

(a)流入腹地　　(b)流出腹地

图 5-21　关山组团通勤流动特征

关山组团通勤廊道分布格局可概括为“两纵三横”：①民族大道与光谷大道连接关山组团、珞喻组团与其他区域，共同作为关山组团南北向通勤廊道；②雄楚大道、南湖大道与三环线是连接关山组团与南湖组团、汉阳中央活动区的主要廊道。轨道交通 2 号线是公共交通出行的重要廊道。

7)沌口组团

如图 5-22 所示，沌口组团以就业功能为主，是现代制造业主导型单元。组团内有神龙、格力等现代制造企业和园区聚集，多为员工配置了宿舍区，职住平衡情况较好，但有部分人群依然存在不同程度的远距离通勤行为。

沌口组团通勤廊道分布格局可概括为“两纵”：①龙阳大道作为连接沌口组团、四新组团、汉阳中央活动区的城市主干道，为沌口组团通勤人口提供了南北向转换通勤廊道；②江城大道成为了连接沌口组团与四新组团核心区的主要廊道。轨道交通三号线是公共交通出行的重要通勤廊道。

4. 通勤腹地中心和方向变化

如图 5-23 所示，2017—2020 年，后湖组团流入腹地和流出腹地整体上均呈现出明显“南北”向的

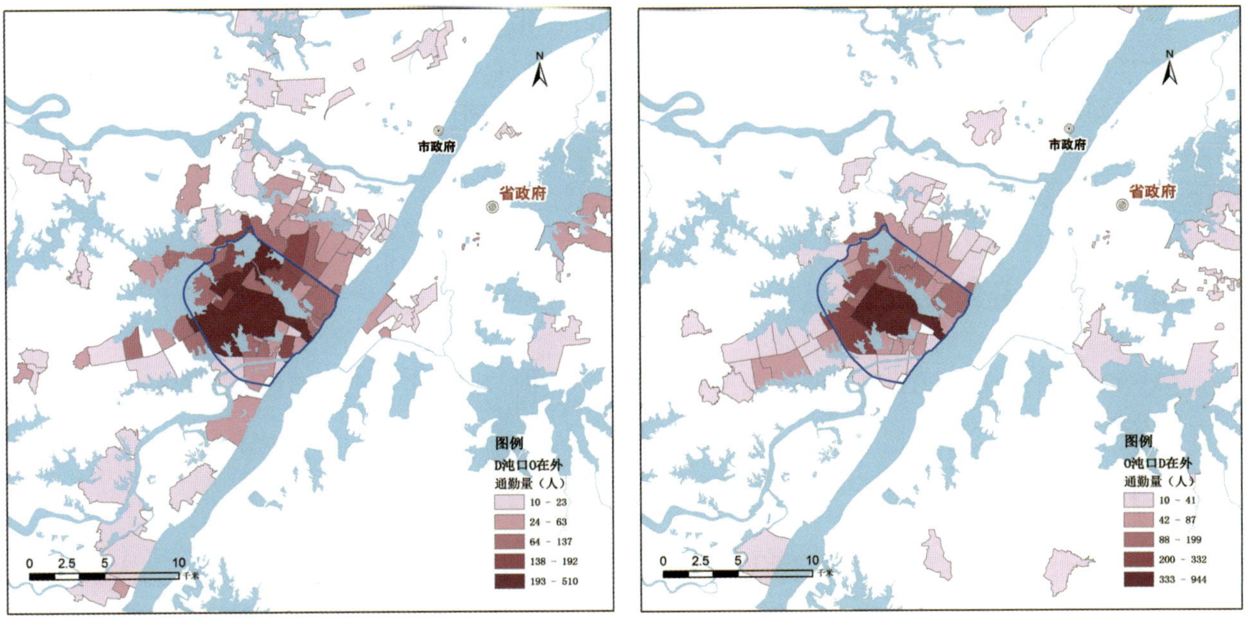

(a)流入腹地　(b)流出腹地

图 5-22　沌口组团通勤流动特征

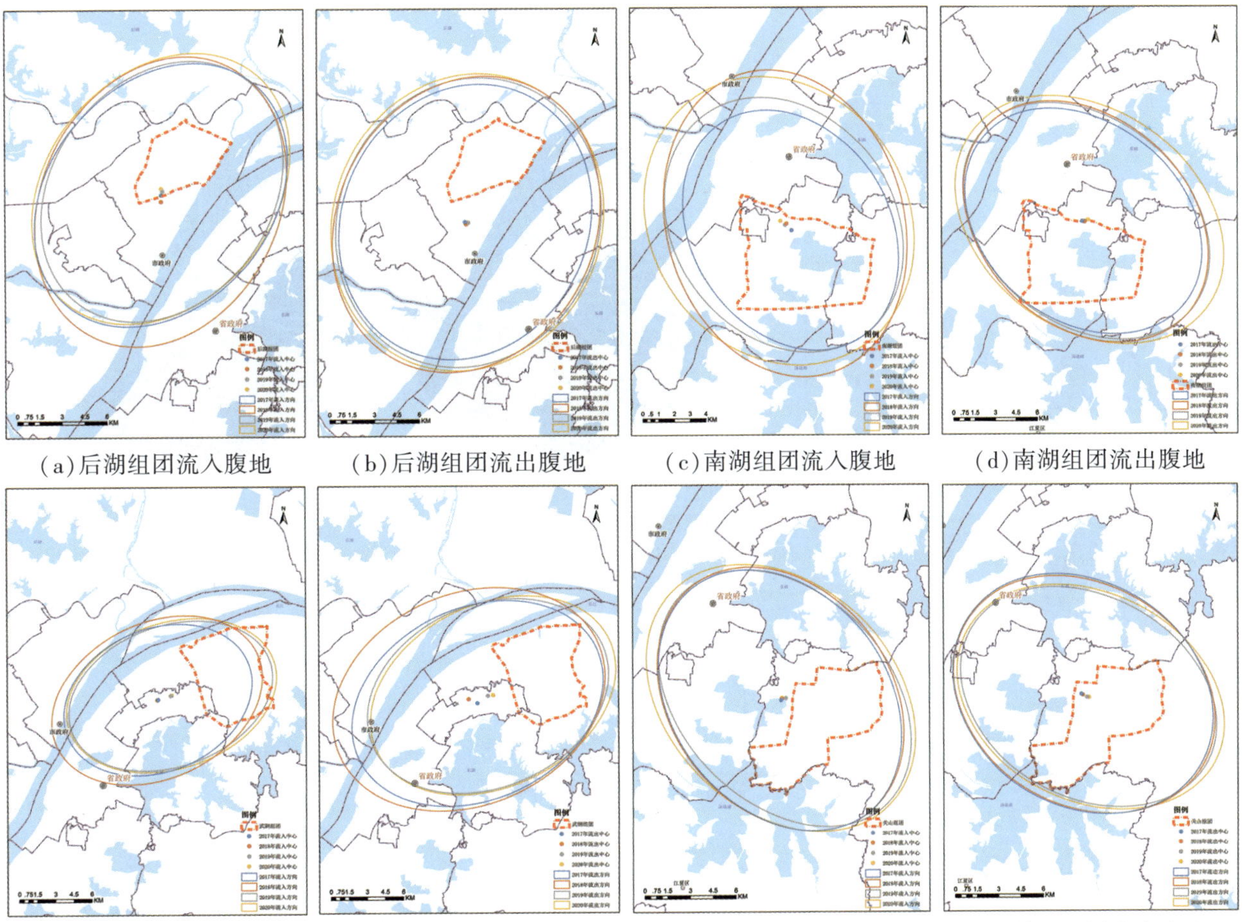

(a)后湖组团流入腹地　(b)后湖组团流出腹地　(c)南湖组团流入腹地　(d)南湖组团流出腹地

(e)武钢组团流入腹地　(f)武钢组团流出腹地　(g)关山组团流入腹地　(h)关山组团流出腹地

图 5-23　2017—2020 年流入流出腹地中心和方向

沿江分布特征，流入腹地中心经历了明显的先南后北的变化过程，而流出腹地中心的位置没有明显变化；南湖组团流入腹地显著性地向西北方向偏移，趋向于中心城区，但流出腹地出现微弱的向东方向偏移；武钢组团流入腹地和流出腹地均呈现出明显的“南北”向的“沿江”分布，总体上向东北方向、靠近组团中心的方向偏移；关山组团流入腹地中心变化不明显，但流出腹地的中心朝东南方向趋近于区域中心。

5.3.3 潮汐式交通

本小节利用百度用户通勤轨迹还原数据和道路拥堵数据，识别全市潮汐路段和潮汐拥堵路段，并分析潮汐拥堵成因。

5.3.3.1 潮汐路段识别

潮汐交通是时段性双向流量不均衡导致的。潮汐拥堵路段识别分为两个步骤：一是潮汐路段识别，二是道路拥堵结果叠加分析。利用道路流量稳定性和流量双向不平衡性得到潮汐路段的空间分布和各区统计结果，如图 5-24 所示。

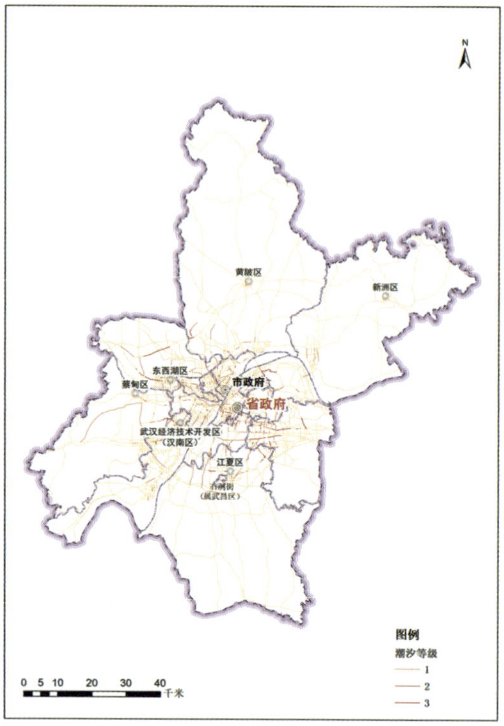

(a)潮汐路段分布

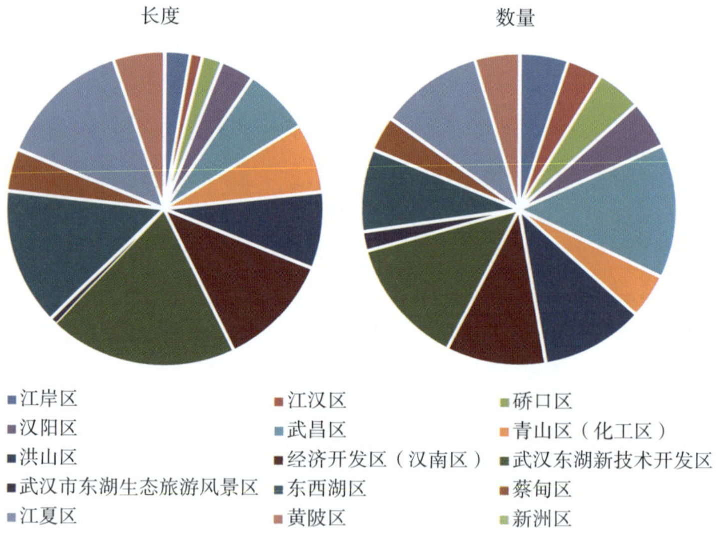

(b)各区潮汐路段数量和长度

图 5-24 潮汐路段分布

全市共识别潮汐路段 69 条，主要分布在环线附近，特别是三环线到四环线之间，二环线内分布较少，各区之间的连通道路也存在潮汐交通现象。总体来看，环线的潮汐交通现象远高于各区之间连通道路，中心城区高于新城区，武昌区潮汐路段数量最多为 42 条，东湖高新区长度最长，表明武昌区的潮汐路段比较分散，数量较多但是长度短，而东湖高新区的潮汐路段比较连续。

5.3.3.2 典型潮汐拥堵路段

将潮汐路段识别结果叠加全市道路拥堵指数数据，得到两个典型的潮汐拥堵区域：光谷大道—关山大道—三环线路段、后湖大道—机场二高速—武汉大道路段，如图 5-25 所示。

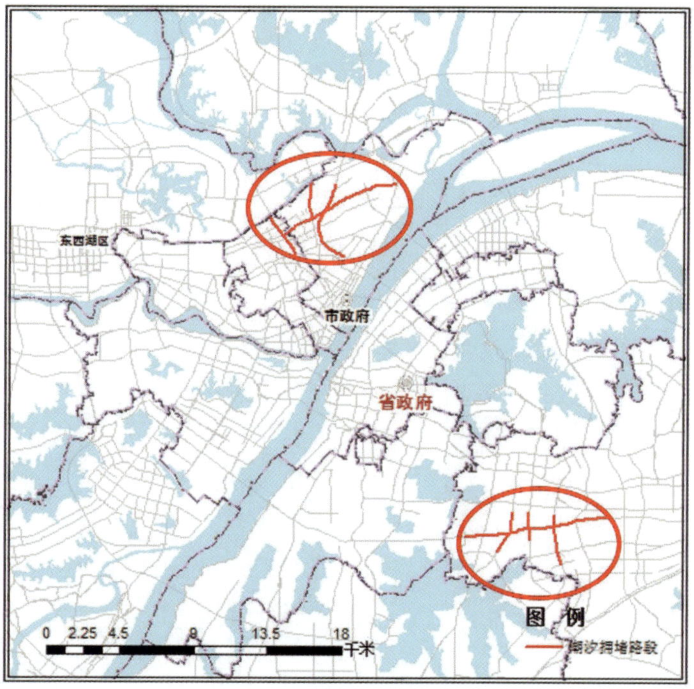

图 5-25　典型潮汐拥堵路段分布

1. 光谷大道—关山大道—三环线路段

提取途经该路段通勤轨迹数据，以社区和街道为单元统计职住人口，制作通勤人口分布热力图，分析导致该路段潮汐拥堵现象的人流来源与去向。

如图 5-26 所示，关东街和佛祖岭街对本路段的潮汐拥堵影响较大。在江夏区藏龙岛与庙山附近，武汉纺织大学、武汉信息传播技术学院等多所高校聚集，对该路段潮汐拥堵影响较大。洪山区的洪山街、珞南街和武昌区的水果湖街，人口晚高峰出行贡献大于早高峰。

2. 后湖大道—机场二高速—武汉大道路段

后湖大道—机场二高速—武汉大道路段潮汐拥堵分析如图 5-27 所示。

造成本区域潮汐拥堵的排名前 10 的街道中，江岸区有 5 个街道，分别是后湖街、塔子湖街、二七街、花桥街和丹水池街，江岸区轨道交通 21 号线沿线的居住区潮汐出行人流量较大，百步亭花园居住特征明显，居民通勤上班出行路段相对集中，对该路段潮汐拥堵的形成贡献较大。

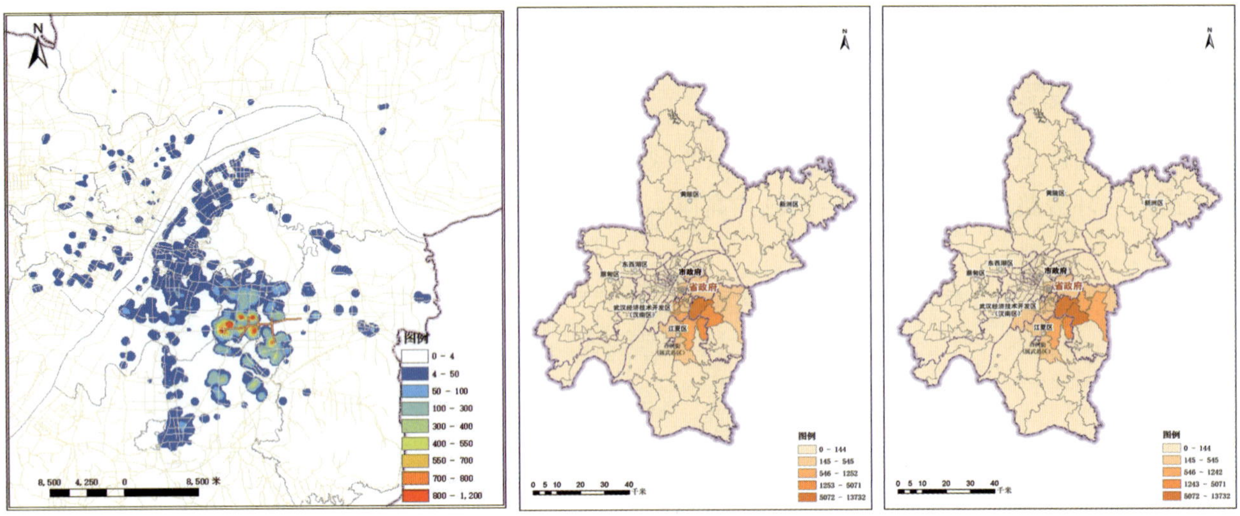

(a)人流来源热力分布图　(b)人口流动来源地　(c)人口流动目的地

图 5-26　光谷大道—关山大道—三环线潮汐拥堵成因

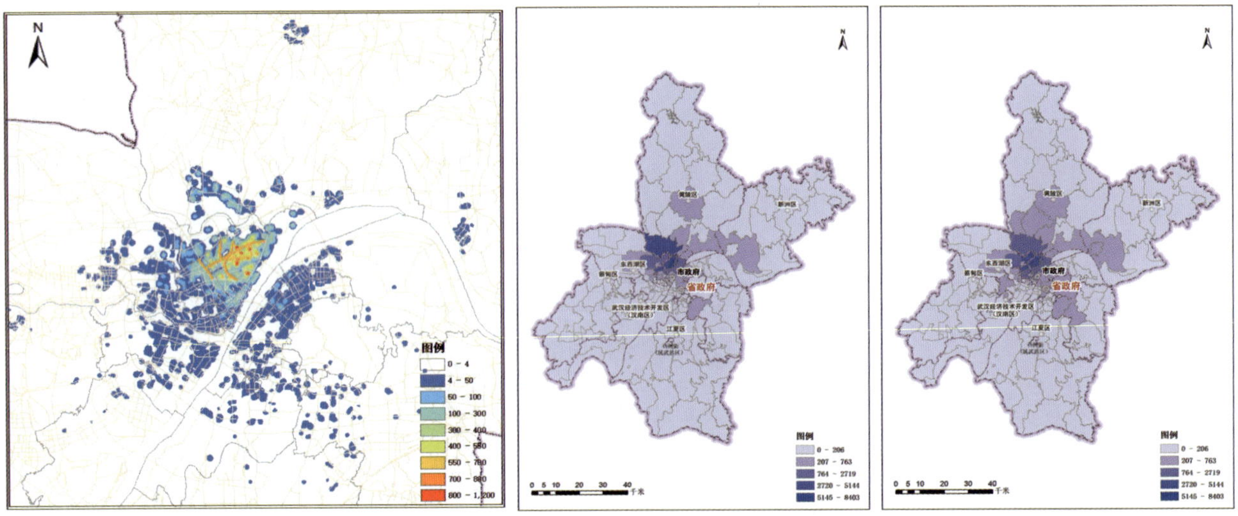

(a)潮汐人流来源热力分布图　(b)潮汐拥堵来源地　(c)潮汐拥堵目的地

图 5-27　后湖大道—机场二高速—武汉大道潮汐拥堵成因

5.3.4　跨江出行

由于武汉市“两江三镇”的特殊地理形态，“过江”是武汉市居民出行中的重要部分。本节通过联通用户全目的出行、跨江职住出行和游憩 OD 数据计算跨江的出行人次，分析三镇间的联系强度；利用通勤轨迹还原数据，分析 21 个主要跨江通道的跨江通勤特征。

5.3.4.1　全目的出行

如图 5-28 所示，以工作日为例，2019 年三镇间武昌片区和汉口片区之间的联系最为紧密，占跨江出行总量的54.6%；汉口片区与汉阳片区次之，占跨江出行总量的28.6%，汉阳片区与武昌片区之间联系强度最弱，占跨江出行总量的16.8%。2017—2019年，三镇间联系强度进一步增强，三镇间跨江总流量从134.9万增长至166.8万，休息日跨江流量增长率小于工作日。

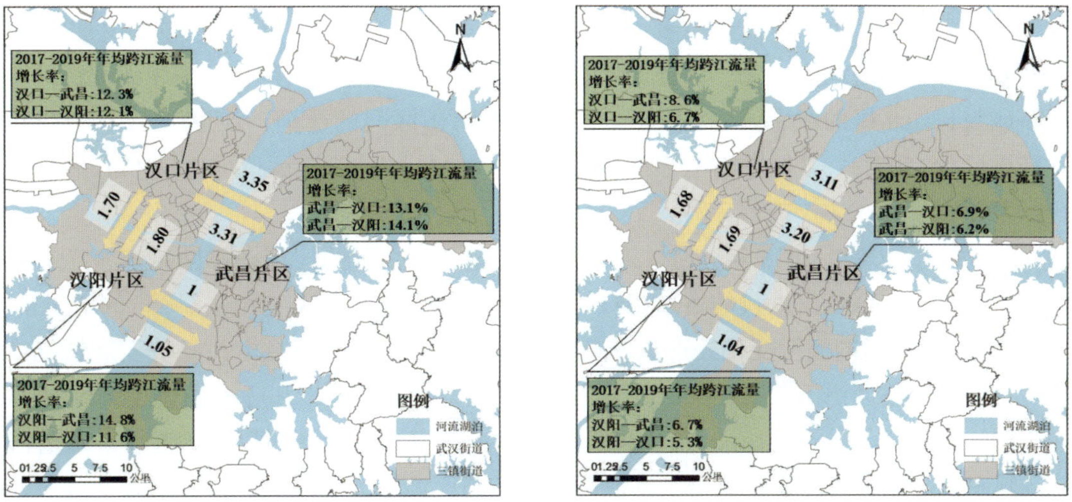

(a)工作日　　(b)休息日

图5-28　2017—2019年三镇间联系强度及变化率

如图5-29所示，截至2020年10月1日，三镇间跨江出行总恢复率达97.3%，跨江出行已基本恢复至疫情前正常水平。分流向看，三镇间恢复进程较为一致，4月8日—9月14日，武昌片区与汉口片区的双向跨江出行恢复率一直处于较低水平；9月14日—10月1日，由于武昌片区各大高校陆续开学，武昌片区与汉口片区的跨江联系恢复率增幅较大。

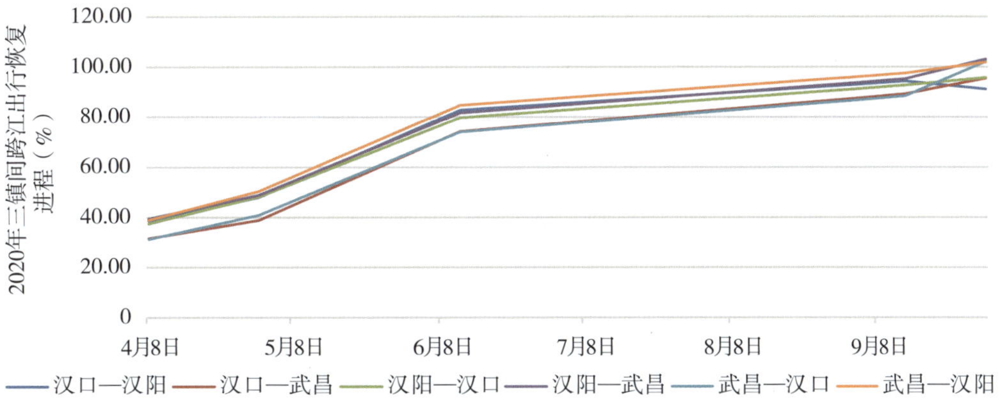

图5-29　2020年三镇间各特征日恢复进程

5.3.4.2　跨江职住通勤

1. 跨江通勤流量与流向

2019年，跨江通勤占中心城区通勤量的23.88%。从三镇来看，以武昌片区流入汉阳片区的通勤规模强度定义为 1，则汉阳片区流入武昌片区的通勤规模强度为 1.7，汉口片区流入武昌片区以及武昌片区流入汉口片区的通勤规模强度分别为 3.8 和 4.8，汉口片区流入汉阳片区以及汉阳片区流入汉口片区的通勤规模强度分别为 1.7 和 3.9，如图 5-30(a)所示。

如图 5-30(b)所示，桑基图中左边节点表示常住地，节点长度表示从该区外出就业的常住人口数量；右边的节点表示工作地，节点长度表示流入该区的就业人口数量，桑基图中的每一条分支曲线表示从常住地到工作地的通勤人流量。从各区来看，跨江通勤最为显著的是长江南岸的武昌区、洪山区和东湖高新区与长江北岸的江岸区、江汉区、硚口区和汉阳区间的通勤，江岸区—武昌区(9.40%)、洪山区—江岸区(6.50%)、洪山区—江汉区(6.50%)、武昌区—江岸区(9.10%)和武昌区—江汉区(9.40%)联系紧密。

如图 5-31 所示，2017—2019 年，跨江通勤占中心城区通勤量的比例在不断增加，三镇间交流不断加强。其中，汉阳片区流出人口的增速相对较高，高达 6.9%；武昌片区流入人口的增速相对较高，高达 9.8%；汉口至汉阳的流量变化处于负增长状态。这与各片区产业结构和经济发展情况的影响相关，武昌片区、汉口片区由于第三产业的快速发展，吸引了大量就业人口；汉阳片区产业结构较为简单，就业吸引力低，成为主要的流出人口片区。2020 年 6 月，疫后三镇间跨江通勤流量恢复均在 75%以上，其中汉阳片区跨江通勤流出量恢复率相对较高，高达 83.3%；武昌片区跨江通勤流入量恢复率相对较高，为 82.5%。

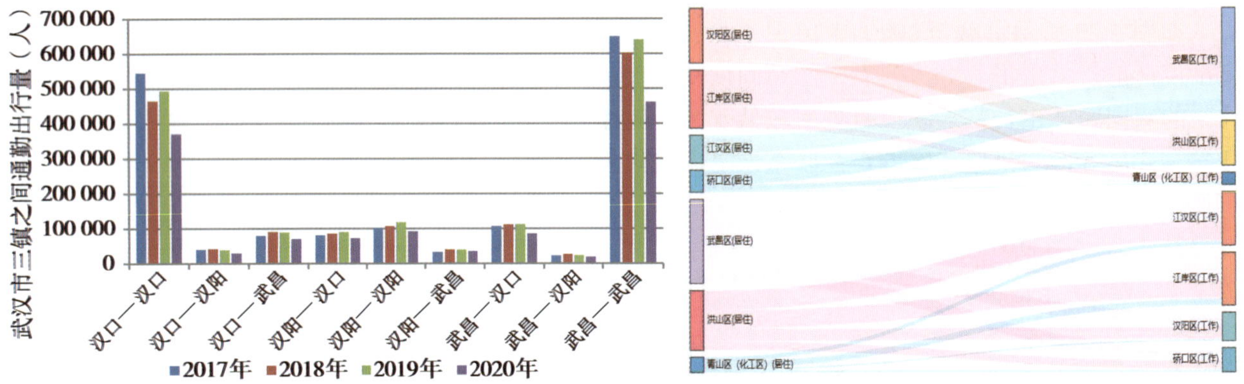

(a)2017—2020 年 6 月三镇间通勤出行量　　(b)2020 年 6 月各区之间通勤出行桑基图

图 5-30　2017—2020 年 6 月武汉市三镇及各区之间通勤出行量

2. 跨江通勤廊道

对全市 21 个主要跨江通道的通勤流量进行分析，跨江通道通勤流量早晚高峰差异明显。

跨汉江通道中，早高峰时段知音桥、长丰桥、月湖桥、中法友谊大桥、晴川桥、汉江一桥通往汉口方向的流量较大，西四环汉江特大桥、汉江大桥和古田桥通往汉阳方向的流量较大；晚高峰期间西四环汉江特大桥、汉江大桥和古田桥通往汉口方向的流量较大，其余通道通往汉阳的流量较大，呈现相反的趋势。中法友谊大桥、汉江大桥和汉江一桥早晚高峰双向流量差异明显，容易出现潮汐拥堵现象。

跨长江通道中，早高峰期间长江公铁隧道、鹦鹉洲长江大桥、长江隧道、长江二七大桥、沌口长江公路大桥、军山长江大桥和长江二桥通往武昌方向的流量较大，白沙洲大桥、长江大桥通往汉阳方向的流量较大，阳逻大桥、长江公路桥和天兴洲大桥通往汉口方向的流量较大；晚高峰期间白沙洲长江大桥、长江大桥、阳逻大桥、长江公路桥和天兴洲大桥通往武昌方向的流量较大，长江公铁隧道、长江隧道、长江二七大桥、长江二桥通往汉口的流量较大，鹦鹉洲长江大桥、沌口长江大桥、军山长江大桥通往汉阳的流量较大。沌口长江公路大桥、阳逻大桥、武汉长江大桥早晚高峰双向流量差异明显。

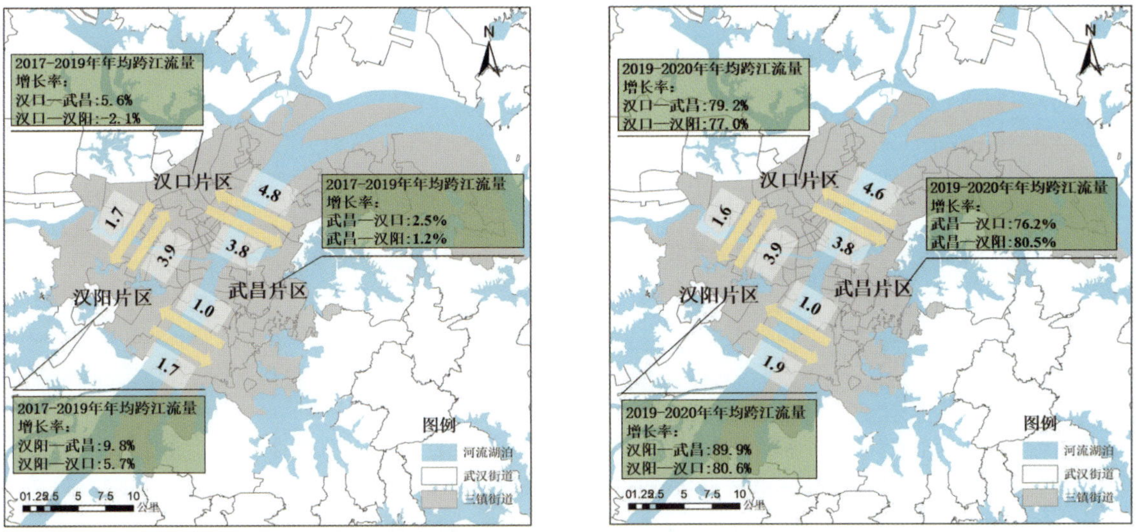

(a)2017—2019 年三镇间联系强度及其变化率　　(b)2019—2020 年三镇间联系强度及其变化率

图 5-31　2017—2020 年武汉市三镇通勤变化情况分析

5.3.4.3　跨江游憩出行

如图 5-32 所示，2019 年三镇间武昌片区和汉口片区之间的游憩联系最为紧密，出行量占总出行

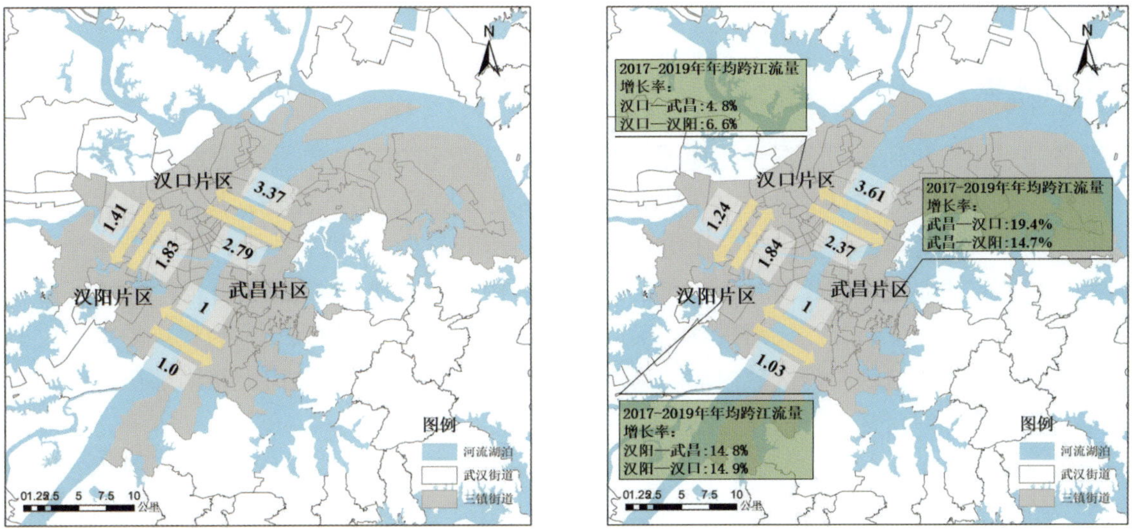

(a)2017 年三镇间联系强度　　(b)2019 年三镇间联系强度及其变化率

图 5-32　2017—2019 年武汉市休息日三镇间游憩联系强度及变化率

量的 53.9%。2017—2019 年，三镇间游憩联系强度进一步增强，三镇间跨江游憩流量从 65.0 万增长至 81.5 万，目的地为汉口片区的游憩出行量增长率最高，汉口片区游憩吸引力进一步增强。

如图 5-33 所示，2020 年受疫情影响，三镇间游憩出行量显著下降，经 5 个月的恢复提升以及“惠游湖北”政策对市内旅游业恢复的推动，10 月 1 日武汉市游憩跨江出行量恢复为 2019 年同期的 96.6%。从三镇间联系来看，汉阳片区游憩出行量恢复较快，汉口片区跨江游憩流入量的恢复率一直处于较低水平，但跨江游憩流出量恢复率较高。

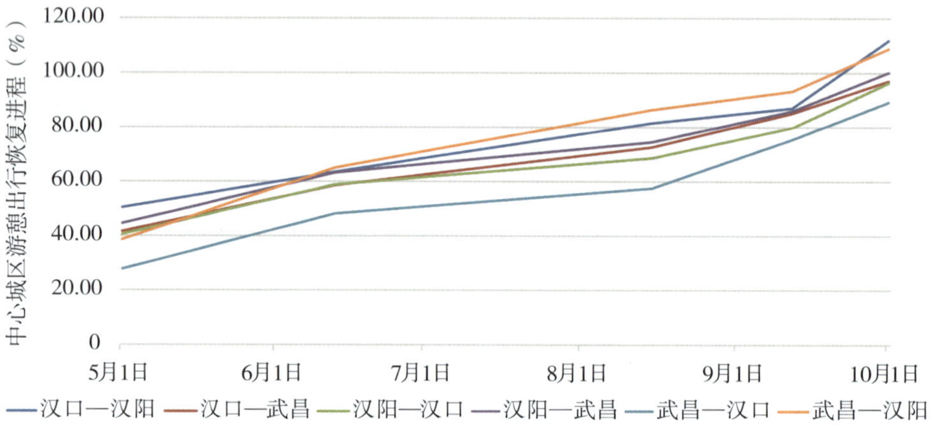

图 5-33　2020 年中心城区游憩出行恢复进程

5.3.5　轨道交通出行特征

本小节基于轨道交通刷卡数据，运用数理统计、空间分析、网络分析等研究方法，实现时空特征对比分析和可视化挖掘，从站点、线路流量等方面展开轨道交通变化及规律分析。

5.3.5.1　总体特征

1. 站点水平

汇总各站点出发和到达的客流量，如图 5-34 所示，出发和到达客流量大的站点在空间上具有一定的相似性，客流量大的站点主要集中在线路的首尾站点和换乘站点。此外，长江南岸客流量大的站点比例明显高于长江北岸，地铁出行的压力更大。

地铁出行热点主要集中在武昌片区南部、汉口片区中部和武昌-汉口跨江出行等区域，形成以光谷广场、武汉火车站、汉口北、天河机场、汉口火车站、王家湾和武昌火车站为顶点的菱形放射状出行结构。此外，江汉路地铁站为区域内部的热点出行站点，在承载长江北岸大量内部出行的同时，也成为连接长江南北两岸跨江出行的核心站点。

利用出发和到达客流差值与客流总量的比值，以 5%作为阈值，将站点分为汇聚型站点、分散型站点和平衡型站点三种类型。如图 5-35 所示，大多数站点属于平衡型站点，一天内客流出入量保持平衡，即大部分乘客习惯于采用地铁完成一天的来回完整出行链。分散型站点主要分布在离中心城区较远的区域，可见外围城区的乘客偏向于利用地铁去往其他区域，而采用其他交通工具返回外围城区。汇聚型站点大多位于典型的商圈，可见乘客偏向于利用地铁达到商圈，而采用其他交通工具离开商圈。

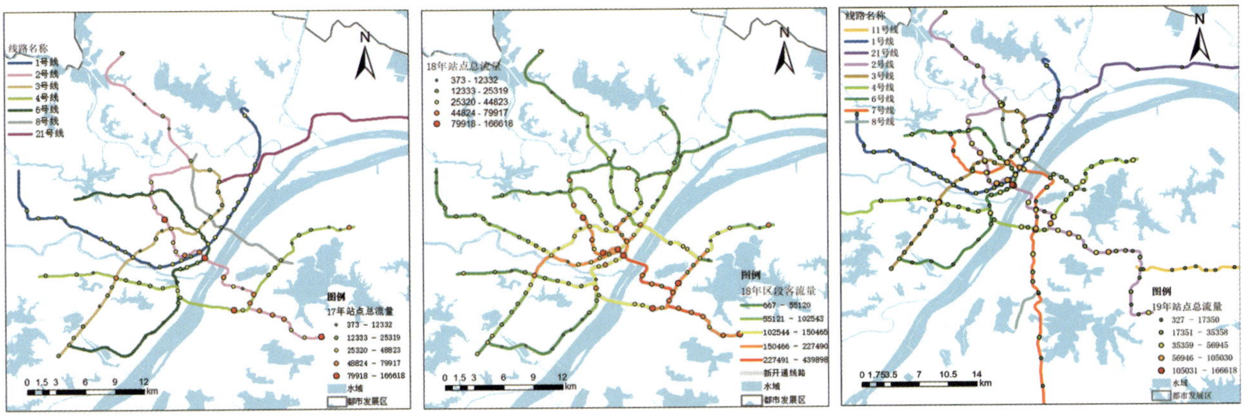

(a)2017 年　　(b)2018 年　　(c)2019 年

图 5-34　轨道交通站点总流量

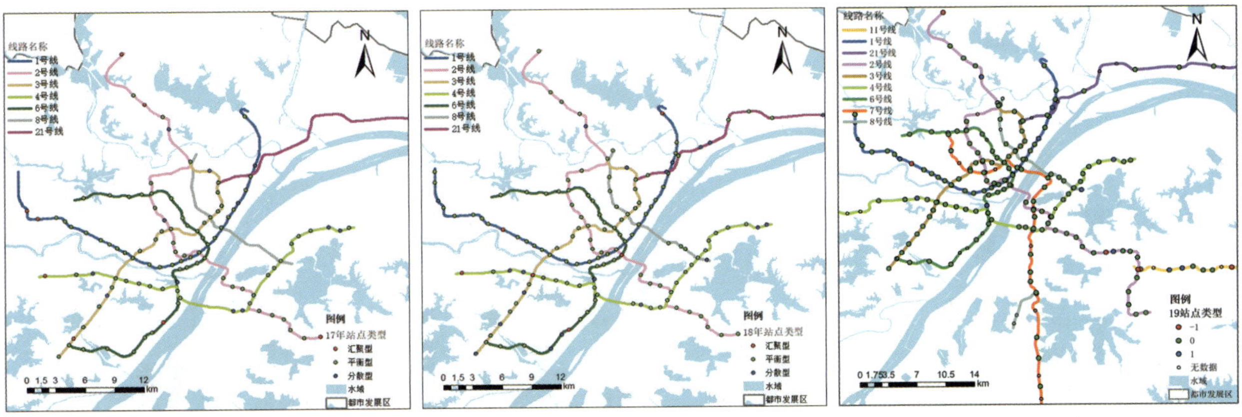

(a)2017 年　　(b)2018 年　　(c)2019 年

图 5-35　地铁站点类型空间分布

2. 线路水平

图 5-36 展示了三年特征日的单日线路客流量情况，比较各条线路客流量占线网总流量的百分比。流量主要集中在 2 号线，其次是 1、4 号线。三年间，1、2 号线流量占比明显降低，3、4 号线流量占比较为稳定，6 号线流量占比逐年增加但增加幅度较小。截面客流量集中在 2 号线的汉口火车站—光谷广场线路区段。其中，中南路—洪山广场区段客流量最大，达 44 万；江汉路—积玉桥区段作为连接长江南北两岸的重要枢纽，截面客流量也较大，达到 32 万，量级为最大站点客流量的 2 倍。

5.3.5.2　重要节点人口流动

1. 重要交通节点的通勤人口流动

从公共交通刷卡数量较多的站点中选择典型交通节点，利用百度用户通勤轨迹还原数据，分析重要交通节点的通勤人口流动特征。

以公交为出行方式的人口分布情况如图5-37所示，早晚高峰两个时段通过公交重要交通节点中的人口都是以途经人口为主，说明公交流量大的节点对于职住通勤人口来说更加适合作为交通中转站。

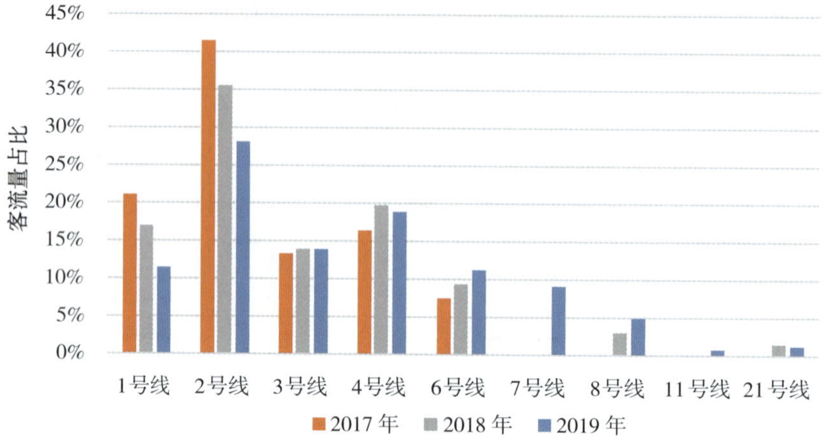

图5-36　轨道交通线路流量占比变化

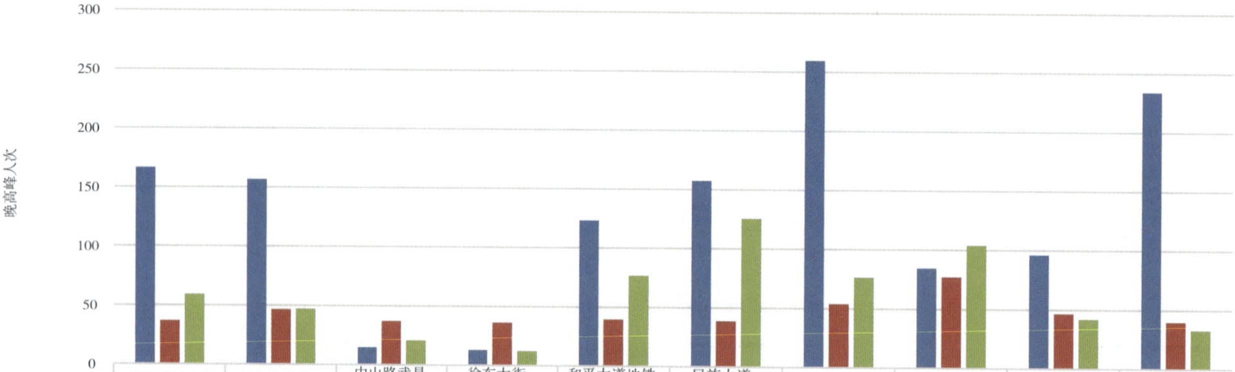

	武珞路丁字桥	武珞路街道口	中山路武昌火车站	徐东大街徐东一路	和平大道地铁积玉桥路	民族大道光谷广场	解放大道宗关	中山路大东门	解放路司门口	民主路胭脂路
每小时途经人数	166.5	156.75	15	13	123.25	157.5	259.75	84.5	96.25	234
每小时上车人数	37	46.75	37.25	36.5	39.75	39	54	77.25	46.75	40
每小时下车人数	59.25	47.25	21	12.25	76.75	125.5	76.5	104	42.25	33.25

■每小时途经人数　■每小时上车人数　■每小时下车人数

(a)早高峰

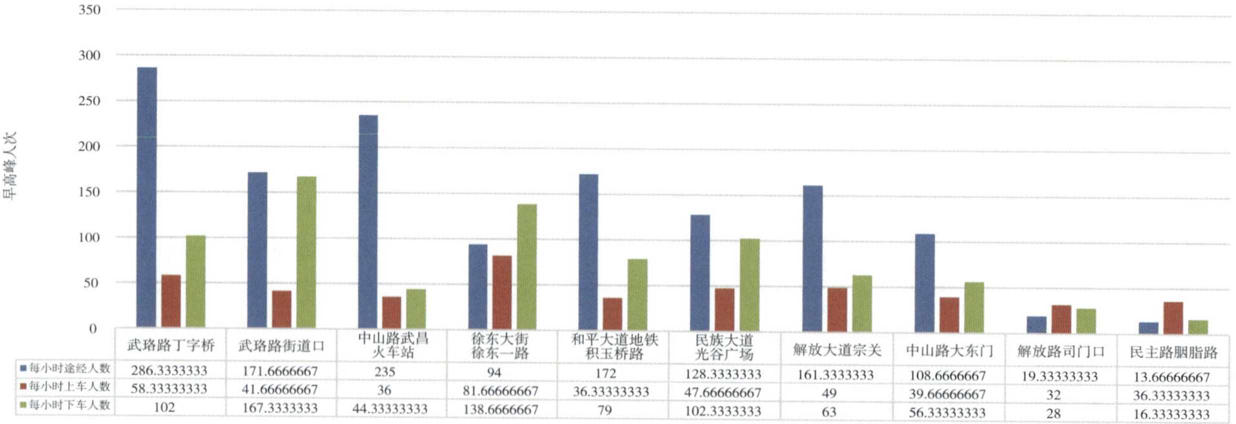

	武珞路丁字桥	武珞路街道口	中山路武昌火车站	徐东大街徐东一路	和平大道地铁积玉桥路	民族大道光谷广场	解放大道宗关	中山路大东门	解放路司门口	民主路胭脂路
每小时途经人数	286.3333333	171.6666667	235	94	172	128.3333333	161.3333333	108.6666667	19.33333333	13.66666667
每小时上车人数	58.33333333	41.66666667	36	81.66666667	36.33333333	47.66666667	49	39.66666667	32	36.33333333
每小时下车人数	102	167.3333333	44.33333333	138.6666667	79	102.3333333	63	56.33333333	28	16.33333333

■每小时途经人数　■每小时上车人数　■每小时下车人数

(b)晚高峰

图5-37　公交站点早晚高峰时段人口流动统计

在早高峰时间段，武珞路街道口、民族大道光谷广场、徐东大街徐东一路等站点下车人口较多，这些公交站也是早高峰时段上班人口到达就业地的重要节点。在晚高峰时间段除光谷广场外，中山路大东门、和平大道积玉桥有较多人下车。

以地铁为出行方式的人口分布情况如图 5-38 所示，早高峰时段以下车为主，这些节点所在地大多为就业中心，中山公园、江汉路、街道口站承担了更多的通勤压力。三大火车站在通勤环境下人口流量较低。晚高峰时段以途经为主，此时下班后活动方式为主，重要交通节点在此时主要作为中转站进行人流运输，其中中南路、武昌站、街道口站作为中转站所承担的人流量最多。

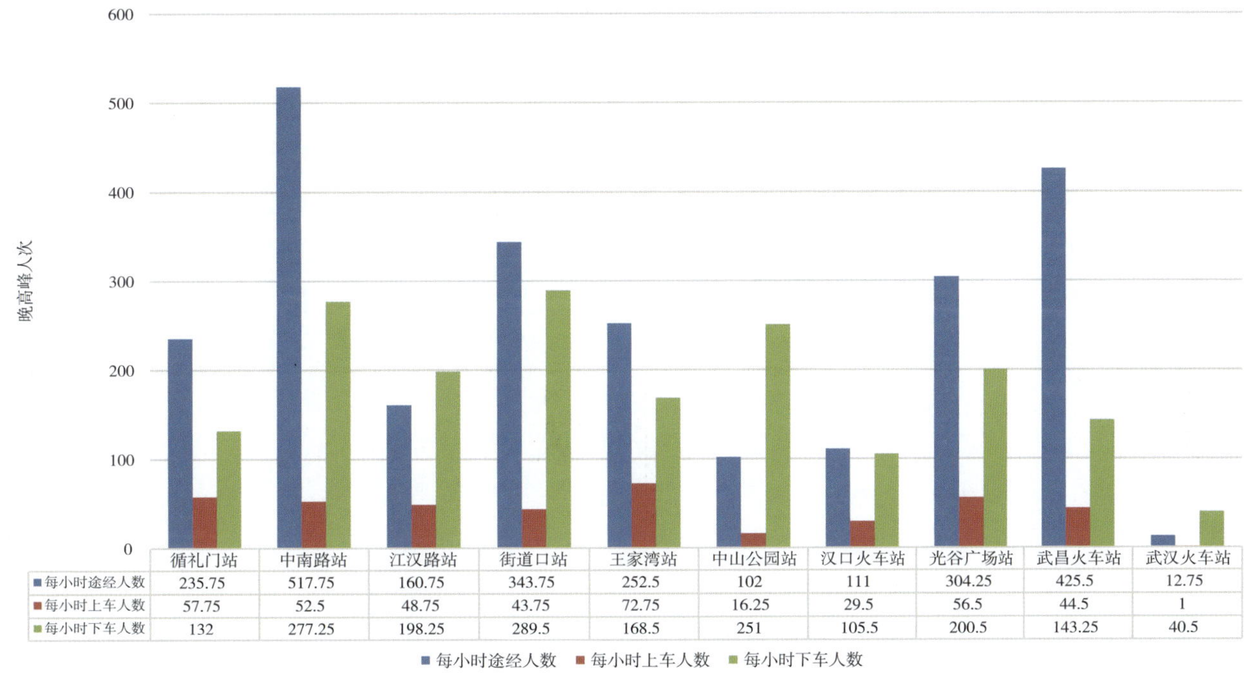

	循礼门站	中南路站	江汉路站	街道口站	王家湾站	中山公园站	汉口火车站	光谷广场站	武昌火车站	武汉火车站
每小时途经人数	235.75	517.75	160.75	343.75	252.5	102	111	304.25	425.5	12.75
每小时上车人数	57.75	52.5	48.75	43.75	72.75	16.25	29.5	56.5	44.5	1
每小时下车人数	132	277.25	198.25	289.5	168.5	251	105.5	200.5	143.25	40.5

(a) 早高峰

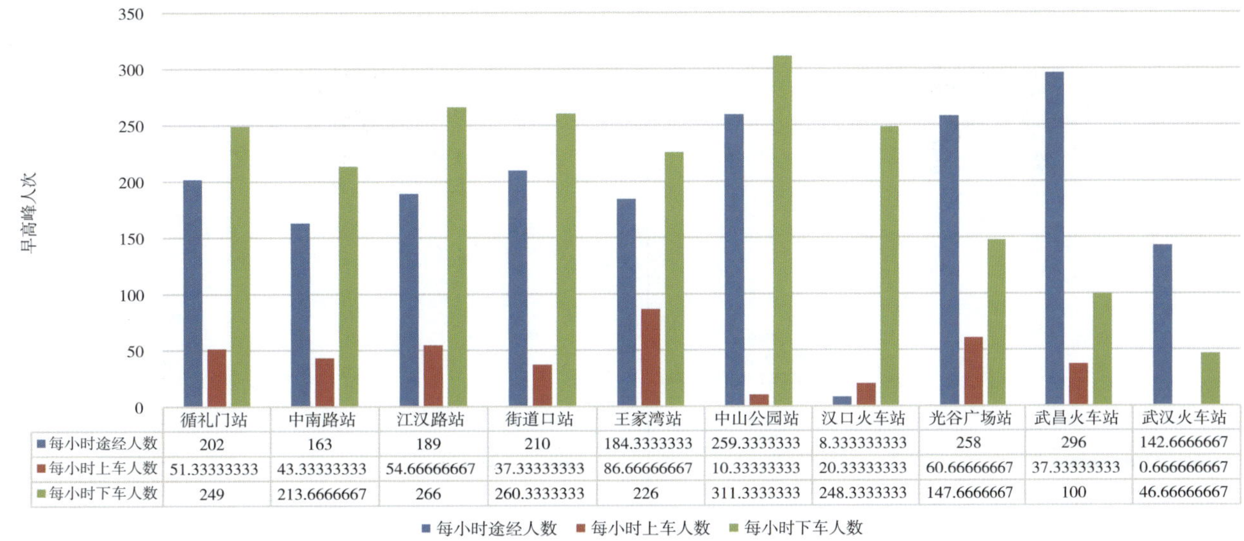

	循礼门站	中南路站	江汉路站	街道口站	王家湾站	中山公园站	汉口火车站	光谷广场站	武昌火车站	武汉火车站
每小时途经人数	202	163	189	210	184.3333333	259.3333333	8.333333333	258	296	142.6666667
每小时上车人数	51.33333333	43.33333333	54.66666667	37.33333333	86.66666667	10.33333333	20.33333333	60.66666667	37.33333333	0.666666667
每小时下车人数	249	213.6666667	266	260.3333333	226	311.3333333	248.3333333	147.6666667	100	46.66666667

(b) 晚高峰

图 5-38　地铁站点早晚高峰时段人口流动统计

2. 重要通勤交通节点的人口汇聚与分散

范湖站、王家墩东站、洪山广场站、宏图大道站、香港路站、江汉路站、循礼门站通勤人流量较高。其中，香港路、循礼门、江汉路三个站点在早晚高峰时段都有较高的人流量，且人口来源也比较集中，大多来源于淌湖社区、丹水池社区、机场社区等，如图 5-39、图 5-40、图 5-41 所示。

3. 轨道线路末端点的通勤人口

以图 5-42 所示的 7 个站点为末端点分析对象，沌阳大道、佛祖岭、汉口北、金台 4 个站点的外围区域人口来源较多，反映出这 4 个区域的人口利用地铁进入主城区的需求较大。

从图 5-43(a)可以看出地铁系统对外辐射能力强，离沌阳大道较近的汉南区和蔡甸区北部、离汉口北站较近的黄陂区南部、离金台站较近的新洲区南部、佛祖岭附近区域人口来源比较密集，覆盖了中心城区外围较大面积的区域。从图 5-43(b)可以看出，以佛祖岭为末端点的 2 号线可以向东南方向继续延伸，以沌阳大道为末端点的 3 号线可以向西南或者正南方向继续延伸。汉口北站和金台站的大多数人口来源分布于黄陂和新洲新城区，1 号和 21 号地铁线路可分别往两个新城区方向继续延伸，将两个新城区和中心城区更加紧密地联系起来。

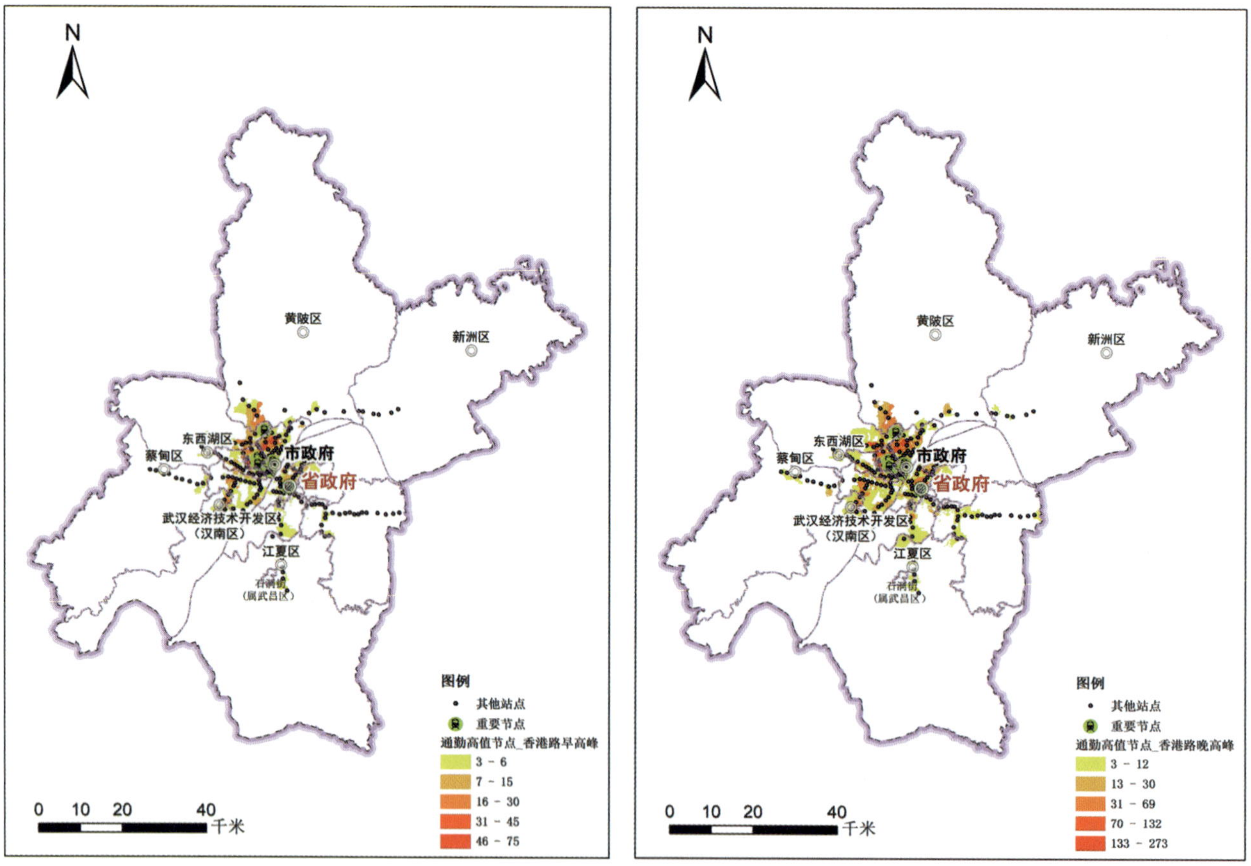

(a)早高峰　　　　(b)晚高峰

图 5-39　香港路站早晚高峰人口来源分布

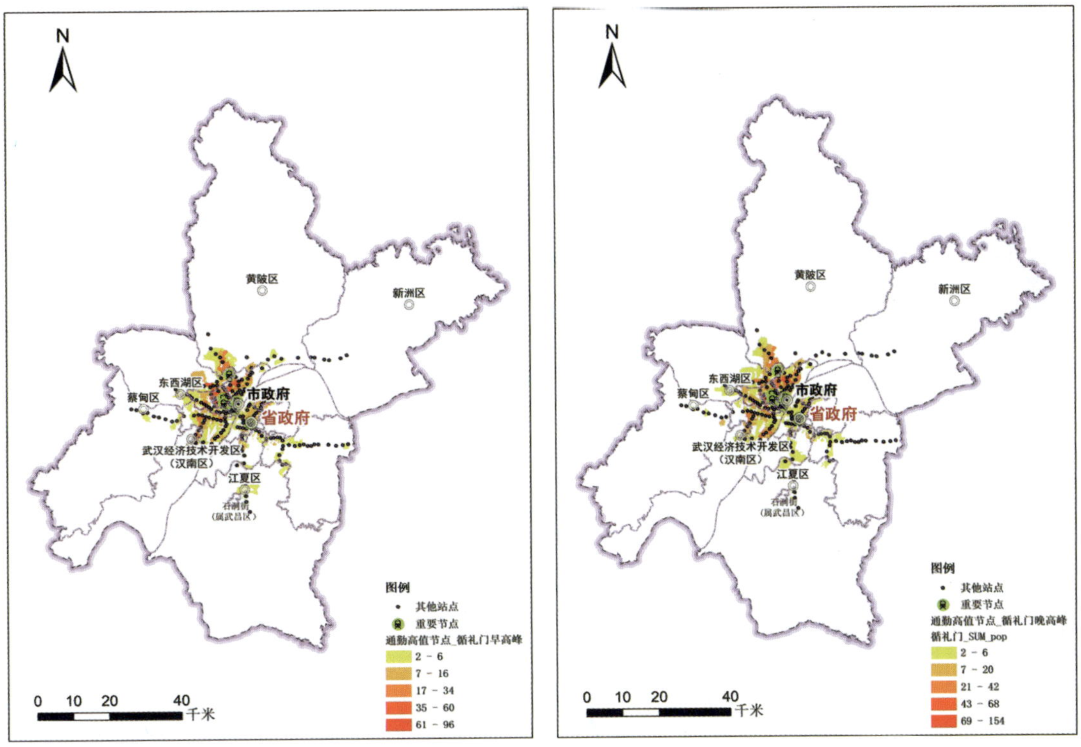

(a)早高峰　　(b)晚高峰

图 5-40　循礼门站早晚高峰人口来源分布

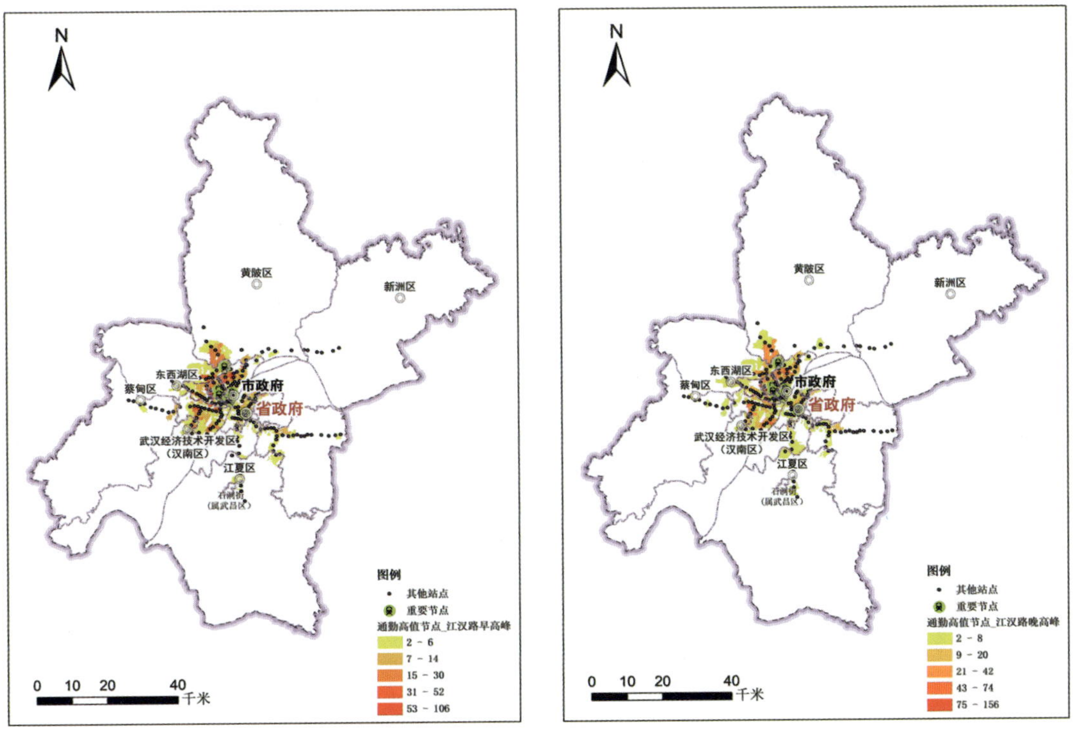

(a)早高峰　　(b)晚高峰

图 5-41　江汉路站早晚高峰人口来源分布

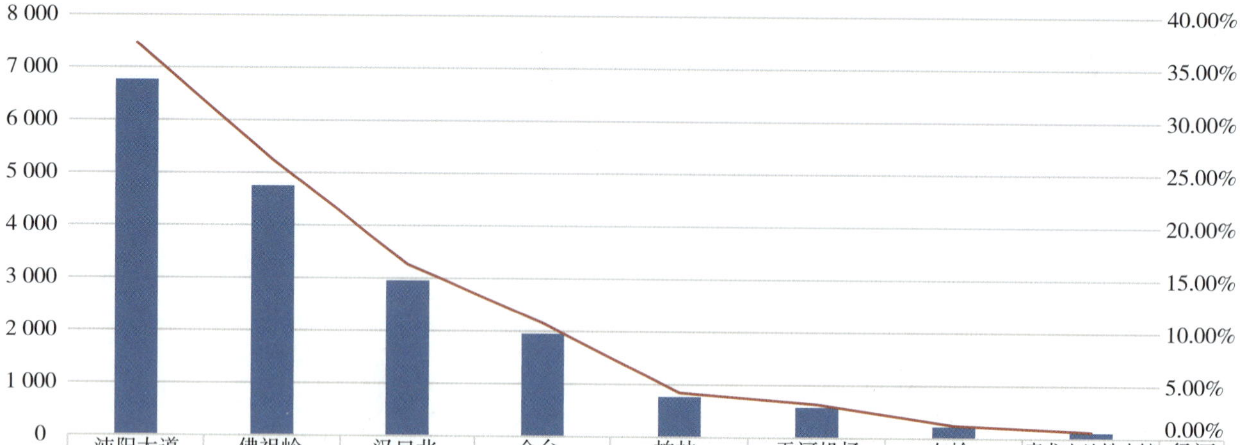

	沌阳大道	佛祖岭	汉口北	金台	柏林	天河机场	左岭	青龙山地铁小镇	径河
人数	6763	4749	2956	1952	768	580	224	121	
占比	37.32%	26.21%	16.31%	10.77%	4.24%	3.20%	1.24%	0.67%	0.05%

人数 —— 占比

图 5-42　中心城区外围公交出行到达地铁线路末端点的人口统计

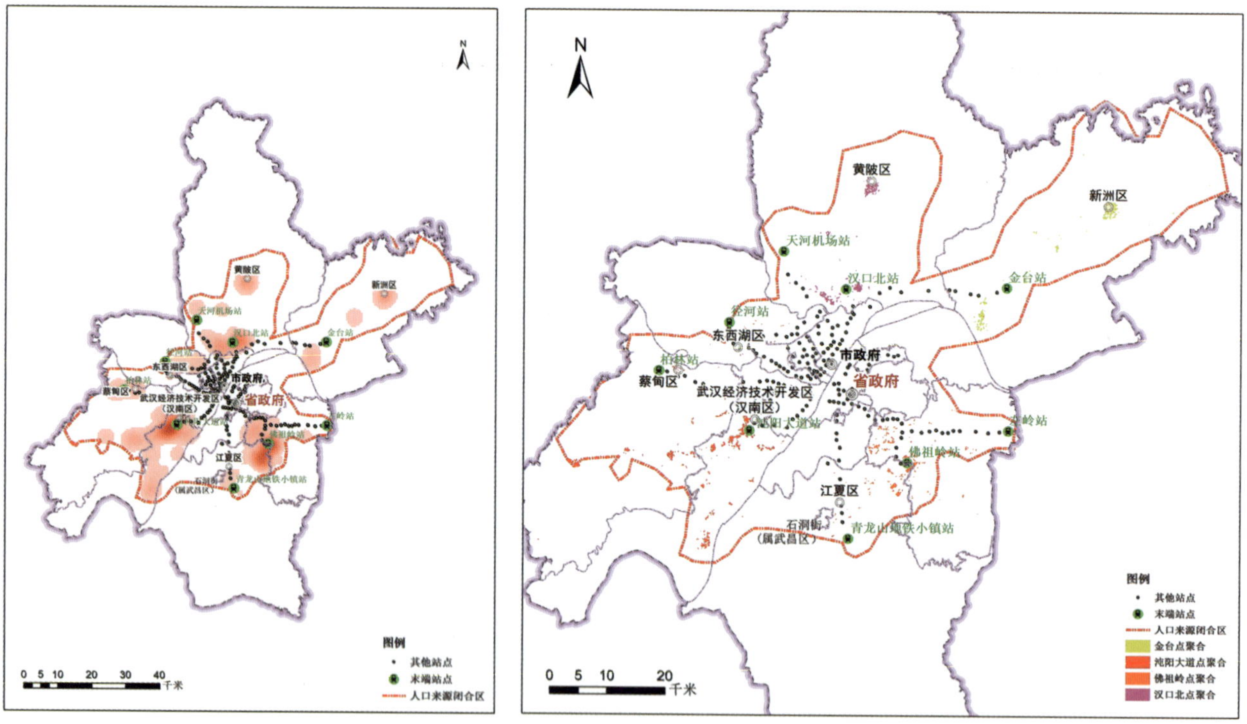

(a)地铁末端站点人流辐射范围　　(b)地铁拟延伸方向分布

图 5-43　地铁末端站点人流辐射范围与地铁拟延伸方向分布

5.3.6　早晚高峰交通拥堵点动态监测

本节选用百度 2019 年 8 月—2020 年 8 月的拥堵数据，从行政区和街道尺度对各区域拥堵情况进行分析评价。

5.3.6.1 总体拥堵情况

1. 拥堵指数

如图 5-44 所示，2020 年工作日早晚高峰拥堵指数最大的是江岸区，2019—2020 年，除硚口区和东湖高新区外，工作日早晚高峰拥堵指数均有所增加。总体来看，大部分区域拥堵指数呈上升趋势，主要是由于疫后市民多选择自驾出行。

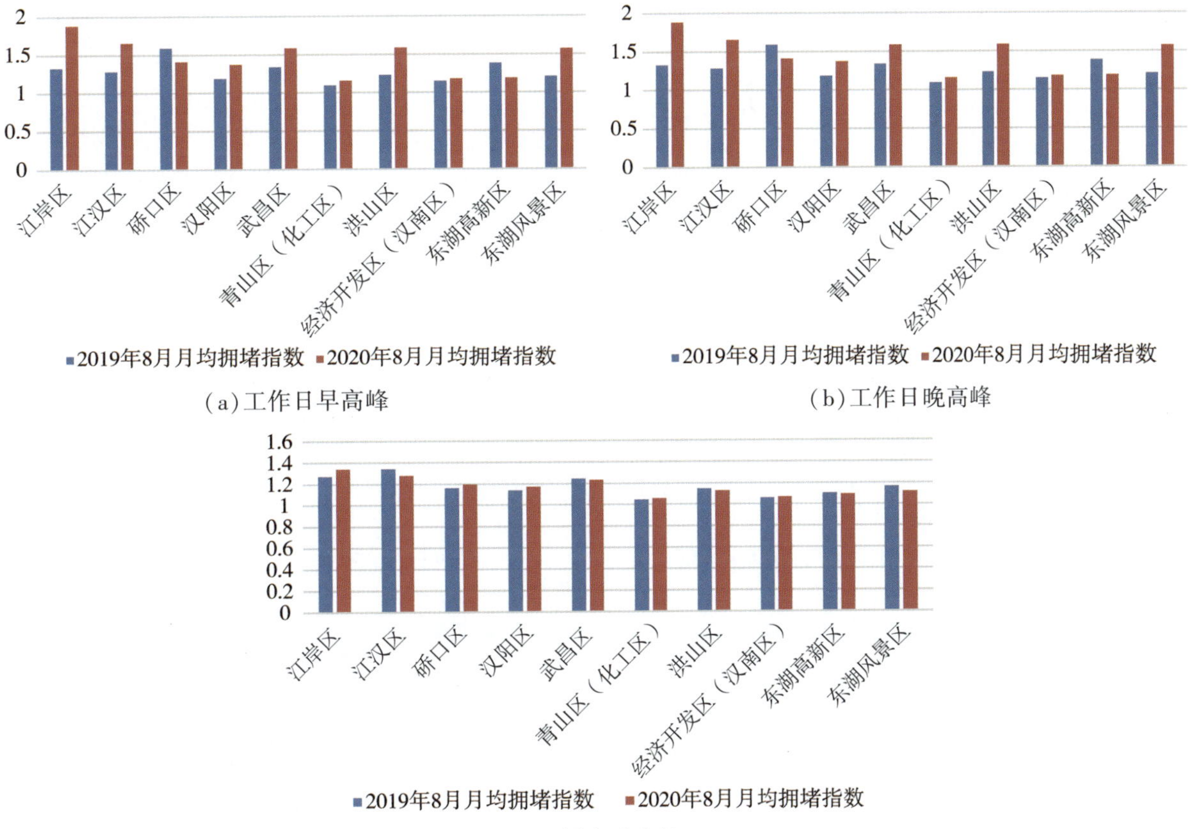

图 5-44　2020 年武汉市各区工作日/周末早晚高峰拥堵指数

如图 5-45 所示，2020 年工作日早高峰和周末晚高峰月均拥堵指数最高的街道均是花桥街，工作日晚高峰拥堵指数最高的是珞珈山街。2019—2020 年，约 1/3 的街道早晚高峰拥堵指数均呈上升趋势，其中变化最大的街道是花桥街和珞珈山街，约 1/2 的街道周末晚高峰拥堵指数上升，其中变化最大的是洪北管委会。

2. 拥堵里程

如图 5-46 所示，2020 年工作日早高峰主干路、次干路拥堵里程比例最高的是江汉区和武昌区，快速路最高的是武昌区；工作日晚高峰主干路拥堵里程比例最高的是江岸区，次干路最高的是硚口区，快速路最高的仍然是武昌区。2019—2020 年，大部分区域道路拥堵里程比例均呈现明显的上升趋势。

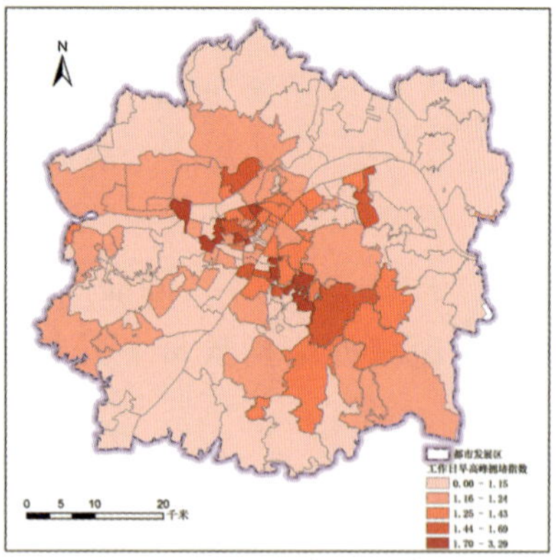

(a) 2019 年工作日早高峰

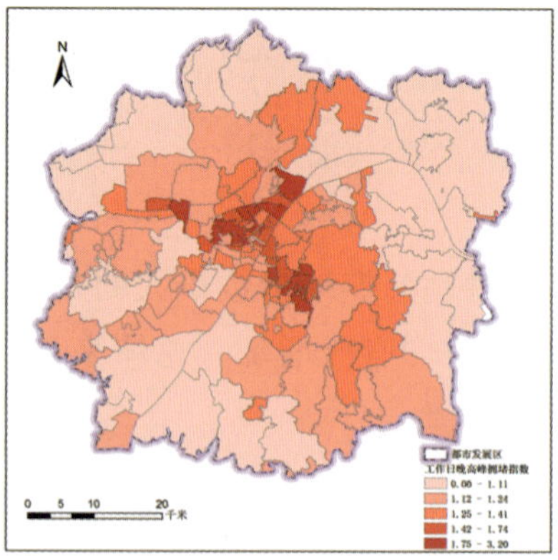

(b) 2019 年工作日晚高峰

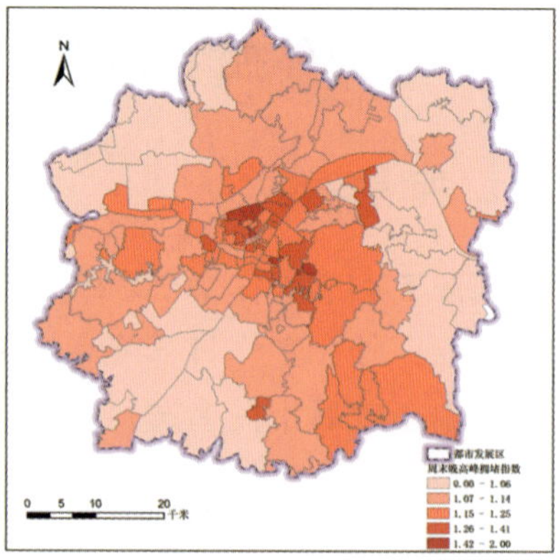

(c) 2019 年周末晚高峰

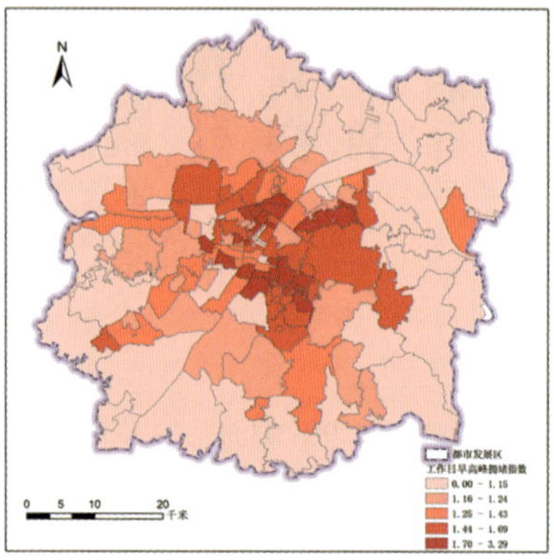

(d) 2020 年工作日早高峰

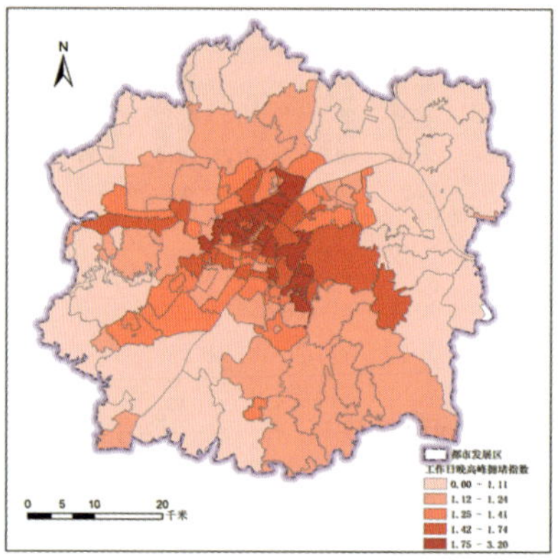

(e) 2020 年工作日晚高峰

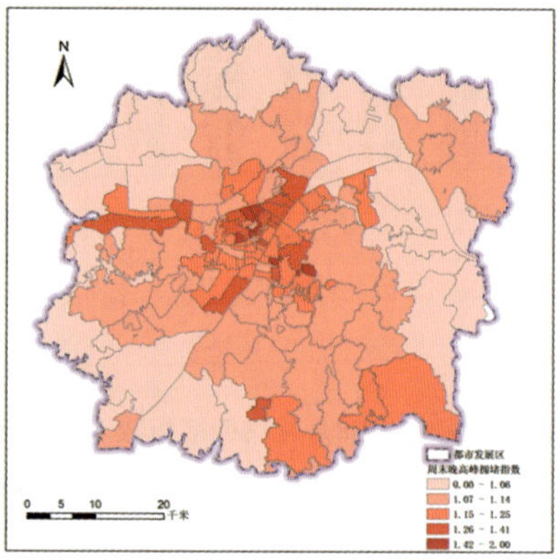

(f) 2020 年周末晚高峰

图 5-45　2019—2020 年武汉市拥堵指数空间分布

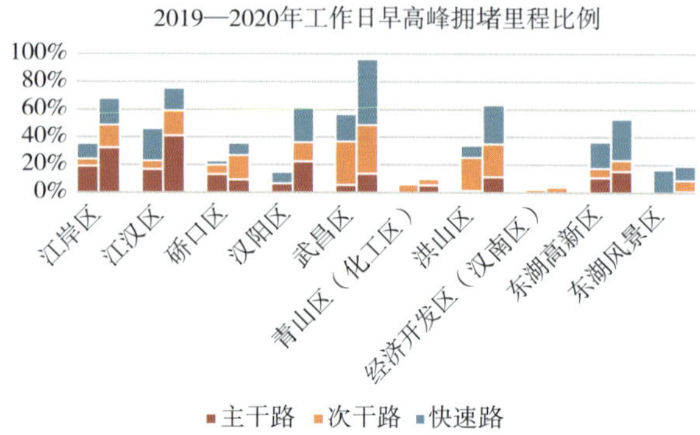

(a) 工作日早高峰

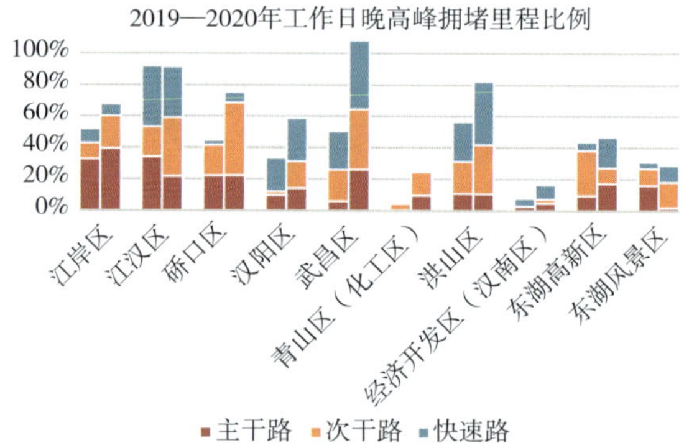

(b) 工作日晚高峰

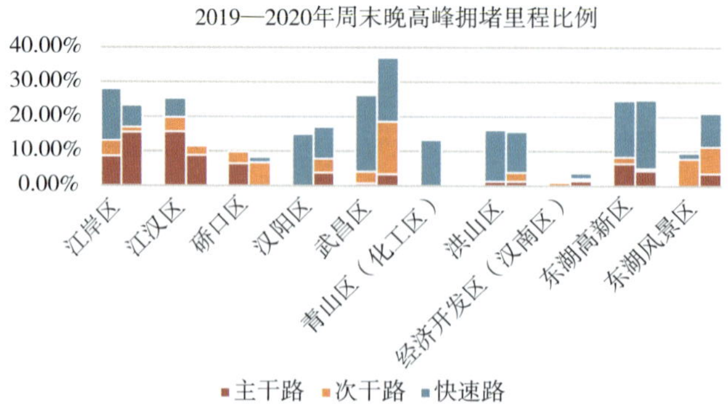

(c) 周末晚高峰

图 5-46　2020 年武汉市各区不同等级道路工作日/周末早晚高峰拥堵里程比例

5.3.6.2 拥堵路段

2020 年，工作日早高峰严重拥堵路段主要有竹叶山立交桥、解放大道、白沙洲大道、解放路、南湖路、珞狮路等路段；晚高峰严重拥堵路段主要有姑李路、晴川大道、鹦鹉大道、武珞路、解放路、解放大道、八一路、珞喻路等路段；周末晚高峰较为拥堵路段主要有中山路、中北路、高新大道、发展大道、龙阳大道、南湖大道等路段，如图 5-47 所示。

2019—2020 年，工作日早高峰中山大道、光谷创业街、欢乐大道等部分路段拥堵情况明显缓解；工作日晚高峰盘龙大道、老武黄立交、武汉大道、团结大道等路段交通压力有所缓解；周末晚高峰盘龙大道、白沙洲大道、光谷大道、唐家墩路等路段交通压力有所缓解。

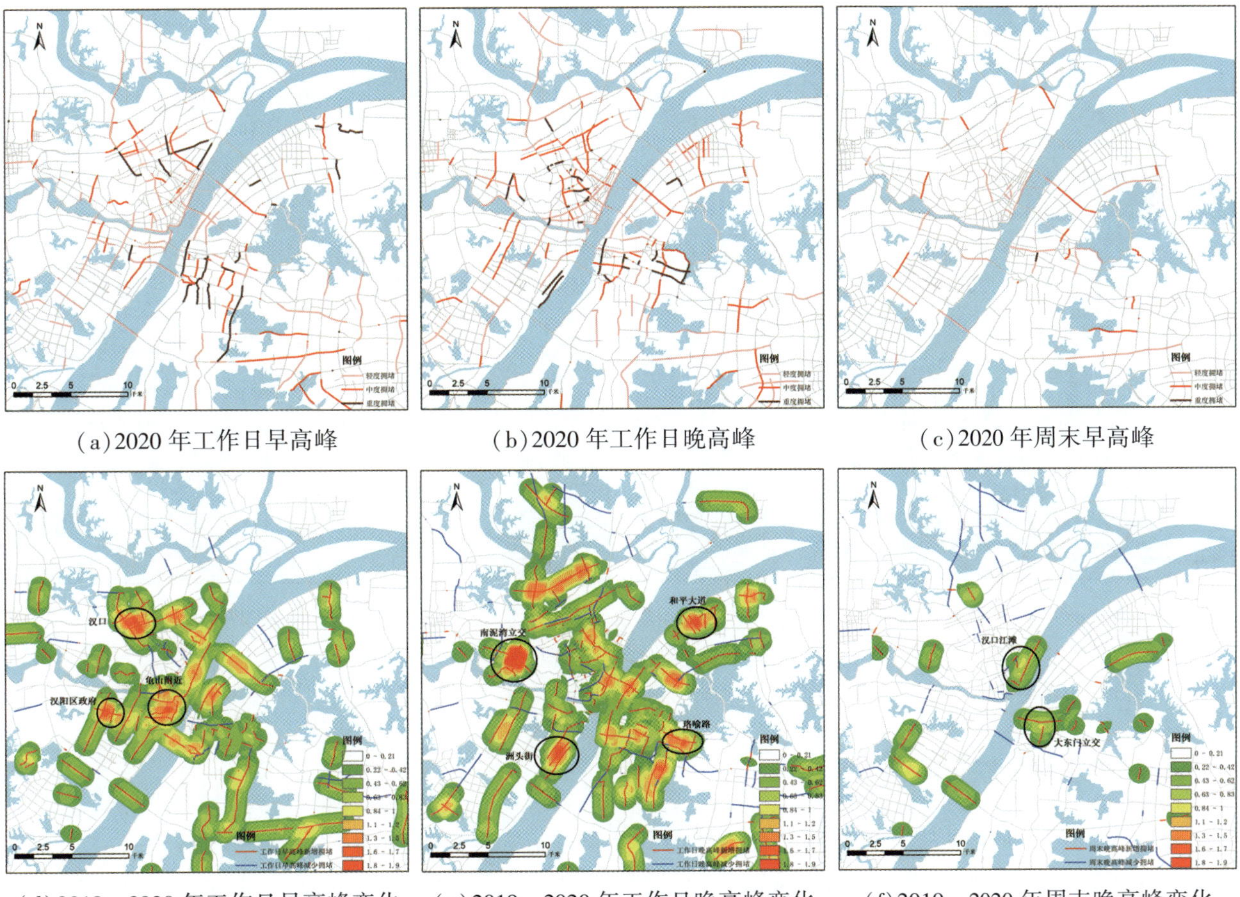

(a) 2020 年工作日早高峰　(b) 2020 年工作日晚高峰　(c) 2020 年周末早高峰

(d) 2019—2020 年工作日早高峰变化　(e) 2019—2020 年工作日晚高峰变化　(f) 2019—2020 年周末晚高峰变化

图 5-47　2019—2020 年武汉市早晚高峰拥堵路段空间分布及变化

5.3.6.3 交通拥堵关联性分析

本节基于百度早高峰拥堵路段数据、联通用户出行链、中小学分布和百度人口热力数据等，分析拥堵与职住通勤、中小学密度和人口热力等方面的关系。

1. 与职住通勤特征关联分析

选关山组团和后湖组团为对象，分析早高峰拥堵路段的空间分布与驾车通勤轨迹的相关性。总体来看，驾车通勤廊道与早高峰拥堵路段分布呈现空间一致性。

如图 5-48 所示，关山组团拥堵路段主要分布在进入组团的各条快速路和主干路上，纵向拥堵路段主要是珞喻路、民族大道、光谷大道和藏龙大道，横向拥堵路段主要是虎泉街、南湖大道、三环线。后湖组团拥堵路段主要是武汉大道、二环线竹叶山立交和解放大道，西南方向和东方向通勤廊道未出现明显拥堵，南方向通勤廊道拥堵态势较为明显。

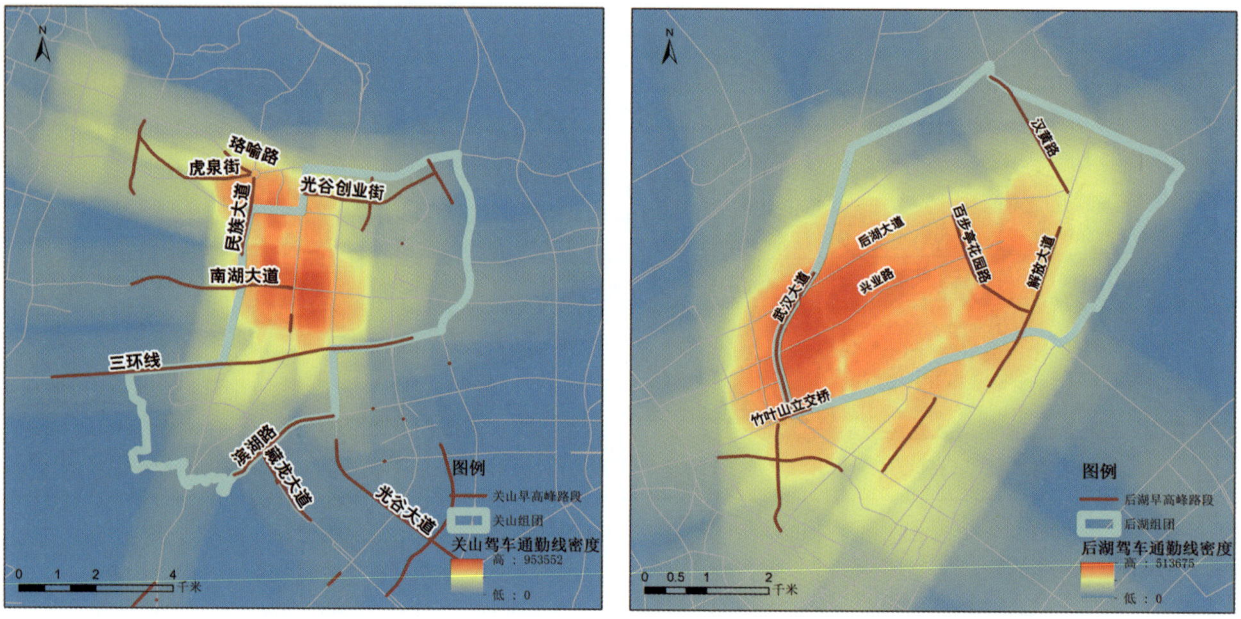

(a)关山组团　　　　(b)后湖组团

图 5-48　早高峰拥堵路段与通勤目的地轨迹线密度

2. 与中小学关联分析

如图 5-49(a)所示，从空间分布上看，新增拥堵路段分布与学校 POI 空间上基本呈现一致，尤其是长江北岸的中山大道、京汉大道、香港路以及长江南岸的粮道街、张之洞路较为明显，其沿线学校分布较为密集，说明中小学开学在一定程度上增加了学校附近的交通压力。

3. 与实时人口热力关联分析

如图 5-49(b)所示，拥堵高值区域和人口热力高值区域空间上并未呈现一致性，在紫阳街、白沙洲街和黄鹤楼街拥堵路段长度和拥堵指数都较高，但人口热力仅呈现次高峰；人口热力最高的汉口一元路江边地带附近拥堵情况不太明显。

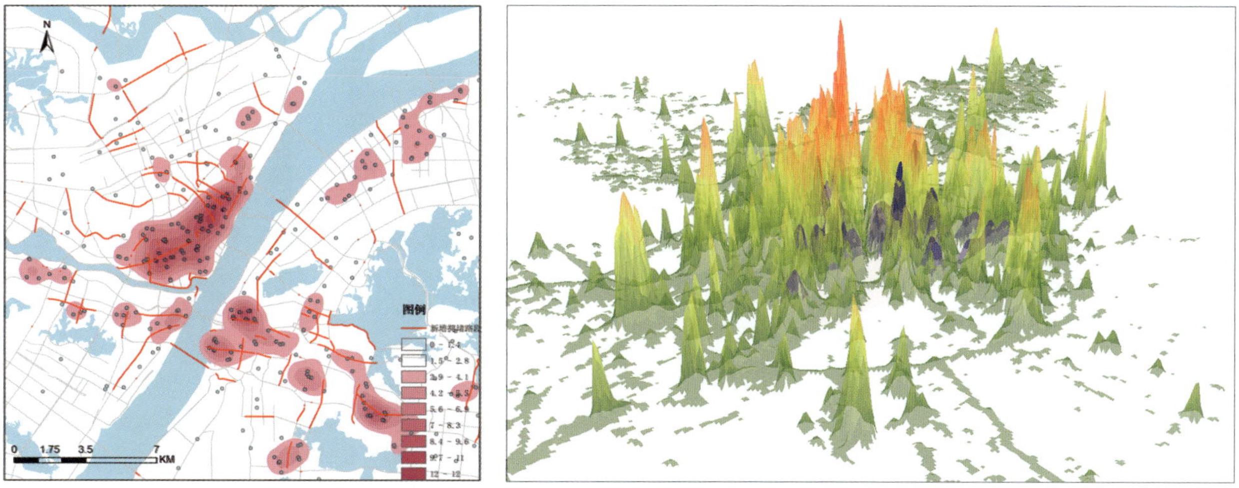

(a)8—9 月新增拥堵与中小学 POI 叠加　　(b)人口热力与拥堵热点叠加

图 5-49　交通拥堵与中小学 POI、人口热力叠加

5.3.7　慢行系统

本节利用百度街景数据，识别慢行设施建设情况，基于 2017 年 6 月 19—26 日抽样共享单车轨迹数据，分析主城范围内骑行特征。

5.3.7.1　慢行设施

1. 人行道与防护栏

如图 5-50 所示，中心城区次干道及以上道路人行道设施密度最高的是江汉区，为 2.57km/km^2，洪山区略低，为 0.77km/km^2，其余各中心城区差距较小。如图 5-51 所示，江汉区和汉阳区非机动车道设施密度较高，其中江汉区最高，为 0.51km/km^2，其余各中心城区整体差异不大。如图 5-52 所示，江汉区和武昌区防护栏设施密度较高，其中江汉区最高，为 1.05km/km^2，除洪山区略低以外，其余各区差异不大。

总体来说，中心城区次干道及以上道路配置有防护栏、非机动车道的设施仍然较少，未来仍要加大力度推进慢行设施建设，提高慢行系统的安全性。

2. 城市绿道

如图 5-53 所示，2020 年全市已建成绿道1 900km，绿道 500m 范围内可服务人口 606.21 万人，绿道服务小区面积占比为 46.26%。从地区分布看，东西湖区、蔡甸区和黄陂区绿道长度较长；从变化来看，全市各区绿道长度在 2015—2020 年均为增加趋势，且增长速度加快，其中东湖高新区和东湖风景区变化最大。

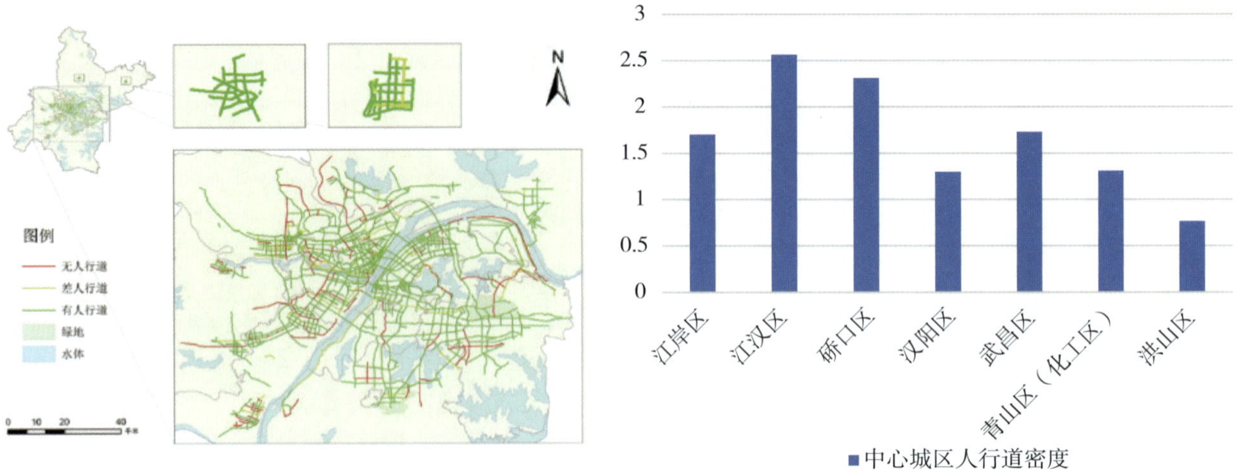

（a）空间分布　　　　（b）分区统计

图 5-50　2020 年武汉市次干道及以上道路人行道分布与统计

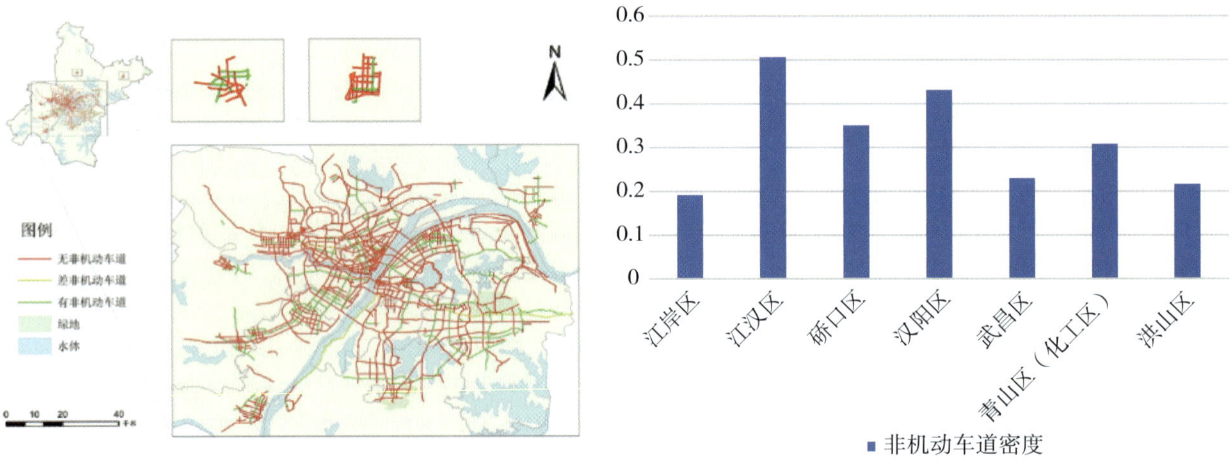

（a）空间分布　　　　（b）分区统计

图 5-51　2020 年武汉市次干道及以上道路非机动车道分布与统计

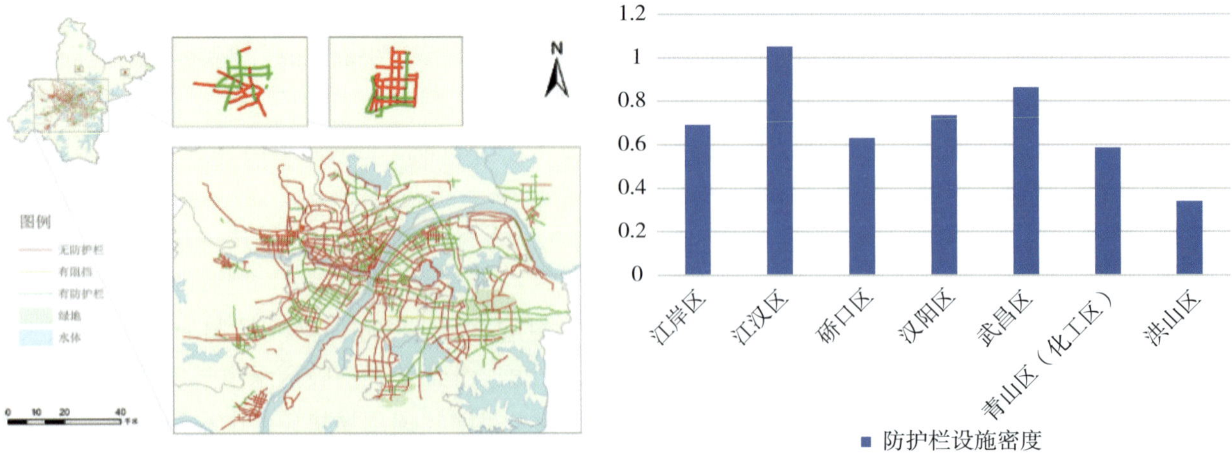

（a）空间分布　　　　（b）分区统计

图 5-52　2020 年武汉市次干道及以上道路防护栏分布与统计

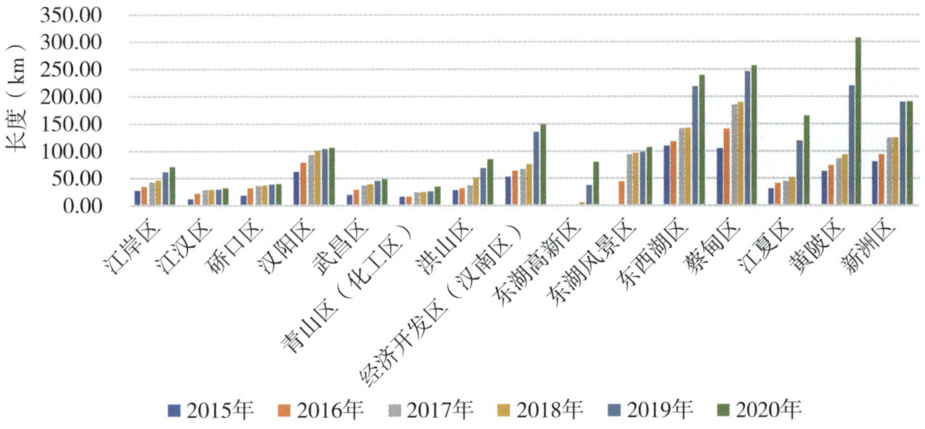

图 5-53　2015—2020 年武汉市各区绿道长度

5.3.7.2　骑行特征

1. 骑行量

如图 5-54 所示，骑行热点地区主要分布在中心城区沿江沿湖地带，如汉口沿长江地带及洪山区东湖—南湖大学廊道，与轨道交通线路去向及站点分布密切相关，如图 5-55 所示，主干路的共享单车流量最高，快速路次之，支路共享单车流量最小。但相比于机动车，各等级道路骑行流量差异较小。

2. 骑行统计特征

通过对骑行轨迹数据的统计分析得到，平均骑行距离为 1.7km，超过 86%的骑行出行距离在 3km 以内，90%以上的骑行出行距离在 4km 以内。平均骑行时间为 12.4min，超过 83%的骑行出行时间在 20min 以内，95%左右的骑行出行时间在 30min 以内。

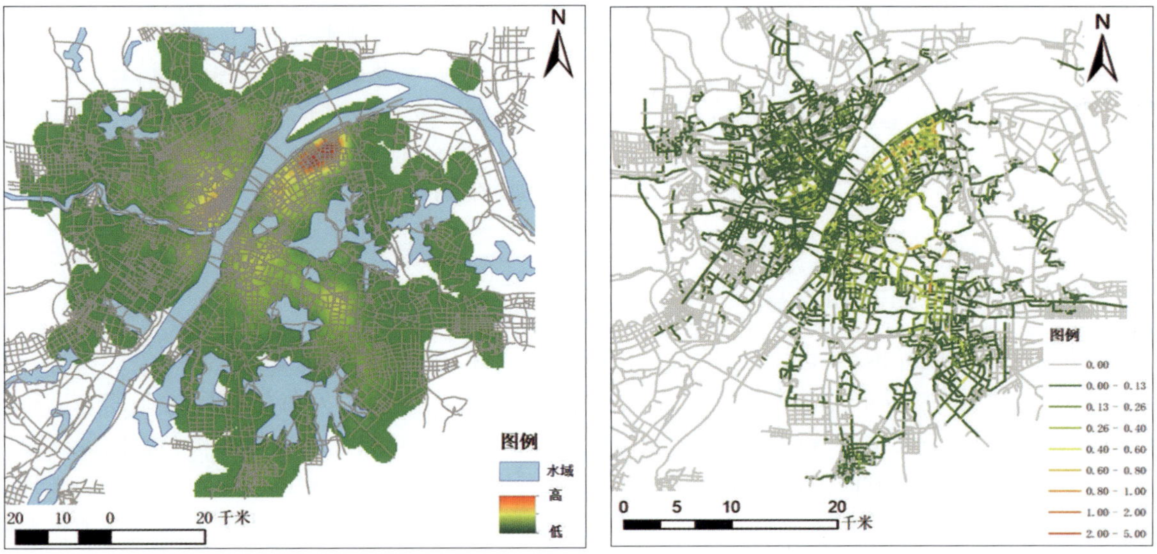

(a)核密度　　(b)路段流量

图 5-54　骑行流量分布

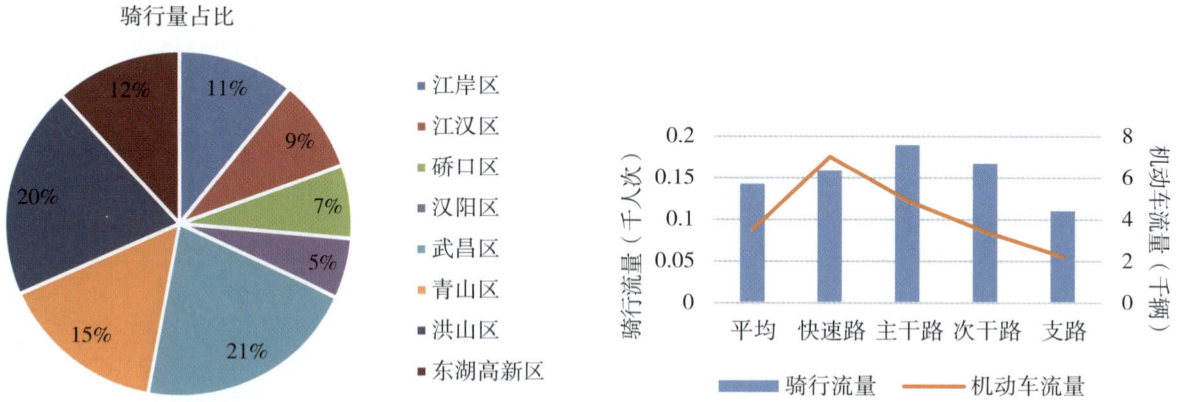

（a）骑行流量分区统计图　　（b）骑行流量与机动车流量对比

图 5-55　骑行流量统计

如图 5-56 所示，骑行速度与道路等级有一定关系，道路等级越高，骑行速度越高。快速路骑行速度最高，主干路次之，支路的骑行速度最低。

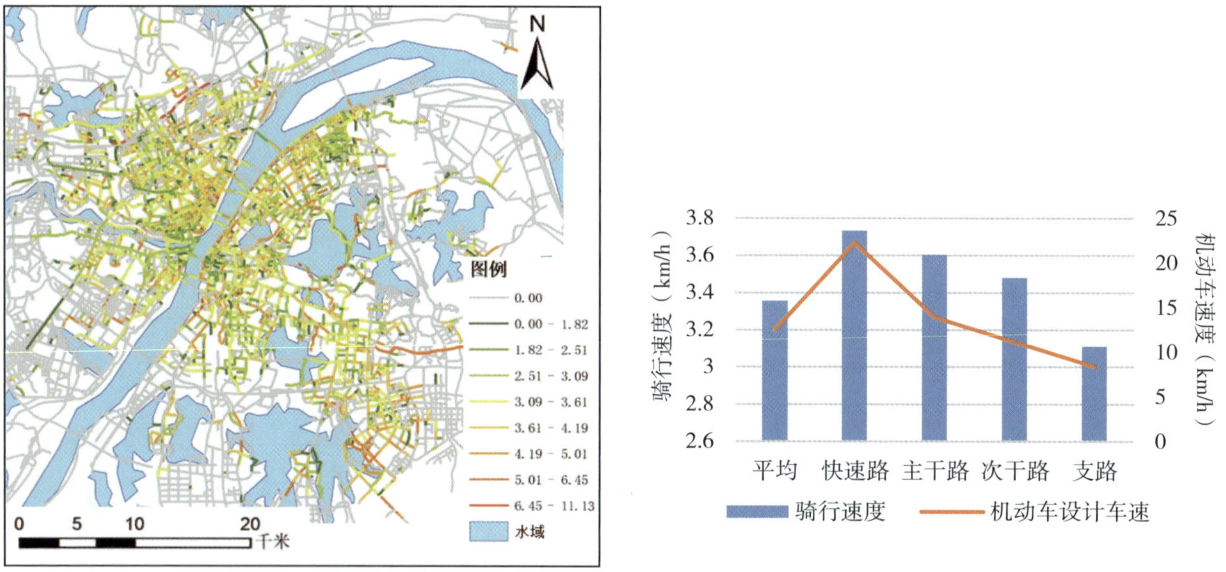

（a）骑行速度分布图　　（b）骑行速度与机动车速度对比

图 5-56　2017 年武汉市骑行速度

3. 典型区域周边骑行特征

以高等院校、公园绿地、轨道交通站点周边为研究区域，分析典型区域骑行特征。

如图 5-57、图 5-58 所示，高等院校方面，武昌区与洪山区高校的分布与骑行热力带的分布保持基本一致，形成了一条大学城骑行廊道。公园绿地方面，大型公园绿地、开敞面积较大的绿地公园更吸引骑行活动。轨道站点方面，在江北地区，骑行热力的分布与站点的分布表现出一定的一致性，尤其是江北临江地区；在武昌片区，由于站点的分布与高校的分布大致相同，产生了高校—地铁—骑行廊道带。

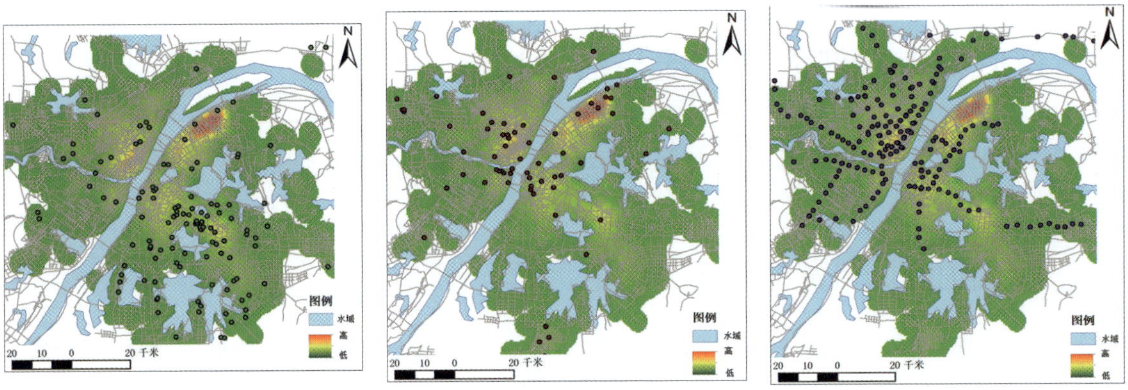

（a）高等院校　（b）公园绿地　（c）轨道交通

图 5-57　2017 年武汉市骑行热点与典型区域叠加

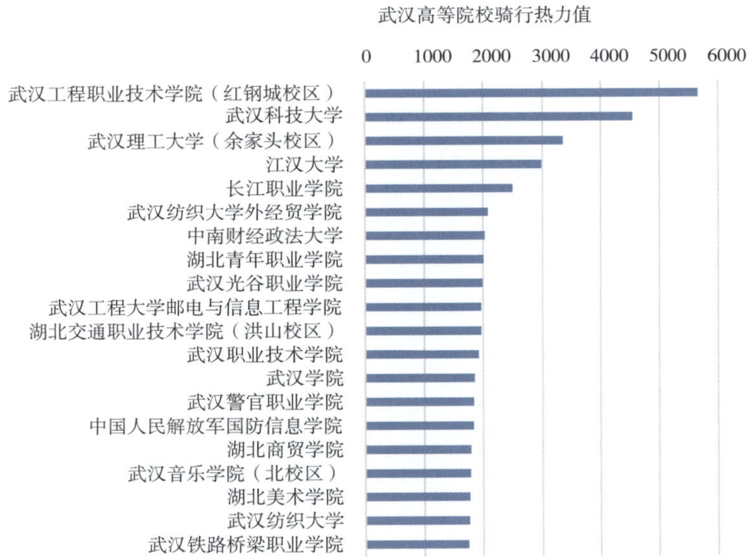

（a）高等院校

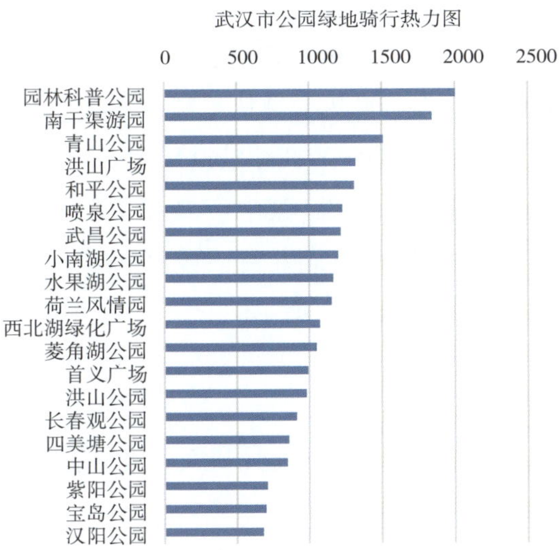

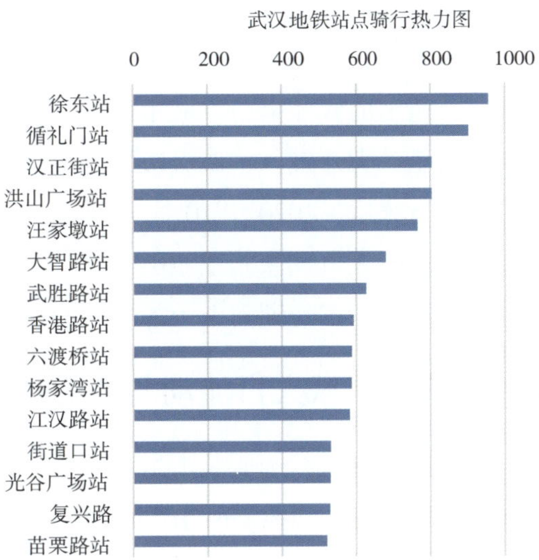

（b）公园绿地　（c）轨道交通

图 5-58　2017 年武汉市典型区域骑行热力值

5.3.8 疫后城市内部人口流动与活力恢复

本节基于联通手机信令与百度位置服务大数据，分析疫情前后城市内部人口流动、交通拥堵变化与活力恢复情况。

5.3.8.1 关键时点人口流动与活力恢复

本节基于典型时间节点联通全目的出行、游憩出行 OD 数据和百度热力数据等多源大数据，对全市和三镇典型时点人口流量及热力总值进行统计和可视化。选取 2019 年 6 月日均出行人流量为平常时段参考基准，分析关键时点人口流动与活力恢复。

从人口流动看，2020 年 9 月，随着大学生集中返校和中小学生开学，城市内部人口流动量已恢复到 2019 年平常时段的 90%，国庆节首日同比恢复至 110%，如图 5-59 所示。

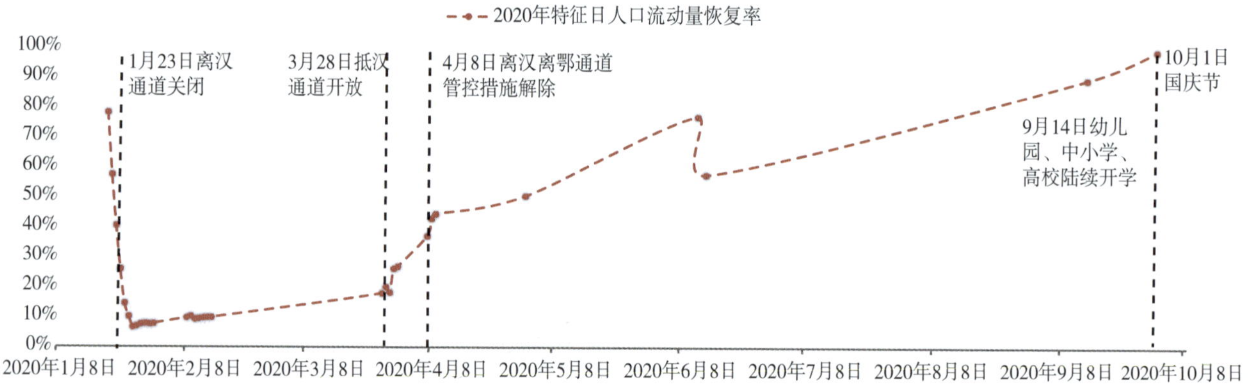

（数据来源：联通全目的出行数据）

图 5-59　2020 年全市人口流动量变化图

从百度热力看，离汉离鄂通道关闭后武汉市陷入沉寂，城市人口热力急剧下降。随着武汉市逐步解除离汉离鄂通道的管控措施，城市内部人口热力逐步恢复，人口聚集区域从最初的汉口、武昌局部区域逐渐扩大至三大开发区，武汉市又逐渐恢复了往日的“烟火气息”，如图 5-60 所示。

从游憩出行来看，2020 年 10 月 1 日全市游憩人口同比恢复至八成，其中市内人口游憩出行已基本恢复，外来游憩人口仅恢复至 2019 年同期的五成。外来游憩人口以湖北省内城市孝感、黄冈以及鄂州为主，河南、广东与湖南省为外省游憩人口主要来源地，如图 5-61 所示。

5.3.8.2 典型区域人口流动与活力恢复

基于百度热力数据，选取城市生产功能（开发园/工业园区）与生活功能（机关、商业圈、旅游区以及大学城）集聚场所，评价不同产业类型生产生活恢复特征。

如图 5-62 所示，全市城市生活有序恢复，受 8 月“惠游湖北”政策和 9 月中小学、高校陆续开学政策的影响，省市机关、商圈、旅游区、大学城生产生活逐步恢复。

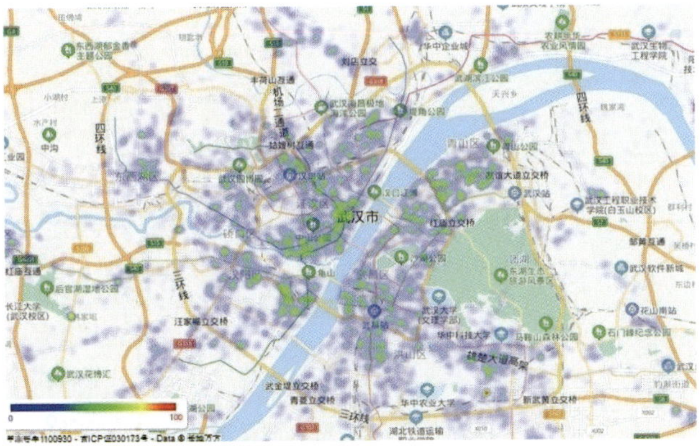

(a)2 月 10 日

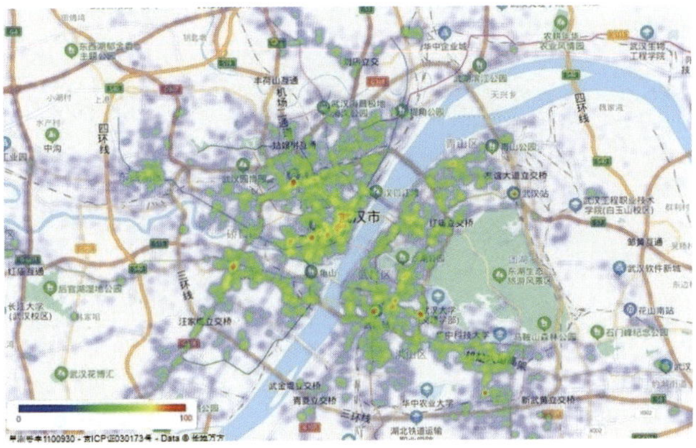

(b)4 月 8 日

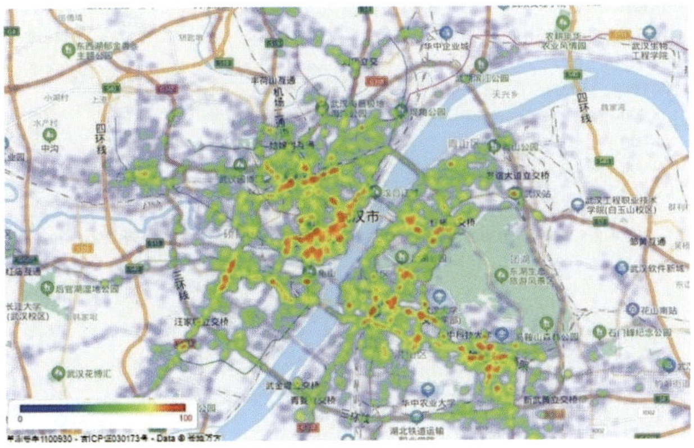

(c)8 月 8 日

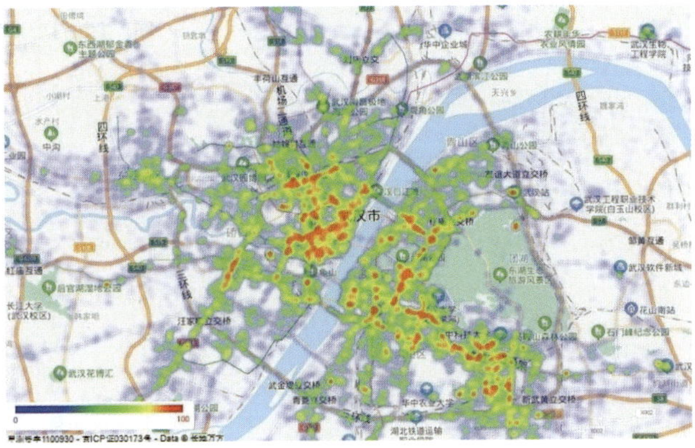

(d)9 月 8 日

图 5-60　2020 年主城区人口热力变化图

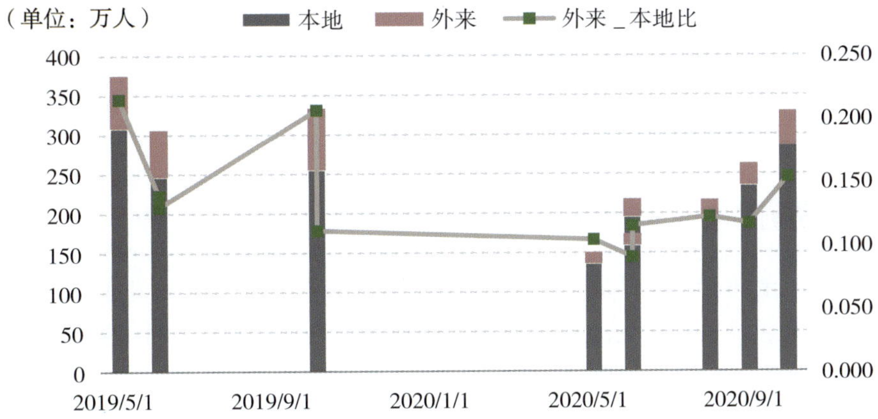

图 5-61　全市游憩人口流量统计

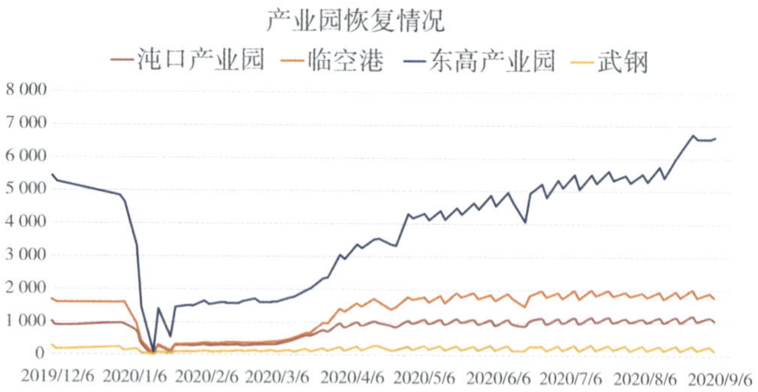

(a)产业园

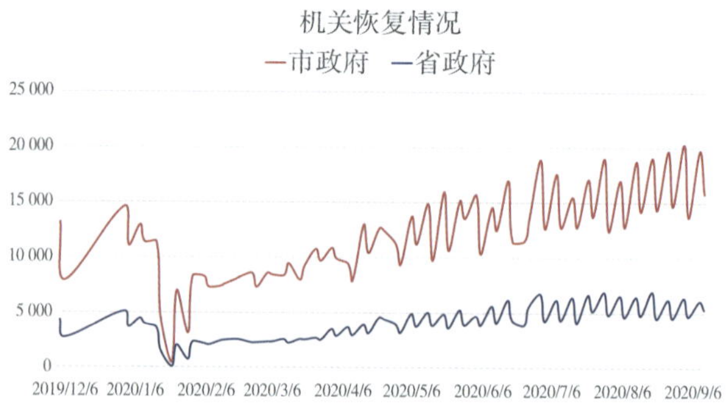

(b)机关

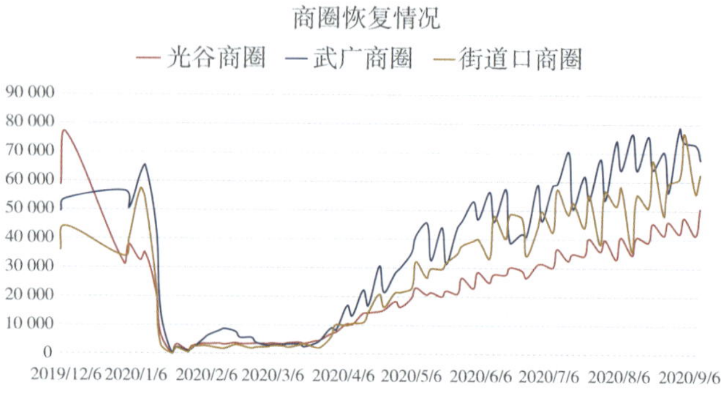

(c)商圈

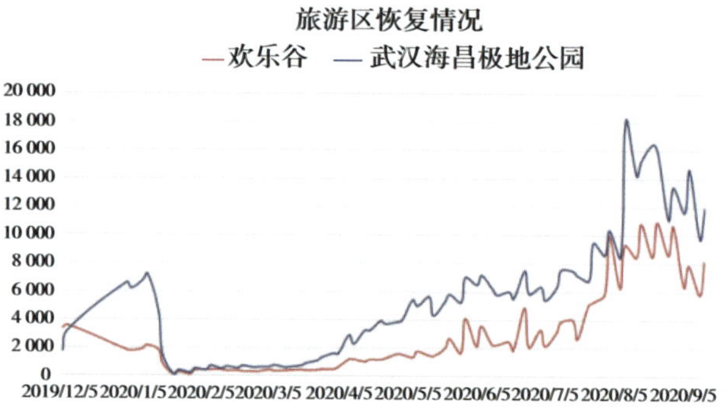

(d)旅游区

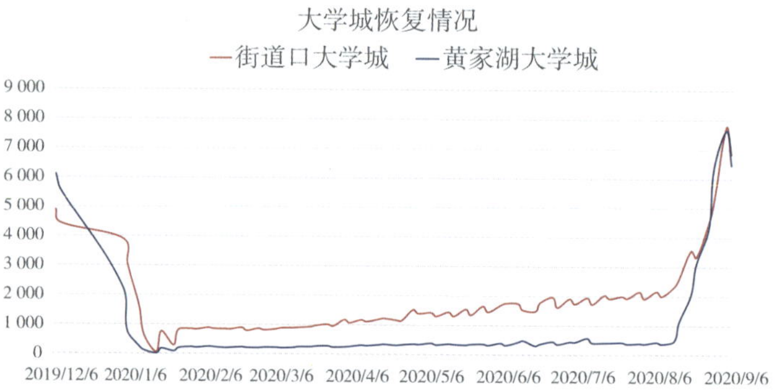

(e)大学城

图 5-62　不同区域人口热力恢复统计

5.3.8.3　早晚高峰拥堵变化分析

从拥堵指数来看，全面复工复产后，各区拥堵指数明显上升，且普遍高于疫情前，其中江岸区、江汉区、武昌区、洪山区、东湖风景区变化明显，如图 5-63(a)、图 5-63(b)所示。

从拥堵里程比例来看，疫情前早晚高峰道路畅通比例分别为 85.47%、83.90%；复工复产初期道路畅通比例分别为 94.00%、94.53%，各等级道路拥堵里程比例有所下降；全面复工复产后，道路畅通比例明显下降，早晚高峰仅为 89.03%、85.22%，且轻度拥堵、中度拥堵和严重拥堵路段比例均明显上升，如图 5-63(c)、图 5-63(d)所示。

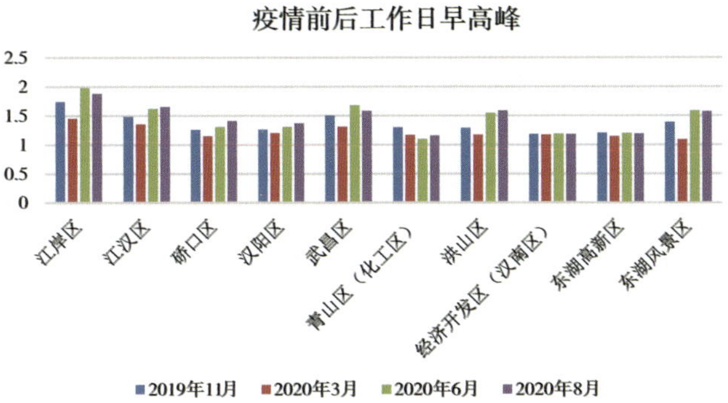

(a)早高峰拥堵指数

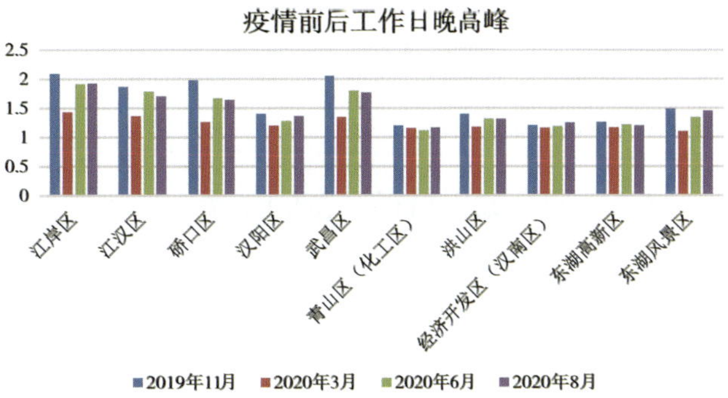

(b)晚高峰拥堵指数

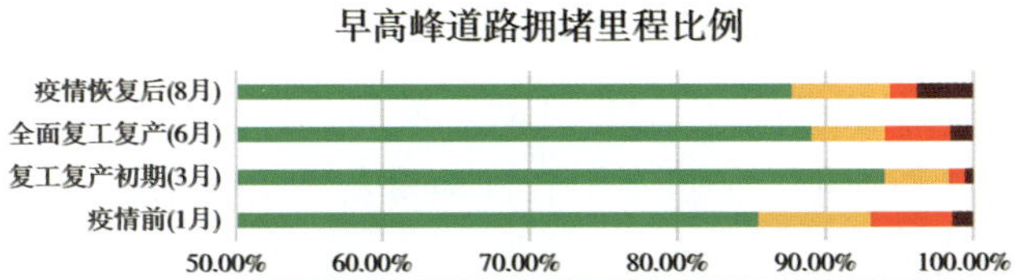

	疫情前(11月)	复工复产初期(3月)	全面复工复产(6月)	疫情恢复后(8月)
畅通	85.47%	94.00%	89.03%	87.71%
轻度拥堵	7.59%	4.36%	5.01%	6.67%
中度拥堵	5.62%	1.17%	4.51%	1.91%
严重拥堵	1.32%	0.48%	1.45%	3.71%

■畅通 ■轻度拥堵 ■中度拥堵 ■严重拥堵

(c)早高峰拥堵里程比例

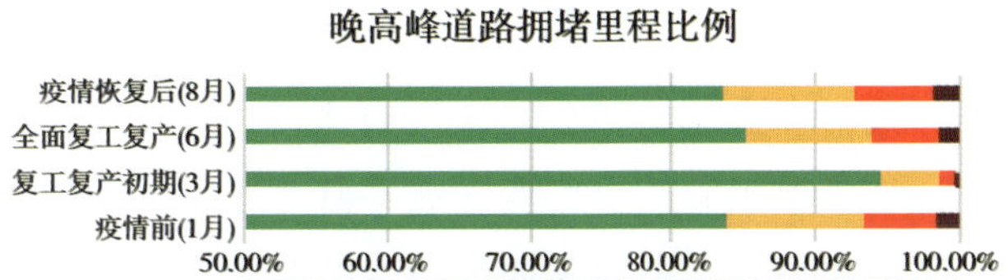

	疫情前(11月)	复工复产初期(3月)	全面复工复产(6月)	疫情恢复后(8月)
畅通	83.90%	94.53%	85.22%	83.62%
轻度拥堵	9.46%	4.05%	8.67%	9.10%
中度拥堵	5.10%	1.13%	4.76%	5.53%
严重拥堵	1.54%	0.29%	1.35%	1.75%

■畅通 ■轻度拥堵 ■中度拥堵 ■严重拥堵

(d)晚高峰拥堵里程比例

图 5-63　疫情前后工作日早晚高峰拥堵指数和拥堵里程比例

5.4　小　　结

1. 城市综合交通建设不断完善，已进入高铁城铁地铁时代

“十三五”以来，全市新增铁路 15km、公路1 353km、城市道路1 062km、轨道交通 261km、过江桥隧 7 座；铁路、水运、公路货运量分别增长 22%、83%和 11%，公路客运量大幅度下降；机动车保有量增加 80%，达到 380 万辆；城市公交客运量增幅 24%，轨交客运量占比从 23%增长到 52%，特别是轨道交通向郊区的延伸，降低了跨圈层交通成本。2020 年，全市城市道路密度达 2.72km/km^2，其中江汉区、江岸区和硚口区达到或接近国家标准，城市路网结构进一步优化。

2. “三站一场”旅客中转率超 5 成，交通枢纽地位突出

武汉“九省通衢”，武汉、汉口、武昌三大火车站及天河机场日均到发旅客约 61 万人次，武汉、汉口、武昌站到发旅客比例约为 5∶4∶3，湖北省内中转率超五成，交通枢纽地位突出。武汉站和天河机场市内到发旅客覆盖全市域，汉口站和武昌站市内到发旅客以所在片区为主。

3. 三镇联系更加紧密，跨圈层职住通勤占比增加

2017—2020 年，全市交通出行量稳定增长，三镇间联系进一步加强，三镇间跨江总流量增长

23%，其中汉口片区跨江交通吸引力最强。全市职住通勤流量增加约11%，中心城区的跨区域流入人口占比降低，外围地区略有上升，以东湖高新区上升最为明显，说明随着人口与产业向外转移，跨圈层职住通勤占比增加。

4. 轨道交通出行存在空间集聚，中转站点客流量较大

轨道交通出行主要集中在中心城区，具有“沿江”和“垂江”带状分布的特点，呈现出菱形放射性结构，新增轨道交通线路有效缓解了跨江出行的压力。部分公交和轨道交通站的中转客流量大，成为交通中转的重点节点；轨道交通线路末端站点对外辐射能力较好，成为线路延长的重点节点。

5. 慢行设施有待进一步改进，为绿色骑行创造更好的环境

城市绿道的增加有助于慢行系统的完善，但城市道路的防护栏、非机动车道的建设仍有提升空间。共享单车骑行热点地区主要分布在中心城区沿江沿湖地带，如汉口沿长江地带及洪山区东湖—南湖大学廊道，与轨道交通线路去向及站点分布密切相关。

6. 城市内部出行已全面恢复常态，“英雄之城”表现出极强的韧性

截至2020年9月，随着百万大学生集中返校和140万中小学生开学，城市内部人口流动量已恢复到去年平常时段的90%，国庆节首日同比恢复至110%，拥堵指数高于往年同期，自驾出行比例提高，疫后武汉迅速恢复往日的“烟火气息”。

第六章

基本公共服务保障

本章围绕基本公共服务均等化目标，从保障度、服务水平、均匀度和便捷度4个方面，开展武汉市“十三五”期间教育、医疗卫生、社会福利和文化体育等公共服务现状与变化监测，并利用联通手机信令和百度位置等数据，识别典型优质公共设施服务区，开展宜居性、“15分钟”生活圈等社区评价，以及典型区域公共服务配套水平和典型休闲娱乐空间活力评价。总体框图如图6-1所示。

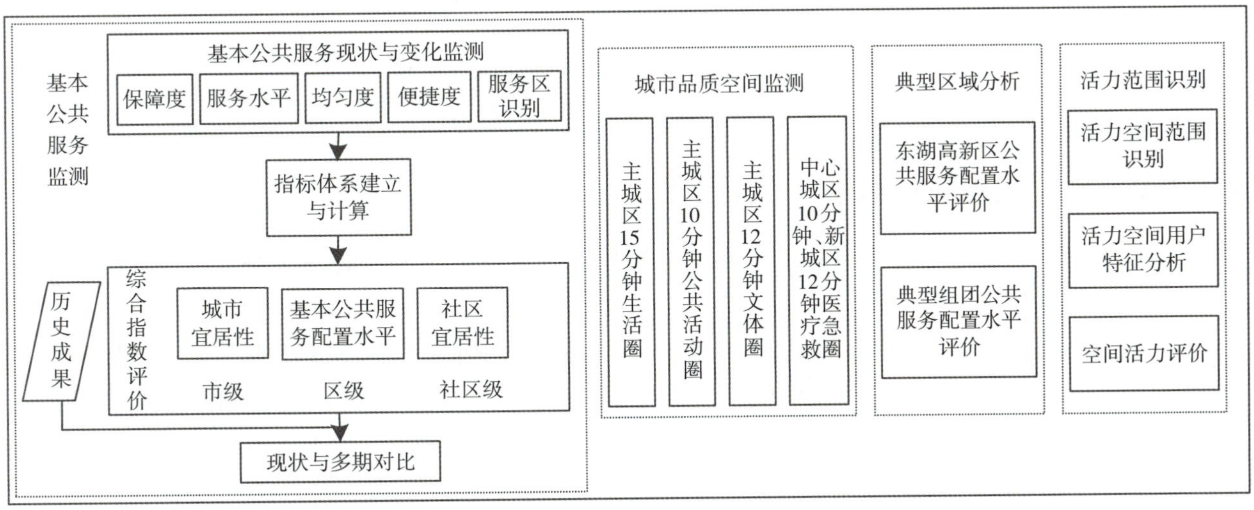

图6-1　基本公共服务监测总体框架

6.1　基本公共服务设施

本节对“十三五”期间全市教育、医疗卫生、社会福利和文化体育等公共服务设施的建设情况和服务水平开展评价，综合分析基本公共服务建设发展成效和问题。

6.1.1 教育设施

本小节从保障度、服务水平、均匀度和便捷度 4 个方面，对全市教育设施的发展现状进行评价，并开展多期数据的对比分析。

6.1.1.1 教育设施保障度

2020 年，全市共有幼儿园1 985所、小学 722 所、初中 311 所、高中 94 所、中等职业技术学校 55 所、特殊教育 5 所①，分区统计如图 6-2 所示。“十三五”以来，幼儿园和小学分别增长 801 所和 31 所。

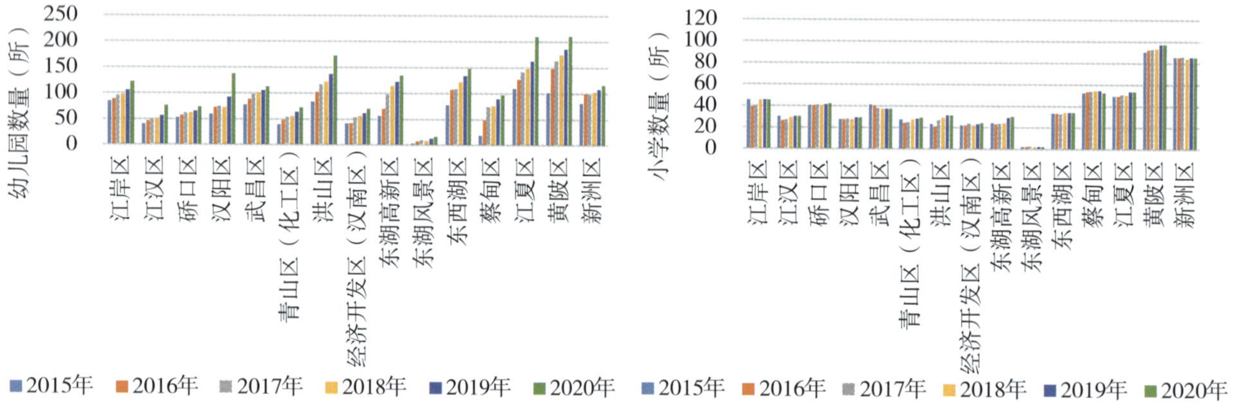

（a）幼儿园　　（b）小学

图 6-2　2015—2020 年幼儿园和小学数量分区统计

6.1.1.2 教育设施服务水平

本部分通过师生比、学位剩余容量和典型学校教育质量评价 3 个方面来反映全市教育设施服务水平。

师生比如图 6-3 所示，“十三五”以来，全市小学和初中整体保持平稳略有下降，初中的服务水平普遍高于小学，主要是由于学生数量的增长快于教职工的扩招。中心城区师生比整体呈现下降趋势，仅洪山区、汉阳区出现部分增长；功能区师生比整体保持稳定，变化并不明显；新城区中，仅东西湖区有所增长，其余各区师生比下降比较明显。

从学位剩余容量来看，全市小学整体供大于求。中心城区剩余量最大；功能区基本满足需求，仅东湖风景区剩余容量略显不足；新城区中仅东西湖区和新洲区存在少量缺口。中学剩余容量整体上供给不足，其中中心城区和新城区的缺口较大，如图 6-4 所示。

典型学校教育质量评价方面，主要分析了学校升学率(包含示范率、普高率)，如图 6-5 所示。优质初中教育资源主要集中在中心城区，武昌区最多；功能区中优质教育资源主要集中在东湖高新区和经济开发区(汉南区)；新城区整体教育质量有待提升。

① 数据来源：武汉市教育局教育机构一览表，时点为 2021 年 1 月。

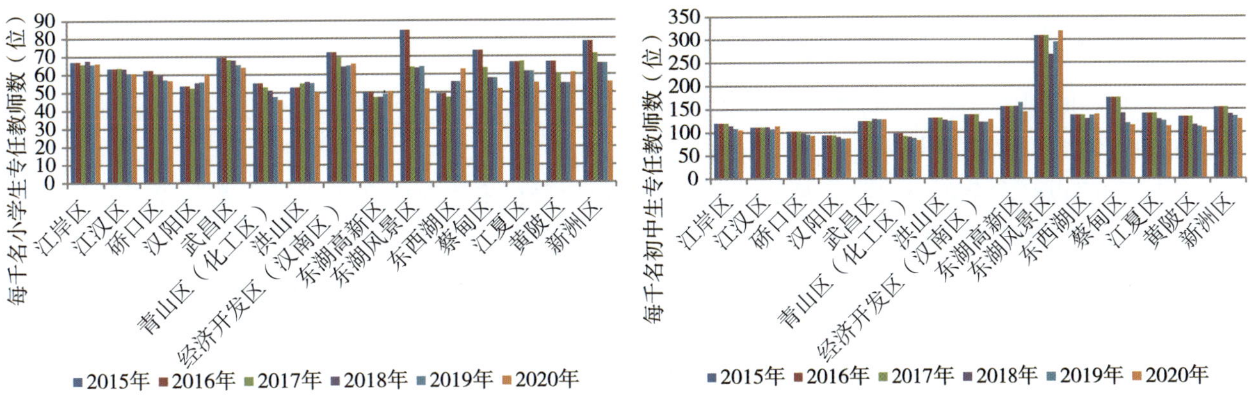

(a) 每千名小学生专任教师数　　(b) 每千名初中生专任教师数

图 6-3　2015—2020 年中小学师生比分区统计

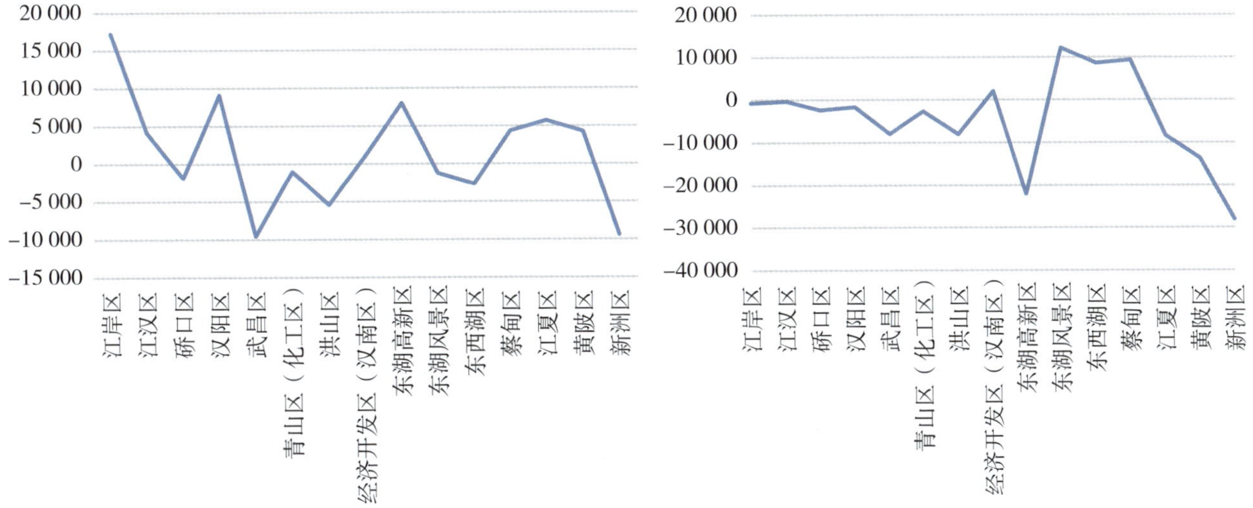

(a) 小学　　(b) 初中

图 6-4　中小学学位剩余容量

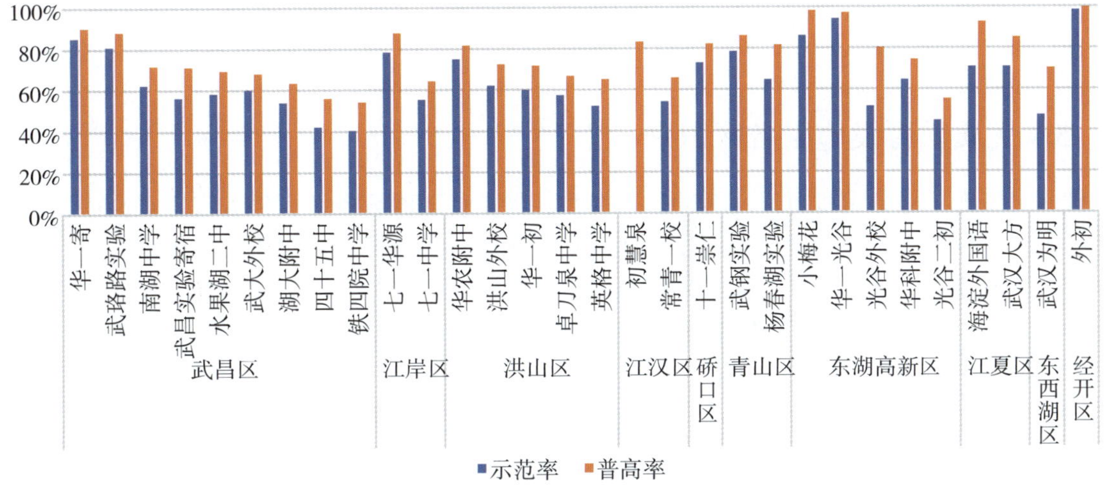

图 6-5　典型学校升学率统计

6.1.1.3 教育设施均匀度

基于步行时间成本栅格，计算中小学在设定服务半径可达区域内的人口覆盖度，以此评价各区教育设施的均匀度，结果如图 6-6(a)和图 6-6(b)所示。

“十三五”以来，全市小学覆盖度总体上呈现下降趋势，主要原因在于小学人数的增长速度高于小学数量的增长速度。中心城区覆盖度可达 60%；功能区覆盖度一般，其中东湖高新区和经济开发区(汉南区)相对较好，覆盖度约为 40%；新城区(除东西湖区达到 70%的人口覆盖度外)由于面积广阔、学校资源较为分散，覆盖度均处于 30%以下。初中覆盖度情况整体好于小学，中心城区覆盖度较高，超半数街道覆盖度达到 90%以上；功能区和新城区覆盖度相对较差，只有经济开发区(汉南区)和东湖高新区达到 40%。

6.1.1.4 教育设施便捷度

通过可达性分析，以 5km/h 的步行速度构建时间成本栅格，评估中小学的便捷度，结果如图 6-6(c)和图 6-6(d)所示。

中心城区小学便捷度最高，其中江汉区、硚口区的小学便捷度达到国家规定标准(500m)，满足了居民需求；功能区和新城区离国家规定标准尚有一定距离。全市初中便捷度整体高于小学，中心城区大部分区域的居民在1 000m之内可到达中学，达到国家规定标准(1 000m)。

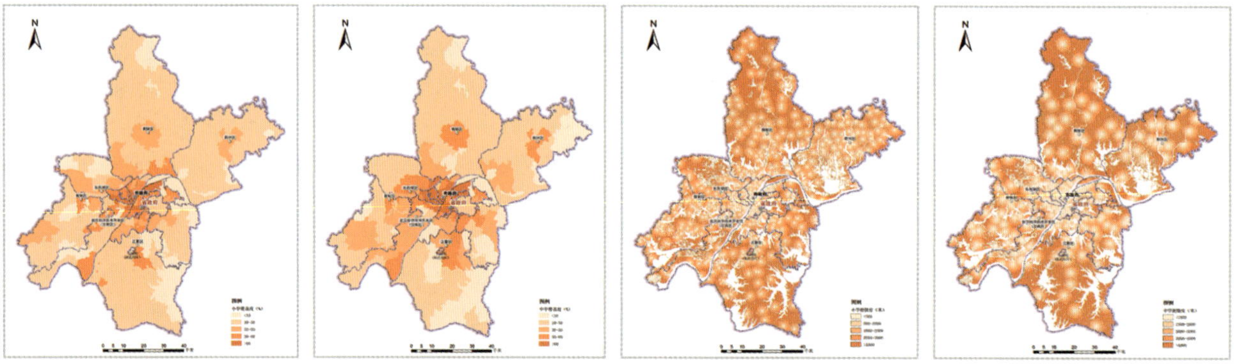

(a)小学覆盖度　(b)初中覆盖度　(c)小学便捷度　(d)初中便捷度

图 6-6　2020 年中小学覆盖度和便捷度空间分布

6.1.1.5 优质教育设施服务区识别

基础教育资源的服务范围可以用缓冲区来衡量，但是优质教育资源，例如省重点高中，由于影响力、招生形式等因素，服务范围已经超过行政区划限制。本部分选取武汉市第二中学、武汉市第一中学、湖北省实验中学、武汉中学、武汉外国语学校和华中师范大学第一附属中学等 6 所省级重点示范中学，采用 2020 年 9 月 14 日(工作日)联通手机信令数据，开展典型优质教育资源服务区识别，分别统计各区就学人数占比。

1. 武汉市第二中学

武汉市第二中学服务区如图 6-7(a)所示。从分区来看，前往武汉二中就学的学生主要来自江岸区、江汉区和武昌区，人数占比分别约为49%、16%和11%，存在跨区上学现象。从跨江来看，武汉二中跨江占比约为22%。

2. 武汉市第一中学

武汉市第一中学服务区如图6-7(b)所示。从分区来看，前往武汉一中就学的学生主要来自江汉区、江岸区和黄陂区，人数占比分别约为29%、18%和17%，虽然存在跨区就学的情况，但就近入学的趋势明显。从跨江来看，武汉一中跨江占比约为12%。

3. 湖北省武昌实验中学

湖北省武昌实验中学服务区如图6-7(c)所示。省实验的服务范围主要集中在主城区内，最远处延伸至黄陂区和东湖高新区。从分区来看，武昌区、洪山区和汉阳区前往省实验就学的学生占比位居前三，分别为52%、17%和8%。从跨江来看，省实验跨江占比近23%。

4. 武汉中学

武汉中学服务区如图6-7(d)所示。从分区来看，武昌区、洪山区和经济开发区前往武汉中学就学的学生占比位居前三，分别约为52%、22.10%和5.00%。从跨江来看，武汉中学跨江占比约为7%。

5. 武汉外国语学校

武汉外国语学校服务区如图6-7(e)所示。由于全市外校所定位的手机信令格网中覆盖了武汉市第六十八中学(该校地理位置紧挨武汉外国语学校)，因此识别到的就学人数较多。从分区来看，江汉区、硚口区和东西湖区的就学人口较多，占比分别约为17%、16%和12%，相较于其他学校，外校跨区现象更明显，约为80%。从跨江来看，外校跨江占比近35%。

6. 华中师范大学第一附属中学

华中师范大学第一附属中学(以下简称“华师一附中”)的服务区如图6-7(f)所示。由于华师一附中是一所寄宿制学校，联通手机信令数据主要反映租住在学校附近的学生就学情况和学校教职工的上班情况，这导致了当日前往华师一附中的数据量较小，且占比主要集中在江南片区的东湖高新区等地。从分区来看，当日前往华师一附中手机用户主要分布在东湖高新区和江夏区，占比分别为53%和29%。从跨江来看，华师一附中跨江占比约为3%。

7. 综合对比分析

如图6-8所示，综合对比以上几所典型中学，结果表明，优质高中的跨区就学现象十分明显，平均跨区占比约52%，跨江占比约19%，以主城区范围为主。一方面，随着地铁、公交线路等公共交通服务的发展，家庭住所较远的学生可以实现跨区就学；另一方面，居住在城市郊区的学生可通过就近租房或寄宿等方式，来缩短就学距离。

6.1.2 医疗设施

本小节从保障度、服务水平、均匀度和便捷度4个方面，对全市医疗设施的发展现状进行评价，并开展多期数据的对比分析。

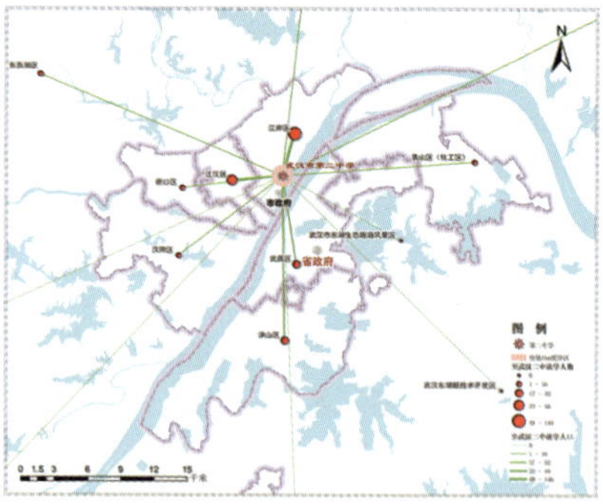

(a)武汉市第二中学

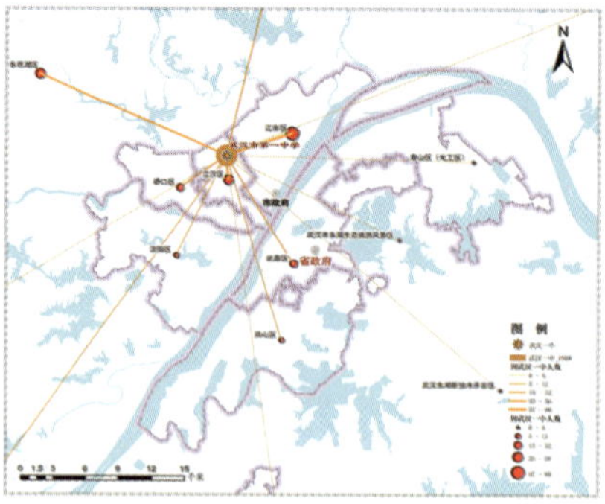

(b)武汉市第一中学

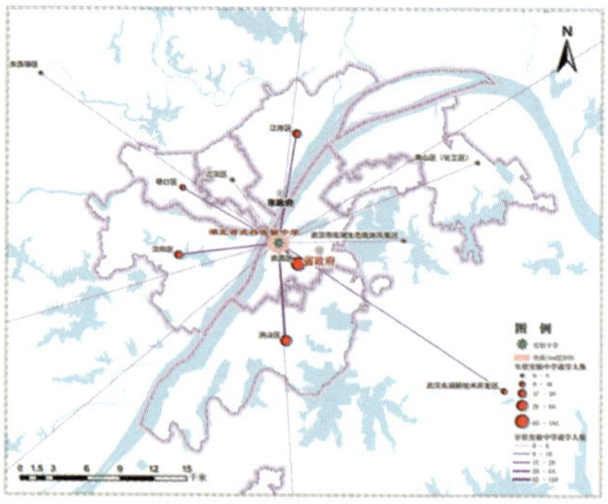

(c)湖北省武昌实验中学

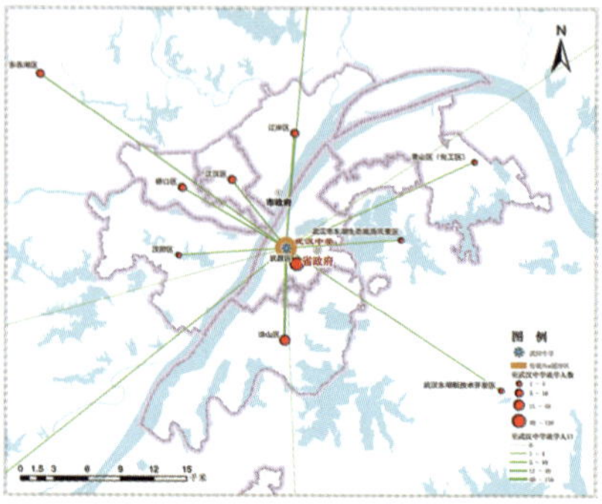

(d)武汉中学

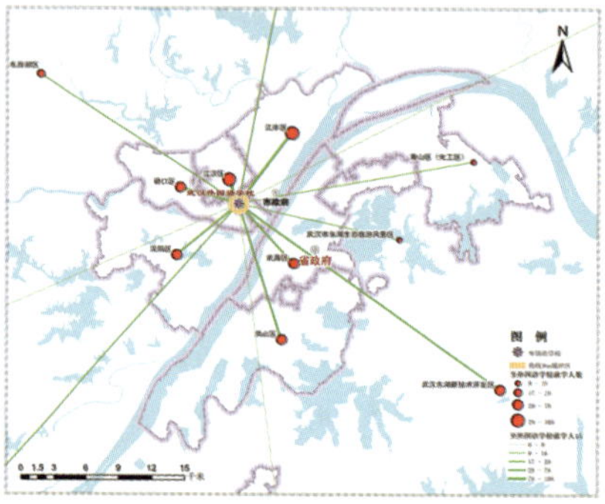

(e)武汉外国语学校

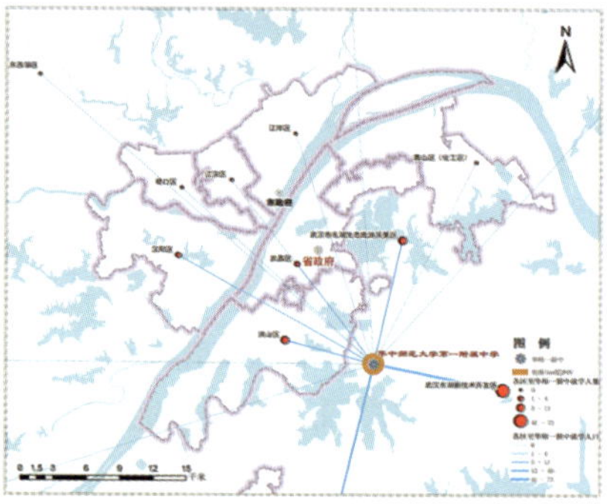

(f)华中师范大学第一附属中学

图 6-7　典型中学服务区识别结果

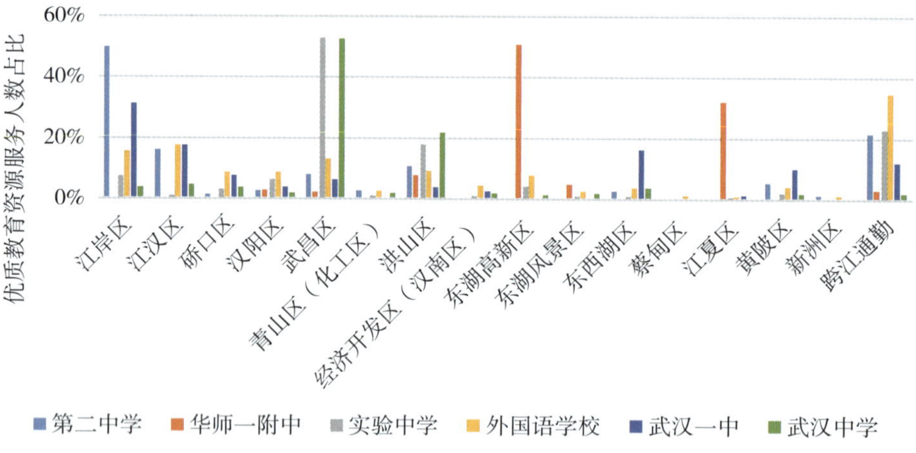

图 6-8　优质教育资源服务人数占比

6.1.2.1　医疗设施保障度

2020 年，全市共有卫生事业机构6 446个，床位 9.38 万张。卫生技术人员 11.52 万人，其中执业(助理)医师 4.19 万人，护师、护士 5.73 万人。年末共有三级医院 66 个，卫生防疫、防治机构 31 个，妇幼保健院所 16 个，国家临床重点专科 122 个。全市医护比为 1∶1.37，高于国家规划纲要标准 1∶1.25，说明卫生技术人员的配置相对合理，如图 6-9 所示。“十三五”以来，全市卫生事业机构增加2 751个，床位增加 1.31 万张，执业(助理)医师增加 0.90 万人，护师、护士 1.21 万人。

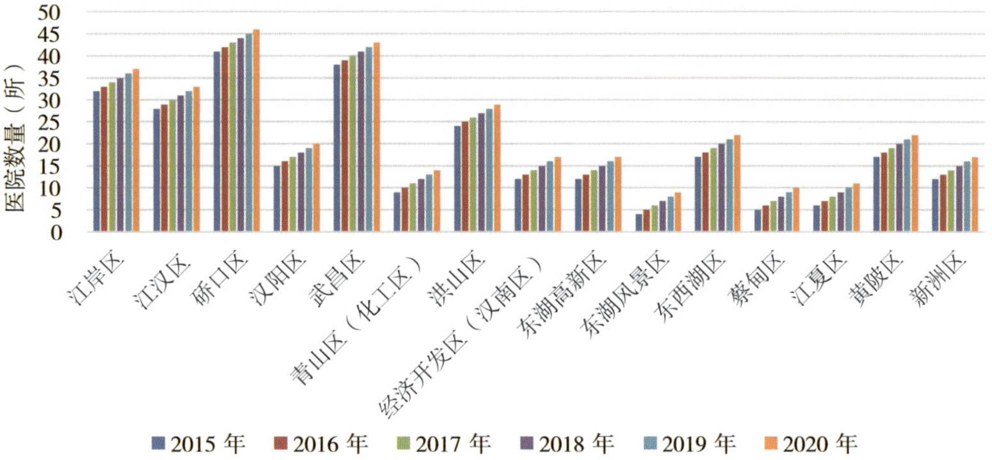

（a）医院数

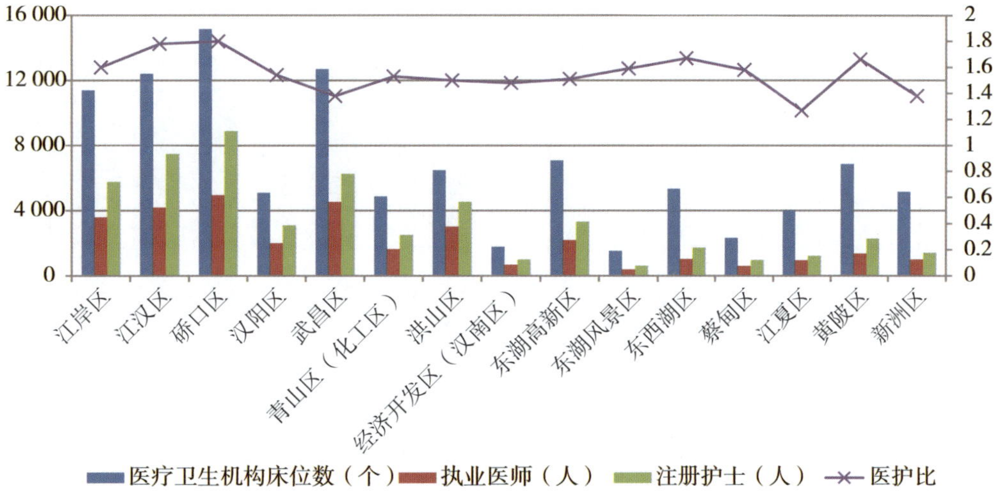

（b）床位和医护人员数

图 6-9　2020 年分区医疗卫生机构、床位和医护人员数统计

6.1.2.2　医疗设施服务水平

2020 年，全市医疗卫生机构配置水平整体情况较好，每千人执业（助理）医师数为 3.40，每千人医疗卫生机构床位数为 7.61。“十三五”以来，全市每千人执业（助理）医师数提升了 0.30 个，每千人医疗卫生机构床位数提升了 1.25 个，如图 6-10 所示。

6.1.2.3　医疗设施均匀度

将医疗卫生设施划分为大型医疗卫生设施（医院、妇幼保健院）与小型医疗卫生设施（社区服务中心和卫生院），基于时间成本栅格，计算车行 30 分钟和步行 15 分钟可达区域内的人口覆盖度，评价医疗卫生设施的均匀度，结果如图 6-11 所示。

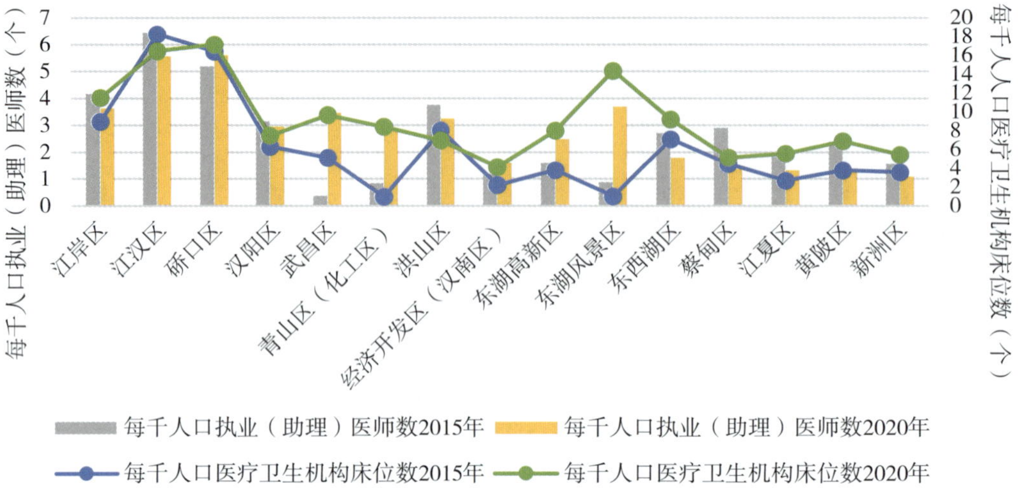

图 6-10　2020 年全市医疗卫生机构配置水平统计

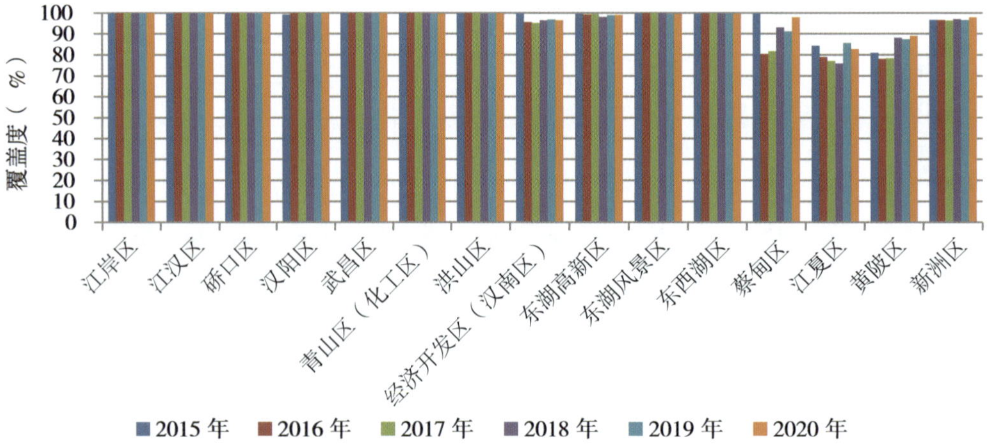

(a) 大型医疗卫生机构

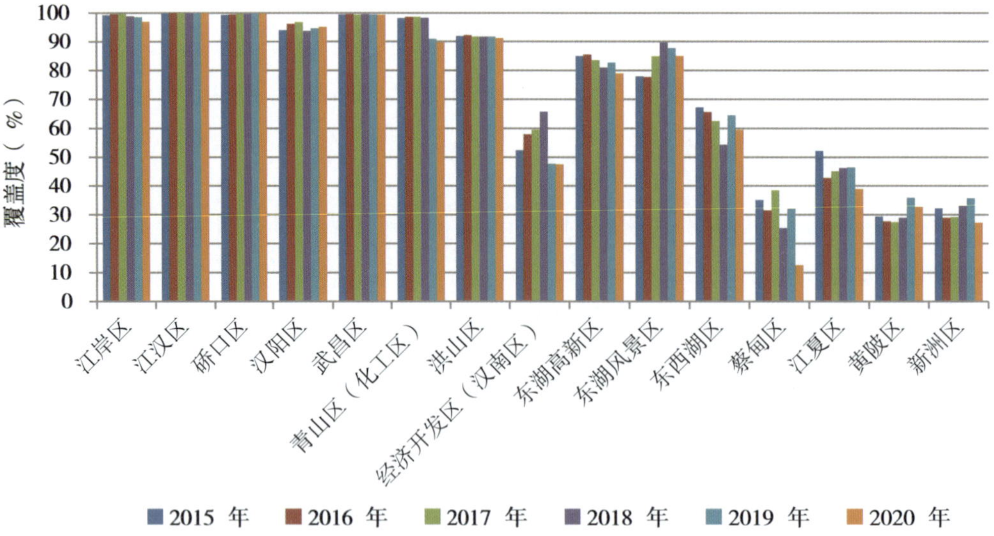

(b) 小型医疗卫生机构

图 6-11　2015—2020 年医疗卫生机构覆盖度分区统计

大型医疗卫生机构方面，“十三五”期间各区人口覆盖度总体差异不大(图6-11(a))。除江夏区和黄陂区之外，各区人口覆盖度均达到90%，中心城区更是接近于100%。小型医疗卫生机构方面，“十三五”期间全市小型医疗卫生机构15分钟可达区域人口覆盖度总体保持稳定，如图6-11(b)所示。中心城区(除青山区以外)连续五年覆盖度达到90%，功能区和新城区覆盖度在2020年均有所下降，仅东湖高新区和东湖风景区覆盖度达到了75%。

6.1.2.4 医疗设施便捷度

通过可达性分析，分别构建车行和步行时间成本栅格，评估医疗卫生设施的便捷度，结果如图6-12所示。

大型医疗卫生机构方面，中心城区(除青山区和洪山区外)平均可达时间都小于5分钟，功能区平均可达时间低于新城区平均可达时间。“十三五”以来，全市大型医疗机构的可达性和便捷度均得到了提升。小型医疗卫生机构方面，中心城区步行可达时间大多小于15分钟，发展水平基本完善；功能区中圈层发展不均衡，东湖风景区要明显优于其他两区；新城区平均步行可达时间普遍较高，大多数超过了30分钟。

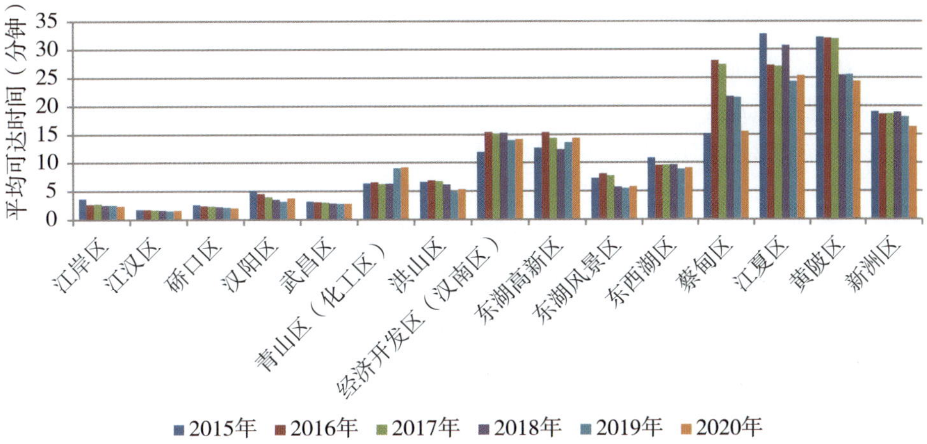

(a)大型医疗卫生机构车行

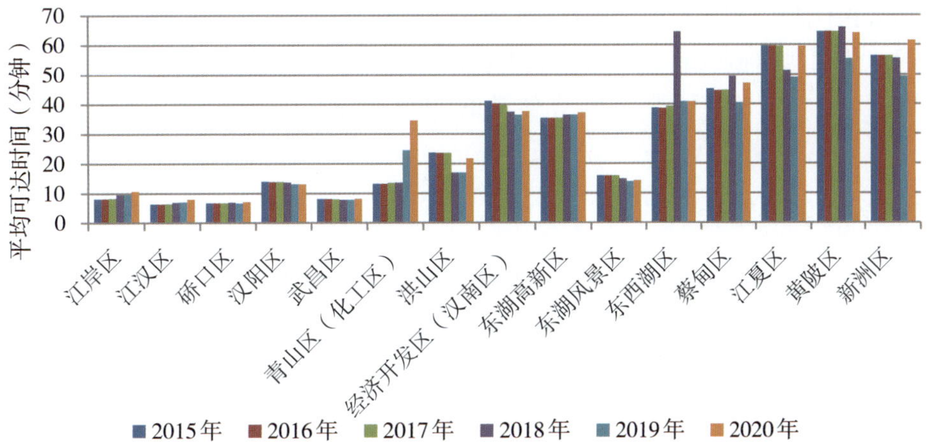

(b)小型医疗卫生机构步行

图6-12　2015—2020年医疗卫生机构便捷度分区统计

6.1.2.5 优质医疗服务区识别

优质三甲医院，拥有先进的医疗设备、优质医护人员、专业的国家资质，其服务能力已经远超地域限制。本节选取华中科技大学同济医学院附属协和医院、同济医院，武汉市第一医院，武汉市第三医院，武汉大学口腔医院，武汉市亚洲心脏病医院和湖北省妇幼保健院等典型三甲医院，利用2020年6月25日(工作日)、2020年9月12日(周末)、2020年10月1日(节假日)联通手机信令非职住到访人口数据，识别典型医院服务区范围与跨区跨江就医特征，如图6-13所示。

1. 华中科技大学同济医学院附属协和医院、同济医院

华中科技大学同济医学院附属协和医院、同济医院是国家首批三级甲等大型综合医院，两所医院地理位置相近，综合两所医院的服务区，如图6-13(a)所示。从分区来看，工作日、周末、节假日就医来源地差别不大，就医人数占比最高的是江岸区和硚口区，在工作日均占当日平均人流总量的15%，功能区及新城区就医人数也占到了30%。从跨江来看，节假日及周末跨江就医占比约为30%和26%，大于工作日跨江比例。

2. 武汉市第一医院

武汉市第一医院(武汉市中西医结合医院)的服务区如图6-13(b)所示。从分区来看，中心城区工作日就医人数占比更高，功能区和新城区居民更愿意周末及节假日外出就医。工作日前往第一医院就医的人数占比峰值出现在江岸区和江汉区，占比均达到22%；其次是硚口区，占比达到12%。从跨江来看，跨江占比约为23%，跨区比例在节假日也达到89.70%。

3. 武汉市第三医院

武汉市第三医院的服务区如图6-13(c)所示。从分区来看，工作日前往第三医院就医的人数占比峰值出现在武昌区，占比为35%，其次是洪山区和东湖高新区，占比分别约为23%和8%。从跨江来看，跨江比例在节假日最高，约为40%。

4. 武汉大学口腔医院

武汉大学口腔医院是一家三级甲等的高等口腔医学类专科医院，其服务区如图6-13(d)所示。从分区来看，武汉大学口腔医院的就医人数峰值出现在洪山区、东湖高新区和武昌区，周末及节假日与工作日人数占比相当，约占当日人口流动总量的29%、22%和19%。从跨区来看，跨江占比约为18%。

5. 武汉市亚洲心脏病医院

武汉亚洲心脏病医院，是一家三级甲等心脏病专科医院，其服务区如图6-13(e)所示。从分区来看，亚心医院就医人数峰值出现在江岸区，在工作日占比约为22%，其次是江汉区和汉阳区。从跨江来看，跨江占比约为26%。

6. 湖北省妇幼保健院

湖北省妇幼保健院服务区如图6-13(f)所示。从分区来看，工作日、周末、节假日就医来源地差

别不大，前往湖北省妇幼保健院就医的人口占比峰值出现在洪山区、武昌区和东湖高新区，占比分别约为 33%、18%和 21%。从跨江来看，跨江占比约为 15%。

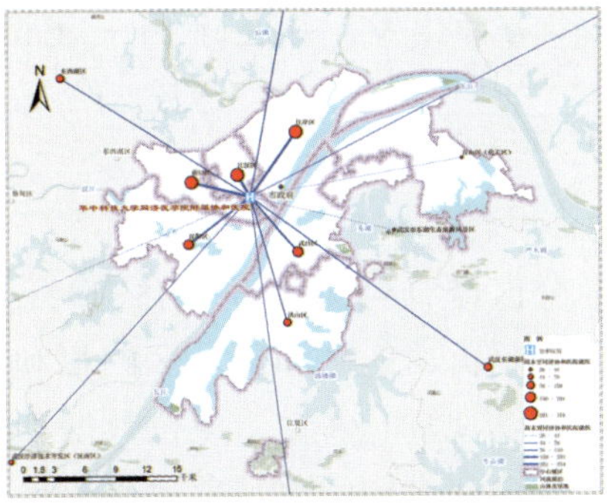

(a)同济医院、协和医院服务区

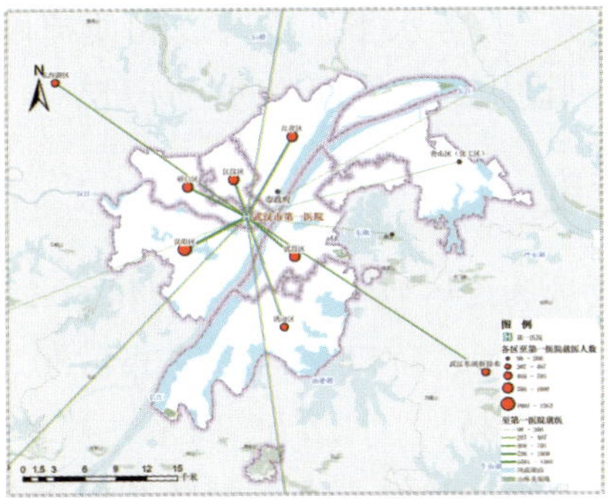

(b)武汉市第一医院服务区

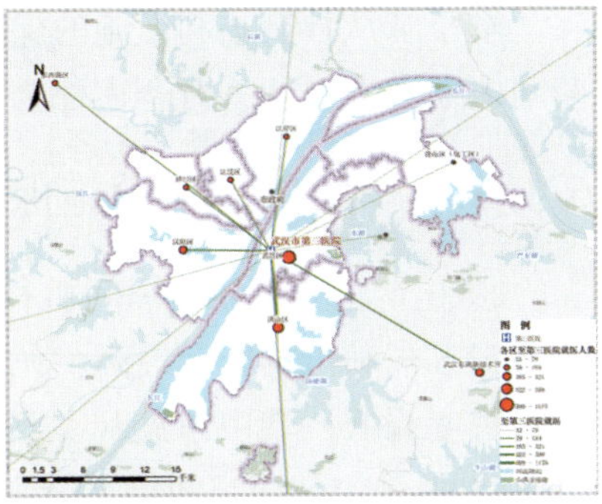

(c)武汉市第三医院服务区

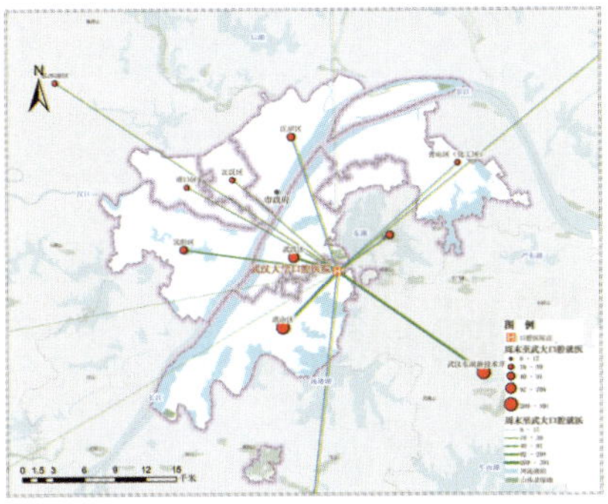

(d)武汉大学口腔医院服务区

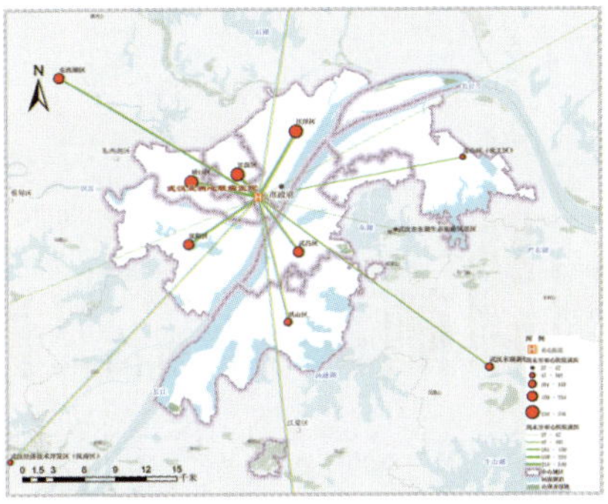

(e)武汉市亚洲心脏病医院服务区

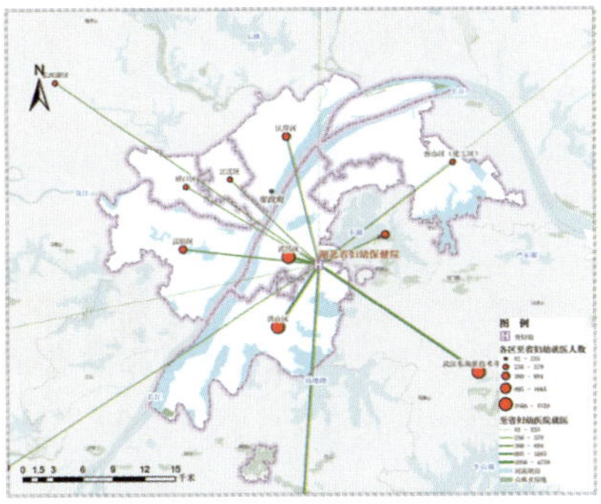

(f)湖北省妇幼保健院服务区

图 6-13　武汉市典型三甲医院服务区识别结果

7. 综合对比分析

综合对比以上几所典型优质医疗资源，如图 6-14 所示，典型三甲医院平均有约 76%的跨区、24%的跨江就医服务比例，表明三甲医院已实现跨市域的辐射服务，且相对工作日、节假日及周末跨区跨江就医人数比例更高。

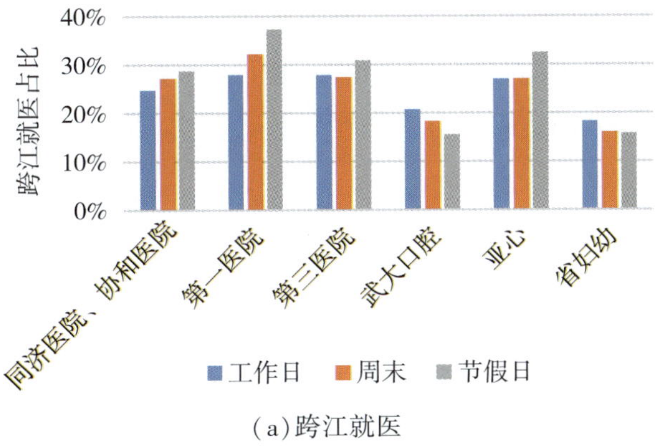

(a)跨江就医

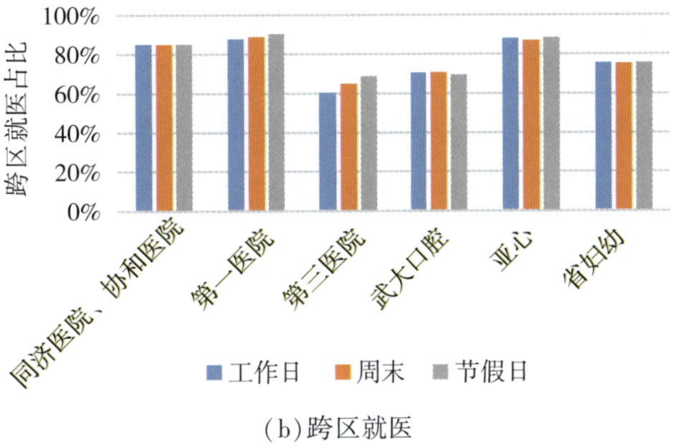

(b)跨区就医

图 6-14　优质医疗设施服务区人数占比

6.1.3 社会福利

本小节从社会福利设施的保障度、服务水平、均匀度和便捷度 4 个方面出发，并进行“十三五”期间多期数据对比，对全市社会福利设施的发展现状进行评价。

6.1.3.1 社会福利设施保障度

2020 年，全市社会福利机构数量为 275 所，床位数为48 606个，分区统计结果如图 6-15 所示。中心城区福利机构密度最高，尤其江汉区、硚口区均超过了 0.50 所/千米^2；功能区和新城区的福利机构密度偏低，其中东湖风景区相对较高。“十三五”以来，社会福利机构增加 88 家，床位数增加 1 317张。全市社会福利机构设施数量变化平稳，中心城区和新城区社会福利机构的数量普遍高于功能区。

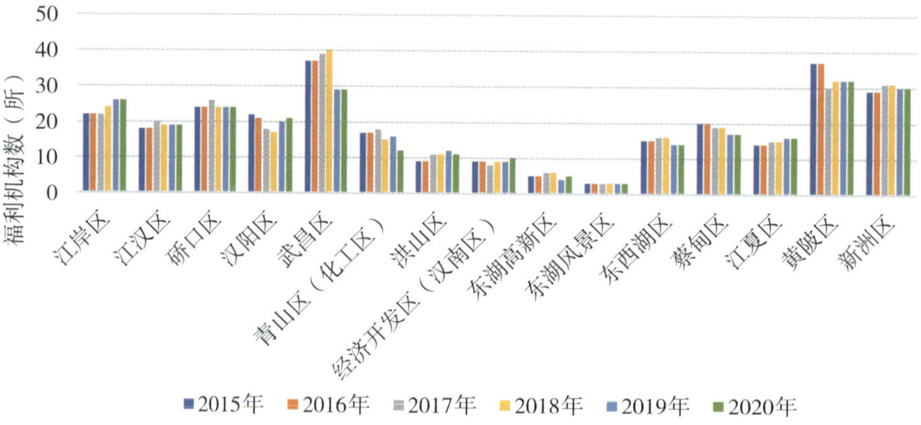

图 6-15 2015—2020 年福利机构分区统计

6.1.3.2 社会福利设施服务水平

如图 6-16 所示，2020 年全市平均每千人福利机构数为 0.02，每千人福利机构床位数为 3.72 张。“十三五”以来，全市平均每千人福利机构数下降 0.01 个，每千人福利机构床位数增加 0.29 张，这是由于福利机构精简，更加注重福利设施的服务质量。中心城区福利机构数量和床位数较多，由于人口基数大，每千人拥有量均低于全市平均水平；功能区福利机构服务水平相对较低，其中东湖高新区尚未达到国家标准；新城区福利机构服务水平最高，大部分都达到了全市平均水平。

6.1.3.3 社会福利设施覆盖度

基于时间成本栅格，计算社会福利院及养老设施车行 30 分钟可达区域内的人口覆盖度，以此评价各街道社会福利设施均匀度，结果如图 6-17(a)和图 6-17(b)所示。

2020 年，福利设施覆盖度总体保持稳定，95.00%以上的街道能够在 30 分钟之内到达最近的社会福利机构。全市养老设施平均覆盖度为 78.13%，由于老龄化率上升，“十三五”以来，全市养老设施平均覆盖率有所降低。

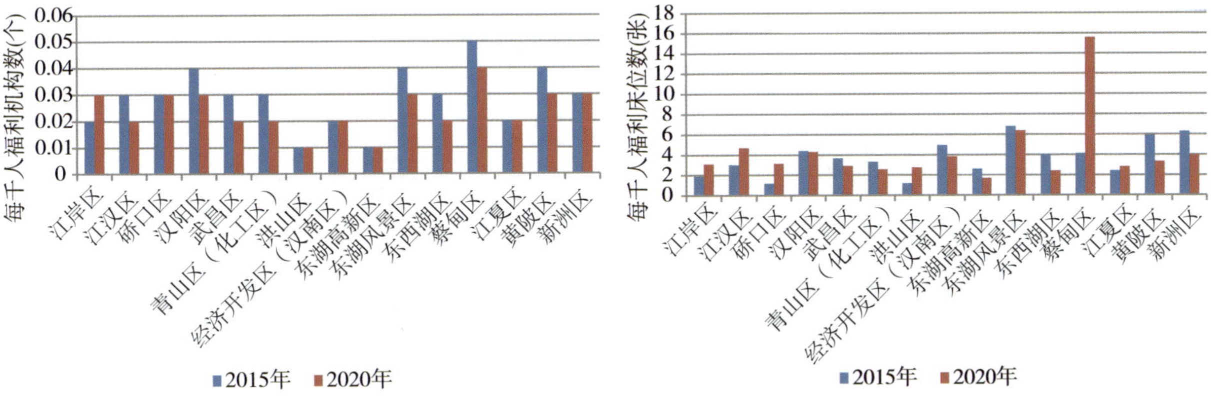

(a)每千人福利机构数　　(b)每千人福利机构床位数

图 6-16　2015—2020 年各区福利机构服务水平统计

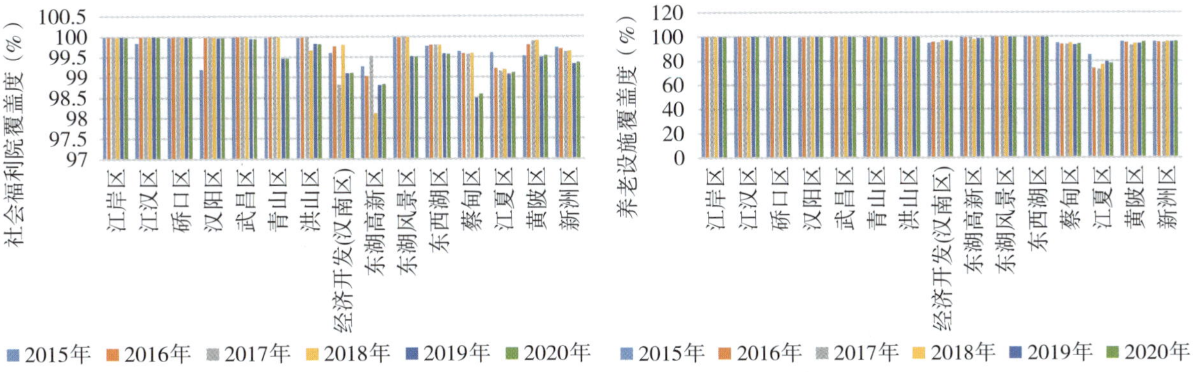

(a)社会福利院　　(b)养老设施

图 6-17　2015—2020 年福利机构覆盖度分区统计

6.1.3.4　社会福利设施便捷度

通过可达性分析，以 5km/h 的步行速度构建时间成本栅格，评估社会福利设施的便捷度，结果如图 6-18(c)和图 6-18(d)所示。

总体上社会福利院便捷度较好，全市大部分区域都能够在 15 分钟之内到达临近的设施点，30 分钟之内基本实现全覆盖。养老设施的便捷度总体不如福利院，中心城区便捷度较好，可以在 15 分钟之内到达临近的养老设施点。

6.1.4　文化体育设施

本小节从文化体育设施的保障度、服务水平、均匀度和便捷度 4 个方面，对全市文化体育建设现状和变化进行监测评价。

6.1.4.1　文化体育设施保障度

2020 年，全市拥有公共图书馆 17 个，博物馆 93 个，剧场、影院 123 个，体育场馆 158 个，体育场地面积2 349.81万平方米，公园、绿化广场 184 个。“十三五”以来，全市新增博物馆 36 个、剧场和影院 36 个、体育场馆 8 个。

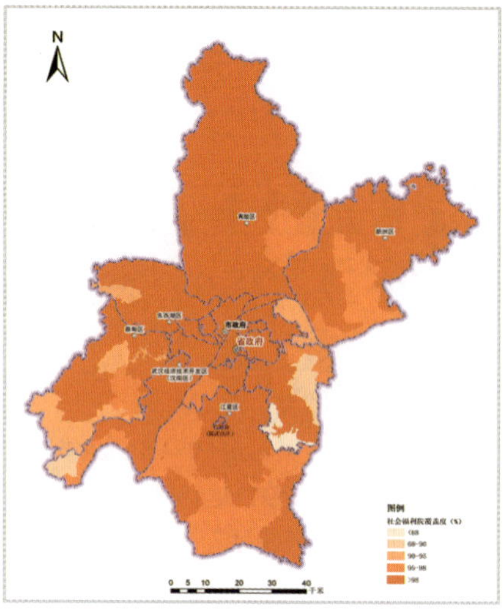

(a)社会福利机构覆盖度

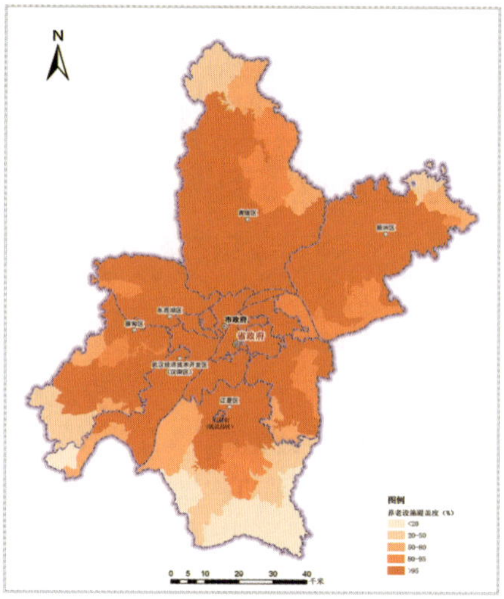

(b)养老设施覆盖度

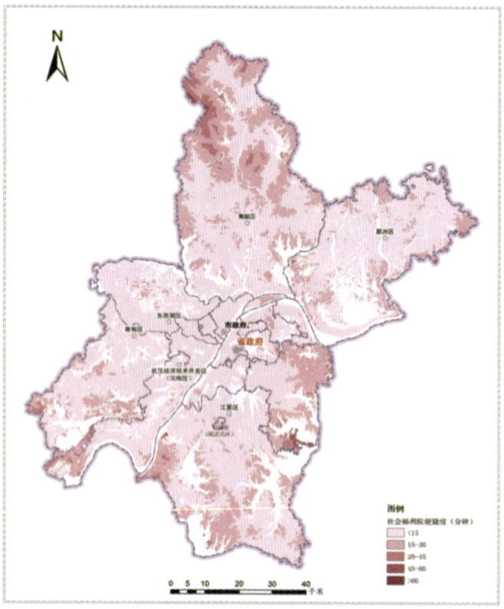

(c)社会福利院便捷度

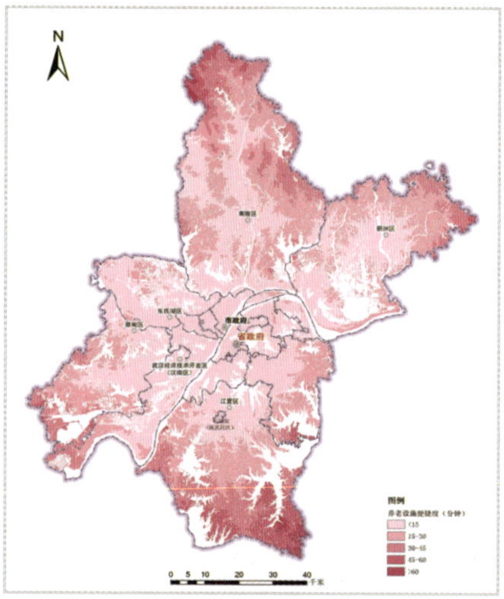

(d)养老设施便捷度

图 6-18　2020 年社会福利设施覆盖度和便捷度空间分布

6.1.4.2　文化体育设施服务水平

从设施布局分布的角度出发，通过统计分析文化体育设施每千人设施数量来衡量文化体育设施的服务水平，如图 6-19 所示。

文化设施方面，江岸区、江汉区、汉阳区、武昌区的文化设施服务水平均超过全市平均水平，功能区文化设施发展较为均衡，新城区整体水平较低。体育设施方面，功能区情况较好，中心城区较差，且区域间差异较大。

6.1.4.3　文化体育设施均匀度

基于时间成本栅格，计算文化体育设施步行 30 分钟可达区域内的人口覆盖度，以此评价文化体育设施的均匀度，如图 6-20 所示。

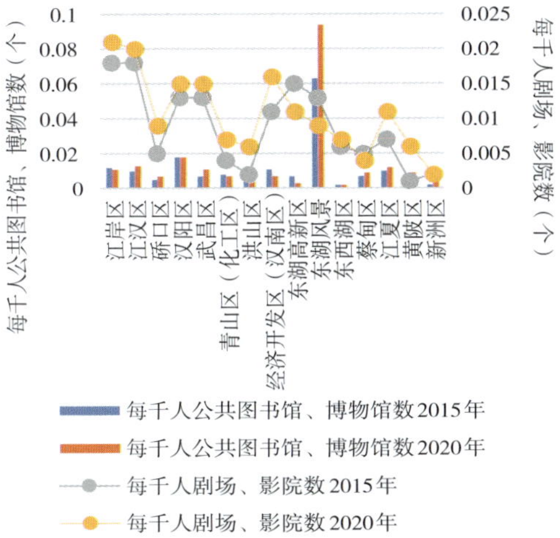

（a）文化设施

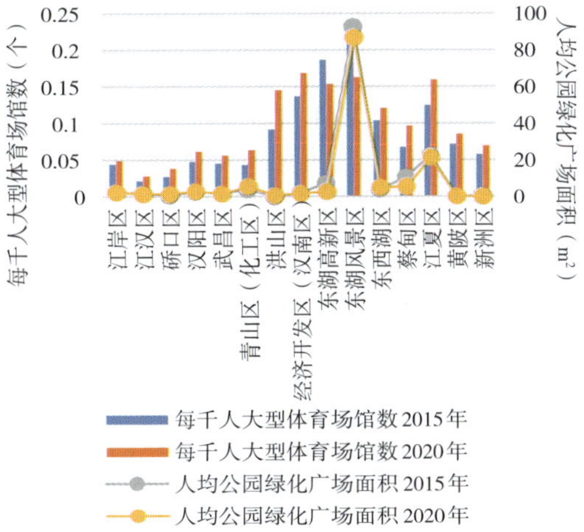

（b）体育设施

图 6-19　2015—2020 年全市文体设施服务水平统计结果

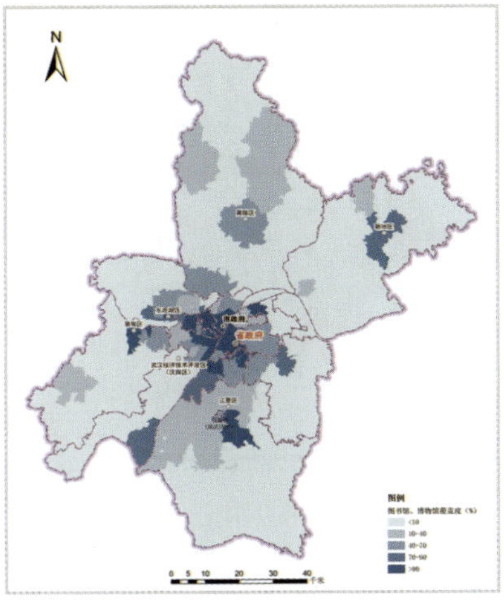

（a）公共图书馆、博物馆

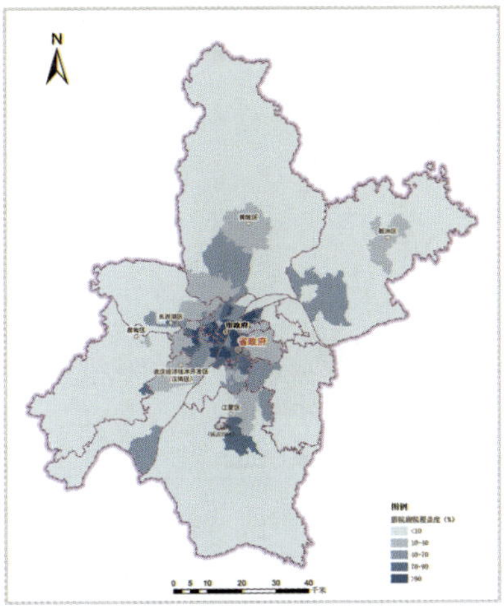

（b）剧场、影院

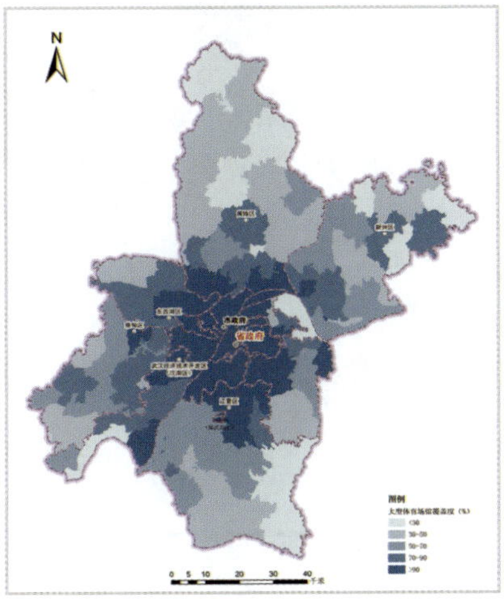

（c）大型体育场馆

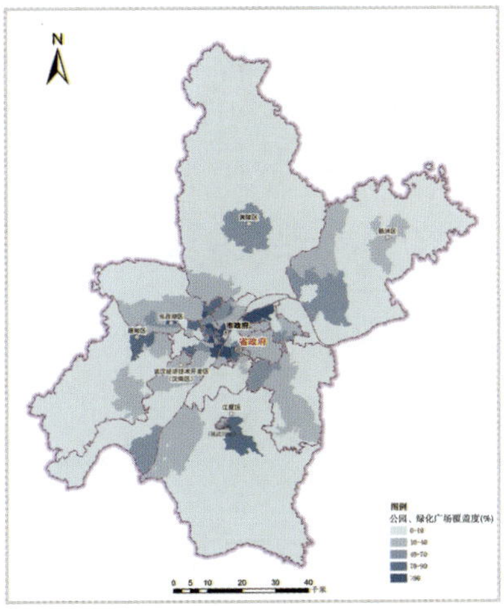

（d）公园、绿化广场

图 6-20　2020 年文化体育设施均匀度空间分布

文化设施方面，中心城区覆盖度达到了较高水平，功能区和新城区与中心城区有较大差距，其中黄陂区、新洲区只有不到20%的居民能享受到文化设施服务。体育设施方面，中心城区覆盖度已达到了较高水平，功能区大型体育场馆30分钟可达区域人口覆盖度较高且整体有所上升，公园、绿化广场15分钟可达区域人口覆盖度较低且整体有所下降；新城区体育设施覆盖度都有所上升，蔡甸区增加幅度最大。“十三五”以来，文化体育设施人口覆盖度整体呈上升趋势。

6.1.4.4 文化体育设施便捷度

通过可达性分析，以步行速度5km/h构建全市步行时间成本栅格，评估文化体育设施的便捷度，结果如图6-21所示。

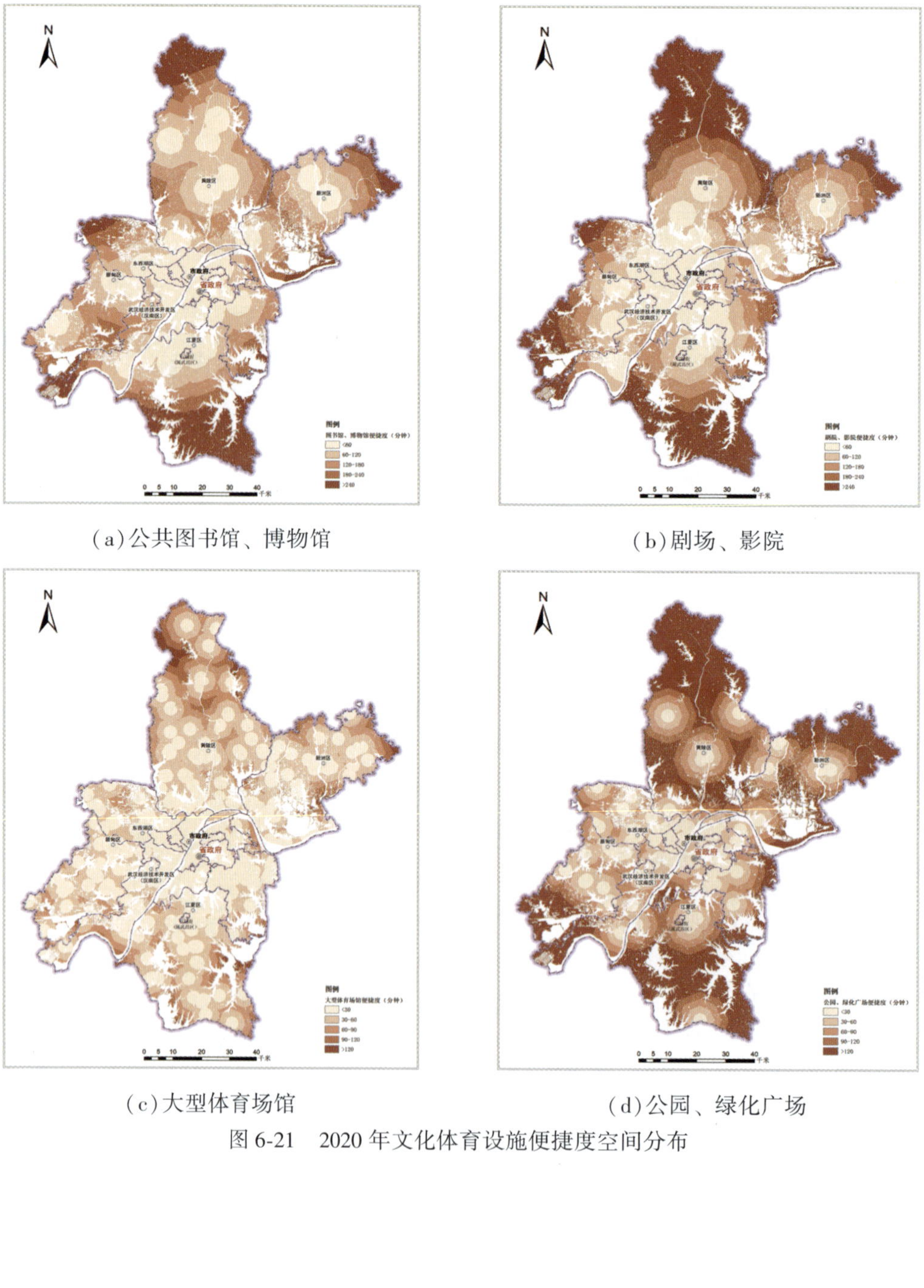

(a)公共图书馆、博物馆

(b)剧场、影院

(c)大型体育场馆

(d)公园、绿化广场

图6-21 2020年文化体育设施便捷度空间分布

中心城区文化设施可达性较高，绝大部分区域可达时间小于 60 分钟；功能区和新城区由于文化设施较少，可达时间较长。中心城区体育设施可达性较高，大型体育场馆可达时间均小于 30 分钟，新城区的可达时间较长，特别是黄陂区和新洲区。公园、绿化广场的可达时间普遍大于大型体育场馆，其中江夏区、黄陂区、新洲区所需时间较长。

6.2 社区宜居性

本节构建综合指标体系，评价社区尺度宜居现状，分析当前社区发展成效与问题，为提高居民生活质量、促进社区规划建设提供参考与建议。

6.2.1 指标体系

社区宜居性从生活便利性、交通便捷性、环境健康性、居住舒适性与社区安全性 5 个方面出发，以社区为基本单元，对现有社区的公共服务设施、自然与人文环境进行分类统计，形成综合的社区宜居性量化评价指标，指标体系如表 6-1 所示。

表 6-1 社区宜居性评价指标体系、权重及计算方法

一级指数	二级指数	三级指标及数据计算方法
生活便利性（0.33）	教育设施（0.16）	幼儿园 300m 缓冲区覆盖度
		小学 500m 缓冲区覆盖度
		中学 1 000m 缓冲区覆盖度
	医疗福利设施（0.20）	社会福利院 2 000m 缓冲区覆盖度
		养老设施 1 000m 缓冲区覆盖度
		三级医院 12 000m 缓冲区覆盖度
		二级医院 6 000m 缓冲区覆盖度
		一级医院 2 000m 缓冲区覆盖度
		社区诊所 500m 缓冲区覆盖度
	商业服务设施（0.32）	商业服务（银行保险营业厅）2 000m 缓冲区覆盖度
		生活服务（超市商场农贸）1 000m 缓冲区覆盖度
	文化体育设施（0.20）	文化体育设施（博物馆、图书馆、景区、剧院、星级饭店、影院、公园广场、体育馆）4 000m 缓冲区覆盖度
	其他公共设施（0.12）	停车位（地下车库）200m 缓冲区覆盖度
		给水管线、排水管线、电力管线、通信管线、燃气管线、热力管线、工业管线、专用管线密度
		药店 300m 缓冲区覆盖度

续表

一级指数	二级指数	三级指标及数据计算方法
交通便捷性（0.29）	公交设施（0.35）	公交站点 300m 缓冲区覆盖度
	道路设施（0.25）	道路（包括公路、城市道路、乡村道路）密度
	轨道交通设施（0.40）	轨道交通站点 500m 缓冲区覆盖度
环境健康性（0.13）	噪声（0.71）	建筑工地噪声 1 000m 影响范围面积占比
		道路噪声 1 000m 影响范围面积占比
	环境质量（0.29）	空气质量优良天数占比
		城市黑臭水体 200m 影响范围面积占比
		垃圾处理厂、垃圾中转站 3 000m 缓冲区覆盖度
	重点污染源（一票否决）	重点污染源 1 000m 影响范围面积占比
居住舒适性（0.21）	小区等级（0.17）	居住小区平均等级
	建筑物密度（0.22）	房屋建筑（区）占地面积比
	水资源（0.35）	水域面积占比
	社区绿地（0.26）	绿地面积占比
社区安全性（0.04）	消防机构（0.20）	消防中队 3 000m 缓冲区覆盖度
		消防支队 2 000m 缓冲区覆盖度
	警务机构（0.80）	公安局 2 000m 缓冲区覆盖度
		派出所 800m 缓冲区覆盖度
		社区警务室 500m 缓冲区覆盖度

6.2.2 综合评价

本小节对全市社区宜居水平现状进行分析，并对“十三五”以来数据进行变化监测，揭示发展中存在的优势与不足。

1. 现状分析

总体上，2020 年全市社区宜居性呈现圈层分布特征，如图 6-22 所示。中心城区得分均在全市平均水平以上，最高的为江汉区，最低的为洪山区，内部差异较小；功能区得分在全市平均水平之下，其中生活便利性和社区安全性相对其他区较低；新城区中江夏区的社区宜居性得分最高，超出新城区平均水平，主要由于其生活便利性和交通便捷度有较大提升。而得分较高的 54 个社区均分布在中心城区，得分最低的 61 个社区中 49 个位于新城区。

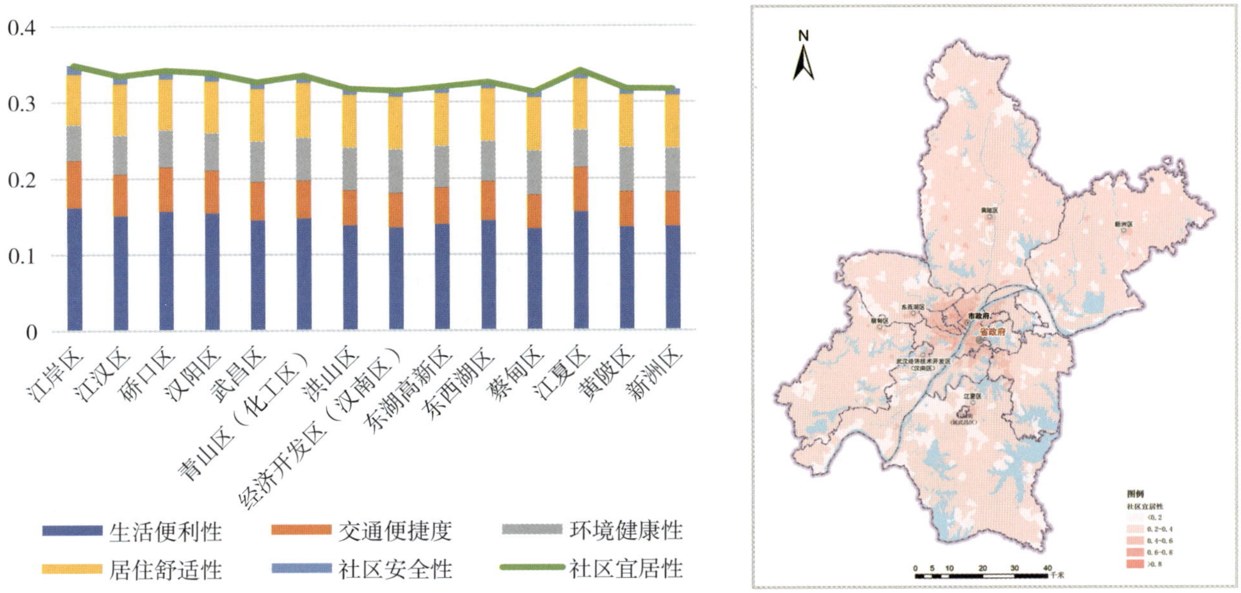

（a）得分情况　　（b）空间分布

图 6-22　2020 年社区宜居性平均得分及空间分布

如图 6-23 所示，中心城区的生活便利性和社区安全性明显高于功能区和新城区，但环境健康性整体低于功能区和新城区；功能区 5 个指标分布较为均衡但整体水平偏低；新城区环境健康性指标最高。

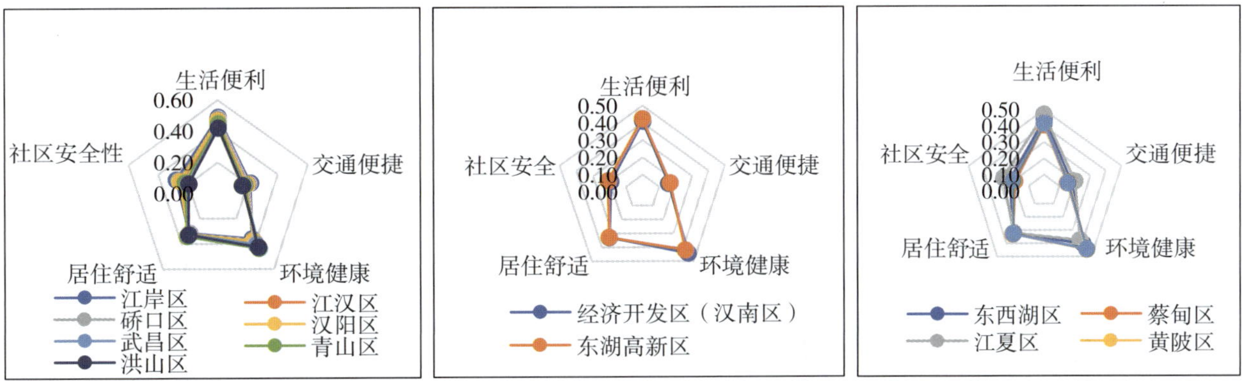

（a）中心城区　　（b）功能区　　（c）新城区

图 6-23　2020 年不同圈层社区宜居性平均得分

2. 变化监测

从区域差异分析社区宜居性的时空变化，比较“十三五”以来社区宜居建设的成效。“十三五”以来，全市社区宜居性整体趋于稳定但有小幅度提升，其中中心城区和功能区提升较大，如图 6-24 所示。

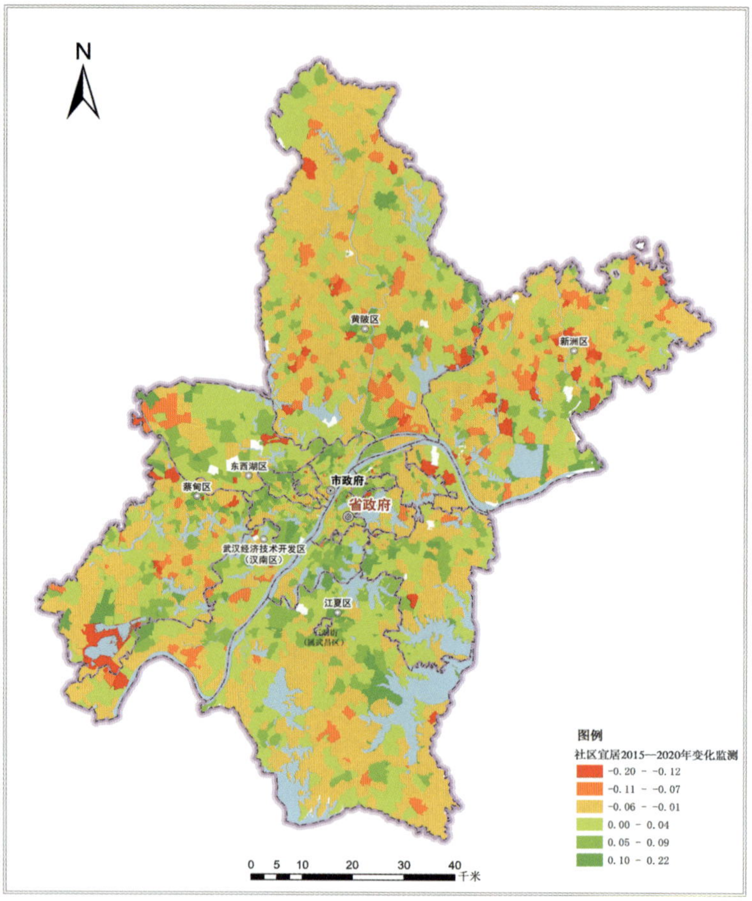

图 6-24　2015—2020 年社区宜居性变化

6.3　城市品质空间

本节从主城区“15 分钟”社区生活圈、“10 分钟”社区公共活动圈、“12 分钟”社区文体圈和中心城区“10 分钟”、新城区“12 分钟”社区医疗急救圈等 4 个方面来进行城市品质空间评价。

6.3.1　主城区“15 分钟”社区生活圈

“15 分钟”社区社区生活圈的构建是为了从居民角度切实改善社区生活品质，实现以家为中心的 15 分钟步行可达范围内，都有较为完善的教育、医疗、养老、商业、文体和交通等基本公共服务。本小节基于地理国情专题数据和高德 POI 数据，构建“15 分钟”生活圈评价体系；结合高德 WEB API 技术，识别以社区人口重心为起点的 5、10、15 分钟可达区域，开展主城区“15 分钟”社区生活圈评价研究。

6.3.1.1 指标体系模型

根据《武汉市城市总体规划(2016—2030 年)》中“15 分钟社区生活圈”体系，选取教育(幼儿园、小学、初中)、医疗[社区卫生中心(站)、药店]、社会福利(养老院)、商业(便捷超市、餐饮店、大型商场)、文娱体育(影剧院、公园绿地、体育场馆)和公共交通(普通公交、轨道交通)等 6 大类 14 小项设施，构建社区生活圈评价体系，如图 6-25 和表 6-2 所示。

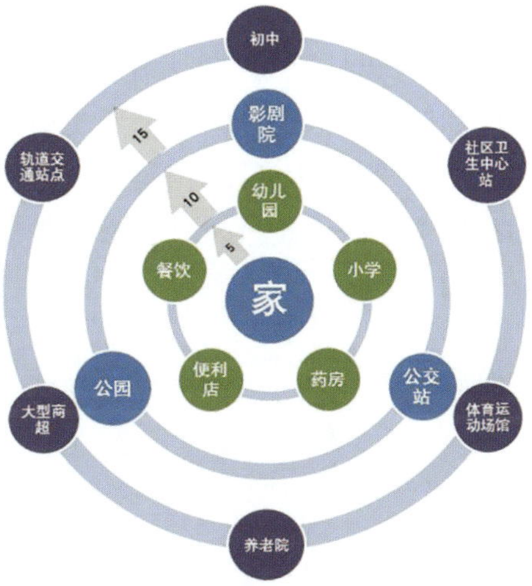

图 6-25 “15 分钟”社区生活圈评价体系

表 6-2 **“15 分钟”社区生活圈评价指标体系**

设施大类	设施子项	时间圈层(分钟)
教育	幼儿园	5
	小学	5
	初中	15
医疗	社区卫生中心(站)	15
	药店	5
福利	养老院	15
商业	便捷超市(便利店、蔬菜超市、便民超市)	5
	餐饮店	10
	大型商场	15
文娱体育	影剧院	10
	公园绿地(国情数据)	10
	体育场馆	15
交通	普通公交	5
	轨道交通	15

6.3.1.2 “红黄绿”分区综合评价

本部分以社区人口重心为起点，基于高德 WEB API 技术，分别获取其 5、10、15 分钟步行区域，得到主城区范围内社区的 5、10、15 分钟步行可达区域，如图 6-26 所示。

根据社区生活圈设施体系，统计可达范围内各类设施的个数，构建“红、黄、绿”分区评价图，其中“红、黄、绿”区分别表示社区步行可达区域内覆盖设施点类别的完整性程度，红区表示覆盖设施类别 0~5 项，黄区表示覆盖设施类别 6~9 项，绿区表示覆盖设施类别 10~14 项。覆盖设施类别越多，“15 分钟”社区生活圈构建程度越好。

总体来看，主城区内“绿”区占比约为 8%，“黄”区占比约为 35%，“红”区占比约为 57%。从空间分布来看，江北的江岸区、江汉区和硚口区沿江社区的生活圈构建情况良好，设施配套齐全，三甲医院、省级示范学校资源丰富，“15 分钟”社区生活圈评价结果优异。从设施类型来看，主城区内交通、商业、文娱和医疗四类设施的社区覆盖率已超过 80%，教育类设施覆盖程度不足七成，如图 6-27 所示。

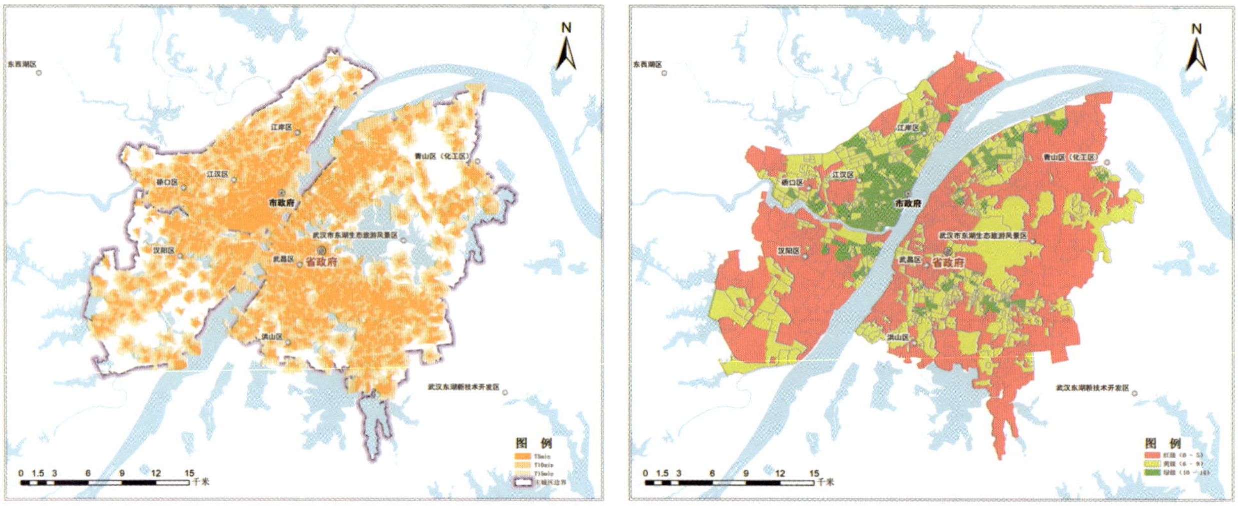

(a)主城区“15 分钟”步行可达区域　　(b)社区生活圈“红、黄、绿”评价空间分布

图 6-26 “15 分钟”社区生活圈评价结果

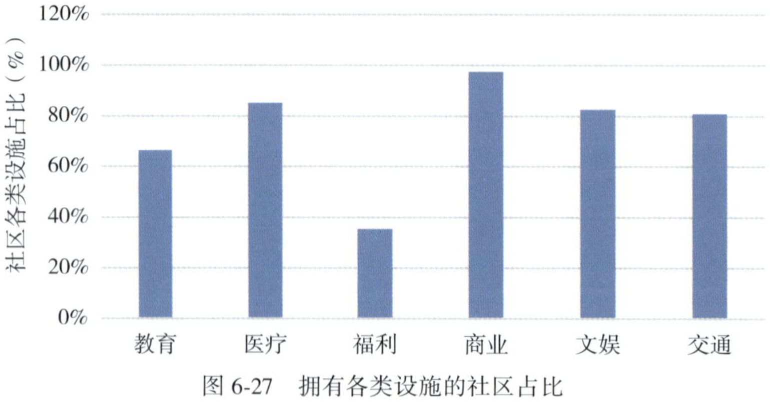

图 6-27 拥有各类设施的社区占比

6.3.2 主城区“10 分钟”社区公共活动圈

“10 分钟”社区公共活动圈的构建是为了从居民角度切实改善社区生活品质，实现以家为中心的 10 分钟步行可达范围内都有较为完善的城市微型公共空间(包括三小绿地、口袋公园、城市绿地、街头小景等)。本小节基于地理国情专题数据和高德 POI 数据，构建“10 分钟”社区公共活动圈评价体系；结合高德 WEB API 技术，识别以社区人口重心为起点的 10 分钟可达区域，开展主城区“10 分钟”社区公共活动圈评价研究。

6.3.2.1 指标体系模型

结合相关现行标准《城市绿地分类标准》(CJJ/T85—2017)、《城市用地分类与规划建设用地标准》(GB 50137—2011)，选取具有独立用地权属的公共开放空间(公园绿地、广场用地和附属于用地单位内部的公共开放空间(居住用地附属绿地、公共管理与公共服务设施附属绿地、商业服务业设施用地附属绿地)等 2 大类 5 小项设施，构建社区公共活动圈评价体系，如表 6-3 所示。

表 6-3 “10 分钟”社区公共活动圈评价指标体系

公共开放空间	设施子项	时间圈层(分钟)
独立用地权属	公园绿地	10
	广场用地	10
附属于用地单位内部	居住用地附属绿地	10
	公共管理与公共服务设施附属绿地	10
	商业服务业设施用地附属绿地	10

6.3.2.2 “红橙黄绿”分区综合评价

本部分以社区人口重心为起点，基于高德 WEB API 技术，分别获取其 10 分钟步行区域，如图 6-28 所示。

根据社区公共活动圈设施体系，统计可达范围内覆盖公共开放空间的占比，构建“红、黄、绿”分区评价图。覆盖公共开放空间面积比例越高，“10 分钟”社区公共活动圈构建程度越好。

总体来看，主城区内“红”区占比为 14.32%，“橙”区占比为 31.44%，“黄”区占比为 31.17%，“绿”区占比为 23.07%，社区公共活动圈构建情况乐观。从空间分布来看，呈现“内低外高”的圈层分布格局，东湖风景区、洪山区和汉阳区社区公共活动圈构建情况良好，东湖绿道的建设增加了城市社区的活力，“10 分钟”公共活动圈评价结果优异。江岸区、江汉区以及武昌片区在居民公共活动圈建设上有待提升，主要原因在于这些区域多为商业聚集区。

6.3.3 主城区“12 分钟”社区文体圈

“12 分钟”社区文体圈的构建是为了满足市民日益增长的文体需求，实现以家为中心的 12 分钟步行可达范围内，都有较为完善的文体设施，包括体育场馆、图书馆、博物馆等。本小节基于地理国情专题数据和高德 POI 数据，构建“12 分钟”文体圈评价体系；结合高德 WEB API 技术，识别以社区人口重心为起点的 12 分钟可达区域，开展主城区“12 分钟”社区文体圈评价研究。

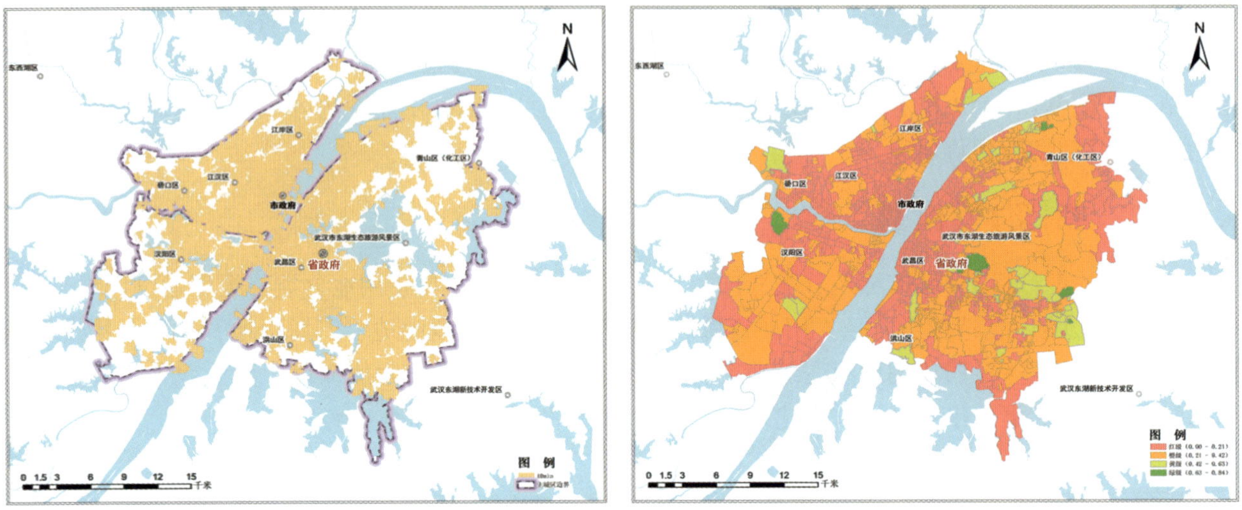

(a) 主城区“10 分钟”步行可达区　　(b) 社区公共活动圈评价空间分布

图 6-28　“10 分钟”社区公共活动圈评价结果

6.3.3.1　指标体系模型

选取体育[高尔夫球场、体育场馆(游泳馆、篮球馆等)]，文化[科教文化(图书馆、博物馆、美术馆、展览馆)、影剧院(剧场、电影院、音乐厅)、公共设施(报刊亭)]等 2 大类 5 小项设施，构建社区文体圈评价体系，如表 6-4 所示。

表 6-4　**“12 分钟”社区文体圈评价指标体系**

设施大类	设施子项	时间圈层(分钟)
体育	高尔夫球场	12
	体育场馆(游泳馆、篮球馆等)	12
文化	科教文化(图书馆、博物馆、美术馆、展览馆)	12
	影剧院(剧场、电影院、音乐厅)	12
	公共设施(报刊亭)	12

6.3.3.2　“红橙黄绿”分区综合评价

本部分以社区人口重心为起点，基于高德 WEB API 技术，分别获取其 12 分钟步行区域，如图 6-29 所示。

根据社区文体圈设施体系，统计可达范围内文体设施的个数，构建“红、橙、黄、绿”分区评价图，其中“红”区表示无覆盖文体设施，“橙”区表示仅覆盖文化设施，“黄”区表示仅覆盖体育设施，“绿”区表示覆盖文化和体育设施。覆盖文体设施类别越多，“12 分钟”社区文体圈构建程度越好。

总体来看，主城区“红”区占比为 27.63%，“橙”区占比为 3.32%，“黄”区占比为 19.29%，“绿”区占比为 49.77%，社区文体圈构建情况乐观。从空间分布来看，呈现内高外低的圈层分布，江岸区、江汉区、硚口区以及武昌区社区的文体圈构建情况良好，文体设施配套齐全；青山(化工)区在居民社区文体圈建设上有待提升，主要原因在于该区主要是工、矿企业分布的集聚地，文体设施点分布稀疏。从设施类型来看，主城区内文体设施的社区覆盖率达 70%，体育类设施覆盖程度达 87%，说明全市的公共文化设施建设，较好地满足了市民更多公益性、普惠性、均衡性、便利性的文体需求。

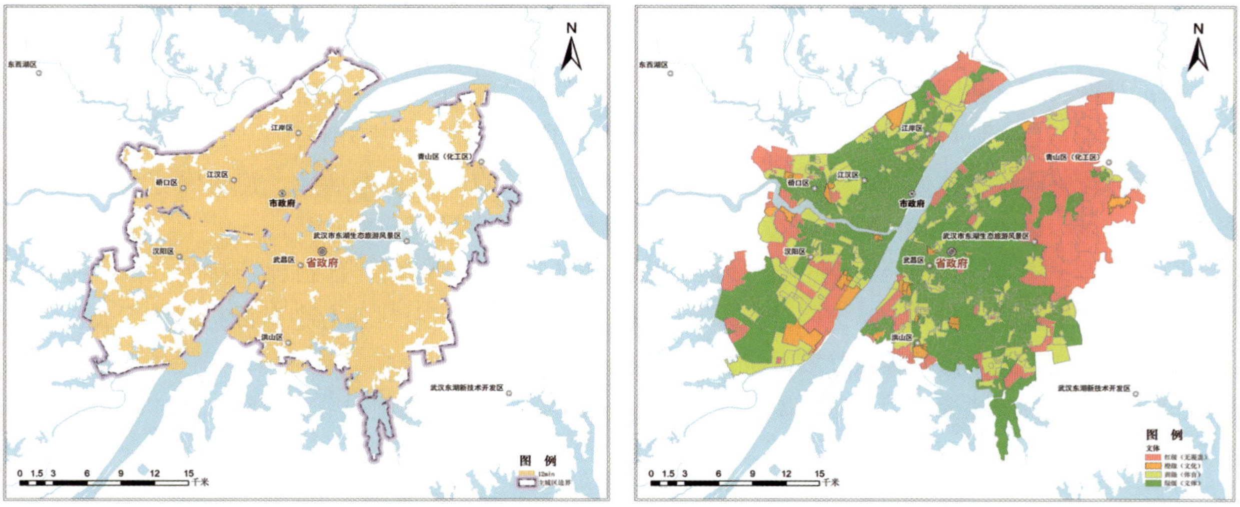

(a)主城区“12 分钟”步行可达区　　(b)社区文体圈评价空间分布

图 6-29　“12 分钟”社区文体圈评价结果

6.3.4　中心城区“10 分钟”、新城区“12 分钟”社区医疗急救圈

中心城区“10 分钟”、新城区“12 分钟”社区医疗急救圈的构建是为了满足市民医疗急救服务需求，实现以家为中心的中心城区 10 分钟和新城区 12 分钟步行可达范围内，都有较为完善的医疗设施，包括社区卫生服务中心(站)、药店、急救中心等。本小节基于地理国情专题数据和高德 POI 数据，构建中心城区“10 分钟”、新城区“12 分钟”医疗急救圈评价体系；结合高德 WEB API 技术，识别以社区人口重心为起点的中心城区 10 分钟、新城区 12 分钟可达区域，开展中心城区“10 分钟”、新城区“12 分钟”社区医疗急救圈评价研究。

6.3.4.1　指标体系模型

选取社区卫生服务中心(站)、药店、急救中心 3 小项医疗设施，构建社区医疗急救圈评价体系，如表 6-5 所示。

表 6-5　中心城区“10 分钟”、新城区“12 分钟”社区医疗急救圈评价指标体系

设施大类	设施子项	时间圈层(分钟)
医疗	社区卫生服务中心(站)	10
	药店	10
	急救中心	10

6.3.4.2 “红橙黄绿”分区综合评价

本部分以社区人口重心为起点，基于高德 WEB API 技术，获取其 10 分钟步行区域，得到中心城区范围内社区的 10 分钟步行可达区域，如图 6-30 所示。

根据社区医疗急救圈设施体系，统计可达范围内医疗设施的个数，构建“红、橙、黄、绿”分区评价图，其中“红、橙、黄、绿”区分别表示社区步行可达区域内覆盖医疗设施点类别的完整性程度，红区表示无覆盖医疗设施，“橙、黄、绿”表示覆盖医疗设施点数量逐渐增大。覆盖医疗设施数量越多，中心城区“10 分钟”和新城区“12 分钟”社区医疗急救圈构建程度越好。

总体来看，中心城区内“红”区占比为 41.65%，“橙”、“黄”和“绿”区占比为接近六成，社区医疗急救圈构建情况较为乐观。从空间分布来看，汉口片区和武昌区社区医疗急救圈构建情况良好，医疗设施配备齐全，三甲医院等医疗资源丰富，医疗急救圈评价得分较高。新城区在居民社区医疗急救圈建设上有待提升，主要原因在于医院数量少、服务能力弱，医疗设施点分布稀疏。

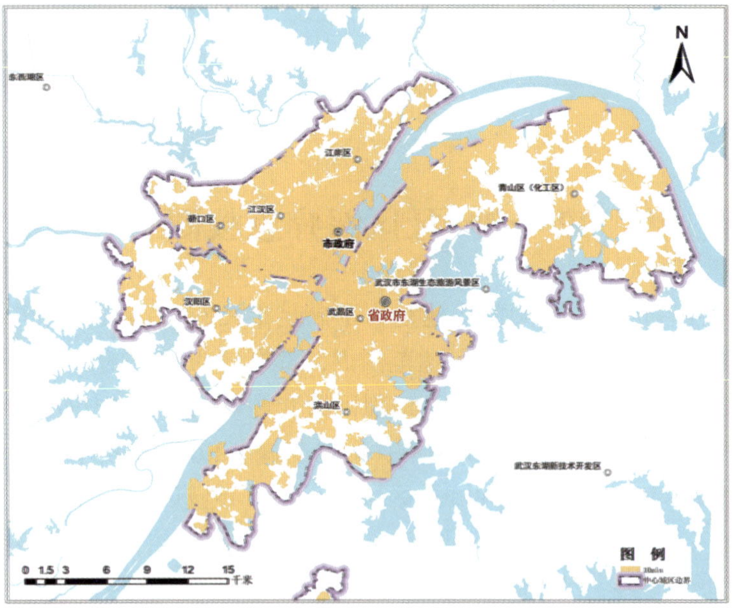

(a)主城区“10 分钟”步行可达区

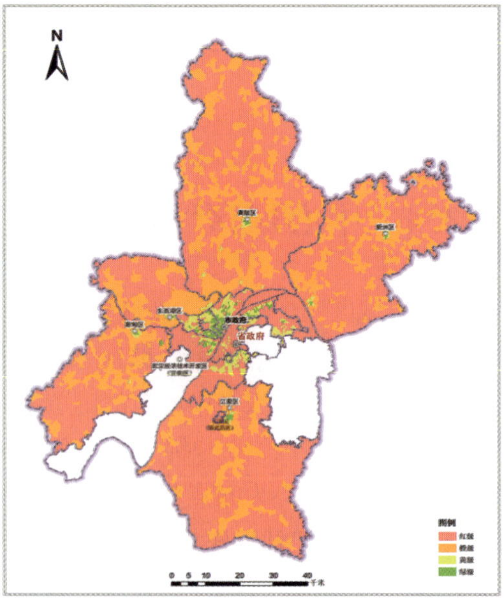

(b)社区医疗急救圈评价空间分布

图 6-30　“10 分钟”社区医疗急救圈评价结果

6.4 典型区域公共服务

本节分别对东湖高新区、典型组团开展了公共服务配置水平综合分析。

6.4.1 东湖高新区公共服务配置水平综合分析

本小节从保障度、服务水平、均匀度和便捷度 4 个方面，对东湖高新区公共服务配置的发展现状进行评价。

1. 教育

从设施保障度来看，东湖高新区教育设施主要集中在关东街，占比达到 60%。“十三五”以来，教育设施建设取得了一定的成效，配套完善度逐年加强。

如图 6-31 所示，从设施服务水平来看，2020 年东湖高新区小学师生比(每千名在校小学生专任教师)为 49.12 人，低于全市平均水平；初中师生比(每千名在校初中生专任教师数)为 164.36 人，高于全市平均水平。“十三五”以来，小学师生比降低 1.04，初中师生比增加 8.78，表明近几年东湖高新区小学适龄人口不断增加，学校建设速度尚不能满足需求。分街道来看，滨湖街虽然学校数量较少，但由于人口稀疏，师生比反而较高，远远超过全区平均水平；关东街、佛祖岭街、花山街、豹澥街及九峰街，62.5%的社区小学师生比均低于全市平均水平，学龄人口的教育需求不断凸显。

从学校升学率(包含示范率、普高率)来看，东湖高新区初中优质教育资源与中心城区相比较仍有一定差距，但华中科技大学附属中学普高率(普高上线率)达到了 74%，示范率(市示范上线率)达 66%，位居全市前列。另外，光谷实验中学和光谷外国语学校示范率也达到了 50%以上。

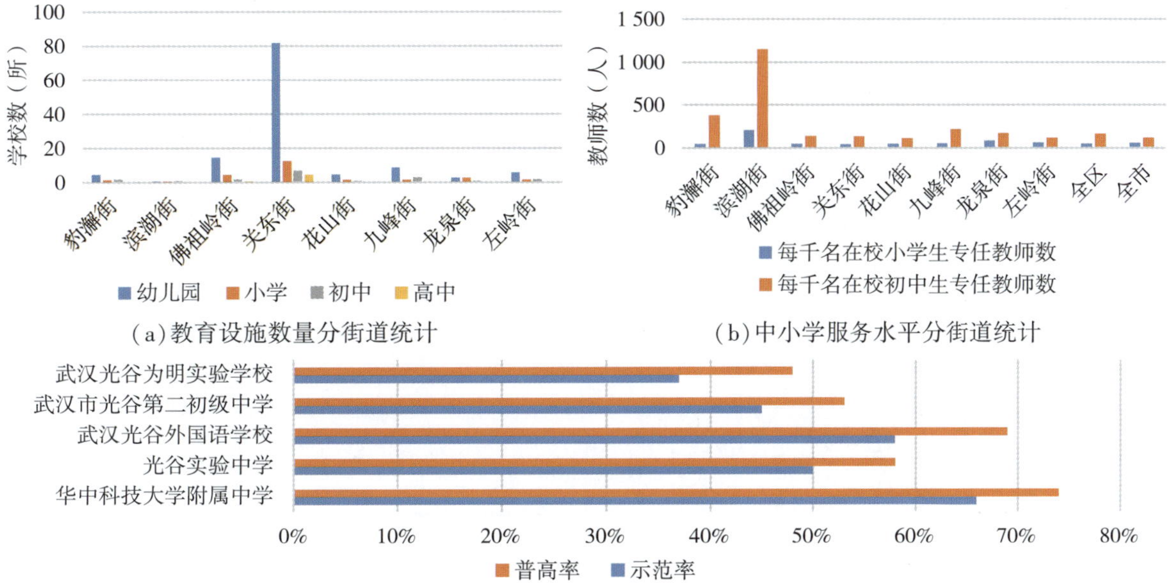

(a)教育设施数量分街道统计 (b)中小学服务水平分街道统计

(c)典型学校升学率

图 6-31 2020 年东湖高新区教育水平统计结果

从设施均匀度来看，2020 年东湖高新区统计结果如图 6-32(a)和图 6-32(b)所示，小学适龄人口覆盖度为 37.72%，初中适龄人口覆盖度为 44.76%。“十三五”以来，小学覆盖度有所提升，初中覆盖度有所下降。分街道来看，小学覆盖度最高的是关东街，达到 47%，但与中心城区有一定差距，最低的滨湖街仅为 4%，与其人口分布分散有关；中学覆盖度整体优于小学覆盖度，关东街覆盖度最高，达到 60%以上。

从设施便捷度来看，如图 6-32(c)和图 6-32(d)所示，东湖高新区小学便捷度暂未达到国家规定标准。分街道来看，关东街便捷度最好，滨湖街便捷度有待提升。

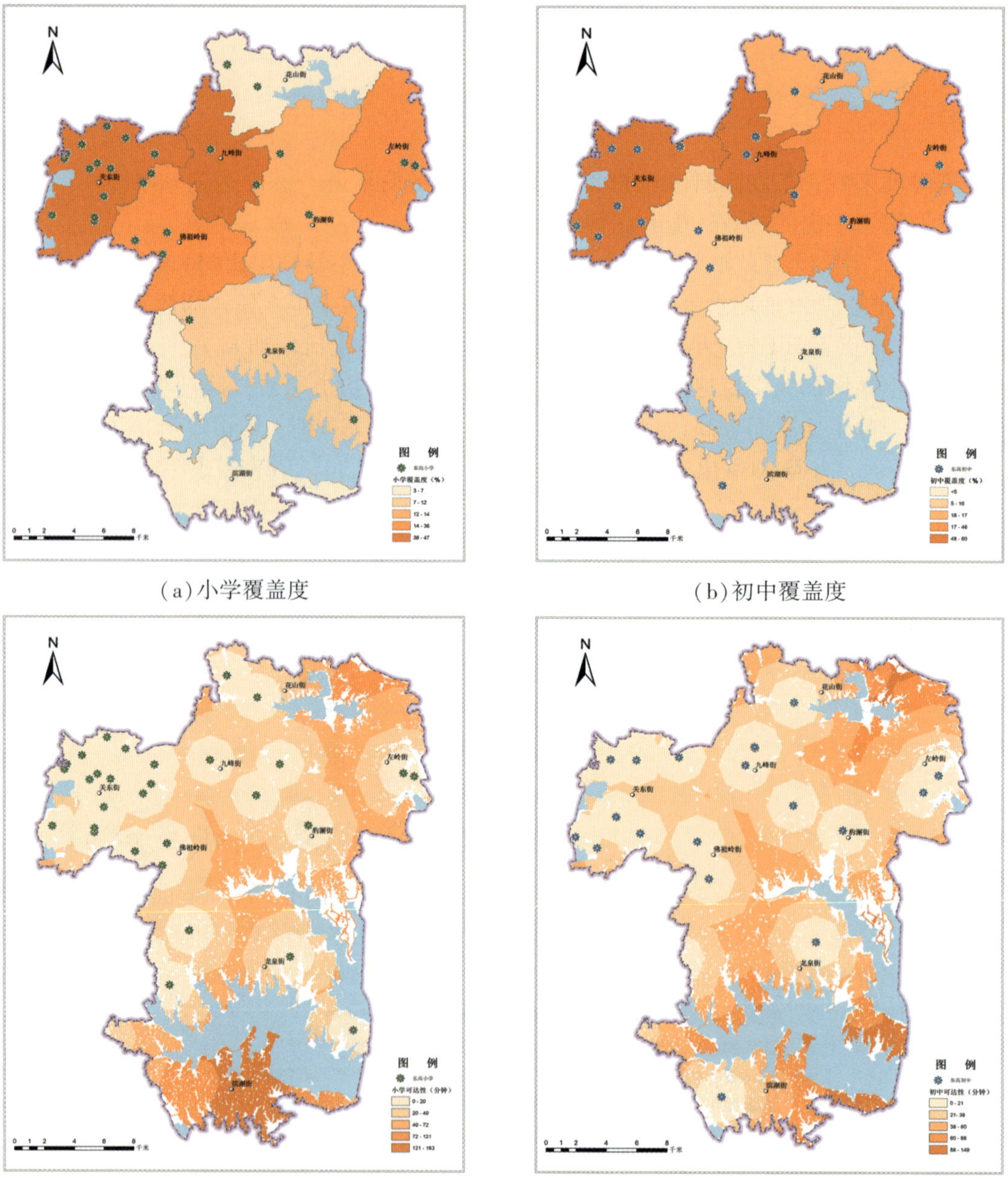

(a)小学覆盖度

(b)初中覆盖度

(c)小学便捷度

(d)初中便捷度

图 6-32　2020 年东湖高新区中小学覆盖度和便捷度空间分布

2. 医疗

从设施保障度来看，东湖高新区医疗设施主要集中在关东街，设施总数占比达到67%，分布有全区唯一一所妇幼保健院和三甲医院，其余街道医疗设施数量较少，需加强医疗设施建设。

从设施服务水平来看，2020年东湖高新区每千人指标均低于全市平均水平，整体服务水平有待提高。如图6-33所示，“十三五”以来，每千人医疗卫生设施数有所下降，但千人执业医师数和医疗卫生设施床位数增加，特别是千人医疗卫生设施床位数提高了1.56倍，服务水平明显提高。分街道来看，佛祖岭街千人医师数及床位数都远远高于其他街道，且超过了中心城区。

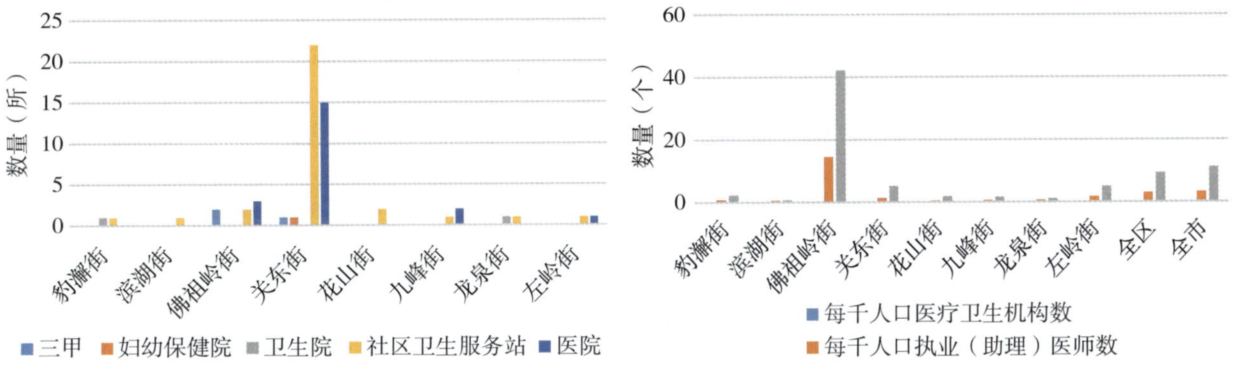

(a)医疗卫生数量分街道统计　(b)医疗卫生设施服务水平分街道统计

图6-33　2020年东湖高新区医疗水平统计结果

从设施均匀度来看，如图6-34(a)和图6-34(b)所示，2020年东湖高新区大型医疗设施人口覆盖度为98.6%，小型医疗设施人口覆盖度为77.0%，“十三五”以来覆盖度均有所下降。分街道来看，滨湖街均匀度最差，其余街道大型医疗设施覆盖度均达到97%，龙泉街、左岭街和花山街小型医疗设施覆盖度不足30%。

从设施便捷度来看，如图6-34(c)和图6-34(d)所示，2020年除滨湖街和龙泉街外，其他街道都能够在15分钟内开车抵达大型医疗设施；关东街小型医疗设施可达性较好。

6.4.2　典型组团公共服务配置水平综合分析

本小节从保障度、服务水平、均匀度和便捷度4个方面，对后湖、南湖、白沙和四新等4个典型组团公共服务配置的发展现状进行评价。2020年教育设施和医疗设施保障度如图6-35所示。

1. 教育

从设施保障度来看，2020年4个组团教育设施分布都较为均衡，南湖组团常住人口最多，其教育设施数量也超过另外三个组团，如图6-36(a)所示。

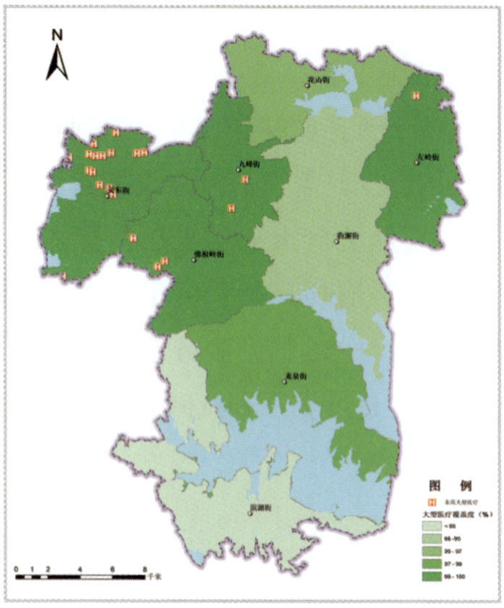

(a)大型医疗设施覆盖度

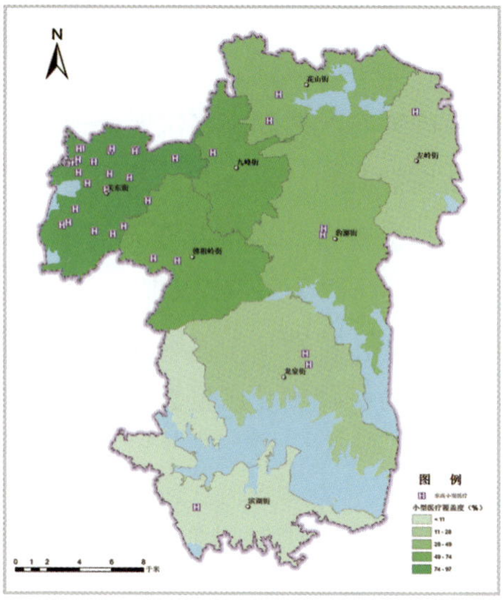

(b)小型医疗设施覆盖度

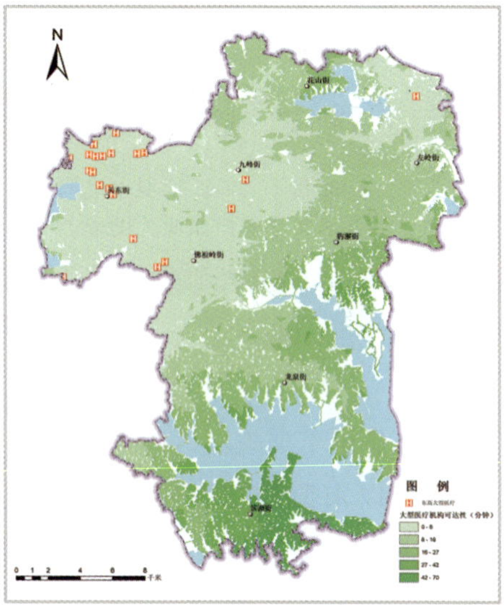

(c)大型医疗设施便捷度

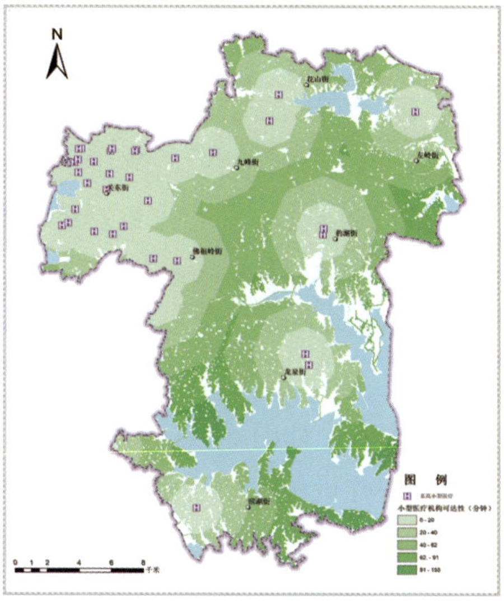

(d)小型医疗设施便捷度

图 6-34　2020 年东湖高新区医疗设施覆盖度和便捷度空间分布

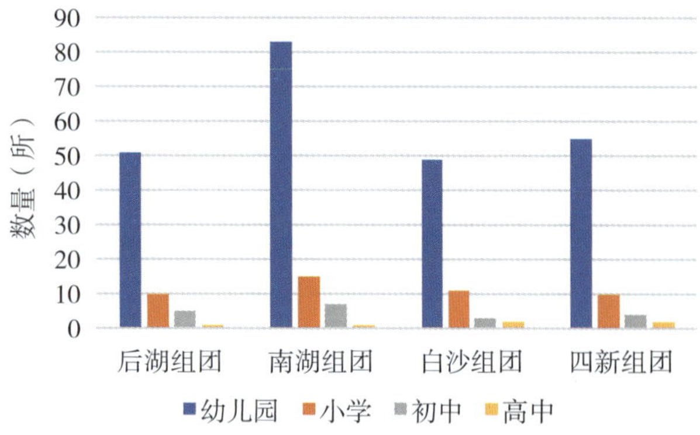

(a)教育设施

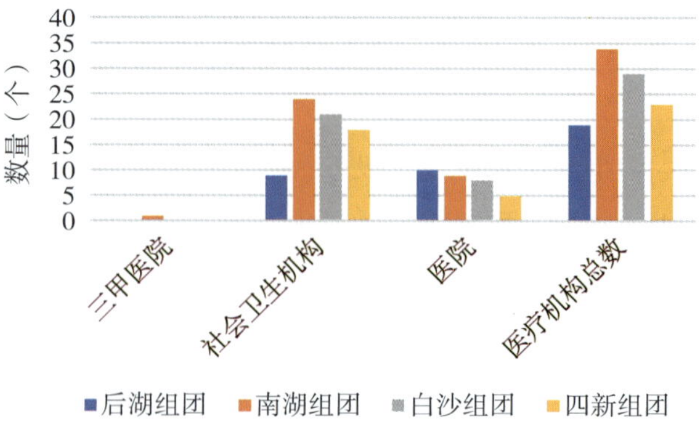

(b)医疗设施

图 6-35　2020 年设施保障度

从设施服务水平来看，如图 6-36(b)所示，2020 年 4 个组团的小学师生比和初中师生比均低于全市平均水平，其中白沙组团的小学师生比相对较低，南湖组团的初中师生比相对较低，需提高教育设施服务水平，以满足居民需求。

从典型初中学校升学率(包含示范率、普高率)来看，4 个组团的教育质量有待改善。后湖、南湖组团各有两所优质初中，南湖组团两所初中的普高率均超过 70%；白沙、四新组团仅有一所优质初中，但四新组团的武汉第三寄宿中学普高率达到了 84%，教学质量位列全市前 10 位，如图 6-36(c)所示。

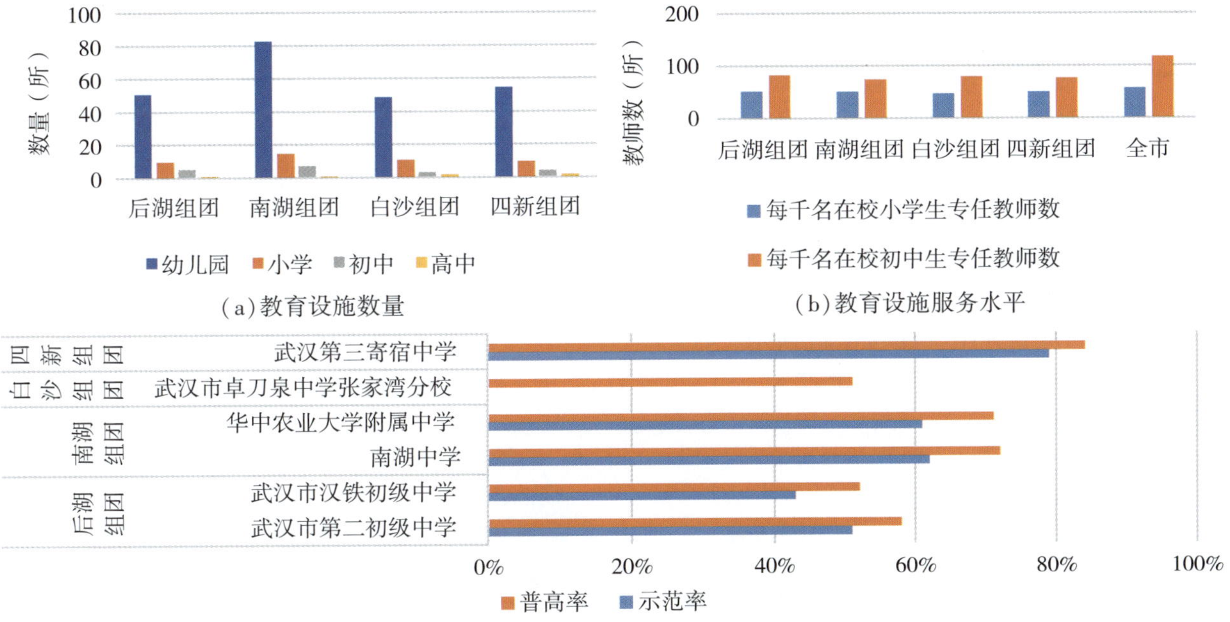

(a)教育设施数量

(b)教育设施服务水平

注：武汉市卓刀泉中学张家湾分校暂未找到示范率。

(c)典型初中升学率

图 6-36　2020 年典型组团教育水平统计结果

从设施覆盖度来看，各组团小学平均覆盖度相差不大，都达到 50%以上，说明组团内超半数适龄儿童能够享受到便捷的教育，其中后湖组团均匀度最高，如图 6-37 所示；各组团初中覆盖度差异较大，后湖组团和白沙组团情况较好，四新组团表现较差，如图 6-38 所示。

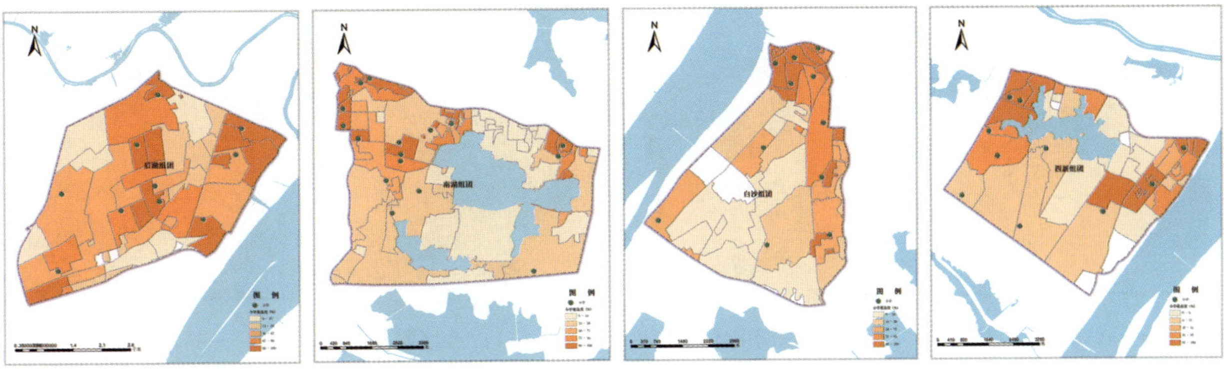

(a)后湖组团　(b)南湖组团　(c)白沙组团　(d)四新组团

图 6-37　2020 年典型组团小学设施覆盖度

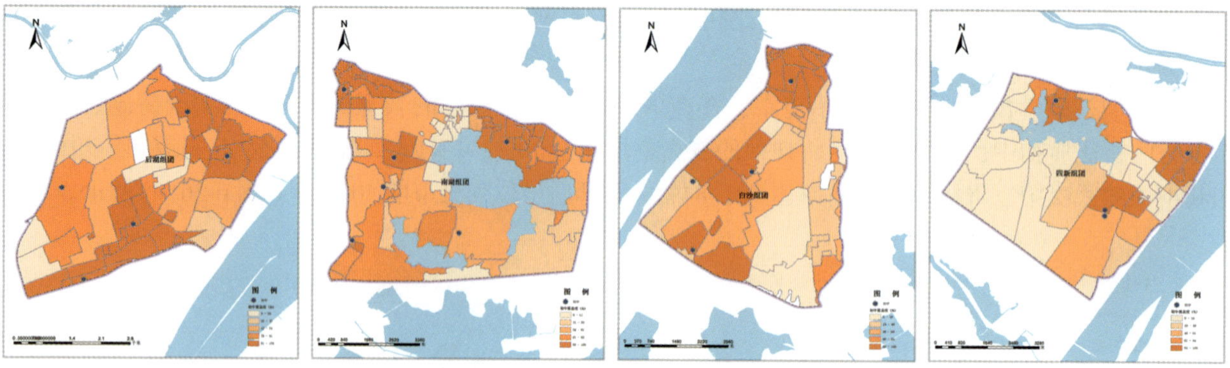

（a）后湖组团　（b）南湖组团　（c）白沙组团　（d）四新组团

图 6-38　2020 年典型组团初中设施覆盖度

从设施便捷度来看，4 个组团居民平均步行 10 分钟均可抵达小学，如图 6-39 所示。四新组团的新华村、红岭社区、汉城社区初中平均可达时间超过了 30 分钟，其他 3 个组团大部分地区均能够在 15 分钟内步行到达初中，如图 6-40 所示。

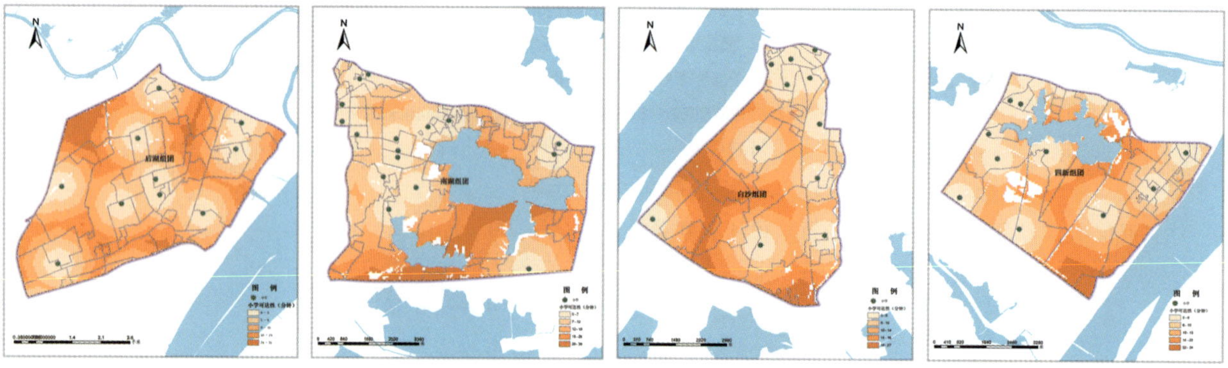

（a）后湖组团　（b）南湖组团　（c）白沙组团　（d）四新组团

图 6-39　2020 年典型组团小学设施便捷度

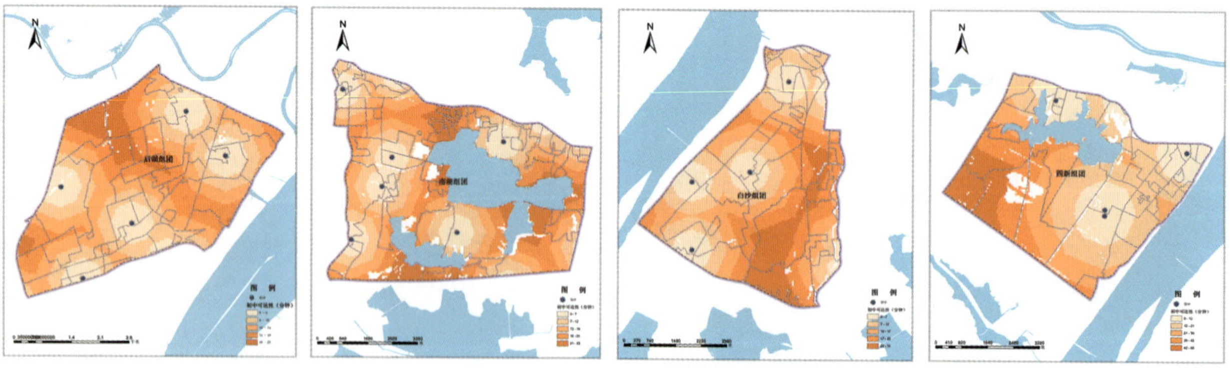

（a）后湖组团　（b）南湖组团　（c）白沙组团　（d）四新组团

图 6-40　2020 年典型组团初中设施便捷度

2. 医疗

从设施保障度来看，如图 6-41(a)所示，2020 年除南湖组团医疗设施数量较多外，其余组团设施数量相对均衡。南湖组团和四新组团各有一所三甲医院，分别是位于方桂园社区的湖北省肿瘤医院和位于汉新社区的武汉市中医医院。

从设施服务水平来看，如图 6-41(b)所示，南湖组团和四新组团每千人医疗卫生设施数均高于全市平均水平，4 个组团每千人执业(助理)医师数均低于全市平均水平，而南湖组团由于有 1 所三甲医院，每千人医疗卫生设施床位数为 4 个组团中最高。

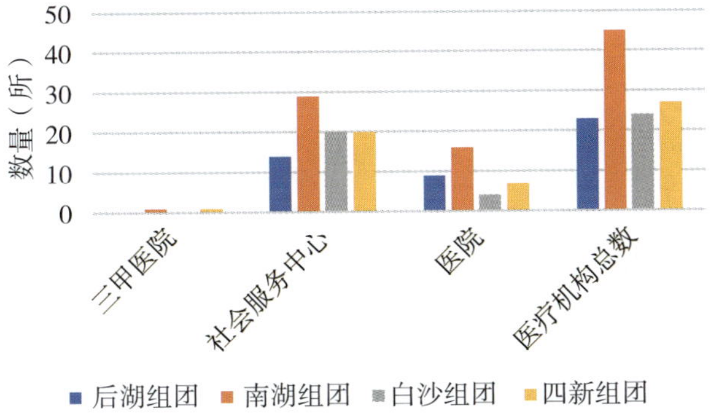

(a)医疗设施数量

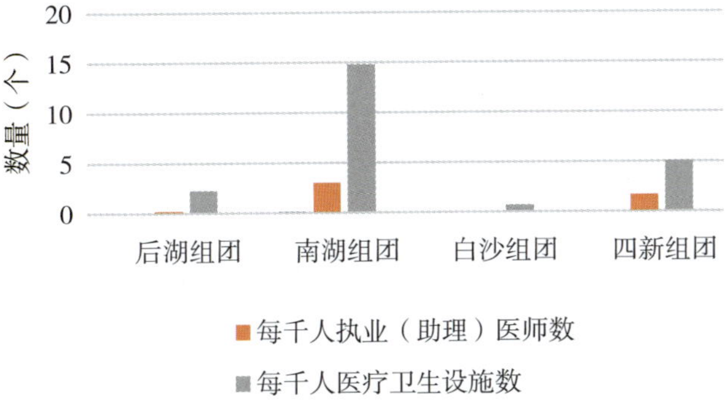

(b)医疗卫生服务水平

图 6-41　2020 年典型组团医疗水平统计结果

从设施均匀度来看，4 个组团大型医疗设施人口覆盖度都达到 99%以上，小型医疗设施覆盖度大部分地区达到 90%以上，医疗设施均匀度较好。

从设施便捷度来看，如图 6-42 所示，四个组团都能够在车行 15 分钟之内到达大型医疗设施设施点；后湖、南湖及白沙组团能够在步行 30 分钟内到达小型医疗设施设施点，四新组团除老关社区周边小型医疗设施便捷性稍差以外，大部分地区平均可达时间在 20 分钟以内，如图 6-43 所示。

(a)后湖组团

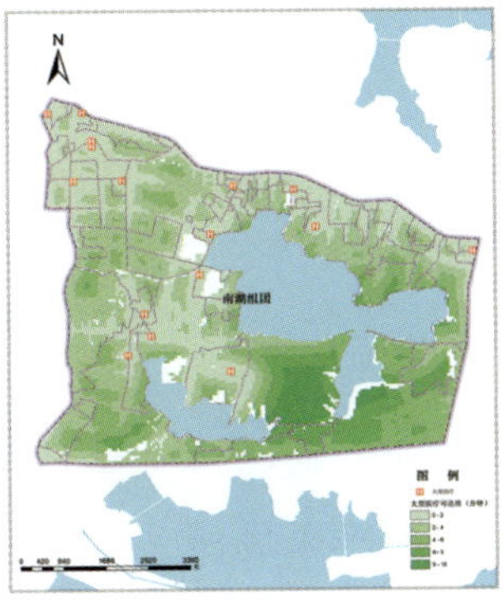

(b)南湖组团

(c)白沙组团

(d)四新组团

图 6-42　2020 年典型组团大型医疗设施便捷度

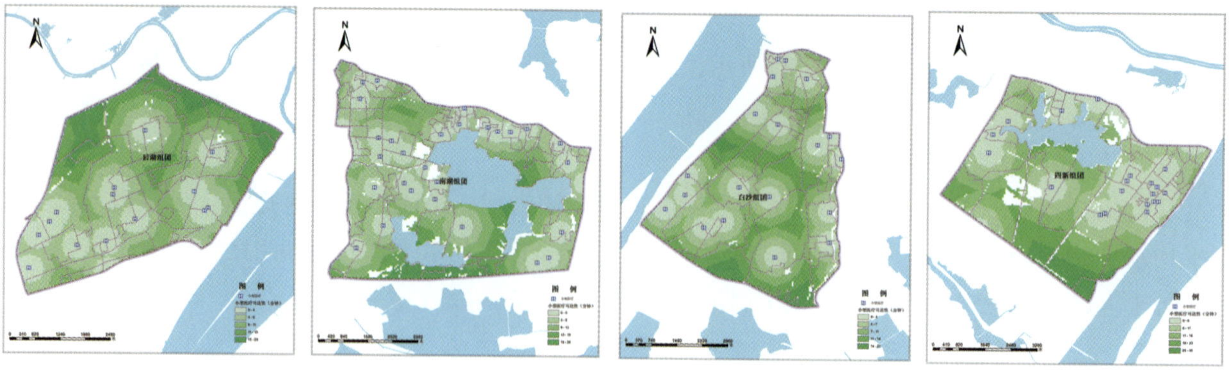

(a)后湖组团　(b)南湖组团　(c)白沙组团　(d)四新组团

图 6-43　2020 年典型组团小型医疗设施便捷度

6.5　典型休闲娱乐空间

本节利用百度慧眼和联通手机信令数据，开展了典型休闲娱乐空间的活力范围识别、客流特征分析和活力评价。

6.5.1　活力范围识别

选取王家湾、楚河汉街、光谷广场、欢乐谷、江汉路、街道口、司门口、武广、武汉天地、宜家、凯德西城、中南路等 12 个典型休闲娱乐空间，开展工作日、周末和节假日不同时段的活力范围识别。

如图 6-44 所示，各活力空间在节假日和周末对新城区居民的吸引力增强，活力范围表现出节假日和周末大于工作日的特点。节假日，光谷广场商圈活力范围最大，江汉路次之。

典型休闲娱乐空间的省外客源主要来自于两方面：一是湖南、河南等地理相邻省份，二是北京、广东等经济联系密切省市。

6.5.2　客流特征分析

如图 6-45 所示，从性别比例、年龄构成、学历水平、收入和消费情况等方面，对典型休闲娱乐空间开展了用户特征分析。女性比男性更喜欢去休闲娱乐场所，年轻人去休闲娱乐场所放松的需求更大，高知人群和高薪阶层青睐于武汉天地和中南路商圈，武广和武汉天地商圈消费水平相对较高。

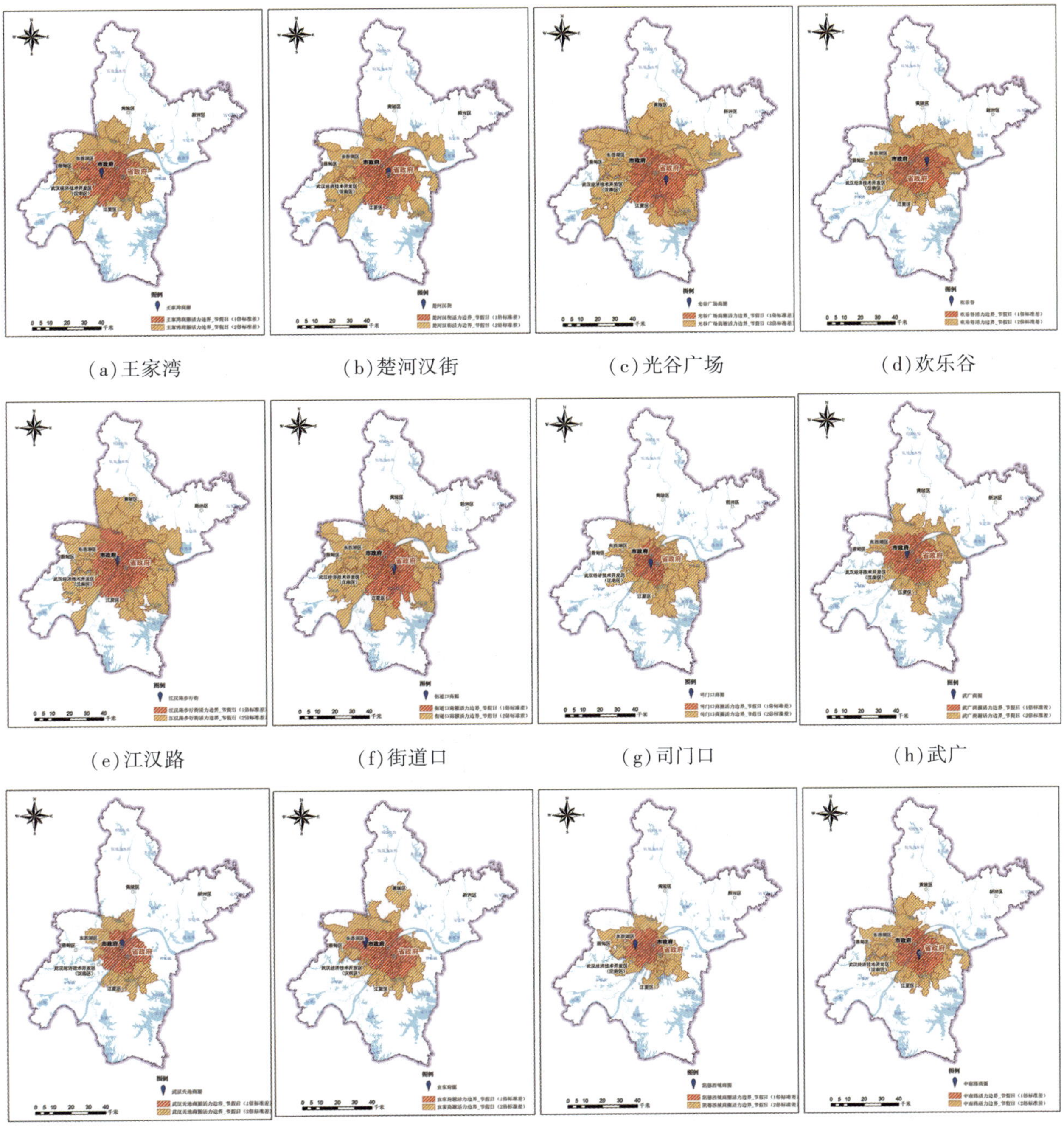

(a)王家湾 (b)楚河汉街 (c)光谷广场 (d)欢乐谷

(e)江汉路 (f)街道口 (g)司门口 (h)武广

(i)武汉天地 (j)宜家 (k)凯德西城 (l)中南路

图 6-44 休闲娱乐空间活力范围识别结果

6.5.3 空间活力评价

典型休闲娱乐空间人口活力在节假日和周末较工作日均有明显提高，且保持在高水平的时间更长。比较3类特征日平均人口活力结果，光谷广场的人口游憩活力最高，其次是江汉路商圈，如图6-46所示。

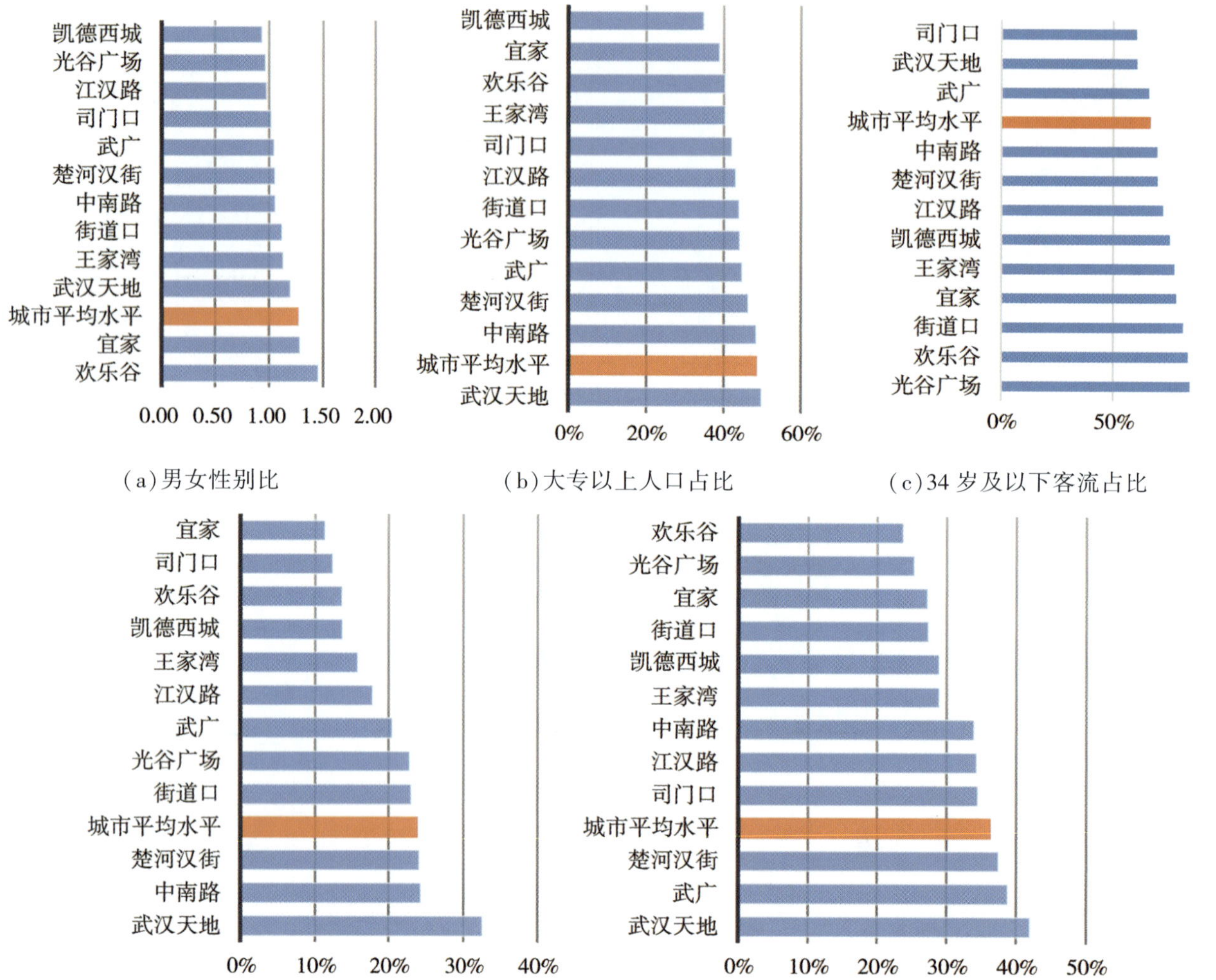

(a)男女性别比　(b)大专以上人口占比　(c)34岁及以下客流占比

(d)月收入8 000元及以上人口占比　(e)消费水平较高的客流占比

图6-45　典型休闲娱乐空间用户特征

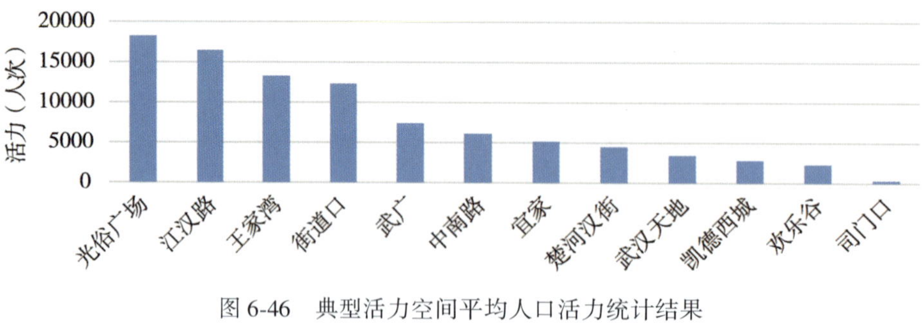

图6-46　典型活力空间平均人口活力统计结果

6.6 小　　结

1. 基本公共服务设施建设情况较好，居民多层次需求基本得到满足

"十三五"以来，全市基本公共服务设施建设逐步完善，幼儿园和小学数量持续增加，初中数量保持稳定；医疗卫生设施和医护人员数量增加，每千人医疗卫生机构床位数增加 1.25 个；文体设施和公共交通设施尤其是轨道交通建设成效显著，各区基本公共服务配置水平均有所提升。除青山(化工区)外，中心城区各区基本公共服务配置水平均高于全市平均水平，能够满足居民日常生活的需求。

2. 居住水平较为理想，居民社区生活质量稳步提升

"十三五"以来，城市宜居各项指标发展均衡，达到了"宜居城市"的标准，其中生活便利性、交通便捷度和社区安全性不断提升，公共交通与其他一线城市相比处于领先水平。主城区 96%的社区均可在 5 分钟抵达公交站点，15 分钟内抵达轨道交通站点，交通网络以及生活设施的不断完善，使得居民社区生活质量稳步提升。从空间分布看，江岸区、江汉区和硚口区的社区生活配套设施和文体设施配套齐全，东湖风景区、洪山区和汉阳区公共活动设施建设良好，新城区医疗急救设施亟需完善。

3. 东湖高新区教育和医疗设施配置不足，优质资源分布低于中心城区

"十三五"以来，东湖高新区教育配套设施逐年完善，小学覆盖度有所提升，但小学师生比降低 1.04，说明区内小学适龄人口不断增加，小学建设速度尚不能满足需求，关东街、佛祖岭街、花山街教育需求明显较高；初中师生比增加 8.78，但优质教育资源与中心城区相比，仍有一定差距。医疗设施主要集中在关东街，占比 67%，资源分配不均衡；千人床位数提高 1.56 倍，大型和小型医疗设施覆盖度均有所下降，龙泉街、左岭街和花山街的小型医疗设施覆盖度尚不足 30%。

4. 典型组团教育医疗水平基本满足需求，但资源分布不均衡

后湖、南湖、白沙和四新 4 个典型居住组团的教育和医疗设施分布均衡，但人口构成特点不一样，后湖组团老龄化率较高，南湖组团老龄化率较低，白沙组团常住人口少，四新组团人口密度较低，对基本公共服务的需求存在差异。

5. 大型休闲娱乐空间活力突显，跨区域辐射能力显著

从对外辐射来看，典型休闲娱乐空间主要吸引了湖南、河南等地理相邻省份客流，以及北京、广东等经济联系密切省市的客流。从内部客流特征看，各活力空间在节假日和周末对远郊居民的吸引力较高，高知、高薪、高消费人群的活力特征显著，高知和高薪阶层更青睐武汉天地和中南路商圈，武广和武汉天地商圈消费水平较高。

第七章

区域城际联系

本章从宏观层面，将武汉市作为研究节点，利用百度人口迁徙、高德 API、航空和列车时刻表、企业互投等大数据，从作为中部地区国家中心城市的区域地位、作为九省通衢的交通枢纽与区域网络的交通联系、作为区域核心与周边城市及全国的人口联系和经济联系 4 个层面，分析武汉市在全国、省域、城市圈和大都市区范围内的区域地位、交通可达性、人口和经济联系。总体框架和数据来源如图 7-1 所示。

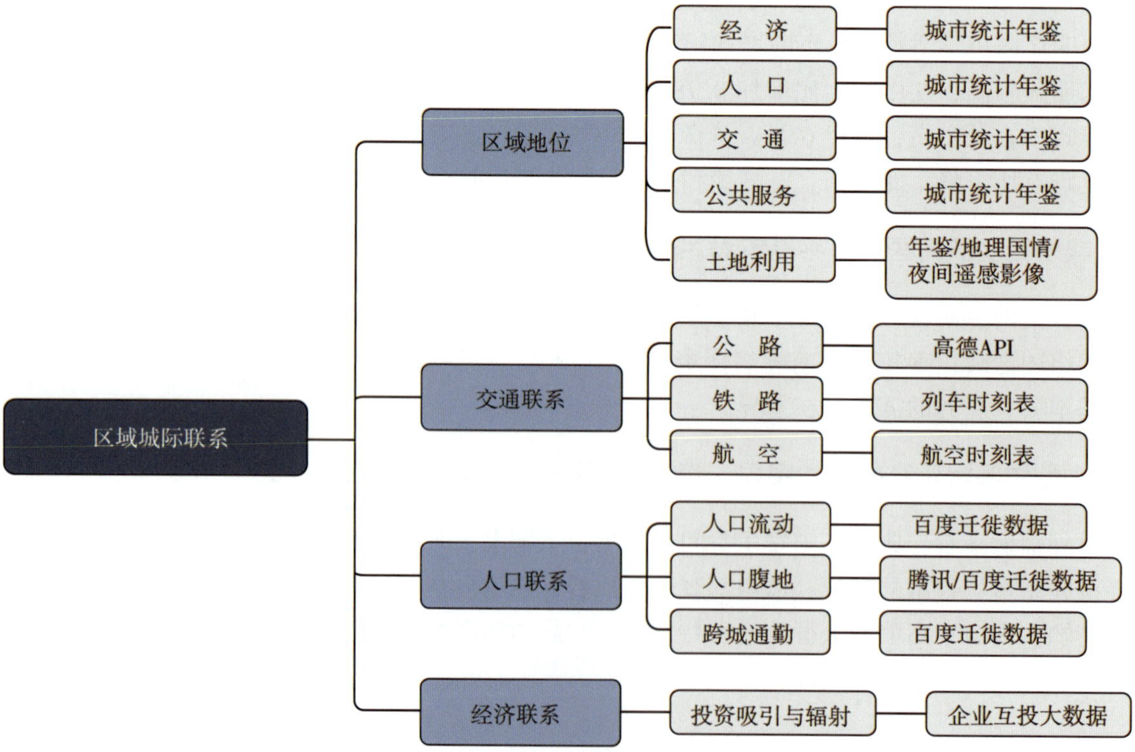

图 7-1 区域城际联系总体框架和数据来源

7.1 区域地位

本节旨在利用城市统计年鉴、地理国情数据、土地利用数据、高程数据和夜间灯光影像等数据，重点考察武汉在全国、省域及大都市区城市体系结构中所处的角色定位和承担的核心功能。

7.1.1 武汉在全国重点城市中的地位

本节选取全国 39 个重点城市，从经济、人口、交通和公共服务等 4 个方面，开展单项指标评价，反映武汉市经济社会发展水平及在全国城市体系中的位序与层级。数据主要来源于各城市公开发布的统计公报和统计年鉴，数据时点为 2020 年底和 2015 年底，如表 7-1 所示。

经济方面，受疫情影响，2020 年武汉市 GDP 负增长，在重点城市中排名靠后，但是疫后恢复较好，GDP 排名只下降 1 位，仍然处于全国领先地位，是中国中部地区的核心城市。经济体量和各产业总值与北上广深等一线城市有所差距，但是仍然保持良好的增长态势，具有较高的发展潜力。

人口方面，武汉市处于缓慢上升的趋势，2020 年常住人口规模排名全国第 9。

交通方面，武汉市作为中部交通重镇，在全国客货运运输中承担重要角色，是全国铁路和公路交通的核心枢纽城市，但是受疫情影响，客货运量有小幅度降低。

公共服务方面，武汉市高等教育处于全国领先水平，三甲医院数量位于前列。

总体而言，由于疫情影响，2020 年武汉的经济和交通指标有所下降，但是除 GDP 增长率和客运量外，其余指标均位于全国重点城市前十，巩固了武汉市新一线城市的地位，与其他一线城市仍然有较大的差距，有较大上升空间。武汉市在经济、人口、交通和公共服务等 4 个方面指标有明显提升，特别是经济方面增长显著，如表 7-1 所示。

表 7-1　　全国重点城市各指标排名

指标		2020 年武汉市排名	Top5	处于同级（相差 5%）	2015 年武汉市排名	2015—2020 年排名变化
经济	GDP	9	上海、北京、深圳、广州、重庆	南京、杭州	8	降 1
	GDP 增长率	38	厦门、海口、西安、福州、贵阳	—	17	降 21
	人均 GDP	7	苏州、北京、深圳、上海、杭州	青岛、长沙	11	升 4
	第二产业总值	9	广州、深圳、上海、重庆、苏州	北京、宁波、成都	7	降 21
	第三产业总值	9	广州、北京、上海、深圳、重庆	苏州、南京	11	升 2
人口	常住人口	9	重庆、上海、北京、成都、广州	郑州、杭州	9	—
交通	客运量	14	贵阳、重庆、北京、广州、苏州	天津、南京	7	降 7
	货运量	7	济南、上海、重庆、广州、宁波	贵阳	5	降 2
	轨道交通运营里程	6	上海、北京、成都、广州、深圳	深圳、南京	9	升 3
	汽车拥有量	8	重庆、北京、成都、上海、苏州	深圳	17	升 9

续表

指标		2020年武汉市排名	Top5	处于同级（相差5%）	2015年武汉市排名	2015—2020年排名变化
公共服务	普通高校数	2	北京、武汉、广州、重庆、成都	广州	2	—
	高校在校学生数	2	广州、武汉、郑州、成都、北京	郑州	2	—
	三甲医院个数	4	北京、广州、上海、武汉、天津	上海、天津	6	升2

7.1.2 武汉在湖北省内地位

本节考察的城市包括湖北省13个地级行政区（12个地级市和1个自治州）、4个省直辖县级行政单位（3个县级市、1个林区），以下简称湖北省城市，各指标排名如表7-2所示。

经济方面，由于疫情影响，全省GDP呈现负增长态势，第二、第三产业受冲击严重。从GDP总量来看，武汉市在湖北省一家独大，中心集聚效应占主导地位。

人口方面，武汉市是湖北省唯一常住人口超千万级别的城市，“十三五”期间常住人口净增长171.88万人，位居湖北省首位，人口吸引力较强。

交通方面，武汉市是全省“七纵五横三环”高速公路网与“六纵四横”铁路网的重要节点城市，武汉天河国际机场已成为中部地区最大的航空客货集散中心，同时依托长江黄金水道与鄂州、黄冈、咸宁共建武汉新港，区域交通优势显著。

公共服务方面，武汉市集聚了全省最多的教育、医疗卫生资源，拥有其他城市不可比拟的优势。

2020年，除GDP增长率、第一产业总值外，武汉市其余各项指标均位于湖北省首位，且与第二名城市拉开较大差距。此外，全省区域发展不均衡，经济、人口、教育、医疗等资源不断向武汉市集聚，对周围城市的虹吸效应进一步加强。

表7-2 湖北省城市各指标排名

指标		2020年武汉市排名	Top3	2015年武汉市排名	2015—2020年排名变化
经济	GDP	1	武汉、襄阳、宜昌	1	—
	GDP增长率	5	恩施、仙桃、孝感	4	降1
	人均GDP	1	武汉、宜昌、鄂州	1	升4
	第一产业总值	7	潜江、黄石、襄阳	4	降3
	第二产业总值	1	武汉、襄阳、宜昌	1	—
	第三产业总值	1	武汉、襄阳、宜昌	1	—
人口	常住人口	1	武汉、黄冈、襄阳	1	—
交通	客运量	1	武汉、宜昌、襄阳	1	—
	货运量	1	武汉、襄阳、黄冈	1	—
	汽车拥有量	1	武汉、襄阳、宜昌	1	—

续表

指标		2020 年武汉市排名	Top3	2015 年武汉市排名	2015—2020 年排名变化
公共服务	普通高校数	1	武汉、荆州、十堰	1	—
	高校在校学生数	1	武汉、黄石、荆州	1	—
	三甲医院个数	1	武汉、荆州、恩施	1	—

7.1.3 武汉在城市圈及大都市区地位

《武汉市城市总体规划(2017—2035 年)》提出，推进武汉城市圈空间协调发展，规划以 1 小时交通通勤距离为基础(60~80 千米半径)，综合考虑通勤、经济、人口、生态、重大基础设施等要素，划定武汉大都市区范围。武汉城市圈，又称武汉“1+8”城市圈，是指以武汉为圆心，覆盖黄石、鄂州、黄冈、孝感、咸宁、仙桃、天门、潜江等周边 8 个大中型城市所组成的城市群，包括武汉市域、近域大都市区及外围特色区。其中，近域大都市区包括鄂州市全域以及孝感市、黄冈市、咸宁市、黄石市的部分区县和仙桃市、洪湖市的部分镇区；外围特色区包含上述城市的其他地区以及天门市、潜江市全域，如图 7-2 所示。

本小节在武汉城市圈基础上增加洪湖市，以此作为研究对象[以下简称“武汉城市圈(含洪湖)”]，从经济、人口方面反映武汉城市圈及武汉大都市区社会经济发展现状。数据来源于各城市国民经济和社会发展统计公报，时点为 2015 年和 2020 年底。

图 7-2　武汉大都市区“146”空间格局分布

(注：资料来源《武汉市城市总体规划(2017—2035)》。)

武汉大都市区面积为 2. 06 万平方千米，占武汉城市圈(含洪湖)的 34. 23%。武汉大都市区地势平缓，地形起伏较小，高程位于 50 米以下区域面积占武汉城市圈(含洪湖)的 27. 77%，坡度 2°以下区域面积占 25. 42%，平坦的地势为武汉大都市区的快速发展奠定了良好的自然环境条件，如图 7-3 所示。

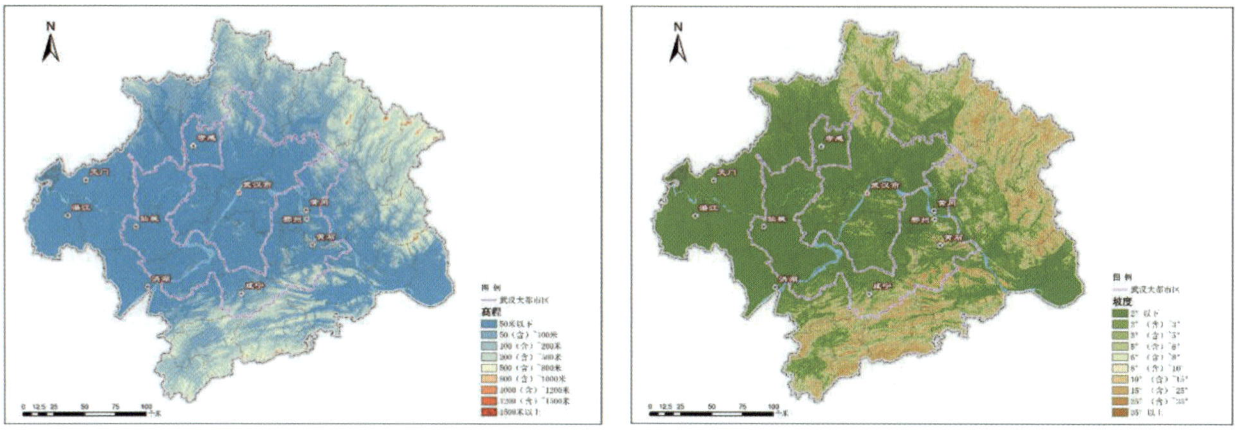

(a)高程带分布　　(b)坡度带分布

图 7-3　武汉城市圈(含洪湖)地形地貌

7. 1. 3. 1　土地利用

地表覆盖按地类成因分为自然地表和人工地表。自然地表包括种植土地、林草覆盖、荒漠与裸露地表和水域，人工地表包括房屋建筑(区)、铁路与道路、构筑物和人工堆掘地。

从自然地表看，2020 年武汉大都市区自然地表占比约 85%，其中武汉市域、近域大都市区、外围特色区自然地表占比分别约为 74%、88%和 93%。从人工地表看，武汉大都市区人工地表占比约 15%，其中武汉市域、近域大都市区、外围特色区人工地表占比分别约为 26%、12%、7%，如图 7-4 所示。

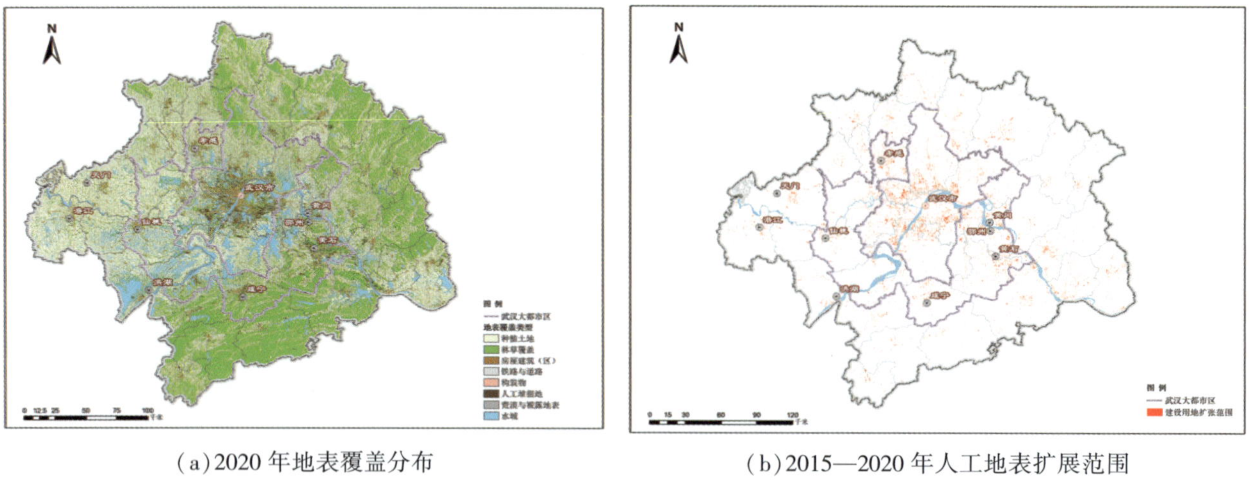

(a)2020 年地表覆盖分布　　(b)2015—2020 年人工地表扩展范围

图 7-4　武汉城市圈(含洪湖)土地利用分布

7.1.3.2 经济发展

2020 年，武汉城市圈(含洪湖)GDP 为 2.66 万亿元，其中武汉市达到 1.56 万亿元，占比为 58.65%。2015—2019 年，鄂州市、咸宁市和仙桃市发展最为迅速，年均增速均达到 8%以上。受疫情影响，2020 年各市 GDP 都出现了不同程度的负增长。整体来看，武汉市大都市区 GDP 总量在武汉城市圈(含洪湖)中占比约八成，如图 7-5(a)所示。

2020 年，武汉城市圈(含洪湖)范围内的人均 GDP 为 8.16 万元/人。2015—2019 年，有 50%的城市人均 GDP 增长率超过了 10%，如图 7-5(b)所示。

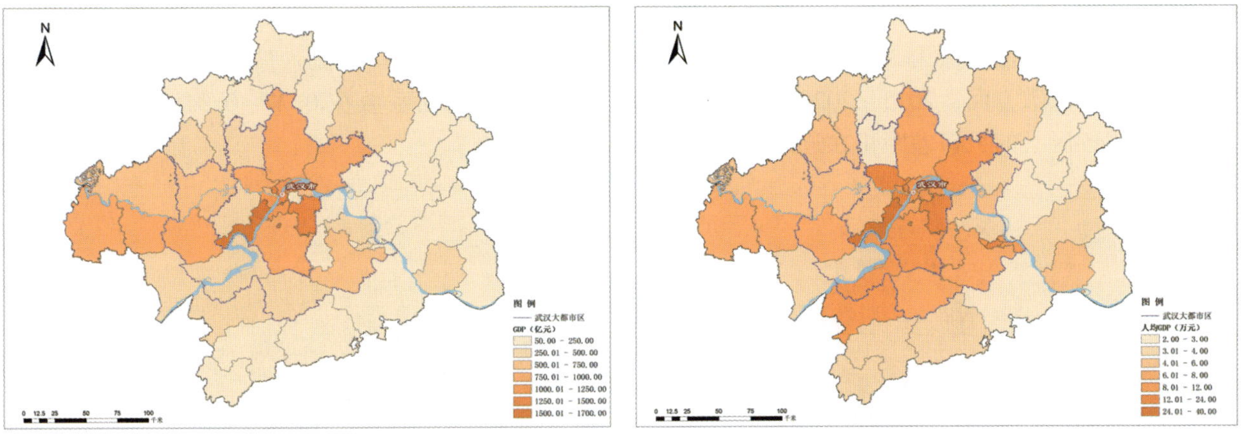

(a)GDP 分布　　(b)人均 GDP 分布

图 7-5　2019 年武汉城市圈(含洪湖)各区县 GDP 和人均 GDP 统计

(注：因区县统计数据滞后，数据时点为 2019 年底。)

从经济首位度看，“十三五”以来武汉市经济总量维持在武汉城市圈(含洪湖)的 58%左右，经济首位度稳中有进。除武汉市外，黄冈市、孝感市、黄石市的经济首位度排名也位居前列，如图 7-6(a)所示。从经济基尼系数看，“十三五”以来研究区域内的经济基尼系数在 0.28~0.30 之间，处在经济分配比较平均的区间，自 2017 年起经济基尼系数有明显的下降，这说明各城市的经济差距正在逐步缩小。2020 年受疫情影响，经济基尼系数小幅度上升，如图 7-6(b)所示。

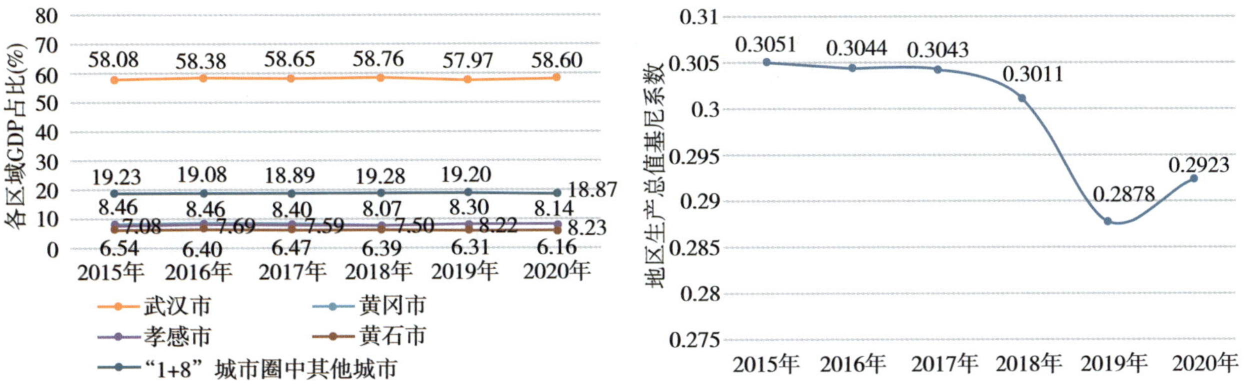

(a)各城市 GDP 占比　　(b)经济基尼系数变化

图 7-6　2015—2020 年武汉城市圈(含洪湖)经济指标统计

7.1.3.3 人口发展

本部分从常住人口及增长率、常住人口密度、人口净流入、人口首位度及人口基尼系数等方面，反映武汉大都市区人口发展现状，如图 7-7 所示。

常住人口及增长率方面，2020 年武汉城市圈(含洪湖)内常住人口总数为 3276.30 万人。其中，武汉市占比为 37.73%；其次，黄冈市占比为 18.00%；孝感市占比为 13.07%。整体来看，武汉大都市区常住人口占武汉城市圈(含洪湖)总人口的近六成。

常住人口密度方面，2020 年武汉城市圈(含洪湖)的人口密度为 544 人/千米^2。其中，武汉市的人口密度为1 438人/千米^2；其次为鄂州市、孝感市，分别为 682 人/千米^2 和 479 人/千米^2。

人口净流入为常住人口与户籍人口的差值。2020 年，研究区域整体人口净流入量为-50.04 万人，其中武汉市人口净流入量为 326.25 万人，其余“1+8”城市圈城市的人口净流入量均为负值。

人口基尼系数方面，2015—2020 年研究区域内的常住人口基尼系数在 0.27~0.31 之间，且逐年增大，说明各区县的人口差距正在逐渐增大。

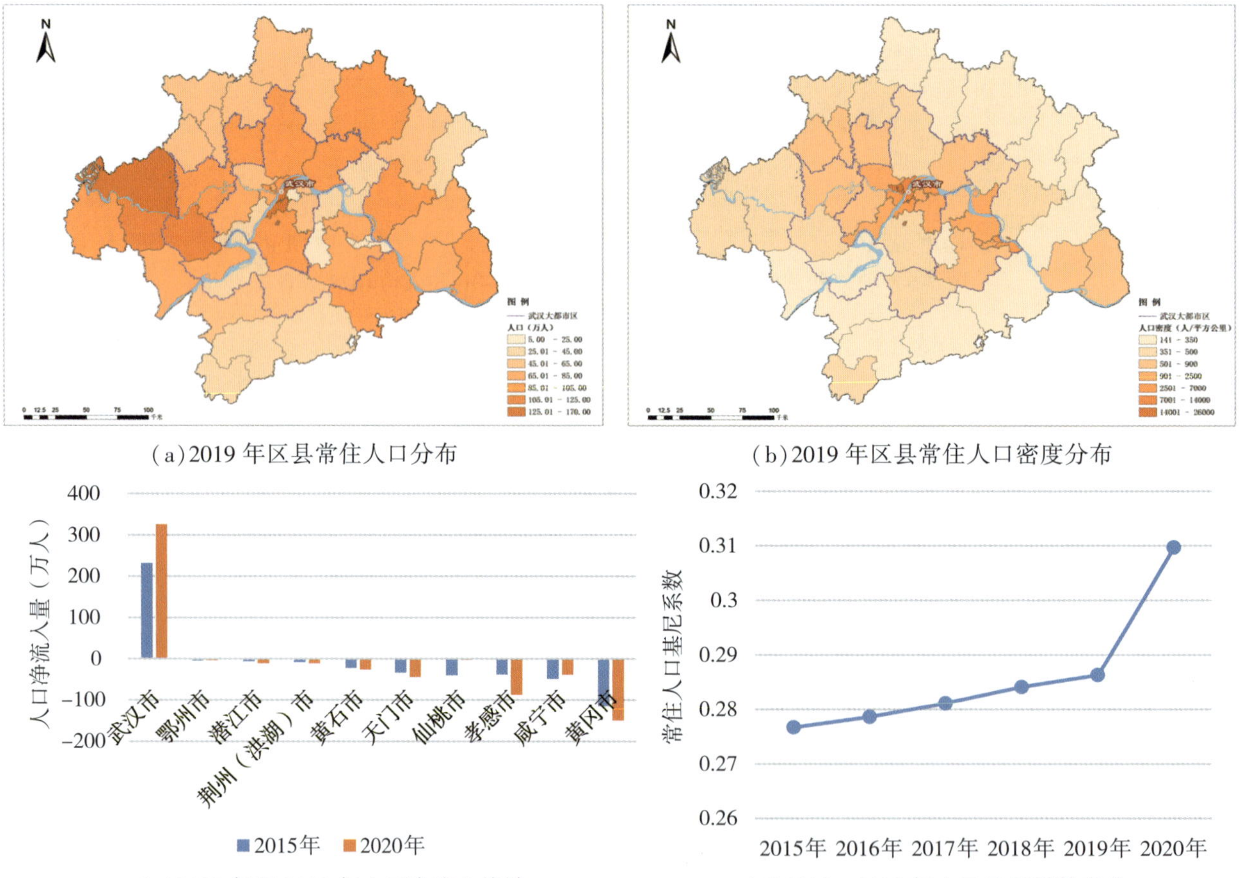

(a)2019 年区县常住人口分布

(b)2019 年区县常住人口密度分布

(c)2015 年和 2020 年人口净流入统计

(d)2015—2020 年人口基尼系数变化

图 7-7 武汉城市圈(含洪湖)人口分布及变化情况

7.1.3.4 空间扩张

基于多期夜间灯光影像，对研究区域夜间高亮度地区进行提取分析，研究武汉大都市区及其周边区域增长模式、增长方向与增长形态。夜间灯光影像采用 2015 年和 2020 年全年平均灯光强度的 NPP/VIIRS 数据(分辨率为 500m)。将研究范围夜间高亮度区域与土地利用中的建设用地数据进行比对，高亮区域分布与建设用地分布基本一致，如图 7-8 所示。

随着武汉城市圈的一体化发展，武汉大都市区内的城市空间往近域大都市区扩张趋势明显，且速度渐快。空间上的联系反映了经济产业的联接，随着产业园、交通基础设施等重大项目的落地，武汉市产业实现梯度转移，与相邻城市和区县的联系更加紧密。在武汉大都市区范围内，呈现出武汉市近域同城化趋势明显的空间关联特征，高亮度区域增长发展形态主要表现为以武汉市为核心的面状发展模式，且增长速度渐快。从局部方向看，在西北部沿汉孝方向以及东部武鄂黄黄方向呈现出明显的线状高亮度区域增长模式，沌口方向的城市空间扩张也有所跨越。武鄂黄黄方向，鄂州市最西侧的葛店经济开发区已经与武汉市东湖高新区相联接；汉孝临空方向，物流业发展使得武汉与孝感产业布局主导了城市空间扩张的方向；沌口方向，武仙和武咸两条城际铁路的开通，促进了武汉市与仙桃市、咸宁市的经济互动，从而引导了城市空间扩张的方向。

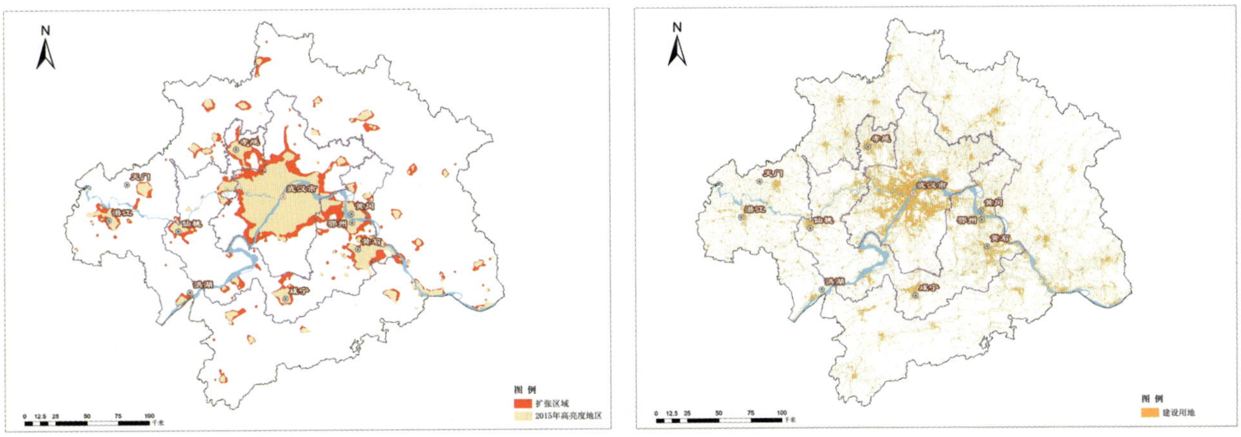

(a)夜间高亮度地区　　(b)建设用地分布

图 7-8　2020 年武汉城市圈(含洪湖)空间扩张(夜间高亮度)分布

如图 7-9 所示，2020 年在武汉市的东部与东南部已经形成了明显的武鄂黄黄连绵发展廊道，

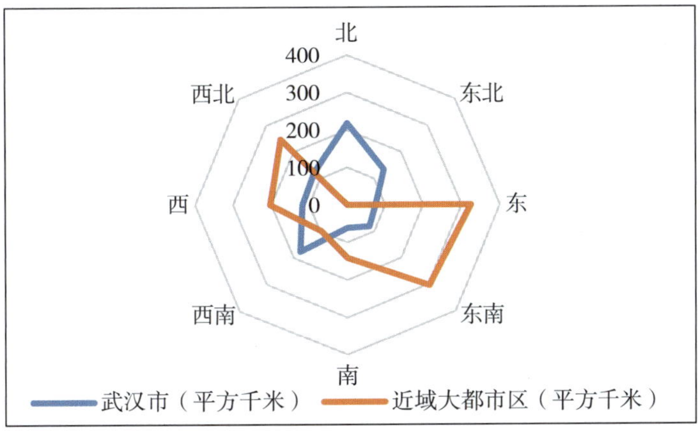

图 7-9　2015—2020 年高亮度区域增长方向统计

武汉市西北部的扩张趋势也很明显。“十三五”以来，区域内呈现出武汉市近域同城化趋势明显的空间关联特征，高亮度区域增长发展形态主要表现为以武汉市为核心的面状发展模式，且增长速度渐快。从增长方向看，武汉大都市区高亮度区域增长轴线主要包括东部和东南部、西北部和西南部方向。

7.2 交通联系

为了考察武汉市在全国、省域、城市圈和大都市区交通网络中的地位和作用，本节利用基于高德API的公路路径导航数据、列车航班班次数据和跨城公交数据，从公路、铁路、客车和公交等角度，分析综合交通的可达性。

公路方面，利用高德API爬取的武汉市中心与全国其他各地级市中心之间的最短驾车时间、最短驾车距离，计算武汉市到各个城市的交通可达性；铁路方面，利用从12306网站采集的客运列车运行时刻表(含城际铁路)，仅考虑武汉市三大火车站(汉口站、武昌站、武汉站)到其他城市(含区县)火车站的列车，获取武汉市与其他城市之间的每日列车班次、每日动车组班次、最短列车时间、最短普通列车时间，计算武汉市到全国城市的铁路交通可达性；航空方面，基于携程网爬取的每周航班班次和最短航班时间数据，计算武汉市到其他地级市或省辖县级行政单位的航空交通可达性。数据时间节点为2020年9月。

7.2.1 全国范围内交通可达性

武汉市形成了以公路和高速铁路为主干，覆盖“1+8”城市圈和信阳、岳阳等城市的中部核心区域交通网络；以高速铁路构成交通廊道、以高等级公路为补充，连接到郑州、合肥、南昌、长沙等重点城市，覆盖中部五省主要大中城市的中部地区区域交通网络，并取代了省内部分城市与武汉的航班联系；以高速铁路为主干、以普通铁路和航空交通为补充，延伸到北京、上海、珠三角、西安、川渝、云贵、辽沈等城市或地区的外围辐射区域交通网络。总体上，形成中部陆路交通核心区和外围航空辐射区，沿京广、沪汉蓉等高铁干线形成南北、东西两条轴线，使得武汉市具有陆路交通中部东部强、西部北部弱的特点，航空交通近少远多、大城市多小城市少的特点。

7.2.1.1 公路交通可达性

本部分考察的城市包括地级及以上城市和省直辖县级行政单位(未包括台湾和武汉)，共360个(下简称全国城市)。

高密度的高等级路网强化了武汉市与省内城市的联系，扩展了武汉市在中部地区的辐射范围，弥补了铁路与航空在中等距离交通方面的缺失，在全国范围形成圈层结构。在全国层面上，武汉处于京港澳高速、福银高速、沪蓉高速、沪渝高速等多条跨区域高速的交汇处，依托湖北省内“五横七纵”的高速路网，武汉在中部地区的南北方向上具有更高的可达性，如图7-10所示。

7.2.1.2 铁路交通可达性

本部分考察的城市包括地级及以上城市和省直辖县级行政单位(未含香港特别行政区、澳门特别行政区、台湾地区和武汉市)，共 358 个(以下简称全国城市)。

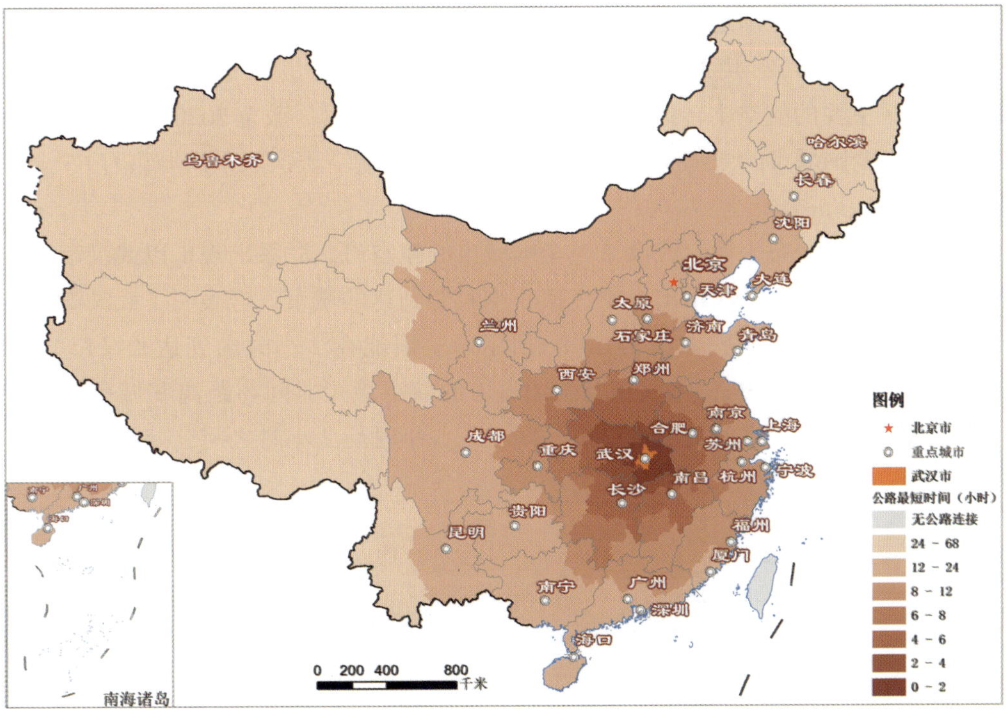

图 7-10　武汉至全国城市最短公路时间分布

截至 2020 年 9 月底，过武汉市的列车班次有 718 趟，覆盖全国 197 个城市，可直达全国 55.03% 的城市。其中，动车列车 507 趟，普通列车 211 趟(含城际铁路)。武汉市与省内其他城市均有快速的列车往来，前 20 名城市主要分布在江西、湖南、河南、湖北等湖北周边省份，如图 7-11(a)所示。

从最短列车时间空间分布来看，3 小时内可达城市主要分布在京广、沪汉蓉和武九客专三条铁路干线上，形成东西和南北两个方向的轴线，如图 7-11(b)所示。

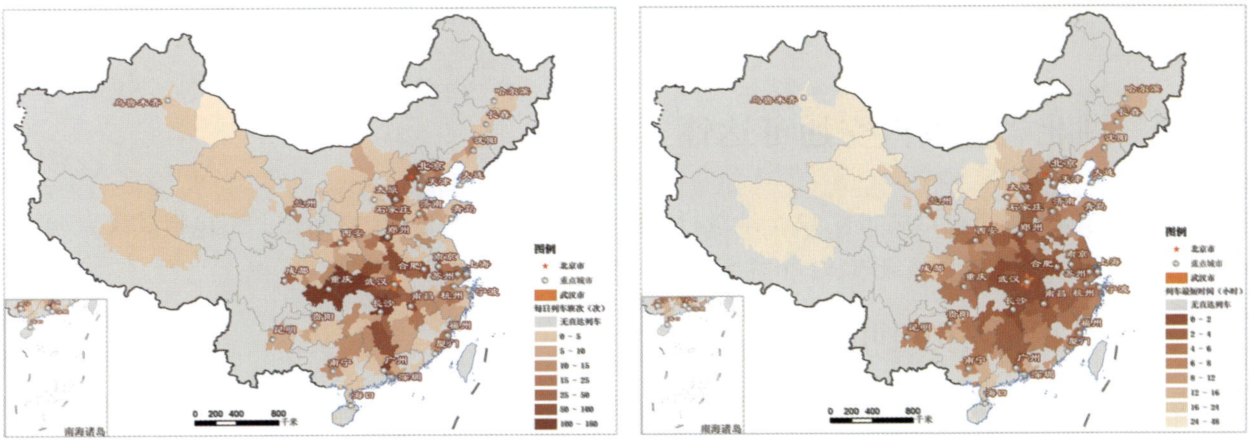
(a)每日列车班次数　　(b)最短列车时间

图 7-11　武汉至全国城市铁路班次和时间分布

7.2.1.3　航空交通可达性

本部分考察的城市包括全国地级以上城市或省辖县级行政单位(未含香港特别行政区、澳门特别行政区、台湾地区和武汉市)，共358个(以下简称全国城市)。

武汉是中部地区主要的航空中转站点之一，如图7-12(a)所示。截至2020年9月底，全国民用航空机场共248座，占全国城市的63.89%。其中，与武汉市有航空班次联系的城市有65个，占中国大陆地区城市的19.55%。

从最短航班时间空间分布来看，武汉市与全国城市的航空班次联系出现了以武汉市为中心的中空范围，这一范围主要囊括了从武汉市出发乘高铁3小时能到达的城市，这表明了武汉市航空与铁路两种交通方式在客运上的协调合作，如图7-12(b)所示。全国能在2小时内到达武汉市的省份共有15个，占有往来航班省份的21.43%。武汉市与全国城市的航空最短时间与距离和城市等级关系较为密切，大部分重点城市与武汉市之间的航空最短时间在1.5小时至2小时之间，处于中短程客机的运营范围之内。

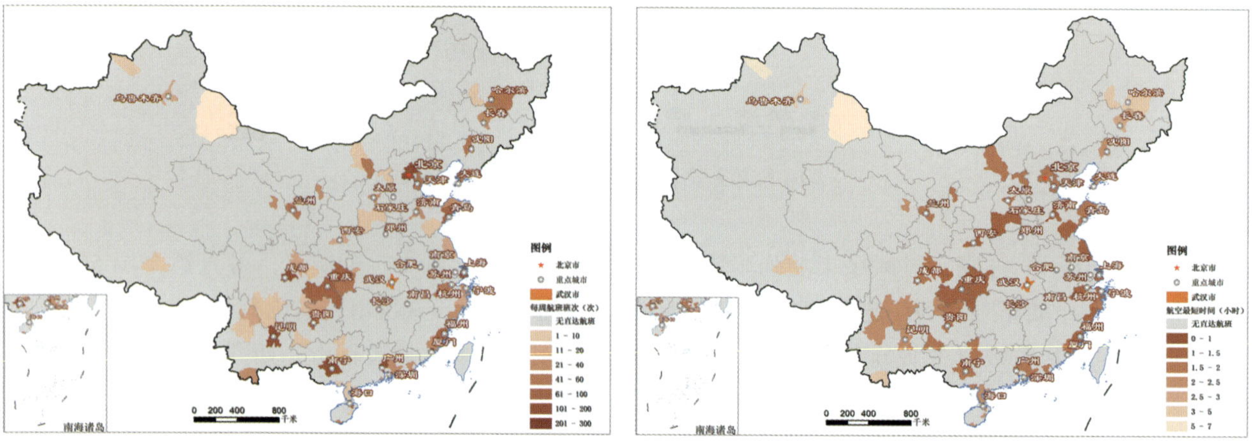

(a)每周航班班次　　　　(b)最短航班时间

图7-12　武汉至全国城市航空班次和最短航班时间分布

7.2.2　湖北省范围内交通可达性

本小节考察的城市包括湖北省12个地级行政区(11个地级市和1个自治州，不包括武汉)、4个省直辖县级行政单位(3个县级市、1个林区)，以下简称湖北省城市。

7.2.2.1　省内公路交通可达性

截至2020年9月底，随着湖北高速公路基础设施建设不断加快，全省“五横七纵”的高速路网骨架已基本建成，其中“三横一纵”经过武汉市，以武汉市为起点呈现放射格局，连接了湖北省主要城市。从武汉出发沿沪渝高速向西依次可达仙桃、潜江、荆州、宜昌、恩施，沿沪蓉高速向西可直达荆门，西北方向沿福银高速依次连接随州、襄阳、十堰，武汉与省内周边城市互联互通的高速公路不断完善，1 小时交通网格局正在形成。

从空间分布来看，武汉市至湖北省其他城市最短公路时间前 8 名为武汉城市圈城市，平均公路时间为 1.64 小时，天门、潜江、随州和荆州位于武汉 3 小时通行圈内，荆门和襄阳位于武汉 4 小时通行圈内，十堰、神农架和恩施因距离因素通行时间均在 5 小时以上，如图 7-13 所示。

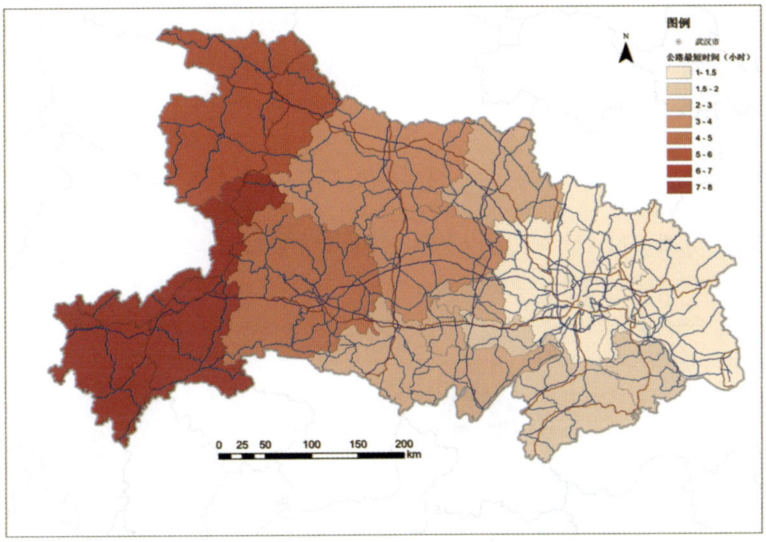

图 7-13　武汉至湖北省城市最短公路时间分布

7.2.2.2　省内铁路交通可达性

截至 2020 年 9 月底，过武汉市的列车可直达湖北省 15 个城市，神农架林区无铁路开通，过武汉市的动车可直达湖北省内 12 个城市。

从武汉出发，向西沿长荆线、宜万线依次连接荆门、宜昌、恩施，西北方向沿汉丹铁路、襄渝铁路依次可达孝感、随州、襄阳、十堰，东南方向武九铁路途经鄂州、黄石，而南北向京广铁路动脉连接了孝感和咸宁。在高速铁路方面，京广高速铁路从北到南依次经过孝感、武汉和咸宁，汉宜客运专线途经仙桃、潜江、荆州直达宜昌，汉十高铁经孝感、随州、襄阳直达十堰。此外，目前武汉经鄂州至黄石、咸宁、黄冈、孝感 4 条城际铁路共同构成武汉城市圈城际铁路，如图 7-14(a)所示。

从空间分布来看，武汉与湖北省南部城市的交通可达性明显高于北部城市，汉宜高铁、长荆线、宜万线串联湖北省南部各城市，而北部至十堰铁路通道列车班次明显偏少，如图 7-14(a)所示。武汉城市圈中各城市均在武汉市 1 小时可达范围内，其中鄂州、孝感和咸宁在 30 分钟通行圈内；中部的襄阳、荆州和随州在 2 小时通行圈内；荆门和恩施在武汉市 4 小时通行圈内，如图 7-14(b)所示。

7.2.2.3　省内航空交通可达性

截至 2020 年 9 月底，湖北省拥有武汉(天河)、宜昌(三峡)、荆州(沙市)、襄阳(刘集)、恩施(许家坪)、十堰(武当山)和神农架机场 7 座民用机场，其中武汉到恩施和神农架有直达航班，能有效弥补公路、铁路耗时的劣势。武汉到恩施每周有航班 42 次，至神农架每周有航班 15 次，航行时间均在 1.5 小时内，如图 7-15 所示。

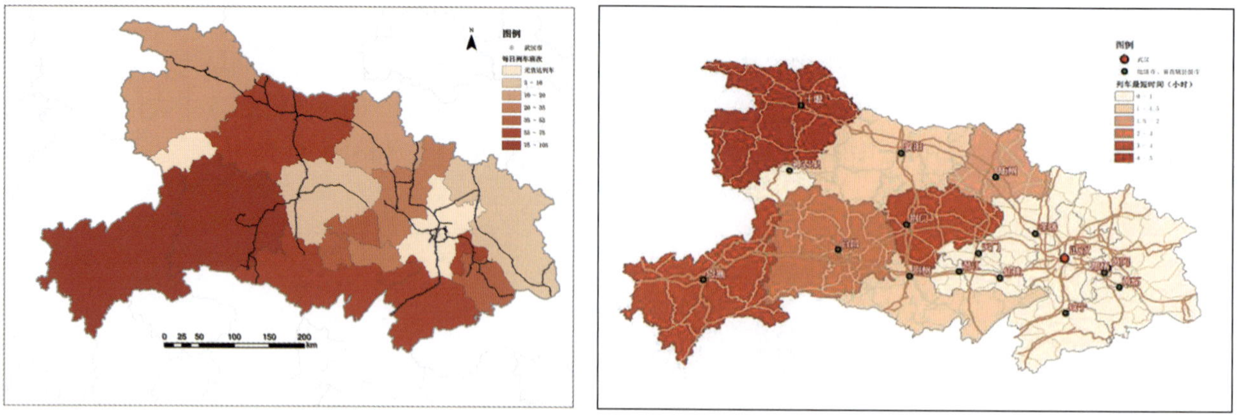

(a)每日列车班次数　　　　(b)最短列车时间

图 7-14　武汉至省内城市铁路班次和最短列车时间分布

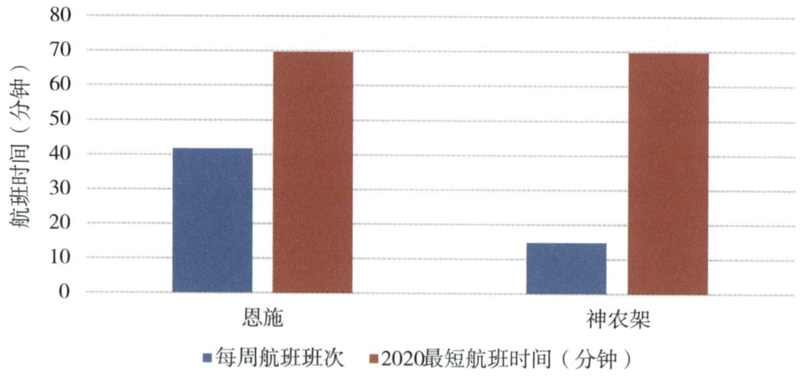

图 7-15　武汉至湖北省城市每周航班班次与最短航班时间统计

7.2.3　武汉城市圈(含洪湖)范围内交通可达性

本小节从公路、铁路、客车和公交等不同交通方式角度，研究大武汉城市圈(含洪湖)内各乡镇街道到武汉市的可达性，分析不同方向、不同圈层的交通差异，区域内交通设施分布图 7-16 所示。

从铁路交通可达性来看，武汉城市圈(含洪湖)内形成以武汉为核心的触状结构，如图 7-17(a)所示。高铁的建设缩短了站点之间的时空距离，汉川、咸宁和红安西等高铁站点附近可达性较高，主要分布在葛店-华容-鄂州、咸宁-赤壁和孝感沿线。城市圈东北部的罗田县、英山县和西南部的通城县和通山县等铁路可达性较差，城际铁路建设尚不完善。

从公路交通可达性来看，呈现西高东低、南高北低的特点，主要是因为西部和南部高速公路总里程和密度比东部和南部高，且东部和南部地区地势逐渐由平原过渡到山地，使得公路通行耗时增加。从公路等时圈看，等时圈呈不规则圈层状分布，大都市区大部分地区都位于 1.5 小时等时圈内，其中武汉市新城区和黄(石)鄂(州)黄(冈)地区的区县在 1 小时等时圈内，与位于山地丘陵地区和城市圈边缘地区的天门市、武穴市和崇阳县等的区县在 2~3 小时等时圈内，如图 7-17(b)所示。

从客车可达性来看，排名前三名为鄂州市、孝感市、黄冈市。从空间分布来看，武汉对外客车可达性较高的城市主要有鄂州市、孝感市、仙桃市，其中孝感市孝南区、孝感市汉川市、鄂州市华容区的可达性在外围特色区最高，主要原因是距离近、高速路网密集，如图 7-17(c)所示。

从跨城公共交通建设来看，武汉市公交网络呈现向东部、西部和南部城市延伸的趋势，与汉孝和鄂州市公交网络相连。大都市区普通公交可以达到的区域为汉川市新河镇、汉川市马口镇、咸宁市咸安区贺胜桥镇、咸安区横沟桥镇、鄂州市葛店和梁子湖梧桐新区。在轨道交通建设方面，鄂州方向轨道交通 11 号线已经延伸到武汉市左岭镇，轨道交通蔡甸线也已经接近汉川市，如图 7-17(d)所示。

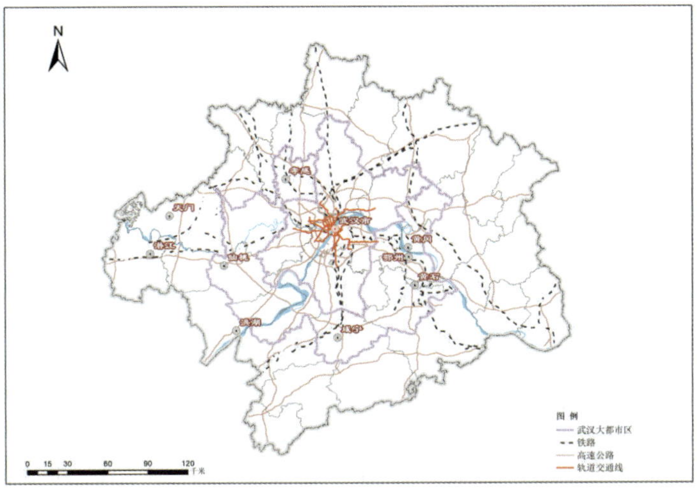

图 7-16　2020 年武汉城市圈(含洪湖)交通设施分布

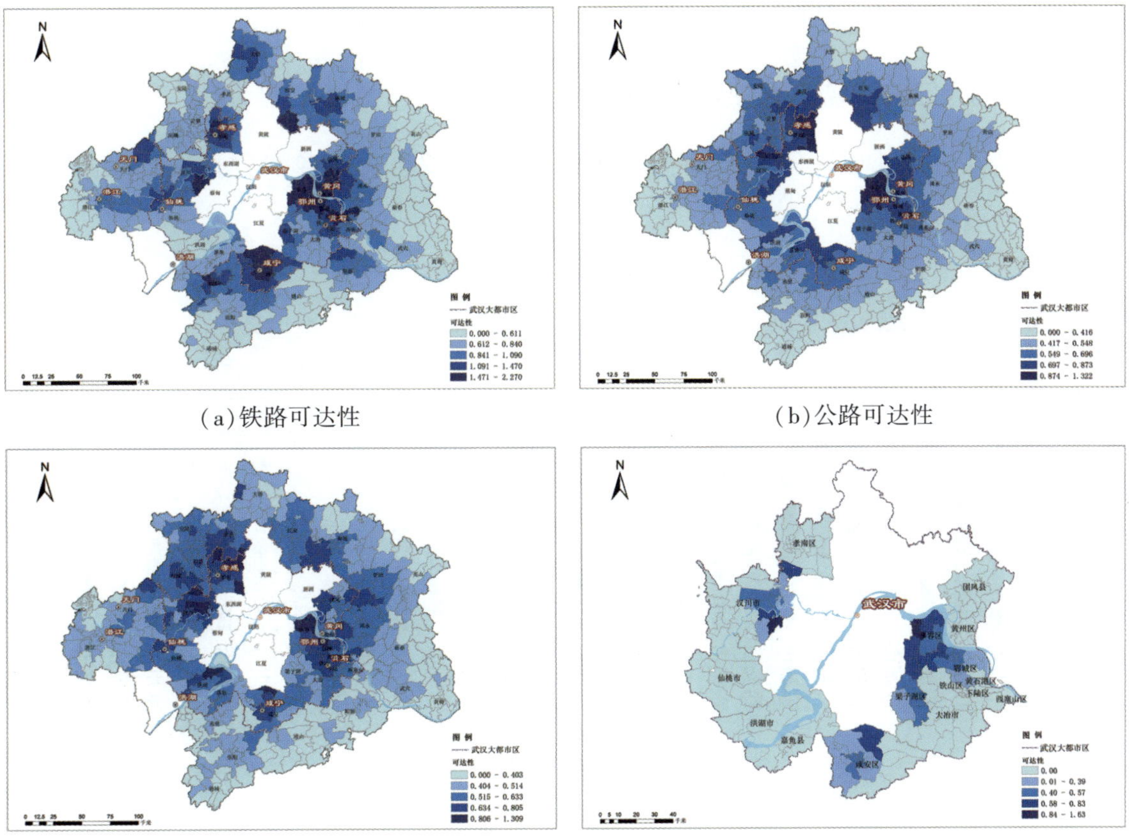

(a)铁路可达性　(b)公路可达性

(c)客车可达性　(d)公交可达性

图 7-17　2020 年武汉城市圈(含洪湖)交通可达性

7.3 人口联系

本节利用百度迁徙和腾讯迁徙数据，考察平常和春运两个时段武汉市以及 13 个市辖区在全国、湖北省、武汉城市圈层面的人口流动特征，横向分析武汉市对外人口联系强度的差异，纵向分析人口流动随时间的变化特征，并基于春运时段数据分析研究武汉市在全国范围、湖北省和武汉城市圈的人口腹地范围。同时分析新冠肺炎疫情对武汉市人口流动影响和疫后武汉市人口流动的恢复情况。

7.3.1 全国城市人口流动格局

本节使用百度迁徙数据(实际设备数，未扩样)，从人口流动规模和人口流动广度两个方面，研究平常(6 月)与春运(春节前 2 周)两个时间段，全国城市人口流动的总体格局和武汉市在全国城市中的位序。识别规则是将用户常住地所在城市或停留超过一天的非常住城市定义为出发城市，将停留超过 4 个小时以上的非出发城市定义为到达城市。在空间粒度上，全国以地级市为单元，时间跨度共计 2 个时间段，即 2019 年平常时段(2019. 4. 10—2019. 4. 24)及 2019 年春运期间(2019. 1. 21—2019. 3. 1)。

7.3.1.1 全国城市人口流动格局及武汉市位序

1. 全国城市人口流动规模及武汉市位序

如图 7-18 所示，平常时段全国城市流动规模排序中，武汉市在第 12 位，相当于北京市流动规模的 42. 69%。

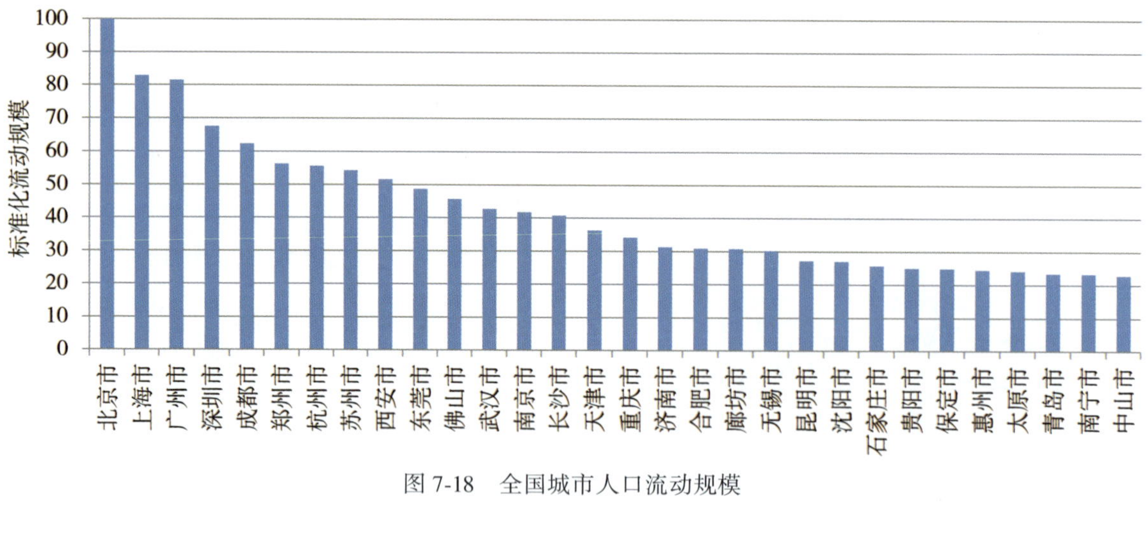

图 7-18 全国城市人口流动规模

如图 7-19 所示，春节前武汉市为净流出地区，位于全国净流出规模排名的第 12 位，净流出规模仅相当于深圳市净流出规模的 26. 87%。总体来看，武汉市在全国城市中流动规模仅次于长三角、珠三角、京津冀城市圈，在中部地区位序较高，人口流动活跃。

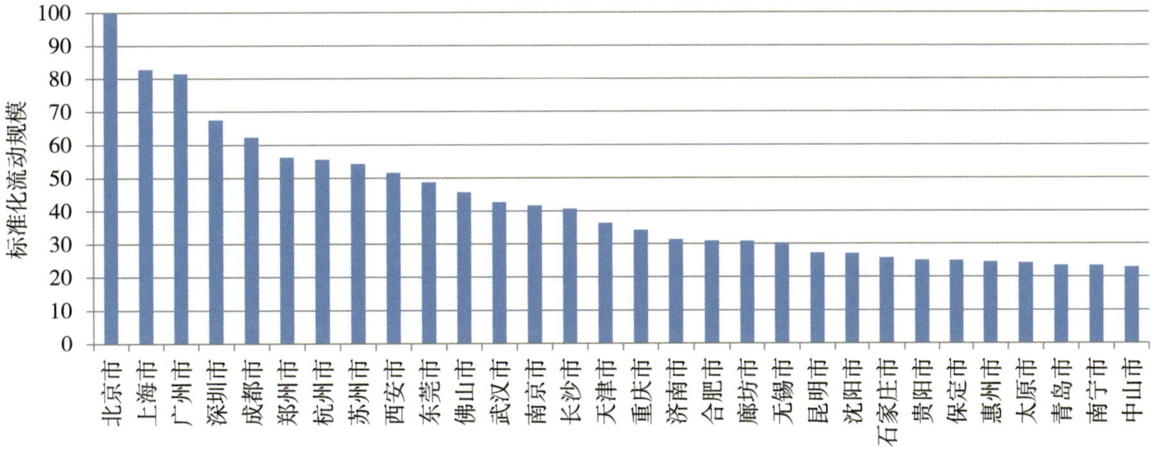

图 7-19　春节前全国城市人口流动规模及位序(前 30 位)

2. 全国城市人口流动广度及武汉市位序

如图 7-20(a)所示，平常时段流动广度排名中，武汉市在第 8 位，流动广度为 33。如图 7-20(b)所示，春节前时段流动广度排名中，武汉市在第 14 位，流动广度为 40。

对比两个时段，武汉市平常时段和春节前人口流动广度差别较为显著。由于春节前主要以返乡人口的流动为主，商务、游憩流动影响力相对较弱，劳动力集聚的城市会在春节前流动广度上升，如温州市、宁波市等。武汉市在全国人口流动格局中平常时段的影响力较强，处于中部人口流动枢纽的地位。

7.3.1.2　长江中游城市群人口流动格局及与典型城市群对比

本节探究长江中游城市群内部流动特征及武汉市在其中的地位，并将长江中游城市群与全国其他 18 个城市群对比，并着重与 3 个典型城市群进行对比，以探究长江中游城市群的发展前景及武汉市在其中的地位和作用。典型城市群选择发展较好的长江三角洲城市群、珠江三角洲城市群和与武汉同样位于中部、规模相似且同属国家级城市群的中原城市群。

本节使用的数据主要为百度迁徙 2019 年平常时段(2019. 4. 10—2019. 4. 24)的数据。平常时段的人口流动主要为以商务、游憩为目的的出行人群，因此可以认为平常时段城市之间的联系代表了经济联系的密切程度，各城市人口流动的地位代表了经济活跃程度和地位。

1. 长江中游城市群内部人口流动格局及典型城市群对比

如图 7-21(a)所示，从平常时段城市群内部人口流动格局来看，长江中游城市群明显分为湖北省、湖南省、江西省三个组群。在三个组群中，湖北省内城市群组群流动规模最大，武汉市在长江中游城市群内部流动规模最大，处于城市群较为核心的地位。但由于受到省级行政边界的影响，城市群内各城市主要在各省份内部进行人口流动，跨越省份的流动仅占总流动规模的 11.06%，没有形成城市群内部流动网络。

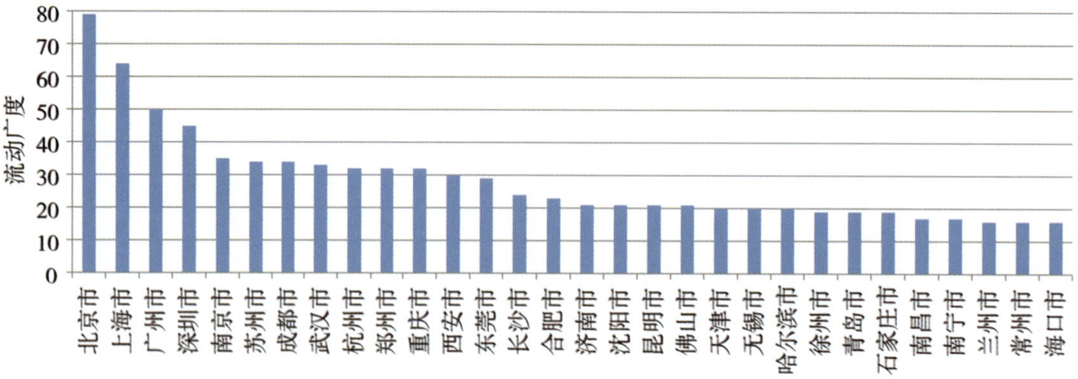

(a)平常时段全国人口流动广度

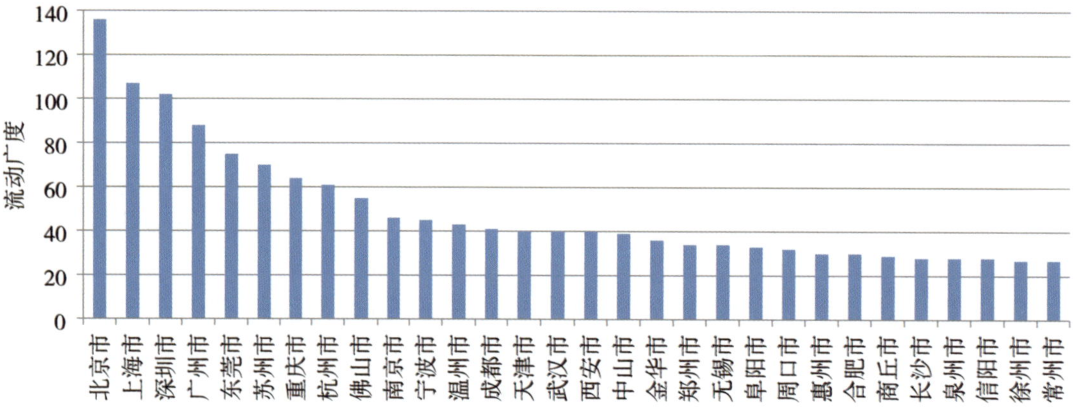

(b)春节前时段全国人口流动广度

图 7-20　全国城市人口流动广度及位序(前 30 位)

如图 7-21(b)、图 7-21(c)所示、图 7-21(d)所示，与长江三角洲城市群、珠江三角洲城市群进行对比，长江中游城市群整体还处于起步阶段，与中原城市群更为类似。主要体现在长江中游城市群内部人口流动联系规模弱于长江三角洲城市群、珠江三角洲城市群；内部三个组群是较为独立的单中心结构，而非多中心结构；非中心城市之间的流动联系规模较弱，尚未形成均衡的网络结构。

2. 长江中游城市群人口流动格局与 18 个城市群对比

如表 7-3 所示，长江中游城市群的体量较大，其内部流动规模和城市群内中心城市流动规模都较大，位于第 4 位。但从内部城市对平均流动规模和城市群内中心城市对平均流动规模来看，分别排到第 19 位和第 17 位，说明长江中游城市群内部流动尚未形成较强的网络，城市群内一体化流动联系仍需加强。

从全国人口流动特征来看，长江中游城市群的平均流动规模排名第 12 位，中心城市平均流动规模排名第 7 位，非中心城市平均流动规模排名第 12 位。长江中游城市群内部城市在全国的影响力差异较大，整体呈现出武汉市和长沙市两市独大，周边地市均较弱的特点。

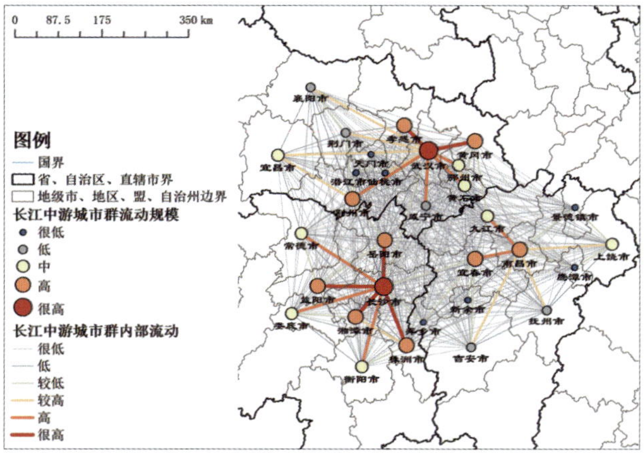

(a)长江中游城市群内部城市流动规模

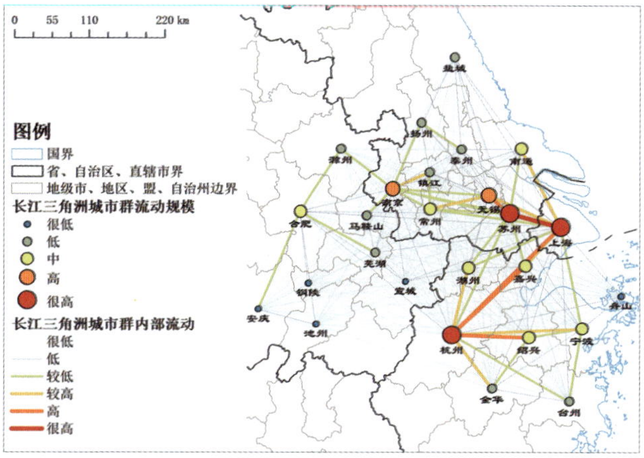

(b)长江三角洲城市群内部流动格局

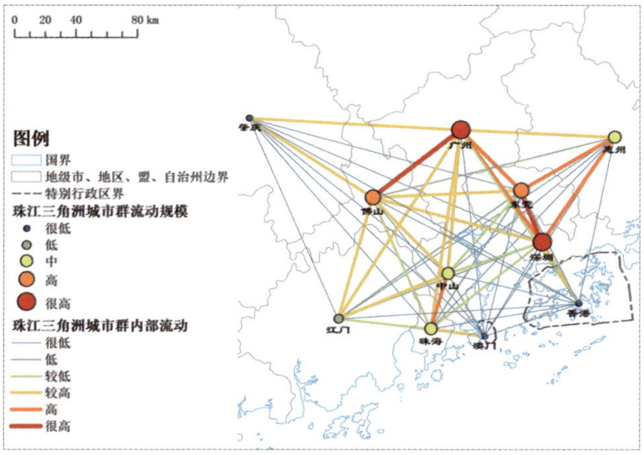

(c)珠江三角洲城市群内部流动格局

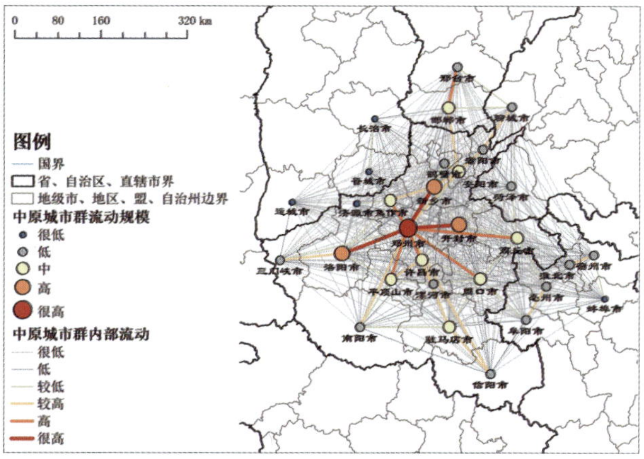

(d)中原城市群内部流动格局

图 7-21　典型城市群内部流动格局

表 7-3　　　　全国 19 个城市群平常时段全国人口流动规模特征

城市群	城市数	中心城市	城市群内部流动规模（万人次）				城市群全国流动规模（万人次）		
			内部流动	城市对流动	中心城市流动	中心城市对流动	城市流动	中心城市流动	非中心城市流动
长江三角洲城市群	26	上海、杭州、南京、宁波、合肥	2 364. 92	3. 64	1 592. 25	6. 92	257. 36	576. 72	181. 32
珠江三角洲城市群	11	广州、深圳	1 457. 45	13. 25	1 024. 19	26. 95	385. 42	922. 73	266. 02
中原城市群	30	郑州	1 298. 13	1. 49	551. 53	9. 51	137. 79	697. 07	118. 5
长江中游城市群	31	武汉、长沙、南昌	1 093. 74	1. 18	756. 37	4. 35	107. 14	415. 92	74. 05
京津冀城市群	11	北京、天津、石家庄	1 060. 48	9. 64	887. 05	16. 43	314. 01	668. 68	181. 01
成渝城市群	16	成都、重庆	794. 88	3. 31	624. 15	10. 76	144. 52	597. 48	79. 81
山东半岛城市群	14	济南、青岛	754. 99	4. 15	402. 96	8. 06	168. 97	339. 2	140. 6

续表

城市群	城市数	中心城市	城市群内部流动规模（万人次）				城市群全国流动规模（万人次）		
			内部流动	城市对流动	中心城市流动	中心城市对流动	城市流动	中心城市流动	非中心城市流动
海峡西岸城市群	17	福州、厦门	476. 97	1. 75	268. 01	4. 32	99. 8	212. 75	84. 74
关中城市群	9	西安	405. 76	5. 64	352. 22	22. 01	151. 33	639. 14	90. 35
哈长城市群	11	哈尔滨、长春	301. 78	2. 74	241. 3	6. 35	90. 37	232. 64	58. 76
辽中南城市群	9	沈阳、大连	260. 43	3. 62	195. 81	6. 53	100. 27	236. 41	61. 37
黔中城市群	6	贵阳	255. 58	8. 52	197. 5	19. 75	142. 47	309. 42	109. 08
北部湾城市群	15	南宁	252. 93	1. 2	102. 54	3. 66	73. 43	229. 75	49. 38
晋中城市群	5	太原	202. 43	10. 12	165. 89	20. 74	140. 82	299. 76	101. 08
滇中城市群	5	昆明	171. 38	8. 57	148. 04	18. 5	125. 21	337. 01	72. 26
兰西城市群	9	兰州、西宁	163. 04	2. 26	142. 08	4. 74	57. 98	144. 55	33. 24
天山北坡城市群	5	乌鲁木齐	96. 89	4. 84	83. 2	10. 4	71. 95	181. 11	44. 66
宁夏沿黄城市群	4	银川	94. 84	7. 9	82. 14	13. 69	73. 88	140. 25	51. 76
呼包鄂榆城市群	4	呼和浩特	88. 26	7. 35	40. 96	6. 83	116. 29	128. 79	112. 13

7. 3. 2　武汉市人口流动特征

本小节使用百度迁徙数据，研究武汉市与全国、湖北省、城市圈在平常与春运两个时段的人口流动特征。识别规则是以用户常住地所在城市或停留超过一天的非常住城市定义为出发城市，以用户离开出发城市、并在非出发城市停留超过 4 个小时以上定义为到达城市，本数据为实际设备数，未进行扩样。空间粒度上，以地级市为单元，时间跨度共计 4 个时间段，即 2017 年、2019 年春运期间及 6 月，以春节前 2 周作为春运期间的流动代表，以 6 月作为平常日流动代表。

7. 3. 2. 1　省外流动特征

总体来说，流入武汉市人口主要来源于深圳、上海、北京、广州等一线城市，以及长沙、东莞、苏州、杭州、重庆等经济较为发达的城市。流出武汉市人口主要去往信阳、南阳、驻马店、岳阳、安庆等周边地级市，以及重庆、长沙等城市。

平常时段，武汉市与北京市、上海市、长沙市等城市的联系度较强。与 2017 年相比，武汉市与合肥市、西安市与成都市的人口流动联系量排名上升较快，前两者名次提升了 3 名，后者名次提高了 2 名，如图 7-22 所示。

春节时段，武汉市与深圳市、信阳市、北京市等城市的联系度较强。与 2017 年相比，武汉市与杭州市和驻马店市的人口流动联系量排名上升较快，前者名次提高了 5 名，后两者名次提高了 3 名，如表 7-4 所示。

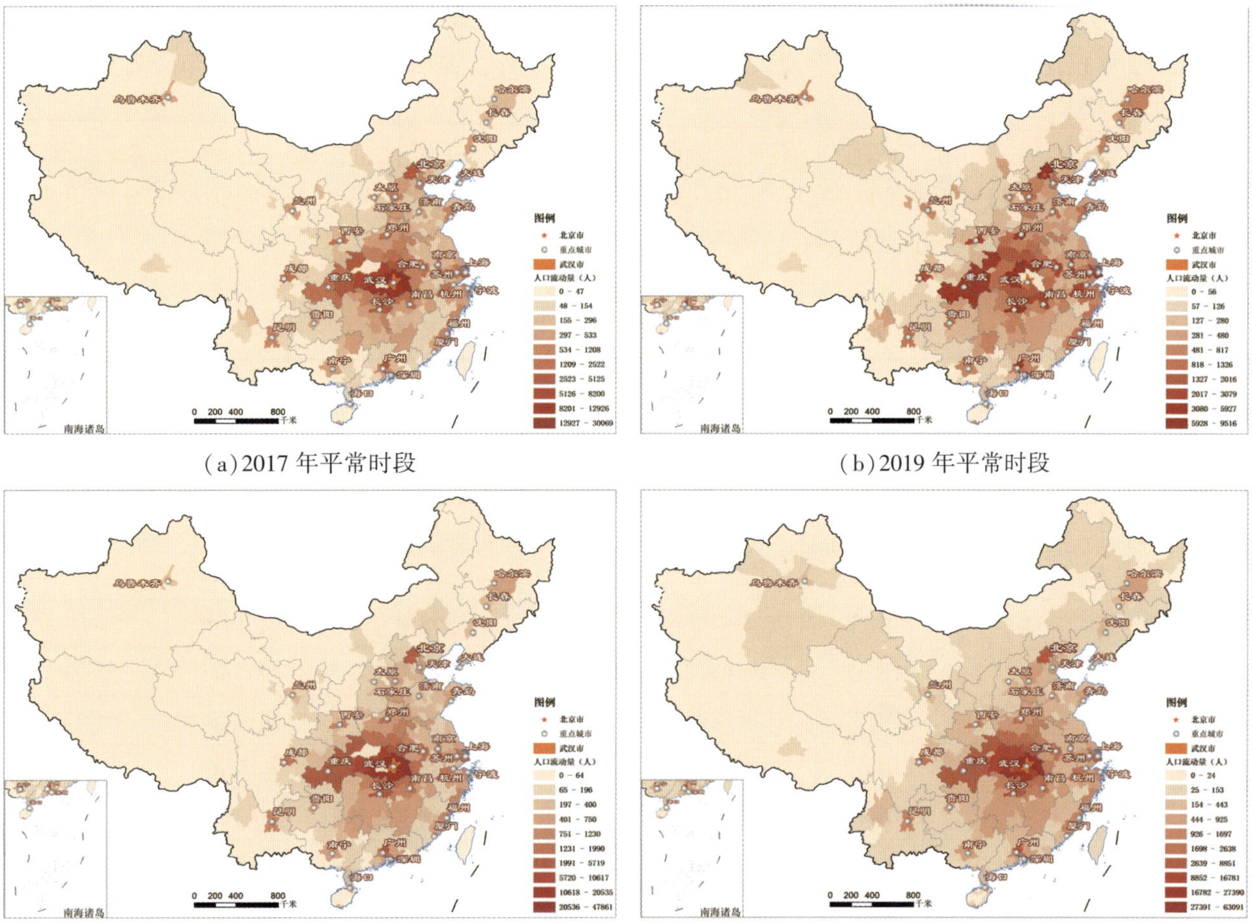

(a)2017 年平常时段　　(b)2019 年平常时段

(c)2017 年春节时段　　(d)2019 年春节时段

图 7-22　武汉市与全国城市人口流动总量

表 7-4　**武汉市与省外城市春节时段流出流入排名**

排名	2017 年				2019 年			
	地级市	流入(%)	地级市	流出(%)	地级市	流入(%)	地级市	流出(%)
1	深圳市	3. 95	信阳市	1. 41	深圳市	3. 39	信阳市	1. 57
2	上海市	2. 95	重庆市	1. 13	上海市	2. 89	重庆市	1. 21
3	北京市	2. 79	长沙市	0. 75	北京市	2. 69	长沙市	0. 77
4	广州市	2. 50	南阳市	0. 69	广州市	2. 18	驻马店市	0. 73
5	长沙市	1. 40	北京市	0. 66	长沙市	1. 40	北京市	0. 72
6	东莞市	1. 22	驻马店市	0. 62	信阳市	1. 18	南阳市	0. 70
7	信阳市	1. 16	上海市	0. 55	杭州市	1. 05	上海市	0. 61
8	苏州市	1. 12	岳阳市	0. 54	东莞市	0. 97	岳阳市	0. 55
9	杭州市	0. 84	安庆市	0. 54	苏州市	0. 95	九江市	0. 52
10	重庆市	0. 80	南昌市	0. 53	重庆市	0. 88	广州市	0. 48

如表7-5所示，2017年流出武汉的人口主要去往河南、安徽、江西以及湖南等周边省份。2019年与2017年相比变化不大，但流出-流入人口差值有明显上升，说明武汉市及周边城市对省外人口的吸引力持续增长。

如表7-5所示，从人口净流量来看，春节前流入武汉的人口主要来自深圳、上海、北京以及广州等一线城市，经济发达的城市如东莞、苏州、佛山以及杭州排名也相对靠前，说明武汉市及周边城市有较多人口外出到以上城市工作学习。

表7-5　武汉市与外省及城市春节时段流出-流入联系排名

流向	排名	2017年			2019年		
		省级行政区	地级市	流出-流入（%）	省级行政区	地级市	流出-流入（%）
流出武汉	1	河南省	信阳市	1.48	河南省	信阳市	1.79
	2	重庆市	重庆市	1.3	重庆市	重庆市	1.4
	3	河南省	南阳市	0.92	河南省	驻马店市	1
	4	河南省	驻马店市	0.79	河南省	南阳市	0.98
	5	安徽省	安庆市	0.77	河南省	周口市	0.71
	6	河南省	周口市	0.68	安徽省	安庆市	0.65
	7	河南省	商丘市	0.56	湖南省	岳阳市	0.6
	8	湖南省	岳阳市	0.54	河南省	商丘市	0.56
	9	江西省	九江市	0.53	江西省	九江市	0.52
	10	安徽省	阜阳市	0.52	湖南省	常德市	0.51
流入武汉	1	广东省	深圳市	23.61	广东省	深圳市	21.92
	2	上海市	上海市	14.22	上海市	上海市	15.23
	3	广东省	广州市	12.01	北京	北京市	11.81
	4	北京	北京市	11.46	广东省	广州市	11.08
	5	广东省	东莞市	7.62	广东省	东莞市	6.8
	6	江苏省	苏州市	6.16	江苏省	苏州市	5.68
	7	广东省	佛山市	3.51	浙江省	杭州市	5.64
	8	浙江省	杭州市	3.27	浙江省	宁波市	3.32
	9	浙江省	宁波市	2.3	广东省	佛山市	3.24
	10	江苏省	南京市	1.87	江苏省	南京市	1.87

注：流出-流入比值为$\frac{\text{流出-流出}}{\text{净流入人口总量}}$。

7.3.2.2 省内流动特征

总体来看，平常时段，2019年武汉市与全国人口流动中，59.56%的联系量来自湖北省内，

39. 92%的联系量来自武汉城市圈。与 2017 年相比，省内联系量下降了 4. 46 个百分点，和省外城市尤其是其他中心城市之间的人口联系度进一步提升。春节前时段，来到武汉市的人口中 58. 79%来自湖北省内，42. 29%来自武汉城市圈，节前离开武汉市的人口中 71. 72%去向了湖北省内，48. 33%去向了城市圈。与 2017 年相比，占比情况波动不显著。

从城市排名看，如表 7-6 所示，春节时段与武汉市联系最紧密的城市依然集中在城市圈内，其中孝感、黄冈流动量位列前 2 名，城市圈外城市中荆州和襄阳也进入省内前 10。与 2017 年相比，除潜江市排名下降了 3 个位次外，各市的排名变化不显著。

表 7-6　**武汉市与省内城市春节时段的联系**

城市	2017 年流量占比				2019 年流量占比			
	流动量（%）	流入（%）	流出（%）	流出-流入（%）	流动量（%）	流入（%）	流出（%）	流出-流入（%）
黄石市	4. 11	6. 32	5. 17	4. 33	4. 01	6. 46	5. 36	4. 50
十堰市	1. 58	2. 28	2. 37	2. 44	1. 62	2. 16	2. 42	2. 63
荆州市	4. 75	7. 67	9. 11	10. 15	4. 94	8. 42	9. 69	10. 70
宜昌市	3. 15	4. 25	3. 75	3. 39	2. 87	3. 93	3. 82	3. 73
襄阳市	5. 10	6. 36	6. 31	6. 28	3. 63	4. 78	5. 35	5. 81
鄂州市	4. 97	7. 50	5. 00	3. 19	5. 15	8. 52	5. 24	2. 65
荆门市	2. 82	4. 09	4. 66	5. 07	2. 30	3. 48	4. 34	5. 03
孝感市	11. 56	20. 74	20. 02	19. 5	11. 6	22. 37	21. 01	19. 93
黄冈市	10. 04	16. 66	18. 59	19. 97	9. 40	17. 23	19. 11	20. 59
咸宁市	4. 73	8. 19	6. 86	5. 89	4. 70	8. 92	6. 99	5. 46
恩施州	1. 68	1. 72	2. 25	2. 64	1. 59	1. 51	2. 29	2. 91
随州市	2. 61	3. 34	4. 32	5. 03	2. 60	3. 67	4. 61	5. 36
仙桃市	3. 49	5. 22	5. 56	5. 8	2. 49	4. 12	4. 50	4. 80
天门市	1. 72	2. 52	2. 67	2. 77	1. 23	2. 41	3. 27	3. 95
潜江市	1. 90	3. 03	3. 25	3. 41	1. 35	1. 92	1. 90	1. 88
神农架	0. 11	0. 10	0. 1	0. 11	0. 08	0. 12	0. 10	0. 08

注：流动量占比为地级市日均人流量与全国日均人流量的比。

人口净流量方面，流出武汉的人口主要去往黄冈、孝感等武汉周边城市和荆州、襄阳等经济发达城市，恩施、十堰以及神农架等区域流动量较少。相较于 2017 年，2019 年除潜江下降 5 名外，其余城市排名变化不显著，日均净人流量有明显提升，说明武汉市对省内人口的吸引力进一步提升。

7. 3. 2. 3　武汉城市圈流动特征

基于武汉城市圈 49 个区县(包含市辖区、县和县级市)至全国地级及以上城市间百度迁徙数据，分析武汉市在城市圈范围内的人口吸引与辐射的能力、强度及差异。数据时点为 2019 年春节前 2 周

(2019 年 1 月 21 日—2 月 3 日)和 2019 年 6 月 1 日—7 日。

如图 7-23 所示，总体来看，城市圈内平常和春节时段与武汉市联系最紧密的为孝感市和黄冈市。鄂州市虽然面积小，但其下辖区县联系排名较高；而黄石市和咸宁市虽然面积较大，但联系较弱。春运期间离开武汉和到达武汉的人数比为 2∶1，离开武汉或经武汉返乡的人群主要来源为黄冈市及孝感市，占比达 67.0%，较平常时段大幅度提升。

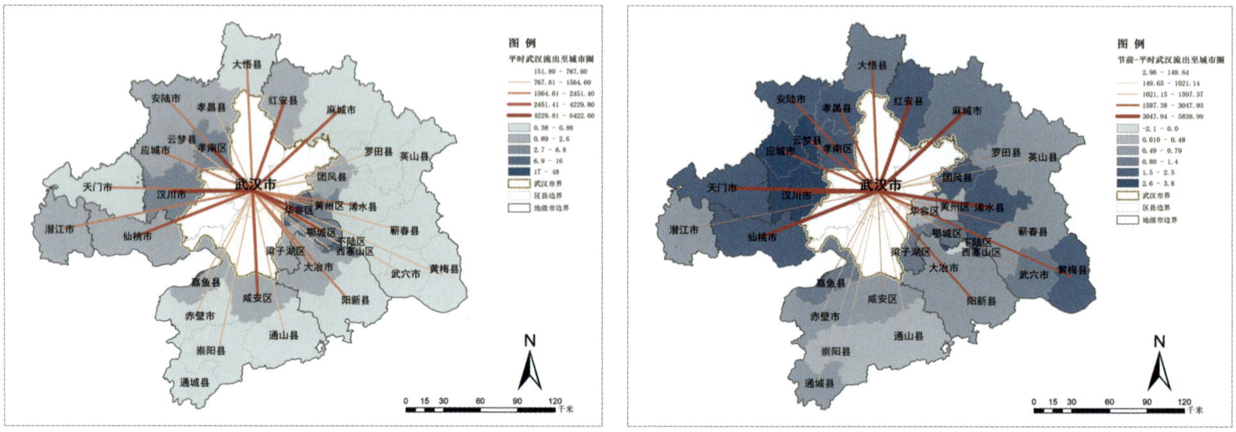

(a)2019 年平常时段　　(b)2019 年春节时段

图 7-23　2019 年武汉与城市圈人口流动联系

春节前，城市圈联系层面离开武汉和到达武汉的人数比值为 2.12∶1，而全国层面离开武汉和到达武汉的人数比值仅为 1.27∶1，说明城市圈层面以离开武汉或经由武汉返乡的人群为主，而全国离开和到达联系则相对均衡。春节前，洪山区与城市圈的联系显著高于与全国的联系，主要由于洪山区为高校聚集区，生源大部分来自城市圈。春节前，武昌区在省外层面以抵达该区为主，城市圈层面以离开该区为主，推测其主要原因是武昌火车站的影响。百度迁徙数据没有构建出行链，无法区分火车中转情况，武昌区的迁徙特征由大量中转人群所造成，如表 7-7 所示。

表 7-7　**2019 年各辖区平常与春节前离开与到达的比值**

平常离开与到达城市圈的比值			春节前离开与到达城市圈的比值		
排名	区县	2019 年	排名	区县	2019 年
1	黄陂区	1.31∶1	1	青山区	2.70∶1
2	江夏区	1.25∶1	2	汉阳区	2.64∶1
3	青山区	1.17∶1	3	江夏区	2.38∶1
4	汉阳区	1.16∶1	4	江岸区	2.33∶1
5	汉南区	1.16∶1	5	东西湖区	2.26∶1
6	东西湖区	1.10∶1	6	洪山区	2.24∶1
7	新洲区	1.10∶1	7	蔡甸区	2.19∶1
8	蔡甸区	1.07∶1	8	汉南区	2.14∶1

续表

平常离开与到达城市圈的比值			春节前离开与到达城市圈的比值		
9	江岸区	1.06 : 1	9	武昌区	2.05 : 1
10	洪山区	1.05 : 1	10	硚口区	1.96 : 1
11	硚口区	0.90 : 1	11	黄陂区	1.82 : 1
12	武昌区	0.88 : 1	12	江汉区	1.75 : 1
13	江汉区	0.83 : 1	13	新洲区	1.06 : 1

从平常时段看，武汉市中心城区和新城区差别不明显。中心城区内，洪山区日均人口流动量远高于其他区，武昌区位居第二，这也是武汉市常住人口最多的两个区。新城区中，东西湖区日均人口流动量最大，如图 7-24 所示。从春节前时段看，中心城区内，洪山区和武昌区依然位居前 2 名，但新城区中江夏区日均人口流动量最高。

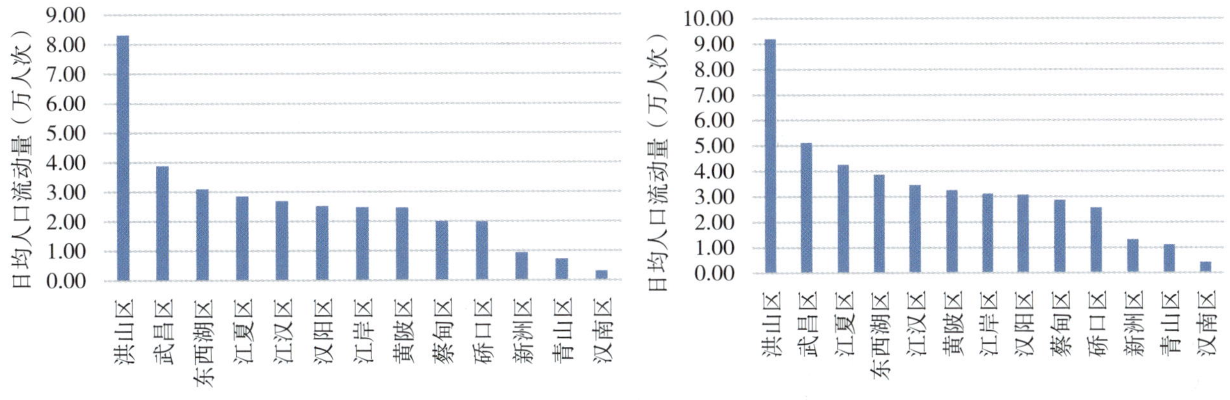

(a) 平常时段　　(b) 春节时段

图 7-24　2019 年平常时段和春节时段武汉市各区日均人口流动量

从全国来看，2019 年各区人口联系最多的以湖北省内城市为主，其次与周边岳阳市、信阳市，邻省省会城市长沙市、郑州市、重庆市以及一线城市广州市、深圳市、上海市联系较为紧密。从全省来看，各区对外人口联系特征较为相似，均与孝感市、黄冈市保持较强的人口联系趋势，且平常时段和春节时段差异不大，说明商务往来频繁，如图 7-25 所示。

7.3.3　武汉市人口腹地

基于腾讯位置大数据、百度迁徙数据，从全国、湖北省及城市圈 3 个尺度，识别武汉市人口腹地范围。腾讯位置大数据为多对多、扩样数据，通过迁徙人次、交通方式、迁徙距离综合计算得出全国地级以上城市间人群流动的热度，但仅公布了排名前 10 的城市，已于 2019 年 3 月停止更新。百度迁徙数据为多对多、未扩样数据，反映了武汉大都市区范围内区县至全国地级及以上城市间的人流量。

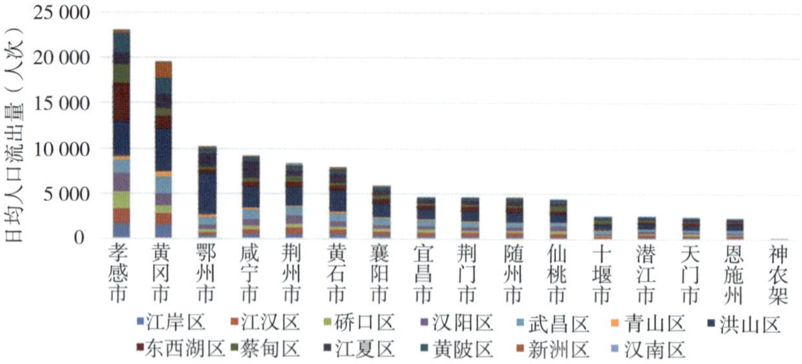

(a)平常时段流出武汉

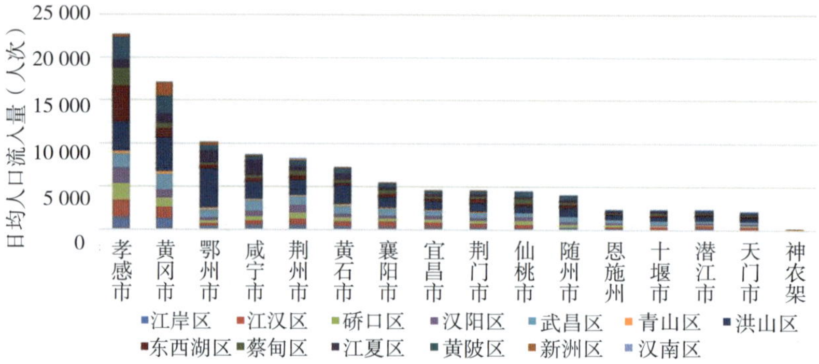

(b)平常时段流入武汉

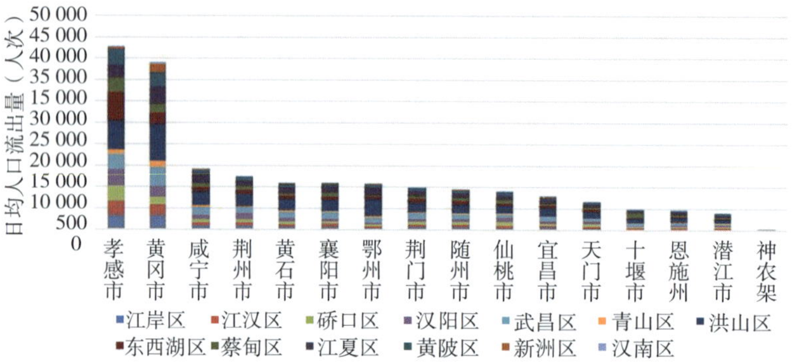

(c)春节时段流出武汉

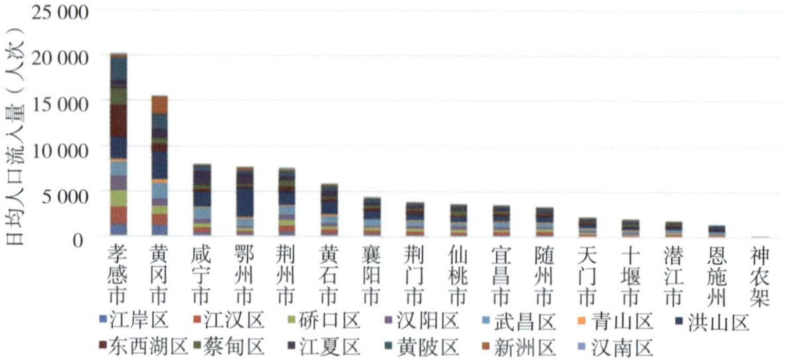

(d)春节时段流入武汉

图 7-25　2019 年平常时段和春节时段省内城市和武汉市各区双向流动日均量

7.3.3.1 全国及湖北省范围人口腹地分析

基于2019年春节前2周腾讯位置大数据，对武汉市及其周边郑州、合肥、南昌、长沙、重庆、成都和西安7个重点城市进行人口腹地特征分析，识别武汉在全国和湖北省的人口腹地范围。数据时点为2019年春节前2周(2019年1月21日—2月3日，以下简称春节前)。

从分布上看，8个重点城市的人口腹地以各城市为中心向四周辐射，极少出现飞地现象，如图7-26所示。除咸宁市外，湖北省其他城市均为武汉市的人口腹地。武汉市与西安市类似，在本省内占有绝对优势。合肥、长沙、郑州和南昌等城市的人口腹地范围并未覆盖全省，所属的安徽、湖南、河南和江西等省份有一半的行政区成为重点城市的人口腹地。

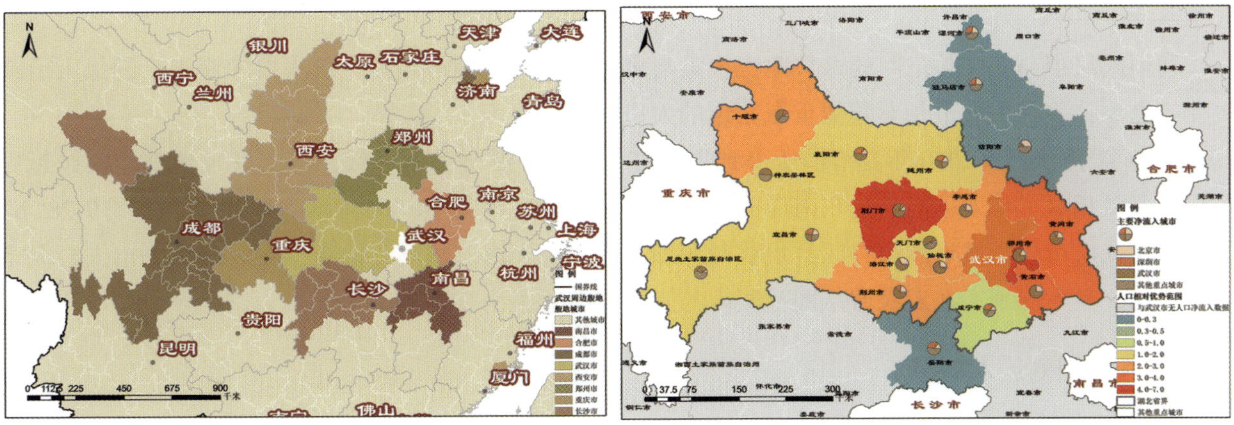

(a)武汉市及其周边重点城市人口腹地分布　　(b)武汉市人口相对优势

图7-26　武汉市人口腹地分布

利用武汉市与某城市之间的人口净流入量与全国其他重点城市与该城市的人口净流入量的最大值之比表征武汉市相对其他重点城市的人口相对优势度。武汉市在湖北省内较其他重点城市相对优势度较高。湖北省内除与武汉市之间有较高的人口净流入量外，还主要与深圳市和北京市之间有较高的人口净流入量。在武汉城市圈内，从东南方向看，鄂州、黄冈、黄石市与武汉市的人口相对优势度都较高，为主要辐射方向，西北方向孝感市与武汉市的相对优势度较高。武汉市对其西方向的仙桃市辐射力也较强，天门市与潜江市的相对吸引度也较高，而南方向的咸宁市与武汉市的人口相对优势度并不突出。在武汉城市圈外，十堰市等鄂西城市虽与武汉市距离相对较远，但与武汉市的净流入相对优势度却不低。

7.3.3.2 武汉城市圈范围人口腹地分析

基于城市圈36个区县(包含市辖区、县和县级市，不含武汉)至全国地级及以上城市间百度迁徙数据，分析武汉市在城市圈范围内的人口腹地。数据时点为2019年和2020年春节前2周。

1. 人口竞争流入指数

利用武汉市与某区县的净流入人口总量与全国重点城市与该区县的净流入人口总量之比表征

武汉市相对其他重点城市的竞争流入指数，并依据竞争流入指数进行圈层分级。竞争流入指数在60%以上定义为紧密型人口腹地，40%~60%定义为次紧密型人口腹地，10%~40%定义为边缘型人口腹地。

在人口竞争流入指数划分的腹地结构来看，2020年紧密型人口腹地共有9个区县，分别为华容区、梁子湖区、红安县和汉川市等。其中，华容区人口竞争流入指数最高，达到80.62%；而次紧密型人口腹地较多，共有19个；边缘型人口腹地共有7个。除咸宁市通城县被划分为广东省东莞市的人口腹地外，其余区县均为武汉市人口腹地，由此可见，武汉市在城市圈内占绝对优势。与2019年相比，除红安县、团风县、大悟县、天门市和嘉鱼县的流入指数略微下降或持平外，其他城市竞争流入指数均呈上升状态，其中黄石港区的提升幅度最大，如图7-28(a)所示。

2. 人口相对优势度

利用武汉市与某区县之间的人口净流入量与全国其他重点城市与该区县人口净流入量的最大值或次大值之比，表征武汉市相对其他重点城市的人口相对优势度。

2019年春节前和2020年春节前所得到的人口相对优势圈层基本一致，与武汉市地理距离越近则区县的人口相对优势度越高，且东南向鄂州市下辖的华容区和梁子湖区占据主导地位，如图7-28(b)所示。除武汉市外，城市圈内各区县主要与深圳、苏州、上海、杭州、北京、东莞等7个市人口联系较为密切，其中深圳市在武汉城市圈范围内与武汉市有着最为突出的竞争关系。

3. 人口相对流入指数

利用武汉市流向城市圈内各区县的人口净流入量与各区县自身常住人口总量的比值，表征武汉市与各区县流动人口的相对流入指数。

2020年人口相对流入指数居首位的是武汉城市圈内鄂州市下辖的华容区，相对流入指数高达11.34%；其次是黄冈市的红安县和鄂州市的梁子湖区。与2019年相比，除孝感市下辖的汉川市有所下降，其余城市均有所上升或基本持平。如图7-27(c)所示，各区县人口相对流入指数同样呈现以武汉市为中心的圈层式分布结构，但与人口相对优势度的不同在于，东南方向的人口相对流入指数整体较高，主要是鄂州市下辖的华容区和梁子湖区；其次是东南方向黄冈市下辖的红安县和大悟县等。

7.3.3.3 武汉城市圈(含洪湖)范围跨城通勤分析

本部分利用联通手机信令识别城际职住关系，分析武汉城市圈内的跨城通勤特征。城际职住OD数据(未扩样)为区县尺度，时间截点为2017年和2020年。跨城通勤人群是指该月的工作地标签和居住地标签有至少五天在不同城市的人群。

如表7-8所示，2020年城市圈内与武汉市跨城通勤联系紧密的分别为孝感、黄冈、鄂州、咸宁、黄石、仙桃、洪湖、天门和潜江。从通勤占比来看，鄂州和黄冈流入流出人数的总和均占到50%以上，表明鄂州和孝感在与武汉市跨城通勤联系中占据重要位置。与2017年相比，鄂州的通勤占比相比于其他城市增幅最大，表明鄂州与武汉的跨城通勤联系日益紧密。

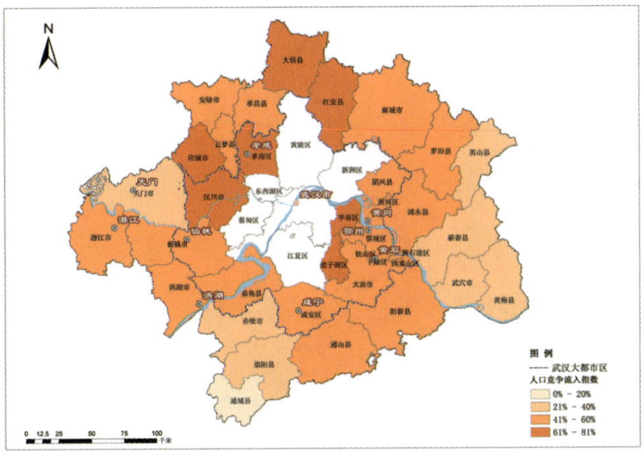

(a)人口竞争流入指数

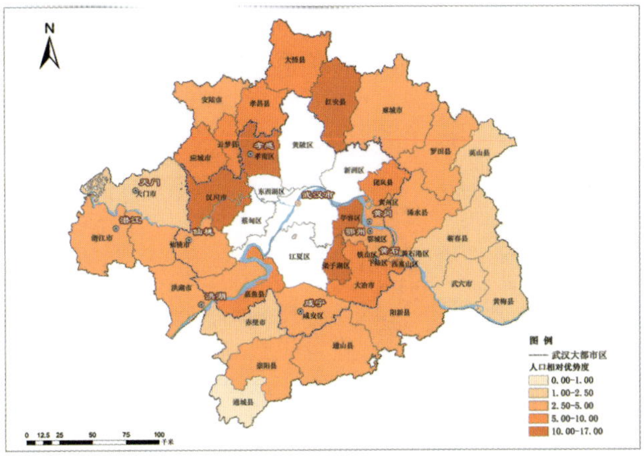

(b)人口相对优势度

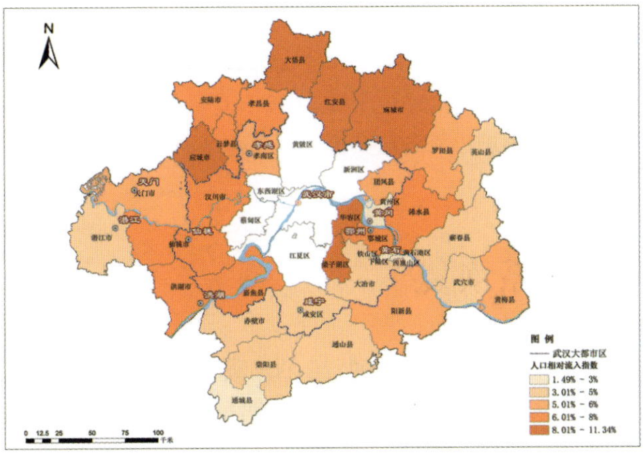

(c)人口相对流入指数

图 7-27　2020 年武汉城市圈范围人口腹地分析

表 7-8　**武汉城市圈(含洪湖)跨城通勤联系量**

居住地	工作地	2017 年占比(%)	2020 年占比(%)	居住地	工作地	2017 年占比(%)	2020 年占比(%)
武汉市	鄂州市	29.90	36.66	鄂州市	武汉市	35.44	48.02
	孝感市	27.33	27.53	孝感市		31.75	25.77
	黄冈市	18.24	15.99	黄冈市		13.54	10.23
	咸宁市	10.07	8.68	咸宁市		7.90	7.07
	黄石市	6.45	4.04	黄石市		4.69	3.29
	仙桃市	4.22	3.79	仙桃市		3.95	3.67
	天门市	1.54	1.03	天门市		1.22	0.83
	潜江市	1.38	0.76	潜江市		0.98	0.63
	洪湖	0.89	1.52	洪湖		0.54	0.49

如图 7-28 和图 7-29 所示，从区县间跨城通勤联系来看，2020 年鄂州市的华容区与武汉东湖高新区存在较强的跨城联系，其流入和流出量均位于第一，且为第二名五倍以上。汉川市、孝南区和麻城

市与武汉跨城通勤联系也较紧密。相较于 2017 年，华容区与洪山区和新洲区的跨城通勤联系量增加，进入 2020 年的跨城通勤联系强度前五位。

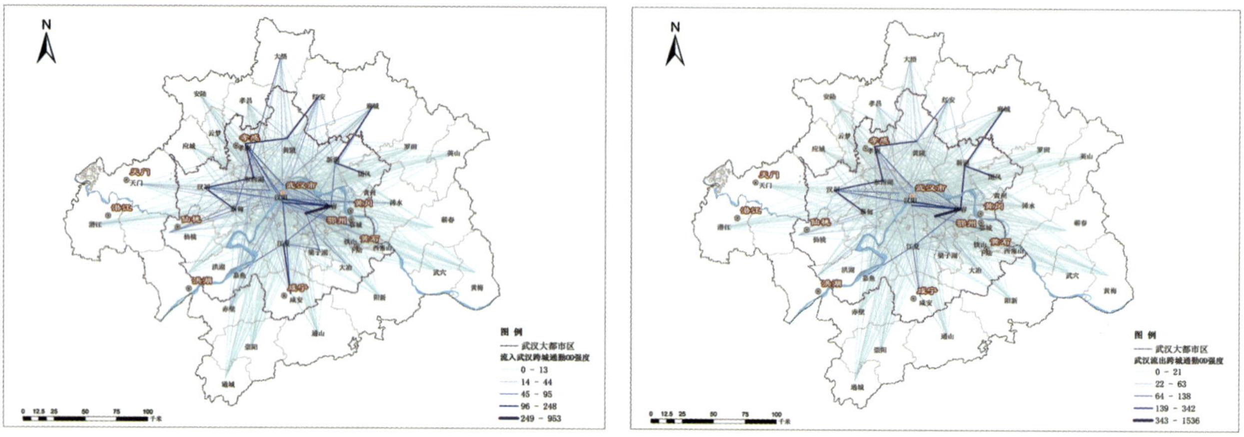

(a)2017 年　　(b)2020 年

图 7-28　城市圈各区县流入武汉跨城通勤联系强度

7.3.4　疫后对外人口联系恢复

本小节基于百度迁徙数据，选取 2020 年 1 月 20 日(离汉通道关闭前)、2 月 8 日(离汉通道关闭初期)、3 月 28 日(抵汉通道开放)、4 月 8 日(离汉离鄂通道管控措施解除)、6 月 25—27 日(端午节)、10 月 1—8 日(国庆节)等若干典型特征日，以 2019 年同期特征日人流量为基准值，对比 2020 年武汉市特征日人流量(流入量与流出量之和)和基准值的比值，分析疫后对外人口联系恢复。

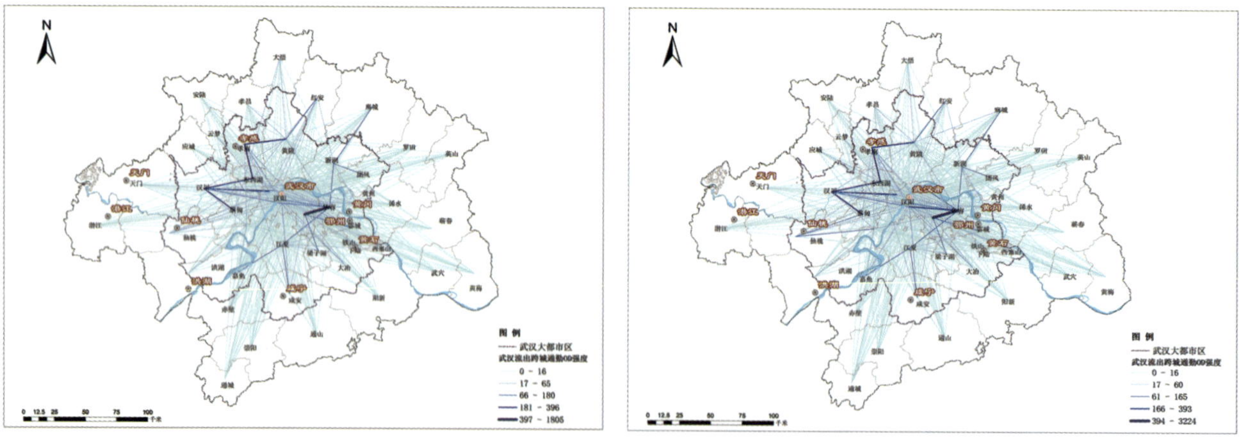

(a)2017 年　　(b)2020 年

图 7-29　武汉流出城市圈各区县跨城通勤联系强度

7.3.4.1　省内人口流动恢复

总体来看，武汉城市圈内人口联系恢复最快，在离汉离鄂通道管控措施解除初期，人口流动达到疫后峰值，接近 2019 年同期水平；5—9 月，人口流动恢复率呈波动增长的趋势，8 月人口流动量接近 2019 年同期水平的九成左右；9 月，省内各城市人口流动恢复率基本持平。

从不同城市来看，孝感、黄冈等和武汉市人口联系紧密的城市，疫后人口流动恢复趋势和省内城市平均恢复情况类似；而恩施自治州、神农架林区等城市受旅游人口影响，恢复情况和省内平均恢复情况差异较大，如图 7-30(a)所示。

7.3.4.2 省外人口流动恢复

总体来看，省外人口流动恢复较省内略慢。4 月 8 日离汉离鄂通道管控措施解除后，省外城市人口流动恢复至五成；5—9 月，省外人口流动恢复率稳步上升；至 9 月达到 2019 年同期的 50%左右。

从重点城市来看，武汉市和省外城市的人口流动经历了从周边省份城市到全国非重点城市再到全国重点城市的逐步恢复过程。截至 2020 年 9 月，武汉市与河南、广东、安徽、江西等省份的人口流动恢复率达到 2019 年同期 5 成，与北京、上海等城市联系恢复相对滞后，如图 7-30(b)所示。

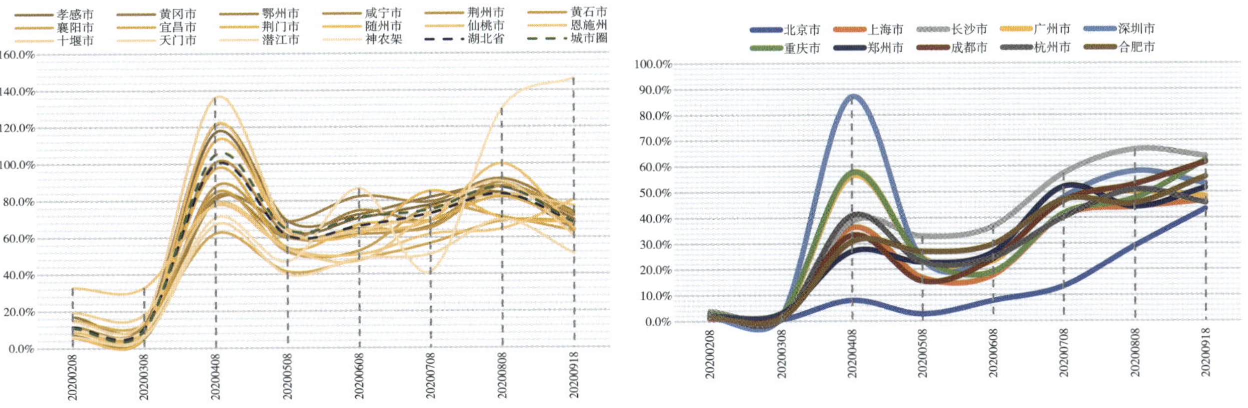

(a)省内城市　　　　(b)省外重点城市

图 7-30　2020 年武汉市人口流动逐月恢复率统计

7.4 经济联系

利用城市间企业资金投资大数据(以下简称企业互投数据)，通过投入/投出城市数量、投入/投出资金占比、投入/投出行业占比等，分析武汉市投资的规模和行业结构。企业互投数据来源于启信宝，时间范围为 2015 年 1 月 1 日到 2019 年 12 月 31 日，投资额单位为亿元。

7.4.1 投资吸引

7.4.1.1 全国城市群

2019 年京津冀城市群是对武汉市投资最多的城市群，占武汉市吸引全国城市群投资总额的 34%，其次为珠三角、长三角、长江中游城市群。相较于2015年，武汉市对京津冀、长三角、珠三角、长江中游城市群的投资吸引一直较强，对辽中南、哈长城市群的投资吸引在减弱，对海峡西岸、中原城市群的投资吸引在增强，如图7-31(a)所示。

从投资行业看，投资吸引行业主要分布在租赁和商务服务业、房地产业、制造业。相较于2015年，租赁和商务服务业比重下降，房地产业、制造业和金融业比重上升，如图7-31(b)所示。

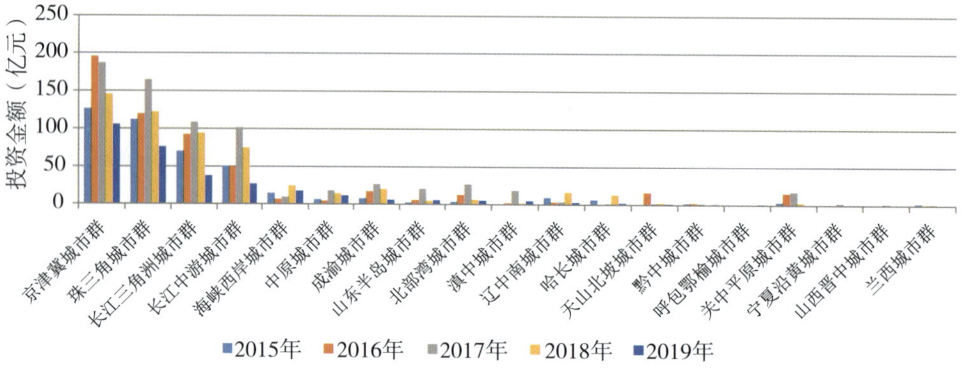

(a)分区域统计

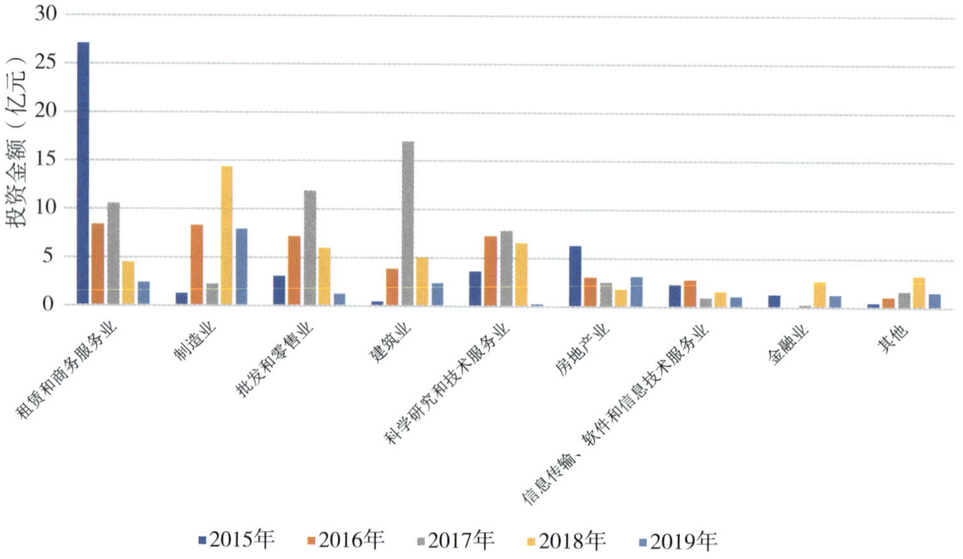

(b)分行业统计

图7-31 2015—2019年武汉市吸引全国其他城市群投资金额统计

7.4.1.2 湖北省内

2019年，湖北省内对武汉进行投资的主要城市包括孝感、咸宁和襄阳。与2015年相比，武汉市对襄阳、鄂州的资金吸引比例有所下降，对宜昌、黄石、孝感和咸宁的投资吸引比例明显上升。

从投资行业看，2019年省内投资武汉的行业主要为制造业、房地产业和建筑业。与2015年相比，租赁和商务服务业比重下降，建筑业比重上升，房地产业比重基本不变，如图7-32所示。

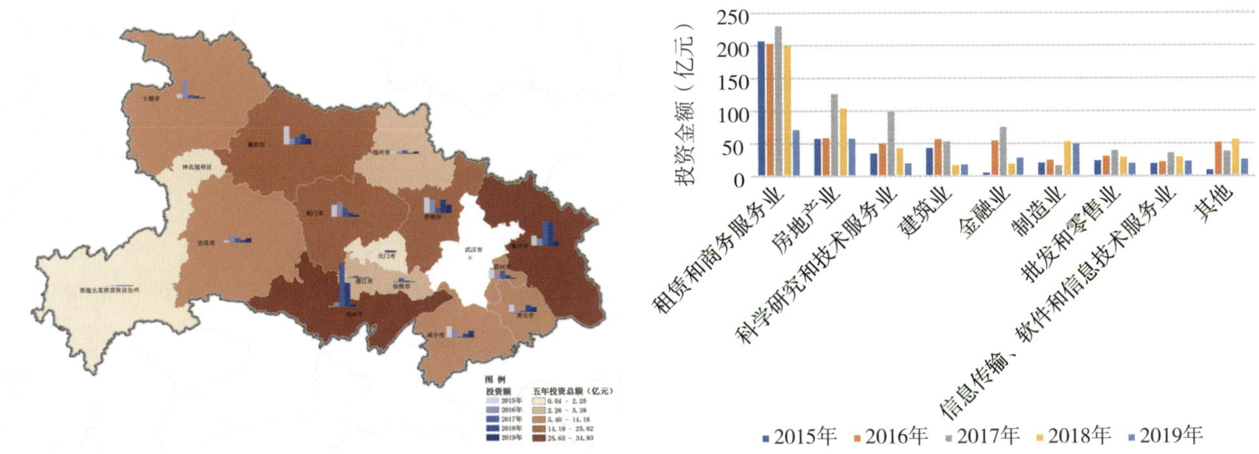

（a）吸引投资总量统计　　　　　　（b）吸引投资行业占比

图 7-32　2015—2019 年武汉市吸引湖北省内其他城市投资按行业统计

7.4.1.3　武汉城市圈

2019 年，武汉市吸引近域大都市区与外围特色区的投资金额基本相同，大冶市、孝感市孝南区、咸宁市咸安区、赤壁市为投资武汉市的主要区县，投资行业主要为房地产业、制造业和建筑业等。与 2015 年相比，武汉市吸引汉川市、鄂州市鄂城区、黄石市下陆区、潜江市投资比例下降，吸引赤壁市、大冶市投资比例明显上升，如图 7-33 所示。

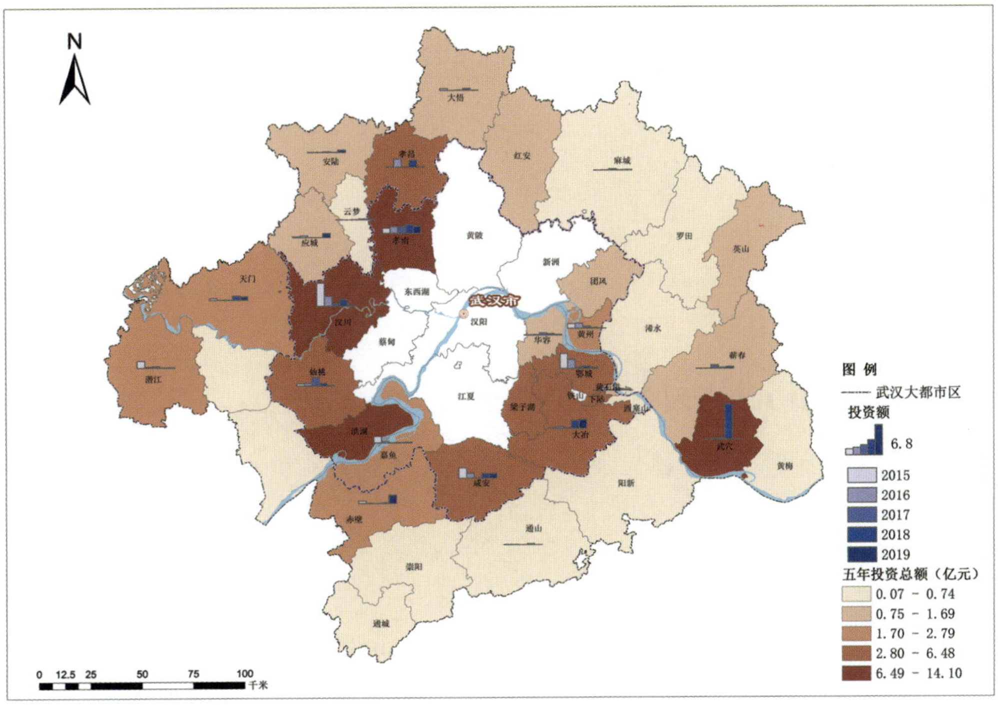

图 7-33　武汉市吸引研究范围内投资金额分圈层统计

7.4.2 投资辐射

7.4.2.1 全国城市群

2019 年，武汉市投资辐射的城市主要分布在长江中游城市群，占投资辐射总额近 46%；其次是长三角、珠三角和成渝城市群，占比分别为 12%、10%和 9%。相较于 2015 年，武汉对外投资重点地区依旧为长江中游城市群，对京津冀城市群的投资比重降低，对成渝城市群的投资比重提高。

从投资行业看，2019 年武汉市对外投资的行业主要为房地产业、租赁和商务服务业、批发和零售业等。相较于 2015 年，租赁和商业服务业的投资比重大幅度下降，房地产业的比重大幅度上升，科学研究和技术服务业的比重略微下降，2019 年的投资辐射行业比重更加均衡，如图 7-34 所示。

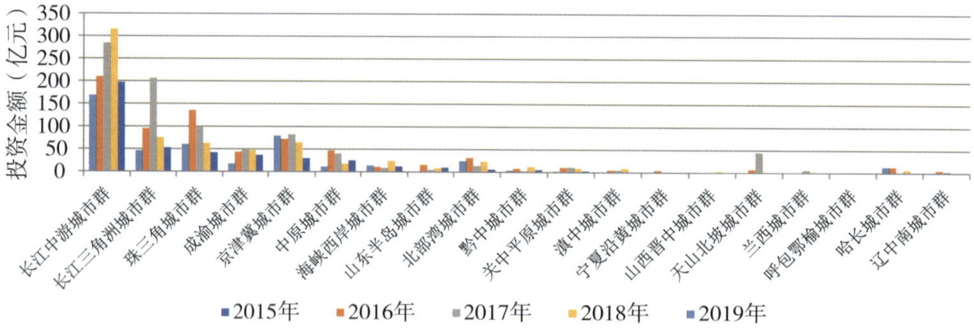

(a)按区域统计

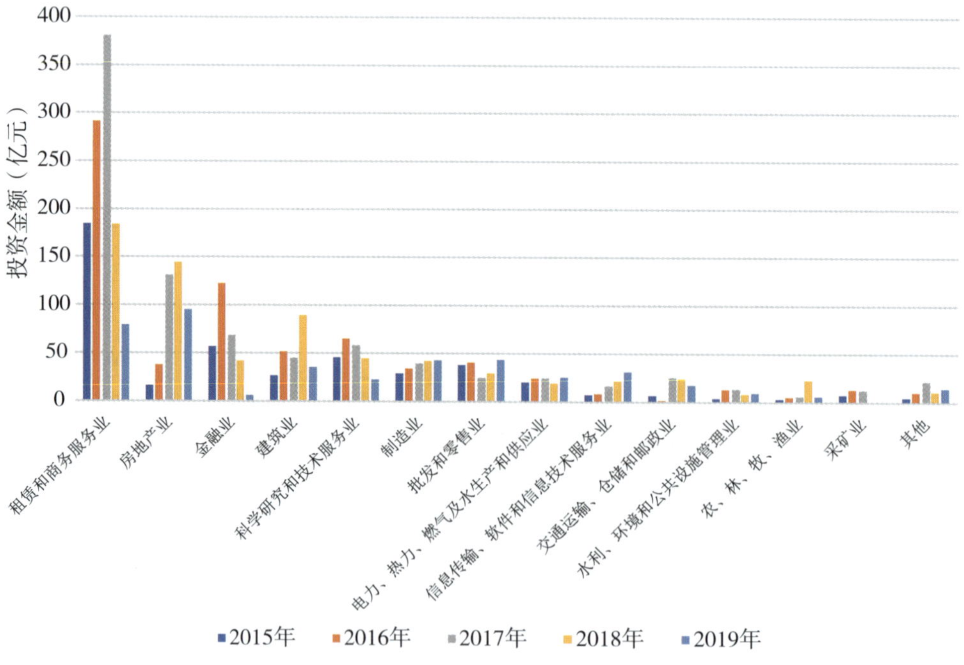

(b)分行业统计

图 7-34 2015—2019 年武汉市与全国其他城市群投资辐射占比统计

7.4.1.2 湖北省内

2019 年，武汉市投资辐射的省内城市主要为襄阳、鄂州和宜昌等。与 2015 年相比，投资辐射省内城市的总投资额上升 16%，增加了对襄阳、孝感的投资，减少了对鄂州、荆州的投资。

从投资行业看，武汉市对省内城市的投资行业主要为房地产业、租赁和商务服务业、制造业。与 2015 年相比，房地产业大幅度上升，而租赁和商务服务业比重下降明显，如图 7-35 所示。

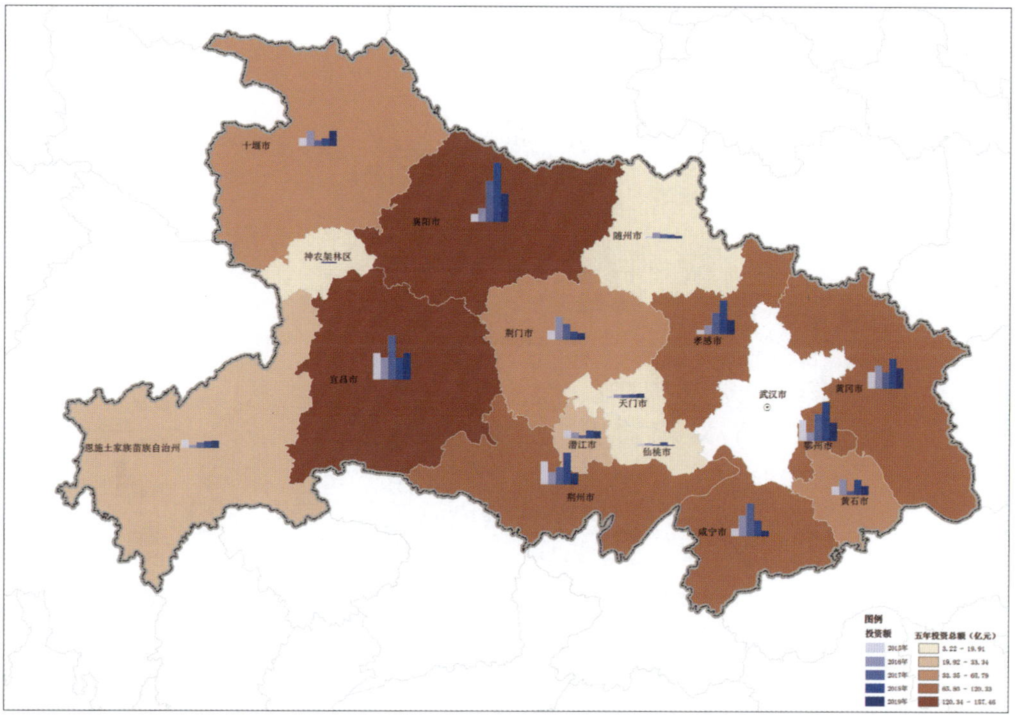

(a) 辐射投资总量统计

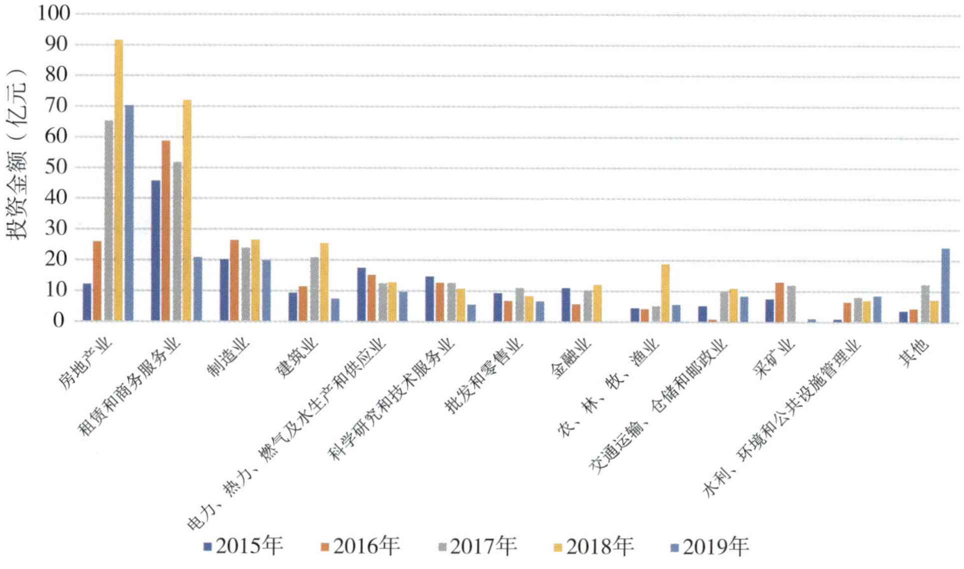

(b) 辐射投资行业占比

图 7-35 2015—2019 年武汉市辐射湖北省内其他城市投资

7.4.1.3 武汉城市圈

2019 年，武汉市辐射近域大都市区与外围特色区的投资占比分别为 62.96%、37.04%，主要投资区域为鄂州市梁子湖区、黄冈市黄州区、孝感市孝南区，对外投资行业主要为房地产业、电力、热力、燃气及水生产和供应业。相较于 2015 年，武汉市辐射鄂州市鄂城区、赤壁市的投资比例下降，辐射鄂州市梁子湖区、黄冈市黄州区、孝感市孝南区投资比例明显上升，如图 7-36 所示。

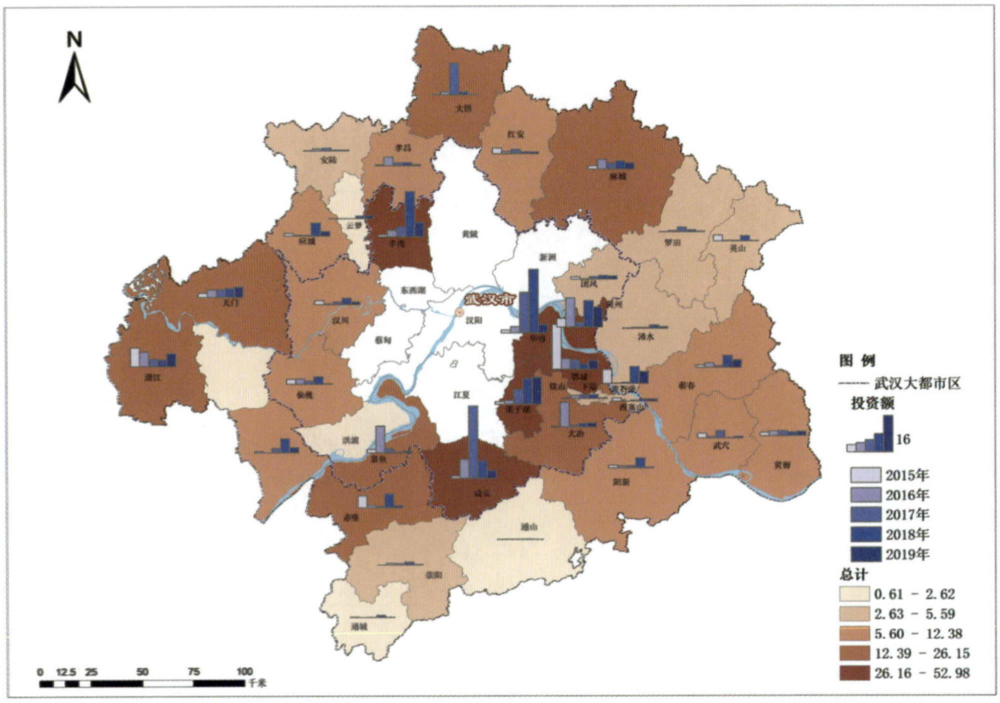

图 7-36 2015—2019 年武汉市辐射研究范围内城市投资分圈层统计

7.4.3 疫后对外经济联系恢复

受疫情影响，武汉市 2020 年总投资规模相较 2019 年缩减了九成。从时序变化来看，4 月开始，武汉市的投资吸引和辐射活动均有所回升；6~7 月，迎来投资吸引和投资辐射的一个小高潮；8~10 月，投资金额再次回落；11 月，武汉市总投资额达到一个次高潮，如图 7-37(a)所示。2020 年，与武汉市投资吸引和辐射总规模排名前 20 的城市中，有 8 个湖北省内城市，排名前 2 名的为长春市和黄冈市，如图 7-37(b)所示。

从投资行业看，2020 年总投资规模最高的是科学研究和技术服务业、建筑业，分别占比为 26.49%、20.20%；其次为房地产业、租赁和商务服务业，分别占比为 12.62%、9.33%。相较于 2019 年，建筑业、科学研究和技术服务业恢复程度较好，基本达到疫情之前的水平；而文化、体育和娱乐业，批发和零售业，房地产业等恢复至疫情前一到三成的水平，如图 7-37(c)所示。

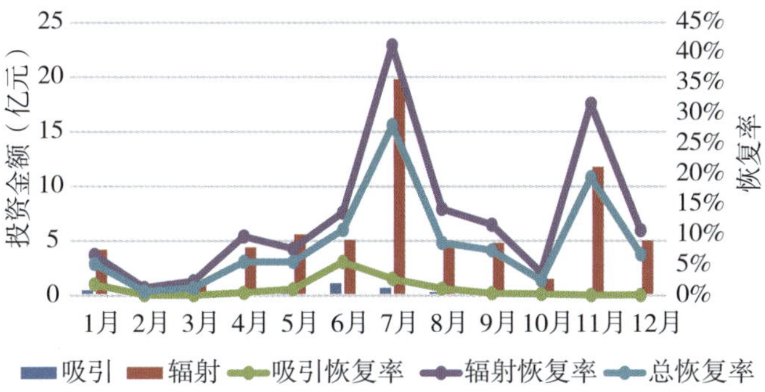

（a）恢复率

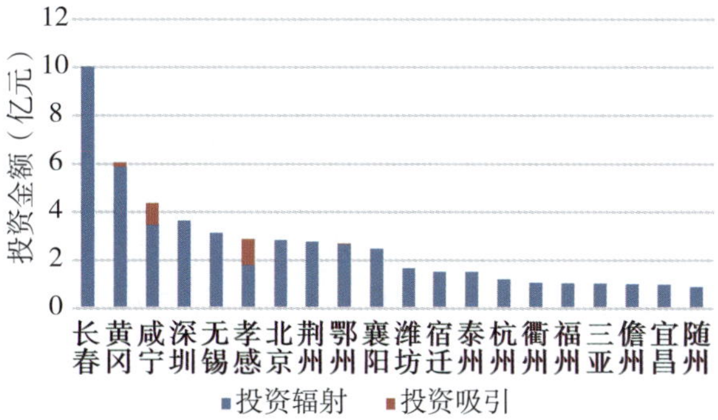

（b）城市排名

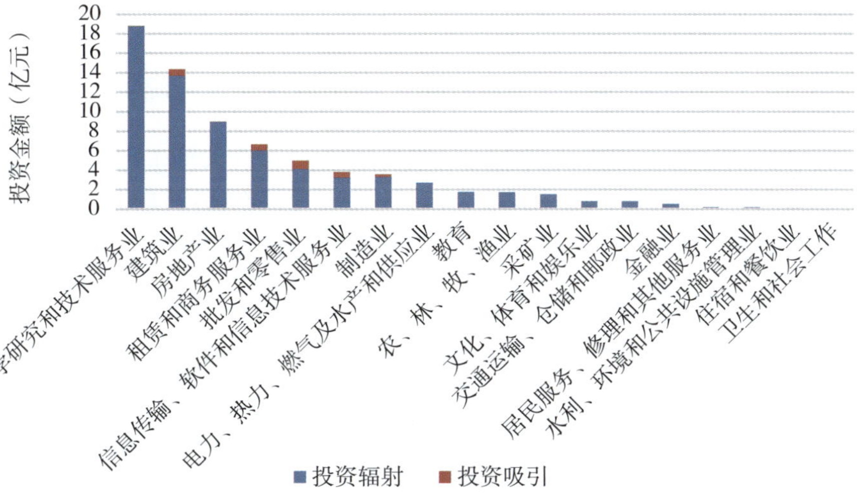

（c）分行业投资规模

图 7-37　2020 年武汉对外投资联系和辐射规模恢复统计

7.5　小　　结

1. 武汉市整体处于全国第二梯队，战略发展空间持续扩展，省内中心集聚效应依然明显

“十三五”以来，全国层面，武汉市大部分指标均位于全国重点城市前十，处于全国第二梯队前列；省域层面，除 GDP 增长率、第一产业总值外，武汉市其余各项指标均位于湖北省首位，且与第二名城市保持较大差距，中心地位突出；大都市区层面，武汉市虹吸效应依旧明显，区域经济差异减小，人口分布差异增大，人口进一步向武汉及周边集聚。

2. 武汉市综合交通可达性呈橄榄型分布，可达性覆盖范围逐步扩大

武汉市铁水公空综合可达性呈橄榄型分布，对外交通呈现出陆路交通东强西弱、航空交通近少远多、高铁与航空互补等特点，区域中心地位显著。“十三五”以来，全国层面，武汉市继续巩固和加强了中部陆路交通枢纽的地位，利用高铁、高速公路等交通方式弥补了航空在短距离交通上的弱势，

扩大了 2~3 小时综合交通覆盖范围；省域层面，依托现有的高铁和高速公路网络，与省内西部和南部城市增强了联系；大都市区层面，交通联系日益紧密，跨城公交、地铁已形成。

3. 武汉处于中部人口流动枢纽的地位，人口联系以湖北省内、武汉城市圈为主

2019 年平常时段，武汉市在全国城市人口流动规模中位列第 12 位，流动广度排名第 8 位，城际联系以省内(占全国 60%)、“1+8”城市圈(占省内 70%)为主。省外与北京、上海、广州、深圳、重庆等全国主要中心城市，以及河南郑州、信阳和湖南岳阳等邻近省份城市联系密切，省内与孝感、黄冈、鄂州市人口联系密切。2019 年春节时段，武汉市为人口净流出地区，离汉及经汉中转人群约 72%流向省内，流入“1+8”城市圈流量占省内流量的 2/3。与 2017 年相比，2019 年省内联系量占比下降，与省外城市联系更为紧密。

4. 武汉与周边地区城市空间连接，大都市区一体化格局初步显现

“十三五”以来，随着区域一体化发展，武汉城市空间向近域大都市区扩张趋势明显，且速度渐快，在西北沿汉孝方向、东部沿武鄂黄黄方向带状区域增长，在西南沌口方向也有所跨越。在武汉东、西两个“蜂腰”处与鄂州、孝感跨城通勤明显，近域同城化趋势显著，东向的光谷科技创新大走廊、西向的临空经济大走廊态势基本形成。

5. 武汉与全国主要城市群、省内城市和周边市县投资往来密切

武汉市在全国的投资吸引略高于投资辐射，吸引的投资主要来自京津冀、长三角、珠三角、长江中游四大城市群；在省内、“1+8”城市圈以投资辐射为主，主要辐射襄阳、宜昌等省内城市，以及鄂州市梁子湖区、黄冈市黄州区、孝感市孝南区等城市圈内地区。

6. 对外人口联系受疫情影响较大，疫后省内人口流动恢复较快

受疫情影响，截至 2020 年 9 月，武汉市对外人口联系仅恢复到 2019 年平常时段的 62%(国庆节首日同比恢复至 89%)，仍以省内联系为主，省外联系还远未恢复到 2019 年同期水平，劳动力流动恢复程度高于商务往来。

附　录

本附录包括编研成果、科研成果、宣传表彰和大事记等内容，全面记录反映武汉市地理国情监测工作的推进过程及取得的成绩。

一、编研成果

“十三五”期间，武汉市地理国情监测有关成果以公报、蓝皮书、政府专报、系列专著、“解构武汉”系列微信发布，为政府决策、学术研究和社会认知提供了多层次服务，有效推动了地理国情监测成果的应用。

（一）武汉市第一次地理国情普查公报

《武汉市第一次地理国情普查公报》基于地理国情普查数据，以武汉市区级行政管理单元为基本统计单元，通过文字、表格、地图等形式，从地理空间角度展现全市地理国情要素的分布状况和特征，便于社会公众了解全市地理国情“家底”。2018 年 1 月 16 日，由武汉市政府专题会议审议发布，是全国首部城市级地理国情普查公报，如附图 1 所示。

（二）武汉市地理国情蓝皮书

《武汉市地理国情蓝皮书　2018》是以地理国情普查与监测数据为基础，辅以社会经济等专题数据，运用一定的科学方法，从地理空间的视角，按市域、圈层、行政单元等尺度，全面反映武汉市地理国情的基本情况和分布特征。同时，通过开展与普查成果的纵向变化分析、与行业管理数据的叠置分析以及与主要城市间的横向对比分析，充分展示大江、大湖、大武汉的自然资源“家底”，突出反映大建设、大发展、大变化的武汉城市面貌，为政府决策和行业部门管理提供客观、真实、准确的参考资料和工具书。2019 年 5 月，《武汉市地理国情蓝皮书　2018》在武汉市国土资源和规划局系统内部发布，是全国首部城市级地理国情监测蓝皮书，如附图 2 所示。

附图 1 《武汉市第一次地理国情普查公报》

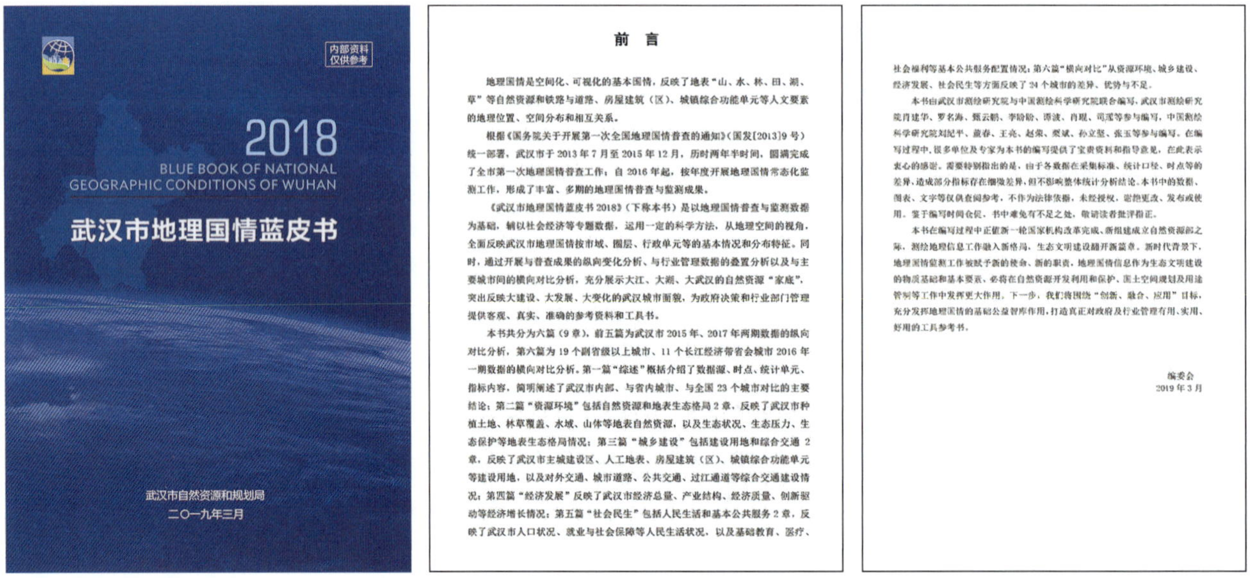

附图 2 《武汉市地理国情蓝皮书 2018》

(三)政府专报

2019 年 5 月和 2020 年 7 月，武汉市地理国情年度监测主要成果以政府专报的形式上报武汉市委市政府主要领导，如附图 3 所示。

(四)系列学术专著

《武汉市地理国情监测与城市协调发展研究》系列专著是武汉市地理国情监测“融合、创新、应用”的重要内容和成果，从区域、城乡、主城等不同尺度，解读了自然资源、城市空间、社会经济、综合交通、基本公共服务等要素的发展与变化，分析了武汉市在全国、省域、城市圈和大都市区的地位与作用，如附图 4 所示。

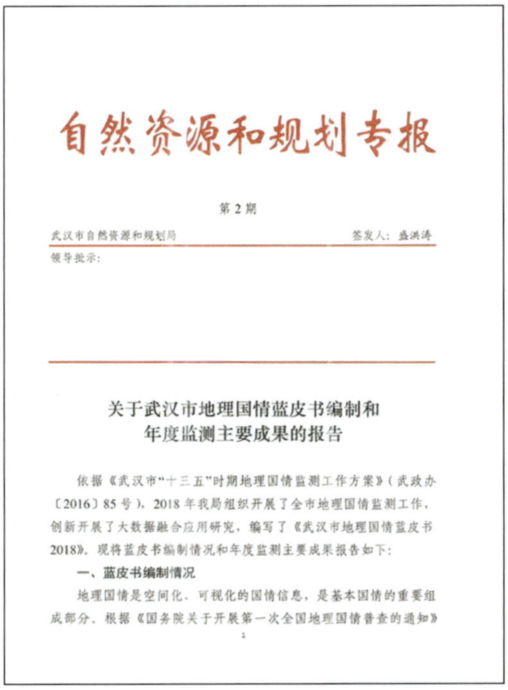

自然资源和规划专报

第 2 期

武汉市自然资源和规划局　签发人：盛洪涛

领导批示：

关于武汉市地理国情蓝皮书编制和年度监测主要成果的报告

依据《武汉市“十三五”时期地理国情监测工作方案》（武政办〔2016〕85 号），2018 年我局组织开展了全市地理国情监测工作，创新开展了大数据融合应用研究，编写了《武汉市地理国情蓝皮书 2018》。现将蓝皮书编制情况和年度监测主要成果报告如下：

一、蓝皮书编制情况

地理国情是空间化、可视化的国情信息，是基本国情的重要组成部分。根据《国务院关于开展第一次全国地理国情普查的通知》

1

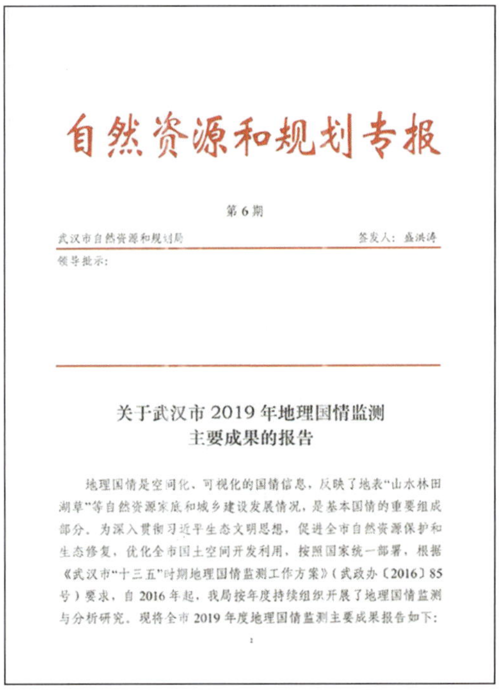

自然资源和规划专报

第 6 期

武汉市自然资源和规划局　签发人：盛洪涛

领导批示：

关于武汉市 2019 年地理国情监测主要成果的报告

地理国情是空间化、可视化的国情信息，反映了地表“山水林田湖草”等自然资源家底和城乡建设发展情况，是基本国情的重要组成部分。为深入贯彻习近平生态文明思想，促进全市自然资源保护和生态修复，优化全市国土空间开发利用，按照国家统一部署，根据《武汉市“十三五”时期地理国情监测工作方案》（武政办〔2016〕85 号）要求，自 2016 年起，我局按年度持续组织开展了地理国情监测与分析研究。现将全市 2019 年度地理国情监测主要成果报告如下：

1

附图 3　武汉市地理国情监测成果政府专报

附图 4　武汉市地理国情监测成果系列专著

（五）“解构武汉”系列微信内容

2019 年 6 月和 2020 年 6 月，形成“解构武汉”系列微信文稿，从地理国情和大数据视角解读武汉市在自然资源保护、国土空间规划实施等方面的成效，并在“众规武汉”微信公众号陆续发布，具体内容如附表 1 所示。

附表 1　　“解构武汉”系列微信文稿主要内容

系列	主 要 内 容
解构武汉 2018	1. 地理国情视角下的城市家底与变化 (1)城市家底：植被覆盖、水、房屋建筑、城镇综合功能单元、建筑工地等 (2)城市变化：地表覆盖、房屋建筑、工地、交通
	2. 地理国情视角下的城市空间扩张与更新研究 空间扩张、开发园区发展、旧城更新
	3. 大数据视角下的经济社会发展研究 (1)产业演变与发展：兴衰演变历史、企业变迁、经济发展、楼宇经济 (2)人口分布与出行：常住人口分布与迁移、居住和就业人口识别、职住关系与出行特征分析
解构武汉 2019	1. 大数据视角下的武汉与全国主要城市区域联系研究 (1)对外交通可达性分析：铁路、公路、航空 (2)人口流动特征分析：平常、春节、跨城通勤 (3)区域投资联系分析：全国、省域
	2. 大数据视角下的城市人口空间流动分析 (1)职住通勤特征与模式 (2)典型三甲医院服务特征：市内、市外 (3)典型休闲娱乐空间活力：空间范围识别、人流特征分析、空间活力评价

二、科研成果

“十三五”期间，武汉市测绘研究院广泛联合武汉大学(资源与环境科学学院、遥感信息工程学院、城市设计学院)、中国测绘科学研究院、同济大学、华中师范大学、武汉理工大学等科研院校(如附图 5)，持续开展跨学科专题研究，取得了一系列科研成果。

(一)支撑项目

2016 年起，武汉市测绘研究院持续按年度组织开展常态化监测工作，在完成基础性监测的基础上，创新开展了一系列跨学科的专题性监测，并完成了古田老工业区搬迁改造实施监测、青山海绵型城市建设示范区实施效果监测和武汉市大数据城市空间格局变化监测试点 3 个国家地理国情监测项目，先后申报了地理国情监测国家测绘地理信息局重点实验室、自然资源部地球观测与时空信息科学重点实验室开放基金 4 项。

(1)武汉市青山示范区海绵型城市建设监测、武汉市古田老工业区搬迁改造实施监测：原国家地理信息局 2017 年国家地理国情监测项目，如附图 6 所示。

附图 5　主要合作团队

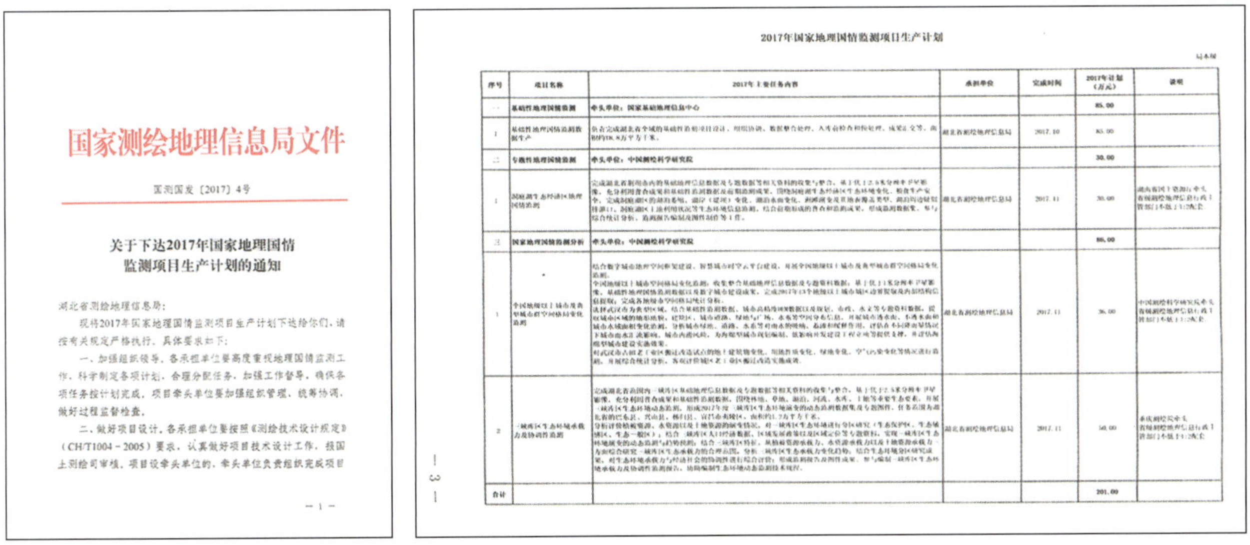

国家测绘地理信息局文件

国测国发〔2017〕4号

关于下达2017年国家地理国情监测项目生产计划的通知

湖北省测绘地理信息局：

现将2017年国家地理国情监测项目生产计划下达给你们，请按有关规定严格执行。具体要求如下：

一、加强组织领导。各承担单位要高度重视地理国情监测工作，科学制定各项计划，合理分配任务，加强工作督导，确保各项任务按计划完成。项目牵头单位要加强组织管理、统筹协调，做好过程监督检查。

二、做好项目设计。各承担单位要按照《测绘技术设计规定》（CH/T1004－2005）要求，认真做好项目技术设计工作，报国土测绘司审核。项目设牵头单位的，牵头单位负责组织完成项目

— 1 —

2017年国家地理国情监测项目生产计划

序号	项目名称	2017年主要任务内容	承担单位	完成时间	2017年计划（万元）	说明
一	基础性地理国情监测	牵头单位：国家基础地理信息中心			85.00	
1	[illegible]	[illegible]	湖北省测绘地理信息局	2017.10	85.00	
二	专题性地理国情监测	牵头单位：中国测绘科学研究院			30.00	
1	[illegible]	[illegible]	湖北省测绘地理信息局	2017.11	30.00	[illegible]
三	国家地理国情监测分析	牵头单位：中国测绘科学研究院			86.00	
1	[illegible]	[illegible]	湖北省测绘地理信息局	2017.11	36.00	[illegible]
2	[illegible]	[illegible]	湖北省测绘地理信息局	2017.11	50.00	[illegible]
合计					201.00	

— 3 —

附图 6　2017 年原国家测绘地理信息局地理国情监测工作主要文件

(2)武汉市大数据城市空间格局变化监测试点：自然资源部 2018 年国家地理国情监测项目，如附图 7 所示。

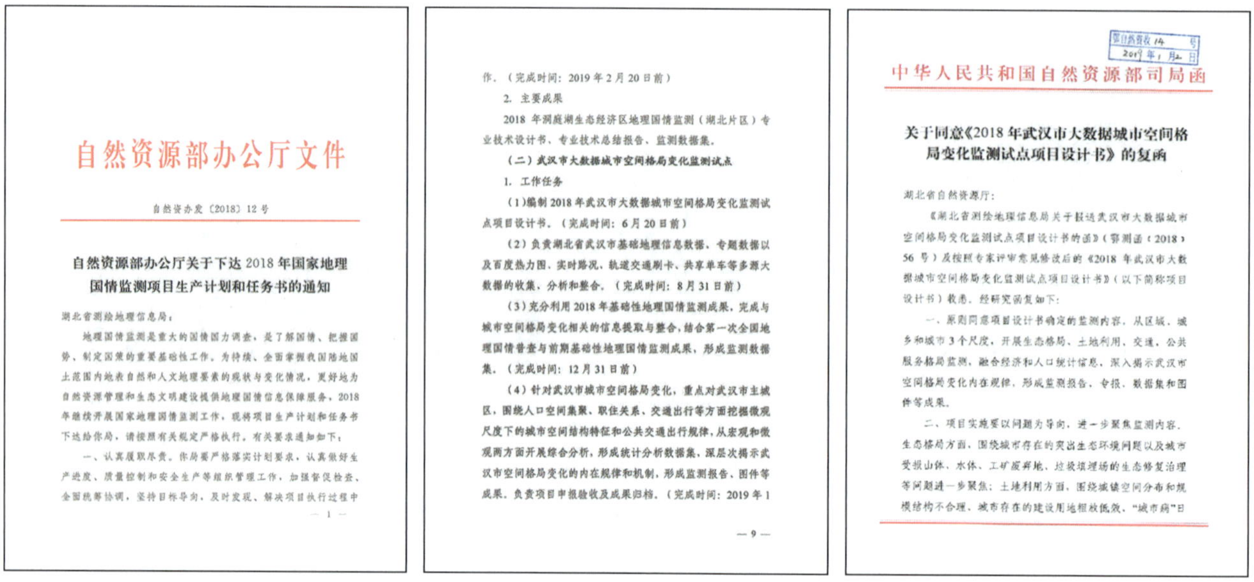

自然资源部办公厅文件

自然资办发〔2018〕12号

自然资源部办公厅关于下达2018年国家地理国情监测项目生产计划和任务书的通知

湖北省测绘地理信息局：

地理国情监测是重大的国情国力调查，是了解国情、把握国势、制定国策的重要基础性工作。为持续、全面掌握我国陆地国土范围内地表自然和人文地理要素的现状与变化情况，更好地为自然资源管理和生态文明建设提供地理国情信息保障服务，2018年继续开展国家地理国情监测工作，现将项目生产计划和任务书下达给你局，请按照有关规定严格执行，有关要求通知如下：

一、认真履职尽责。你局要严格落实计划要求，认真做好生产进度、质量控制和安全生产等组织管理工作，加强督促检查、全面统筹协调，坚持目标导向，及时发现、解决项目执行过程中

— 1 —

作。（完成时间：2019年2月20日前）

2. 主要成果

2018年洞庭湖生态经济区地理国情监测（湖北片区）专业技术设计书、专业技术总结报告、监测数据集。

（二）武汉市大数据城市空间格局变化监测试点

1. 工作任务

（1）编制2018年武汉市大数据城市空间格局变化监测试点项目设计书。（完成时间：6月20日前）

（2）负责湖北省武汉市基础地理信息数据、专题数据以及百度热力图、实时路况、轨道交通刷卡、共享单车等多源大数据的收集、分析和整合。（完成时间：8月31日前）

（3）充分利用2018年基础性地理国情监测成果，完成与城市空间格局变化相关的信息提取与整合，结合第一次全国地理国情普查与前期基础性地理国情监测成果，形成监测数据集。（完成时间：12月31日前）

（4）针对武汉市城市空间格局变化，重点对武汉市主城区，围绕人口空间集聚、职住关系、交通出行等方面挖掘微观尺度下的城市空间结构特征和公共交通出行规律，从宏观和微观两方面开展综合分析，形成统计分析数据集，深层次揭示武汉市空间格局变化的内在规律和机制，形成监测报告、图件等成果。负责项目申报验收及成果归档。（完成时间：2019年1

— 9 —

鄂自然资收 14 号
2019年1月2日

中华人民共和国自然资源部司局函

关于同意《2018年武汉市大数据城市空间格局变化监测试点项目设计书》的复函

湖北省自然资源厅：

《湖北省测绘地理信息局关于报送武汉市大数据城市空间格局变化监测试点项目设计书的函》（鄂测函〔2018〕56号）及按照专家评审意见修改后的《2018年武汉市大数据城市空间格局变化监测试点项目设计书》（以下简称项目设计书）收悉。经研究函复如下：

一、原则同意项目设计书确定的监测内容。从区域、城乡和城市3个尺度，开展生态格局、土地利用、交通、公共服务格局监测，融合经济和人口统计信息，深入揭示武汉市空间格局变化内在规律，形成监测报告、专报、数据集和图件等成果。

二、项目实施要以问题为导向，进一步聚焦监测内容。生态格局方面，围绕城市存在的突出生态环境问题以及城市受损山体、水体、工矿废弃地、垃圾填埋场的生态修复治理等问题进一步聚焦；土地利用方面，围绕城镇空间分布和规模结构不合理、城市存在的建设用地粗放低效、“城市病”日

附图7　2018年自然资源部地理国情监测工作主要文件

（3）地理国情监测国家测绘地理信息局重点实验室：基于地理国情的资源环境监测体系及方法研究（课题编号：2016NGCM10），2017年1月—2018年12月。

（4）地理国情监测国家测绘地理信息局重点实验室：基于地理国情的城市资源环境承载力监测方法研究（课题编号：2017NGCM03），2018年1月—2019年12月。

（5）自然资源部地球观测与时空信息科学重点实验室开放基金：基于“地理国情+大数据”的城市空间格局发展变化监测方法研究（课题编号：201903），2019年1月—2019年12月。

（6）自然资源部测绘科学与地球空间信息技术重点实验室开放基金：城市自然资源分类与调查监测内容指标研究（课题编号：2020-3-2），2020年6月—2021年12月。

（二）专利和软件著作权

“十三五“期间，武汉市地理国情监测成果累计获得发明专利1项和软件著作权9项，如附表2所示。

附表2　“十三五”期间武汉市地理国情监测成果获专利和软件著作权清单

序号	名称	发明号/登记号	名单
1	一种基于全空洞卷积神经网络的遥感影像地表覆盖分类方法	ZL201910137013.6	季顺平、张驰、罗名海、程琦、秦思娴
2	武汉市地理国情数据管理系统 V1.0	2019SR0152170	罗名海、程琦、梁武卫
3	武汉市地理国情网络服务平台 V1.0	2019SR0153449	罗名海、程琦、梁武卫
4	城市停车位供求分析及停车潜力估算软件 V1.0	2020SR1804249	秦思娴、程琦、谭波、梁武卫

续表

序号	名称	发明号/登记号	名单
5	地理国情成果质量检查软件 V1.0	2020SR1804238	程琦、梁武卫、肖琨
6	地理国情移动外业核查系统 V1.0	2020SR1753154	梁武卫、程琦、林磊、张勇、李盼盼
7	基于百度地图的地名地址匹配软件 V1.0	2020SR1804236	肖琨、李盼盼
8	基于房屋建筑信息的社区人口格网化软件 V1.0	2020SR1822531	谭波、程琦、肖琨、李盼盼
9	基于复合字典的地名地址匹配软件 V1.0	2020SR1772498	程琦、梁武卫
10	面向对象的遥感影像变化检测系统 V1.0	2020SR1804239	秦思娴、程琦、张勇

(三)标准规范

"十三五"期间，武汉市测绘研究院参编《统一社会信用代码地理信息采集规范》(GB/T 37149—2018)、《地理国情普查成果图技术规定》(GDPJ 17—2016)，主编《武汉市地理国情普查技术规程》(DB4201/T 478—2015)，如附图 8 所示。

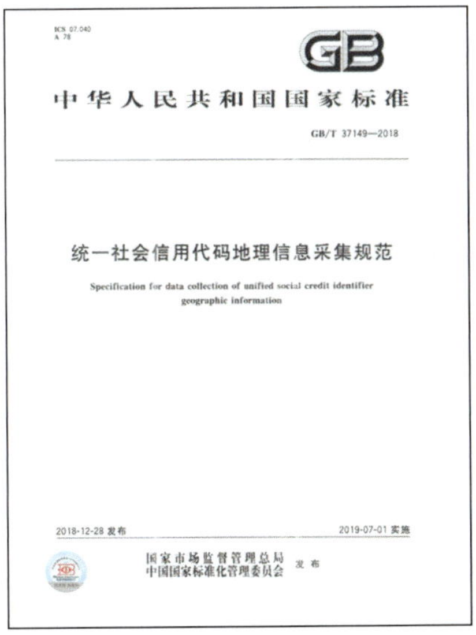

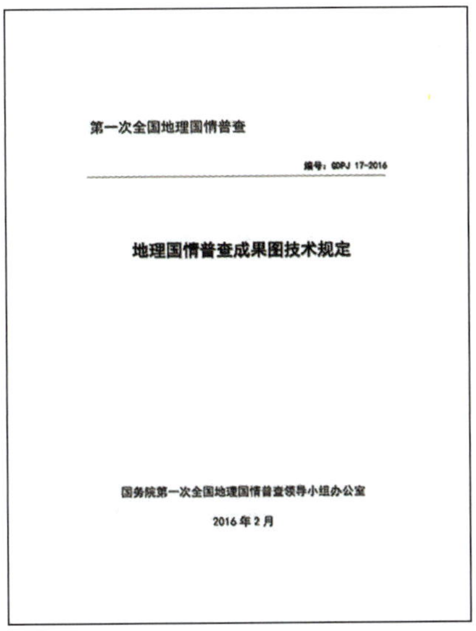

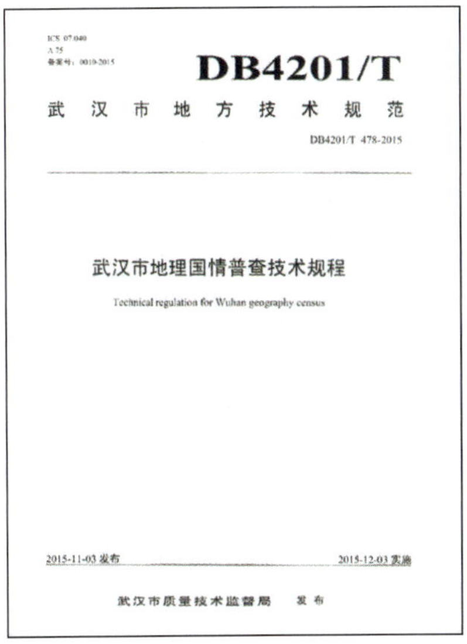

附图 8 主编、参编标准和规范

(四)获奖项目

普查与监测期间，武汉市地理国情有关成果累计获得各级奖励 26 项，其中连续 2 次获得中国地理信息科技进步一等奖，5 次获得中国地理信息优秀工程金奖，如附表 3、附图 9 和附图 10 所示。

附表 3

武汉市地理国情普查与监测成果获奖清单

序号	项目名称	获奖名称	获奖等级	获奖人员
1	武汉东湖新技术开发区地理国情普查试点	2014 中国地理信息产业优秀工程奖	银奖	肖建华、罗名海、程琦、刘晖、姚岚、郝中豫、尹言军、余咏胜、陈涛、傅晓俊
2	武汉市地理国情统计分析技术研究与应用	2014 湖北省测绘科技进步奖	一等奖	肖建华、罗名海、陈江平、姚岚、刘晖、郝中豫、尹言军、叶琳、梁武卫
3	武汉市地理国情普查成果管理与查询平台	2015 湖北省优秀测绘工程奖	一等奖	肖建华、罗名海、程琦、梁武卫、林磊、张勇、张方宇、王辉、刘晖
4	地理国情遥感变化检测研究与应用	2015 湖北省测绘科技进步奖	一等奖	罗名海、贾永红、谢志伟、郝中豫、程琦、尹言军、张勇、甄云鹏、肖琨、叶琳
5	武汉市第一次地理国情普查与成果应用	2016 中国地理信息产业优秀工程奖	金奖	肖建华、罗名海、程琦、郝中豫、尹言军、肖琨、陈涛、傅晓俊、张勇、甄云鹏
6	武汉市地理国情普查数据管理与网络服务平台	2016 中国地理信息产业优秀工程奖	银奖	罗名海、程琦、许继伟、吴龙、陈志平、张俊磊、梁武卫、甄云鹏、叶琳、余谦
7	武汉市地理国情变化更新与相关对比分析研究	2016 中国地理信息科技进步奖	三等奖	肖建华、罗名海、郝中豫、肖琨、程琦、张勇、甄云鹏、李盼盼
8	武汉市 2016 年度地理国情监测工程	2017 中国地理信息产业优秀工程奖	金奖	肖建华、罗名海、程琦、张勇、甄云鹏、尹言军、叶琳、章琳、秦思娴、梁武卫
9	基于地理国情成果的武汉市城市空间增长监测研究	2017 中国地理信息科技进步奖	二等奖	罗名海、翟亮、刘正军、孙立坚、乔庆华、甄云鹏、肖琨、李盼盼、安扬、刘佳、苏德国、张雪
10	地理国情信息在武汉市生态城市建设中的应用研究	2017 湖北省测绘科技进步奖	一等奖	罗名海、李建松、张鹏林、陈江平、李建、程琦、秦艳华、谭波、张勇
11	武汉市地理国情普查与常态化监测工程	2017 年度湖北优秀城乡规划设计奖	一等奖	肖建华、罗名海、程琦、张勇、甄云鹏、张方宇、尹言军、肖琨、刘晖、姚岚、李盼盼、章琳、秦艳华、梁武卫、叶琳
12	武汉市 2017 年度地理国情监测工程与成果应用	2018 中国地理信息产业优秀工程奖	金奖	肖建华、罗名海、程琦、张勇、尹言军、肖琨、李盼盼、秦艳华、叶琳、梁武卫
13	基于地理国情的城市社区宜居性评价研究	2018 湖北省测绘科技进步奖	一等奖	罗名海、李建松、程琦、谭波、秦思娴、邵炜璇、甄云鹏、张勇、余洋
14	基于多源数据的城市综合交通发展水平评价研究	2018 湖北省测绘科技进步奖	一等奖	刘艳芳、罗名海、甄云鹏、王征禹、张广霞、李盼盼、谭波、江平、秦思娴
15	多尺度综合交通网络变化监测	2018 测绘科技进步奖	二等奖	乔庆华、罗名海、翟亮、张彤、邹斌、甄云鹏、汤玉奇、康燕燕、张英、王刚
16	2017 年度湖北省（全省）地理国情基础性监测工程关键技术研究	2018 湖北省测绘科技进步奖	二等奖	范小洁、邹崇尧、赵晖、洪亮、石婷婷、谢华莉、程琦
17	全国地级以上城市及典型城市群空间格局变化监测-湖北监测区	2018 湖北省测绘科技进步奖	二等奖	赵薇、邵军、程琦、李绍颖、谭波、刘晓玲、陈涛

续表

序号	项目名称	获奖名称	获奖等级	获奖人员
18	武汉市2018年度地理国情监测工程与关键技术应用	2019中国地理信息产业优秀工程奖	金奖	罗名海、程琦、张勇、尹言军、肖琨、甄云鹏、谭波、秦艳华、梁武卫、叶琳
19	城市综合交通发展评价关键技术与应用	2019中国地理信息科技进步奖	一等奖	罗名海、刘艳芳、王征禹、江平、甄云鹏、李盼盼、秦思娴、谭波、王楠楠、蔡明明、付诗航、肖琨、王一恒、方飞国、吴子豪
20	武汉市2016—2018年基础性地理国情监测工程	2019湖北省测绘优秀工程奖	一等奖	罗名海、张勇、程琦、尹言军、叶琳、梁武卫、秦艳华、郑志宏、吕晓晴、乔炜、答星、曾露
21	资源环境承载力评价方法研究与应用	2019湖北省测绘科技进步	特等奖	罗名海、李建松、卢宾宾、程琦、秦思娴、杨娜娜、史祎琳、李盼盼、李晨、弓婷
22	城市级地理国情综合指数构建与分析应用实践	2019武汉市优秀城乡规划设计奖	一等奖	肖建华、罗名海、刘艳芳、甄云鹏、张广霞、谭波、秦思娴、单俊超、陈慧婷、肖琨、李盼盼、史戈、罗园园、罗璇、庄静
23	大数据在城市空间格局监测中的关键技术研究与应用	2020中国地理信息科技进步奖	一等奖	罗名海、刘艳芳、詹庆明、钮心毅、甄云鹏、秦思娴、谭波、肖琨、程琦、李盼盼、李建松、乔庆华、孙立坚、刘炜、罗静
24	武汉市2019年度地理国情监测工程与应用研究	2020中国地理信息产业优秀工程奖	银奖	罗名海、程琦、张勇、尹言军、肖琨、甄云鹏、秦艳华、叶琳、梁武卫、李盼盼
25	基于多源大数据的城市典型区域特征识别于综合评价研究	2020湖北省测绘科技进步奖	一等奖	罗名海、罗静、刘炜、徐涛、程琦、谭波、杨杰、鲁洁、史戈
26	武汉市"十三五"地理国情监测工程	2021中国地理信息产业优秀工程奖	金奖	罗名海、程琦、李盼盼、谭波、张勇、尹言军、梁武卫、甄云鹏、秦思娴、叶琳

武汉市第一次地理国情普查与成果应用

武汉市2016年度地理国情监测工程

武汉市2017年度地理国情监测工程与成果应用

武汉市2018年度地理国情监测工程与关键技术应用

城市综合交通发展评价关键技术与应用

大数据在城市空间格局监测中的关键技术与应用

资源环境承载力评价方法研究与应用

附图9 主要获奖成果

附图 10 中国地理信息产业大会领奖

(五)发表文章

“十三五”期间，武汉市测绘研究院地理国情监测中心(原地理国情专班)累计发表论文 60 余篇，其中 SCI/SSCI 检索 4 篇，EI/CPCI 检索 6 篇，中文期刊 40 余篇，如附表 4 所示。

附表 4 “十三五”期间发表的地理国情监测相关文章

序号	论文名称	发表期刊/交流会议	发表/交流时间	作者名单
SCI/SSCI				
1	Job Accessibility from a Multiple Commuting Circles Perspective Using Baidu Location Data: A Case Study of Wuhan, China	Sustainability	2019. 11	蔡明明、刘耀林、罗名海、幸丽君、刘艳芳
2	Exporing the spatial pattern and influencing factors of land carrying capacity in Wuhan	Sustainability	2019. 5	杨娜娜、李建松、卢宾宾、罗名海、李林泽
3	Disaggregation Method of Carbon Emission: A Case Study in Wuhan, China	Sustainability	2019. 4	罗名海、秦思娴、常好雪、张安祺
4	Population mobility and the transmission risk of the COVID-19 in Wuhan, China	International Journal of Geo-Information	2021. 5	罗名海、秦思娴、谭波、蔡明明、岳雨峰、熊强强
EI/CPCI				
5	The Joint Spatial and Radiometric Transformer for Remote Sensing Image Retrieval	2020XXIV ISPRS Congress	2020. 8	王雅梦、余大文、季顺平、程琦、罗名海

续表

序号	论文名称	发表期刊/交流会议	发表/交流时间	作者名单
6	Carrying Capacity Evaluation of Land Resource in Wuhan Based on the Geographical Condition Monitoring	武汉大学学报(信息科学版)	2018.12	罗名海、蒋子龙、程琦、秦思娴、杨娜娜、张歆越
7	A probability-based statistical method to extract water body of TM images with missing information	2016 XXIII ISPRS Congress	2016.7	连世忠、陈江平、罗名海
8	A reliability evaluation system of association rules	2016 XXIII ISPRS Congress	2016.7	陈江平、冯婉淑、罗名海
9	基于改进 LUR 模型的大区域 $PM_{2.5}$ 浓度空间分布模拟	武汉大学学报	2018.10	李爽、翟亮、桑会勇、邹滨、方新、甄云鹏
10	From big data to big analysis: a perspective of geographical conditions monitoring	International Journal of Image and Data Fusion	2018.6	翟亮、张娜、侯伟、冯志贤、乔庆华、罗名海
中文期刊				
11	基于地理国情普查的内部道路公共化选址研究	地理信息世界	2016.1	尹言军、余咏胜、刘晖、周立翔
12	百度地图服务在武汉市地理国情普查数据采集中的应用	测绘与空间地理信息	2016.2	肖琨、李盼盼、张雪、叶琳
13	关于 GIS 技术的测绘管理信息系统的设计研究	无线互联科技	2016.4	叶琳、杨莉、李维
14	地理国情普查成果数据库及管理平台建设	城市勘测	2017.01	程琦、梁武卫
15	遥感影像不可见数字水印算法比较与分析	测绘地理信息	2017.01	秦思娴、余咏胜、张小慧、李琼、郑颖
16	基于高分辨率航空遥感影像的武汉城市绿地调查应用	城市勘测	2017.02	朱传勇、秦思娴、袁琳琳、余咏胜
17	一种利用影像多尺度特征的 DOM 不可见水印方法	测绘通报	2017.02	秦思娴、肖建华、魏翔、傅晓俊、余咏胜利
18	基于地理国情普查的城市绿道建设对居住小区的空间影响分析研究——以武汉市绿道建设为例	测绘与空间地理信息	2017.02	尹言军、郝中豫、余咏胜、刘晖
19	武汉市地理国情监测的总体任务与有关思考	地理空间信息	2017.02	罗名海
20	基于地理国情普查的海绵城市下沉式绿地的分析研究	地理信息世界	2017.03	尹言军、周立翔、张茜、梁武卫
21	面向 FME Objects 的地理国情普查影像坐标转换技术研究	测绘科学技术学报	2017.05	余咏胜、彭艳丽、秦思娴

续表

序号	论文名称	发表期刊/交流会议	发表/交流时间	作者名单
22	基于遥感影像与地理国情数据的城市内涝灾害评估分析	城市勘测	2017.06	李盼盼、张勇、郝中豫、张敏、李琼
23	城市地理国情普查监测的实践与思考	城市勘测	2017.06	肖建华、甄云鹏、罗名海
24	基于GIS的武汉市中心城区交通服务水平评价	地理空间信息	2017.09	罗名海、谭波、李盼盼、罗玉洁、梁栋
25	武汉市地理国情普查数据管理系统设计与实现	地理空间信息	2017.11	梁武卫、程琦
26	基于地理国情监测数据的城市停车位与潜力估算方法研究	地理信息科学学报	2017.10	胡华龙、李建松、蒋子龙、秦思娴、程琦
27	基于复合字典的地名地址匹配技术	城市勘测	2017.12	程琦、梁武卫、汪培
28	城市地理国情普查公报的探索与实践	地理空间信息	2018.8	甄云鹏、李盼盼、唐名阳、罗名海、程雄
29	基于复合字典的地名地址匹配技术	城市勘测	2018.1	程琦、梁武卫、汪培
30	京津冀地区道路网状况的分析研究	北京测绘	2018.1	杨峰、翟亮、甄云鹏
31	From big data to big analysis: a perspective of geographical conditions monitoring	International Journal of Image and Data Fusion	2018.6	翟亮、张娜、侯伟、冯志贤、乔庆华、罗名海
32	地理国情数据在自然资源资产负债表编制中的应用	城市勘测	2018.6	程琦、肖琨
33	基于"实有人口、实有房屋"数据的精细化人口空间化处理方法及应用研究	东北师大学报	2018.9	朱瑾、李建松、蒋子龙、程琦
34	大数据在地理国情监测中的应用探索	地理空间信息	2018.11	罗名海
35	大数据视角下的武汉市人口格局探析	地理空间信息	2019.1	罗名海、谭波、秦思娴、肖琨、蔡明明、张月朦
36	武汉市旧城区域识别	城市勘测	2019.1	程琦、杨杰
37	数据清洗和空间可视化在浮动车数据处理中的应用探析	地理空间信息	2019.5	尹言军、刘晖、叶琳、姚朝定、梁武卫、郑志宏
38	基于多源大数据的武汉市区域空间格局研究	上海城市规划	2019.6	詹庆明、范域立、罗名海、米子豪、张慧子、张月朦
39	时空大数据在空间优化中的应用	测绘地理信息	2019.6	刘艳芳、方飞国、刘耀林、罗名海
40	武汉市新城区乡村发展水平评价及规模等级结构研究	地理科学进展	2019.9	罗静、蒋亮、罗名海、田玲玲、陈国磊、田野、吴益坤
41	武汉市古田老工业区搬迁改造实施监测	地理空间信息	2019.9	程琦、张勇

续表

序号	论文名称	发表期刊/交流会议	发表/交流时间	作者名单
42	基于3S技术的宜昌市城市空间格局变化监测研究	测绘与空间地理信息	2019. 11	邵军、陈涛、李韶颖、程琦
43	基于多源大数据的武汉城市圈城际通勤分布及影响因素研究	地理信息世界	2020. 4	杨宇、肖映辉、肖琨、詹庆明、范域立、李家琦
44	基于手机信令数据的武汉市人口迁入成因研究	地理信息世界	2020. 5	詹庆明、杨苏淑、肖琨、高思航、严淑琴
45	城市地理国情蓝皮书编制研究	城市勘测	2020. 8	甄云鹏、罗名海、李盼盼、贾效燕
46	基于空间核密度分析的二手房交易热点变化研究——以武汉市为例	测绘与空间地理信息	2020. 9	尹言军、黄海涛、余咏胜、娄坤、叶琳
47	基于大数据的武汉封城效果与疫后恢复分析	地理空间信息	2020. 9	罗名海、秦思娴、谭波
48	地理国情信息集成与在线统计方法研究	城市勘测	2020. 12	程琦、谭波、秦思娴、梁武卫
49	武汉市旧城核心区多要素画像与评价研究	地理空间信息	2020. 12	程琦、杨杰、罗名海、刘炜、徐涛
50	大数据视角下的武汉市综合交通特征分析	地理空间信息	2020. 5	罗名海、秦思娴、谭波、肖琨、范域立、蔡明明
会议论文				
51	地理国情数据在城市内涝灾害中的初步应用	湖北省测绘地理信息学会 2016 年学术年会	2016. 1	李盼盼、张勇、郝中豫、张敏、李琼
52	武汉市地理国情监测机制体制建设与专题性监测设计	2016 年度全国专题性地理国情监测技术研讨会	2016. 9	罗名海、甄云鹏
53	武汉市地理国情监测与应用综述	2016 年度地理国情监测国际研讨会	2016. 12	罗名海、甄云鹏
54	武汉市地理国情专题性监测内容与方法	2016 年度地理国情监测国际研讨会	2016. 12	秦思娴、程琦、肖琨、李盼盼、谭波
55	两规合一中用地分类标准的对接与数据转换研究	2018 年中国城市规划信息年会	2018. 6	詹庆明、韩雯雯、赵中元、肖琨、黄启雷、刘稳
56	城市建设工地监测与规划实施评价	第六届中国城乡规划实施学术研讨会	2018. 6	田燕、甄云鹏、肖琨、司瑶、张宗耀
57	基于地理国情的城市资源环境承载力监测方法研究	2018 年地理国情监测技术与应用研讨会	2018. 10	秦思娴、罗名海、程琦、卢宾宾

续表

序号	论文名称	发表期刊/交流会议	发表/交流时间	作者名单
58	基于地理国情的资源环境监测体系及方法研究	2018年地理国情监测技术与应用研讨会	2018.10	程琦、罗名海、秦思娴
59	地理国情成果在不透水层提取与海绵城市评估中的应用	2018年地理国情监测技术与应用研讨会	2018.10	谭波、陈江平、邹小玲
60	地理国情信息在自然资源资产调查中的应用	全国测绘科技信息网中南分网第31次学术信息交流会	2017.11	程琦
61	Evaluation of the basic public services of Wuhan city based on national geographic conditions monitoring data	The 2019 Annual Meeting of AAG	2019.4	罗名海、罗静、李建松、陈广平
62	Identifying the spatial differentiation of jobs-housing separation of employment centers and the influences of the built environment in Wuhan	The 13th IACP Conference	2019.6	刘艳芳、蔡明明、罗名海
63	Monitoring and analyzing impervious surfaces based on geographical conditions a case study in Wuhan China	The 16th International Conference on CUPUM	2019.7	罗名海、陈江平、谭波、程琦、付明花
64	基于多源数据的旧城地块识别与评价——以武汉市为例	2019中国城市规划年会	2019.9	杨杰、刘炜、程琦

三、宣传表彰

(1)2016年1月15日，武汉市测绘研究院地理国情专班被国普办表彰为第一次全国地理国情普查劳动竞赛“先进班组”。

(2)2016年7月26日，湖北省测绘地理信息局网站以“落实四进要求，武汉市地理国情常态化监测迈出坚实一步”为题，对武汉市“十三五”地理国情监测的圆满开局给以高度肯定。

(3)2016年11月22日，国务院前副总理张高丽在北京召开地理国情普查领导小组大会，武汉普查成果被选为展示汇报材料供中央领导审阅，如附图11所示。

(4)2017年4月27日，城市地理国情监测(2017)高端技术论坛和武汉市第一次地理国情普查验收会在武汉市测绘研究院召开，武汉市普查成果通过以李德仁院士、国家测绘地理信息局李维森副局长为首的专家组验收，如附图12所示。

附图 11　国家、省、市媒体宣传报道

附图 12　城市地理国情监测高端技术论坛与地理国情普查成果验收

(5)2017 年 6 月 15 日，原武汉市国土资源和规划局刘奇志副局长、赵中元处长，武汉市测绘研究院肖建华院长、罗名海副总工、甄云鹏、程琦、谭波受邀参加原国家测绘地理信息局在上海召开的全国城市地理国情监测工作交流会，原国家测绘地理信息局库热西局长、李维森副局长参观武汉市地理国情监测成果展示，并接见武汉代表，如附图 13 所示。

(6)2017 年 9 月 25 日，武汉市测绘研究院被国普办表彰为第一次全国地理国情普查“先进集体”，成为获此殊荣的唯一一个城市测绘单位，如附图 14 所示。

附图 13　全国城市地理国情监测工作交流汇报

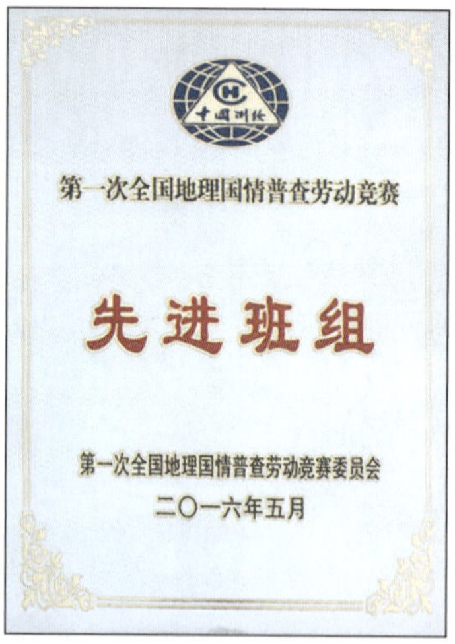

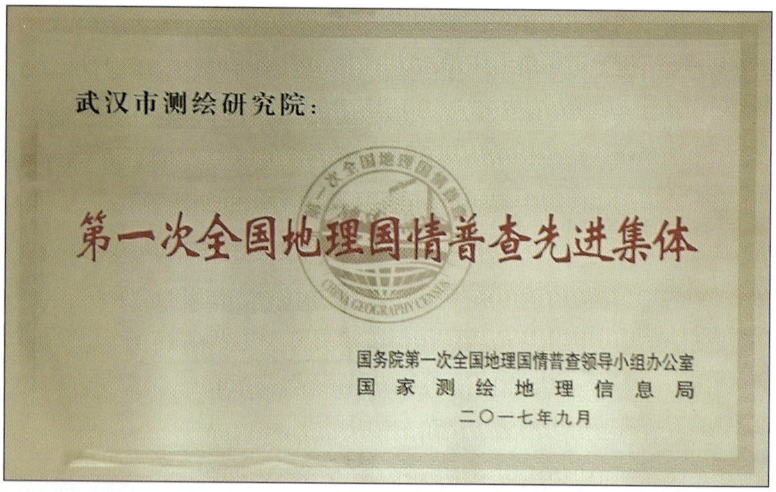

附图 14　先进集体表彰

(7)2018 年 1 月 17 日，武汉市人民政府门户网站、《长江日报》等媒体全面报道武汉市第一次地理国情普查公报，如附图 11 所示。

(8)在中新社拍摄的自然资源部专题宣传片《自然资源调查监测：为中国高质量发展绘制“国情地图”——960 多万平方公里的征途》中，“武汉·动态感知”被选作典型示范，2021 年 3 月 25 日在中国新闻网、“学习强国”等平台全网发布，如附图 15 所示。

附图 15　自然资源部专题宣传片——武汉·动态感知

四、大事记

本小节以大事记形式，全面记录反映“十三五”期间和“十四五”开局之年武汉市地理国情监测工作的推进过程。

(一)2016 年

(1)2016 年 1 月 15 日，国地普办印发《关于表彰普查标准试点核准百日大会战主题竞赛活动先进单位、先进班组和先进个人的决定》(国地普赛委〔2016〕1 号)，武汉市测绘研究院国情专班获“先进班组”称号。

(2)2016 年 1 月 29 日，原武汉市国土资源和规划局召开武汉市第一次地理国情普查 2015 年总结表彰暨地理国情监测 2016 年第 1 次工作例会，表彰先进集体和个人，并向各区分发区级普查成果。

(3)2016 年 3 月 17 日，参加新洲区第一次地理国情普查成果汇报会。

(4)2016 年 4 月 11 日，参加汉南区第一次地理国情普查成果汇报会。

(5)2016 年 4 月 12 日，参加东湖生态旅游风景区第一次地理国情普查成果汇报会。

(6)2016 年 4 月 14 日，参加东西湖区第一次地理国情普查成果汇报会。

(7)2016 年 4 月 21 日，参加黄陂区第一次地理国情普查成果汇报会。

(8)2016 年 4 月 25 日，参加江夏区第一次地理国情普查成果汇报会。

(9)2016 年 4 月 26 日，参加蔡甸区第一次地理国情普查成果汇报会。

(10)2016 年 4 月 20 日，原武汉市国土资源和规划局召开武汉市测绘地理信息“十三五”规划及国情普查成果汇报会，听取了武汉市地理国情普查成果汇报。

(11)2016 年 5 月 18 日—20 日，甄云鹏、程琦、尹言军、郝中豫赴上海、杭州和宁波等地开展地理国情监测调研。

(12)2016年5月16日，武汉市测绘研究院召开《武汉市地理国情监测实施方案与项目技术设计书》专家评审会，通过了以龚健雅院士为首的专家组评审。

(13)2016年7月6日，武汉市人民政府办公厅转发《武汉市"十三五"时期地理国情监测工作方案》(武政办〔2016〕85号)。

(14)2016年7月18日，武汉市测绘研究院组织基础性监测技术培训会。

(15)2016年8月12日，《武汉市基础测绘发展"十三五"规划》(武政办[2016]104号文)获批。

(16)2016年8月16日，肖琨、李盼盼赴北京参加国普办组织的地理国情普查省级统计分析技术培训。

(17)2016年9月1日—9日，武汉市地理国情专题性监测项目开题会陆续召开。

(18)2016年9月8日，罗名海副总工、甄云鹏、肖琨、李盼盼赴长沙参加国普办组织的全国专题性地理国情监测技术研讨会。

(19)2016年10月11日，程琦赴广州华南师范大学、广东国土院开展碳源碳汇调研。

(20)2016年10月20日，秦思娴赴四川省遥感信息测绘院开展自然资源资产研究调研。

(21)2016年11月22日，国务院前副总理张高丽在北京召开地理国情普查领导小组大会，武汉普查成果被选为展示汇报材料供中央领导审阅。

(22)2016年12月4日—12日，武汉市地理国情专题性监测项目中期检查会陆续召开。

(23)2016年12月7日，原武汉市国土资源和规划局召开基础测绘及地理国情监测年度工作检查会。

(24)2016年12月7日，秦思娴、谭波赴北京参加国普办组织的综合统计分析成果交流会。

(25)2016年12月17日，甄云鹏、程琦、秦思娴赴武汉大学参加2016地理国情监测国际研讨会，并作主题汇报。

(二)2017年

(1)2017年1月4日，武汉市人民政府召开武汉市城市总体规划分区交流和地理国情工作会。

(2)2017年1月8日—18日，武汉市地理国情专题性监测项目验收会陆续召开。

(3)2017年1月17日，原武汉市国土资源和规划局召开年度工作重点研讨会。

(4)2017年3月1日，罗名海入选武汉市黄鹤英才(城市建设)计划。

(5)2017年3月17日，原武汉市国土资源和规划局召开全市测绘地理信息工作会。

(6)2017年3月20日，罗名海副总工、秦思娴、谭波赴长沙参加国家地理国情专题性监测项目验收会。

(7)2017年3月26日，中国地理信息产业协会地理国情监测工作委员会成立大会在武汉大学召开，罗名海任副主任委员。

(8)2017年3月27日，国家测绘地理信息局下发《关于下达2017年国家地理国情监测项目生产计划的通知》(国测国发〔2017〕4号)。

(9)2017年4月27日，城市地理国情监测(2017)高端技术论坛及武汉市第一次地理国情普查验收会在武汉市测绘研究院召开，武汉市普查成果通过以李德仁院士、国家测绘地理信息局李维森副局长等专家组验收，来自全国72家单位、150余名代表参加了论坛会。

(10)2017年5月18日，武汉市发展改革委下发《关于下达我市2017年基础测绘计划的通知》(武发改区域〔2017〕322号)。

(11)2017年6月7日，武汉市测绘研究院印发《武汉市2017年地理国情基础性监测工作方案》。

(12)2017 年 6 月 15 日，原武汉市国土资源和规划局刘奇志副局长、赵中元处长和武汉市测绘研究院肖建华院长、罗名海副总工、甄云鹏、程琦、谭波赴上海参加全国城市地理国情监测工作交流会。肖建华院长受邀做示范典型发言，刘奇志副局长向国家测绘地理信息局原局长库热西介绍武汉市普查与监测系列成果。

(13)2017 年 6 月 16 日，湖北省测绘地理信息局下发《关于继续做好武汉市地理国情监测有关事项的通知》(鄂测〔2017〕55 号)。

(14)2017 年 7 月 3 日，原武汉市国土资源和规划局下发《关于做好 2017 年度全市地理国情监测工作的通知》(武土资规发〔2017〕131 号)。

(15)2017 年 7 月 10 日，武汉市测绘研究院召开基础性监测动员培训会。

(16)2017 年 7 月 12 日，原武汉市国土资源和规划局召开地理国情监测年度工作布置会。

(17)2017 年 7 月 19 日，湖北省测绘地理信息局领导到武汉市测绘研究院调研地理国情监测工作。

(18)2017 年 7 月 27 日，罗名海副总工、程琦、李盼盼赴青岛参加城市地理国情监测内容与指标研讨会。

(19)2017 年 9 月 4 日—14 日，武汉市地理国情专题性监测项目开题会陆续召开。

(20)2017 年 9 月 5 日，武汉市第一次地理国情普查公报对接会召开。

(21)2017 年 9 月 25 日，国普办在北京召开第一次全国地理国情普查工作总结表彰会，武汉市测绘研究院被授予先进集体称号，成为唯一荣获此殊荣的城市测绘单位。

(22)2017 年 10 月 30 日，武汉市地理国情基础性监测成果提交湖北省测绘质量监督检验站验收。

(23)2017 年 11 月 7 日，武汉市地理国情基础性监测转段动员暨市情深化培训会召开。

(24)2017 年 12 月 15 日—21 日，武汉市地理国情专题性监测项目中期检查会陆续召开。

(25)2017 年 12 月 12 日，武汉市地理国情监测年度工作通过武汉市国土资源和规划局检查验收。

(三)2018 年

(1)2018 年 1 月 16 日，武汉市人民政府召开武汉市地理国情普查公报专题会，全国首部城市级地理国情普查公报发布。

(2)2018 年 1 月 16 日，武汉市地理国情基础性监测成果通过省级验收。

(3)2018 年 1 月 18 日—19 日，武汉市地理国情专题性监测项目验收会陆续召开。

(4)2018 年 1 月 23 日，武汉市发展改革委下发《关于下达我市 2018 年基础测绘计划的通知》(武发改区域〔2018〕18 号)。

(5)2018 年 1 月 29 日，武汉市测绘研究院召开省市地理国情成果汇报交流会。

(6)2018 年 3 月 9 日，原武汉市国土资源和规划局召开武汉市年度测绘地理信息工作部署会暨地理国情成果宣讲会。

(7)2018 年 3 月 27 日，原武汉市国土资源和规划局召开地理国情监测年度工作方案研讨会。

(8)2018 年 5 月 16 日，中国测绘科学研究院刘纪平副院长到武汉市测绘研究院做专题讲座。

(9)2018 年 5 月 23 日，自然资源部办公厅下发《关于下达 2018 年国家地理国情监测项目生产计划和任务书的通知》(自然资办发〔2018〕12 号)，“武汉市大数据城市空间格局变化监测试点”列入国家地理国情监测项目。

(10)2018 年 6 月 16 日，武汉市测绘研究院印发《武汉市 2018 年基础性地理国情监测工作方案》。

(11)2018 年 6 月 25 日，国家基础地理信息中心周旭主任到武汉市测绘研究院做 2018 年地理国情基础性监测讲座。

(12)2018 年 6 月 27 日，尹言军赴哈尔滨参加国检中心组织的质量检查培训会。

(13)2018 年 6 月 28 日，湖北省测绘地理信息局下发《关于下达 2018 年国家地理国情监测项目武汉试点任务的通知》(鄂测〔2018〕26 号)。

(14)2018 年 7 月 10 日，武汉市测绘研究院召开 2018 年武汉市地理国情基础性监测动员部署暨培训会。

(15)2018 年 8 月 8 日，武汉市测绘研究院召开“武汉市大数据城市空间格局变化监测试点”项目专家咨询会。

(16)2018 年 8 月 10 日，原武汉市国土资源和规划局印发《关于做好 2018 年度全市地理国情监测工作的通知》(武土资规发〔2018〕141 号)。

(17)2018 年 8 月 17 日—9 月 2 日，武汉市地理国情专题性监测项目开题会陆续召开。

(18)2018 年 8 月 31 日，国家测绘产品质量检验测试中心赵海涛到武汉市测绘研究院做 2018 年基础性地理国情监测质量控制讲座。

(19)2018 年 9 月 14 日，武汉市测绘研究院在武汉大学组织召开专题性监测集中培训会。

(20)2018 年 10 月 18 日，武汉市测绘研究院在武汉大学组织召开大数据培训会。

(21)2018 年 10 月 31 日，武汉市地理国情基础性监测成果提交湖北省测绘质量监督检验站验收。

(22)2018 年 11 月 26 日，武汉市地理国情基础性监测成果通过省级验收。

(23)2018 年 12 月 5 日，原武汉市国土资源和规划局、市发展改革委联合下发《关于下达 2019 年全市基础测绘计划的通知》(武土资规发〔2018〕206 号)。

(24)2018 年 12 月 6 日—13 日，武汉市地理国情专题性监测项目中期检查会陆续召开。

(25)2018 年 12 月 25 日，自然资源部自然资源调查监测司下发《关于同意〈2018 年武汉市大数据城市空间格局变化监测试点项目设计书〉的复函》，项目设计书获批。

(四)2019 年

(1)2019 年 1 月 9 日—16 日，武汉市地理国情专题性监测项目验收会陆续召开。

(2)2019 年 1 月 11 日，武汉市地理国情蓝皮书验收会召开。

(3)2019 年 1 月 25 日，原武汉市国土资源和规划局召开地理国情监测年度检查验收会。

(4)2019 年 2 月 15 日，武汉市自然资源和规划局召开年度工作研讨会。

(5)2019 年 3 月 20 日，武汉市自然资源和规划局召开新型基础测绘试点及地理国情工作专题会。

(6)2019 年 4 月 3 日，武汉市自然资源和规划局下发《关于印发武汉市 2019 年地理国情监测工作计划的通知》(武自然资规发〔2019〕50 号)。

(7)2019 年 4 月 13 日，“城市综合交通发展评价关键技术与应用”项目通过科技成果评价，总体达到国内领先水平。

(8)2019 年 5 月 17 日，首部城市级地理国情蓝皮书《武汉市地理国情蓝皮书 2018》在武汉市自然资源和规划局系统内部发布。

(9)2019 年 5 月 17 日，政府专报《关于武汉市地理国情蓝皮书编制和年度监测主要成果的报告》上报武汉市委市政府主要领导。

(10)2019 年 6 月 6 日，武汉市测绘研究院在武汉大学组织召开自然资源调查试点方案咨询会。

(11)2019 年 6 月 10 日，自然资源部办公厅下发《关于开展 2019 年全国地理国情监测工作的通知》(自然资办函〔2019〕986 号)。

(12)2019 年 6 月 14 日—16 日，罗名海副总工赴上海同济大学参加中国城市科学研究会城市大数据专业委员会 2019 年会暨“大数据支撑的空间规划创新”学术研讨会，被选为中国城市科学研究会城市大数据专业委员会委员。

(13)2019 年 6 月 22 日，罗名海副总工、秦思娴、谭波赴北京参加中国地理信息产业协会科技进步奖项目答辩。

(14)2019 年 7 月 11 日，武汉市测绘研究院印发《武汉市 2019 年基础性地理国情监测工作方案》。

(15)2019 年 7 月 15 日，湖北省自然资源厅办公室下发《关于开展 2019 年地理国情监测工作的通知》。

(16)2019 年 7 月 22 日，武汉市测绘研究院召开 2019 年基础性地理国情监测动员部署暨培训会。

(17)2019 年 7 月 31 日，湖北省自然资源厅召开全省地理国情监测工作推进会。

(18)2019 年 9 月 4 日—10 日，武汉市地理国情专题性监测项目开题会陆续召开。

(19)2019 年 9 月 19 日，武汉市测绘研究院承担的“武汉市大数据城市空间格局变化监测试点”项目在北京通过自然资源部组织的专家验收，罗名海副总工、甄云鹏、秦思娴赴京答辩，并拜访自然资源部调查监测司主要领导。

(20)2019 年 9 月 30 日，武汉市地理国情基础性监测成果提交湖北省测绘质量监督检验站验收。

(21)2019 年 10 月 19 日，武汉市测绘研究院召开自然资源调查监测试点方案咨询会，自然资源部调查监测司张炳智副司长和湖北省自然资源厅有关领导参会。

(22)2019 年 10 月 29 日，武汉市地理国情基础性监测成果通过省级验收。

(23)2019 年 11 月 1 日，罗名海副总工受自然资源部调查监测司邀请，赴北京参加国家专题性地理国情项目验收会。

(24)2019 年 11 月 15 日，自然资源部办公厅下发《关于印发 2019 年度自然资源标准制修订工作计划的通知》，武汉市测绘研究院申报的行业标准预研究项目《地市级自然自然资源调查分类指标体系》获批。

(25)2019 年 11 月 29 日—12 月 4 日，武汉市地理国情专题性监测项目中期检查会陆续召开。

(五)2020 年

(1)2020 年 1 月 7 日—12 日，武汉市地理国情专题性监测项目验收会陆续召开。

(2)2020 年 1 月 15 日，武汉市自然资源和规划局召开地理国情监测年度检查验收会。

(3)2020 年 1 月 17 日，自然资源部下发《自然资源调查监测体系构建总体方案》(自然资发〔2020〕15 号)。

(4)2020 年 1 月 18 日，武汉市自然资源和规划局、市发展改革委联合下发《关于下达 2020 年全市基础测绘计划的通知》(武自然资规发〔2020〕3 号)。

(5)2020 年 1 月 23 日—3 月 30 日，武汉市测绘研究院地理国情专班技术人员在积极下沉社区、防疫抗疫的同时，开展线上办公，组织年度监测成果的总结宣传、基于大数据的疫情影响与风险分析工作。

(6)2020 年 4 月 11 日—13 日，中国地理信息产业协会组织“大数据在城市空间格局监测中的关键技术研究与应用”项目科技成果网络评价会，成果达到国际先进水平。

(7)2020 年 5 月 23 日，武汉大学、华中师范大学、武汉理工大学及湖北省自然资源厅有关专家到武汉市测绘研究院，共同研讨武汉市“十四五”地理国情监测工作方案。

(8)2020 年 6 月 19 日，“大数据在城市空间格局监测中的关键技术研究与应用”项目网上答辩材料提交。

(9)2020 年 7 月 1 日，政府专报《关于武汉市 2019 年地理国情监测主要成果的报告》上报武汉市市委市政府主要领导。

(10)2020 年 7 月 8 日，自然资源部调查监测司下发《关于印发〈2020 年全国地理国情监测实施方案〉的函》(自然资调查函〔2020〕13 号)。

(11)2020 年 7 月 15 日，武汉市测绘研究院印发《武汉市 2020 年基础性地理国情监测工作方案》。

(12)2020 年 7 月 16 日—17 日，武汉市测绘研究院召开 2020 年基础性地理国情监测动员会，并参加国家基础地理信息中心组织的网络培训会。

(13)2020 年 7 月 24 日，罗名海副总工参加湖北省自然资源厅组织的全省地理国情监测实施方案评审会。

(14)2020 年 8 月 5 日，湖北省自然资源厅办公室下发《关于开展 2020 年地理国情监测工作的通知》(鄂自然资办函〔2020〕36 号)。

(15)2020 年 8 月 7 日，湖北省自然资源厅召开 2020 年度基础性地理国情监测网络培训会。

(16)2020 年 8 月 7 日，秦思娴入选 2019 年度“武汉黄鹤英才”优秀青年人才。

(17)2020 年 8 月 12 日，武汉市自然资源和规划局召开武汉市“十四五”地理国情和自然资源监测规划纲要专题会。

(18)2020 年 8 月 20 日—22 日，罗名海副总工、甄云鹏、程琦就湖北省国土三调研究报告项目赴丹江口调研。

(19)2020 年 9 月 7 日—15 日，武汉市地理国情专题性监测项目开题会陆续召开。

(20)2020 年 9 月 30 日，武汉市地理国情基础性监测成果提交湖北省测绘质量监督检验站验收。

(21)2020 年 10 月 13 日，武汉市自然资源和规划局召开地理国情监测年度工作进展汇报暨地理国情和自然资源“十四五”规划研讨会，听取基于大数据的疫后人口恢复分析成果。

(22)2020 年 10 月 23 日，罗名海副总工赴南宁参加 2020 中国地理信息产业大会，并领取科技进步奖一等奖证书。

(23)2020 年 10 月 30 日，武汉市测绘研究院落实“九定方案”及干部调整，地理国情专班更名为地理国情监测中心。

(24)2020 年 11 月 17 日，自然资源部办公厅印发《国土空间调查、规划、用途管制用地用海分类指南(试行)》。

(25)2020 年 11 月 17 日—23 日，武汉市地理国情专题性监测项目中期检查会陆续召开。

(26)2020 年 11 月 26 日，武汉市自然资源和规划局召开武汉市“十四五”地理国情和自然资源监测体系研究专家咨询会。

(27)2020 年 11 月 27 日，罗名海副总工受中国测绘科学研究院邀请，参加国家地理国情专题性监测项目验收会，并拜访自然资源部调查监测司主要领导。

(28)2020 年 12 月 4 日—6 日，自然资源部宣教中心及中国新闻社到武汉市测研研究院采访拍摄自然资源部专题片。

(29)2020 年 12 月 27 日，中国测绘学会组织以张祖勋院士为主任的评价委员会，对“面向特大城市的地理国情监测评价体系与关键技术及应用”项目进行科技成果评价，成果达国际先进水平。

(30)2020 年 12 月 31 日，武汉市地理国情基础性监测成果通过省级验收。

(六)2021 年

(1)2021 年 1 月 6 日—14 日，武汉市地理国情专题性监测项目验收会陆续召开。

(2)2021 年 2 月 1 日，武汉市自然资源和规划局召开地理国情监测年度工作检查验收会。

(3)2021 年 2 月 10 日，自然资源部专题宣传片样片征求意见。

(4)2021 年 3 月 25 日，自然资源部专题宣传片《自然资源调查监测：为中国高质量发展绘制“国情地图”——960 多万平方公里的征途》在中国新闻网、“学习强国”等平台全网发布，“武汉 · 动态感知”被选做典型示范。

(5)2021 年 4 月 25 日，自然资源部办公厅印发《关于开展 2021 年自然资源监测工作的通知》(自然资办发〔2021〕38 号)。

(6)2021 年 6 月 16 日，自然资源部办公厅印发《2021 年全国地理国情监测实施方案和技术规定》(自然资办函〔2021〕1087 号)。

(7)2021 年 6 月 18—19 日，罗名海、李盼盼、谭波赴北京参加中国地理信息产业优秀工程奖答辩，并到自然资源部拜会了调查监测司主要领导，到国家基础地理信息中心拜会了陈军院士。

(8)2021 年 6 月 25 日，自然资源部调查监测司吉建培副司长到武汉市测绘研究院调查地理国情监测工作。

(9)2021 年 7 月 8 日，自然资源部调查监测司召开 2021 年全国地理国情监测工作部署视频会议。

(10)2021 年 7 月 28 日，武汉市政府办公厅印发《关于武汉市基础测绘“十四五”规划的批复》(武政办〔2021〕76 号)